# 고조선 국가형성의 사회사

신 용 하  Shin Yong-ha

· 서울대학교 문리과대학 사회학과 졸업
· 서울대학교 대학원 경제학석사·사회학박사
· 미국 하버드 대학교 객원교수
· 서울대학교 사회과학대학 사회학과 교수
· 서울대학교 사회과학대학 학장
· 한국사회학회 회장
· 한국사회사학회 회장
· 한양대학교 석좌교수 1차
· 이화여자대학교 이화학술원 석좌교수 역임
· 현재 서울대학교 명예교수
  한양대학교 석좌교수
  독도학회 회장

# 고조선 국가형성의 사회사
Social History of the National Formation of Gojoseon in East Asia

초판 제1쇄 인쇄 2010. 8. 10.
초판 제1쇄 발행 2010. 8. 15.

지은이    신 용 하
펴낸이    김 경 희

경 영     강 숙 자
편 집     김 예 지
디자인    이 영 규
영 업     문 영 준
관 리     강 신 규
경 리     김 양 헌
펴낸곳    (주)지식산업사
          본사 ● 413-832, 경기도 파주시 교하읍 문발리 520-12
           전화 (031) 955-4226~7 팩스 (031)955-4228
          서울사무소 ● 110-040, 서울시 종로구 통의동 35-18
           전화 (02)734-1978 팩스 (02)720-7900
          한글문패  지식산업사
          영문문패  www.jisik.co.kr
          전자우편  jsp@jisik.co.kr
          등록번호  1-363
          등록날짜  1969. 5. 8.

**책값은 뒤표지에 있습니다.**

이 책을 읽고 저자에게 문의하고자 하는 이는
지식산업사 전자우편으로 연락바랍니다.

신용하저작집 53

# 古朝鮮 國家形成의 社會史

## 愼 鏞 廈

이 책은 2007~2009년도 정부재원(교육인적자원부
학술연구조성사업비)으로 한국학중앙연구원의
지원에 의하여 연구되었음(AKS-1009-GA-3003)

지식산업사

# 머리말

어느 나라 어느 민족에게나 자기민족의 기원과 최초의 고대국가 형성을 밝히는 일은 매우 중요한 연구 작업이다. 한국민족의 최초의 고대국가는 '고조선'이다. 고조선을 과학적으로 밝혀야 한국민족의 역사와 문화를 정확히 밝힐 수 있다. 이 작업은 한국민족의 과거 역사뿐 아니라 현재와 미래에도 직결되어 있는 일이다.

이 책은 고조선 국가형성을 사회학적 이론과 관점에 의거하여 밝힌 연구 작업의 하나이다.

저자는 사회학 분야 가운데서 역사사회학·사회사학을 한국민족 문제를 중심으로 공부해왔다. 소년기에 6·25 한국전쟁의 참혹한 동족상잔의 실상을 눈으로 직접 보고, 왜 우리 민족은 분단되고 남·북이 싸우게 되었는가의 의문을 풀고 싶었다. '민족'을 연구하기 위해 사회학을 택했고, 민족분단의 원인을 밝히려다가 19세기부터의 한국민족의 '근현대 민족문제', '근대사회사', '근대사회사상사', '근대민족운동사'를 공부하게 되었다.

이 과정에서 한국민족의 기원과 형성과정에 대한 끊임없는 의문이 일어났다. 우리 민족의 뿌리는 무엇인가? 우리 민족은 어디서 기원하여 어떻게 형성되었으며, 어떻게 국가를 만들고 오늘에 이르렀는가? 고대사 책들을 아무리 읽어도 이 물음의 갈증은 풀리지 않았다. 나이가 60세에 가까워지자 내 스스로라도 이 의문을 풀려고 자료를 모으고, 몇 편의 논문을 썼다.

조선 후기 실학자 다산 정약용과 연암 박지원 등도 자기 겨레의 근원을 찾고자 노력한 사실이 큰 가르침과 시사를 주었다.

또한 사회학의 창시자들인 콩트, 스펜서, 뒤르켐, 베버 등이 모두 인류사회 인류문명의 기원과 고대국가의 형성에 큰 관심을 갖고 논문과 저서를 다수 발표한 사실이 큰 가르침과 시사를 주었다.

이 도중에 2002년 중국 '동북공정'의 고조선·부여·고구려·발해는 한국민족 계열 독립국가가 아니라 중국의 지방정권이었고, 중국 역사의 일부라는 주장에 큰 충격을 받았다. 저자는 이미 한국민족의 기원과 형성에 관한 자료들을 일부 모아 읽고, 논문도 몇 편 발표한 이후이므로, 중국 '동북공정'의 주장이 '허위'이고 진실이 아님을 즉각 판단하였다.

학문은 '진실과 진리'를 탐구하는 것인데, '동북공정'의 주장은 무엇인가? 더구나 내가 태어나서 자란 내 민족 내 나라의 '진실'을 통채로 부정하고 '허위'를 꾸며내어 온 세계에 홍보하는데, 평생을 학문에 종사해 온 학도의 하나로서 나는 이에 어떻게 대처하고 무엇을 해야 할 것인가? 저자는 위기의식을 느끼고 번민하면서 심사숙고 끝에 '고조선'을 연구주제에 더하고, 관심 있는 동료학자들께 고조선학회의 결성을 권고하였다.

저자가 고조선을 연구주제로 택한 데는 몇 가지 이유가 있다. 우선 고조선은 역사 진실과는 달리 너무 훼손되어 새 패러다임(전체 구성)과 패러다임 변환이 필요한 주제이기 때문이다. 패러다임 변환에는 편견을 거부하는 사회학의 객관적 과학주의적 접근이 매우 유용하기 때문이다.

중국 전근대사학은 고조선을 중국의 주나라 무왕이 '기자'를 봉하여 세운 서기전 12세기의 '기자조선'에서 시작된다는 '허위'를 만들어내었다. 그들은 단군조선이 사료에 나옴에도 모른 체하고 '기자조선설'을 꾸며내어 수출하였다. 한국의 고려·조선시대에 일부 학자는 이를 거부했으나, 일부 유림은 이를 수용하여 중국이 설정한대로 기자조선을 고조선의 시작으로 받아들이고 존숭하였다.

또한 일본 제국주의 어용사가들은 한국 역사를 폄훼하기 위해, '단군조선'은 신화에 불과한 것이고, 한국민족의 역사는 '기자조선'에서 시작된다느니, 중국 식민지인 '한사군'에서 시작된다느니, '삼국시대'부터 시작된다느니, 북방은 중국 식민지였고, 남방은 한때 '임나일본부'의 통치를 받은 일본 식민지였다느니, 각종 황당무계한 '허위'를 꾸며내어 '학설'로 포장해서 식민지 교육 정책의 내용 일부로 홍보하고 주입시켰다. 그 영향은 아직도 남아 있다고 볼 수 있다.

이러한 조건에서 고조선의 연구는 모든 기존의 비학문적인 불순한 왜곡을 떨쳐버리고 새로운 패러다임 창출이 절실히 필요하게 되었다. 패러다임 변환에는 사회학적 상상력과 사회과학적 역사가 매우 유용함은 설명을 요하지 않는다.

다음은 고조선이 문자 이전의 고대국가와 고대사회라는 사실이다. 고조선이 '신지문자'라는 문자를 발명한 흔적이 있지만 지금은 수집도 되어 있지 않고 판독도 되어 있지 않다. 서기전 7세기 이후 중국 고문헌에도 고조선 관계 기사는 매우 단편적인 몇 구절에 불과하다. 따라서 문헌고증을 방법론으로 하는 역사학 단독으로는 고조선 연구가 될 수 없다. 문자 이전의 인류 역사를 연구하는 모든 분과학문과의 협동연구가 있어야 비로소 고조선을 과학적으로 밝힐 수 있을 것이다.

그러므로 문자 이전 시대의 고조선 연구를 위해서는 새로운 패러다임 설정과 역사 설명에 사회학과 민족학 및 문화인류학의 참가가 필수적이며, 증명자료의 발굴에 고고학, 언어학, 사회사학, 미술사학, 정치사학, 경제사학, 민속학, 신화학, 일부 자연과학 등이 역사학과 함께 협동연구를 해야 고조선 역사를 겨우 밝힐 수 있을 것이다. 즉 고조선 연구는 분과학문의 벽을 넘어선 주제인 '고조선'을 집중 연구하는 협동적 통합 연구방법에 의해서만 이 어려운 주제를 밝힐 수 있을 것이다.

이 책에서 저자는 신채호, 박은식, 정인보 선생 등 선학들과 그간의 여러 학자들의 연구성과들에 기초하여 새 패러다임을 제시하였다. 무엇보다도 고조선 국가형성을 주도한 '한'부족을 찾아내어, '한'부족이 제왕을 내고 '맥'부족이 왕비를 내는 혼인동맹에 의해 결합하고, 후국 제도를 채택하여 '예'부족을 자치적 후국족으로 포용하여, '한·맥·예' 3부족의 결합에 의거해 동아시아 최초의 고대국가인 '고조선'이 형성된 기본구조를 밝혔다. '한'부족의 형성과 발전에 관련된 '한강문화'의 새 패러다임을 제시하고, '신석기시대 농업혁명'이

'한강문화'에서 수행되어, 동아시아에서 새 시대, 새 문명의 여명이 밝아오기 시작했음을 밝혔다. 동아시아 최초의 고대국가인 '고조선'의 고대국가로서의 특징을 중앙정부조직, 지방통치제도, 후국 제도의 특징, 군사 제도와 유물 증거들을 들어 밝혔다. 고조선 건국 후 고조선족의 일부가 산동반도와 회수 유역에 건너가 이주 정착해서 선진적 고조선문명을 전파하면서 자치적 소분국들을 형성하여 활동했고 고중국문명의 형성에도 큰 역할을 수행한 사실을 중국 문헌과 고고유물을 제시하여 밝혔다.

물론 현재까지 발굴된 자료가 제한되어 있어서 실증을 더 요구받겠지만, 고조선 국가형성을 밝히는 새 패러다임은 일단 제시했다고 생각한다. 실증과 패러다임의 보완은 선배·동학들의 질정을 받으면서 발굴 성과를 기다려 앞으로 더욱 보완하고 꾸준히 이 주제의 연구에 노력하려고 한다.

우선 이 책의 저술에 도움을 주신 선배 동료학자들과 모든 한국 고고학자들에게 깊은 감사를 드린다. 그들의 발굴 보고서와 연구 성과는 주옥같은 귀중한 구슬들이었으며, 저자는 그 구슬들을 모아 꿴 데 불과하기 때문이다.

이 연구의 수행에 연구비를 지원해 주신 교육과학기술부 당국과 한국학중앙연구원에게 깊은 감사를 드린다.

이 연구에 많은 도움을 주신 동료 교수들께 깊은 감사를 드리며, 연구의 강행에도 불평 없이 도움을 준 보조연구원 김연주, 박희명, 박수연, 황서린, 김민정 양에게도 깊은 감사를 드린다.

이 책의 출판을 맡아주신 외우 지식산업사 김경희 사장과, 색채 그림이 많고 복잡한 원고의 교정에 정성을 기울여주신, 김예지, 이영규 씨에게도 깊은 감사를 드린다.

　이 책이 고조선의 국가형성에 대한 독자들의 이해에 조금이라도
도움이 될 것을 간절히 희망하는 바이다.


2010년 8월, 광복절을 맞으며

저자 삼가 씀

# 차 례

# 제 1 장

# 고조선 국가와
# 한국민족의 기원문제

# 문제의식

어느 민족에게나 자기 민족의 기원과 최초의 고대국가 형성을 밝히는 일은 매우 중요한 연구 작업이다. 한국민족의 최초의 고대국가는 고조선(古朝鮮)이다.

고조선을 과학적으로 정확히 밝혀야 한국민족의 역사와 문화를 정확히 밝힐 수 있다. 또한, 이 작업은 한국민족의 과거뿐 아니라 현재와 미래에도 직결되어 있는 일이다.

최근(2002~2006년) 중국 사회과학원이 소위 '동북공정'(東北工程)을 시작하면서 고조선은 BC 12세기에 중국인 기자(箕子)가 세운 기자조선(箕子朝鮮)에서 시작되며, 고조선·부여·고구려·발해는 중국의 '지방정권'이었다는 주장을 정립하였다. 이것은 매우 심각한 역사왜곡이다.

'동북공정'은 2006년에 일단 한 단계를 지나서, 현재는 왜곡된 '동북공정'의 주장을 교육·계몽·홍보하는 역사왜곡의 제2단계에 들어섰다.

이것은 한국민족의 기원과 고대국가 형성의 독립 자주성을 정면으로 부정하고, 한국민족이 중국의 일개 지방으로 시작한 중국의 부속 지방민족이라는 전혀 진실이 아닌 거짓을 중국 국민과 세계에 홍보하는 매우 유해한 것이다.

또한, 일찍이 일제 어용사가들은 한국을 침략하여 식민지로 지배하기 위한 방편으로 '식민주의사관'의 학설들을 꾸며 고조선을 부정하였다. 일제 어용사가들은 단군조선(檀君朝鮮)을 역사적 사실이 아니라 신화(神話)에 불과한 것이라고 주장하였다. 그들은 조선의 개국연대가 일본의 개국연대보다 적어도 2,000년 이상 앞선 사실을 인정하고 싶지 않았다.

일제 어용사가들은 한국민족사를 최초의 시작이 기자조선(箕子朝鮮)에서 시작된다느니, 중국 식민지인 한사부(漢四郡)에서 시작된다느니, 삼국시대(三國時代)부터 시작된다느니, 북방은 중국의 식민지였고, 남방은 일본이 가라(加羅)를 정복하여 소위 '임나일본부'(任那日本府)를 설치하여 AD 2세기~AD 4세기까지 200년간 식민지 통치를 했다느니, 각종 황당무계한 거짓 주장을 '학설'로 꾸며내 공급하였다.

광복 후 일제 식민주의 사관은 많이 비판·극복되었지만, 고조선(古朝鮮, 특히 檀君朝鮮)에 대한 부정적 편견은 아직도 뿌리 깊이 학계에 남아 있다.

고조선의 역사를 진실 그대로 밝히는 작업은 모든 분과학문이 협동연구를 해야 달성할 수 있다고 본다.

고조선은 문자(文字) 이전의 시대에 형성 발전되었고, 한 문자는 BC 7세기경부터 문장을 지어 쓰기 시작하는데, 고조선 역사의 시대는 대부분 문자 이전의 시대인 것이다. 고조선이 신지문자(神誌文字)라는 글자를 발명한 흔적은 있으나, 현재 발굴 수집과 연구가 부족하여 알 수 없다. BC 7세기 이후 중국 고문헌에도 고조선 관계 기사는 매우 단편적인 몇 구절에 불과하다.

따라서 문헌고증을 방법론으로 하는 역사학만으로는 고조선 연구가 되지 않는다. 문자 이전의 인류 역사를 연구하는 고고학, 언어학, 민속학, 미술사학, 전설·신화학, 자연과학과 함께 발굴 유물들을 증거로 인간의 역사를 과학적으로 해석하고 정립하는 사회학과 문화인류학이 역사학과 함께 협동연구를 해야 고조선 역사를 겨우 밝힐 수 있다. 즉 고조선 연구는 종합적 통합적 접근, 최근의 용어로는 분과학문의 벽을 넘어선 융합학문의 연구방법에 의해서만 밝힐 수 있을 것이다.

사회학과 문화인류학의 연구 결과에 의하면, 인류는 '가족'(家族)이 분화하고 통합하여 복합사회인 '씨족'(氏族)을 형성했고, 씨족이 분화하고 통합하여 2중 복합사회인 '부족'(部族)으로 인간집단생활이 발전하였다. '가족'과 '씨족'은 혈연공동체이고, '부족' 단계에 이르러 혈연공동체가 지역(地域)과 결합하여 정착해서 혈연공동체를 벗어나 문화공동체로 전화하기 시작하며, 안정된 군장(chief)을 가진 군장사회(chiefdom)를 형성하였다. 그리고 다수의 부족들이 분화하고 통합해서 안정된 '왕'을 가진 3중 복합사회인 고대사회와 최초의 '민족'(民族)을 형성하며, 처음으로 고대국가(古代國家)를 형성하고 고대문명(古代文明)을 형성하는 것이 인류 보편적 과정이었다. 이때 부족은 처음에는 모계공동체로 시작해서 다음 단계에는 부계공동체와 모계공동체가 병존했고, 그 다음 단계에는 부계공동체가 지배적이었으며, 모든 고대국가의 형성은 반드시 부계 부족공동체의 남성부족군장이 선진 신석기·청동기 문화와 함께 반드시 무기(武器)를 들고 수립하였다.[1]

민족은 전형적 발전 과정의 경우, 원민족(原民族, proto-nation)·전근대민족(前近代民族, pre-modern nation)·근대민족(近代民族, modern nation)의 단계를 거치면서 발전해 왔는데, 최초의 고대국가는 원민족 또는 전근대민족을 형성하면서 수립되었다.[2]

여기서 말하는 민족(民族)은 인종(人種)과 전혀 다른 별개의 실체와 개념의 것이다. 민족은 문화적 사회학적 개념으로서 '인간이 객관적으로 언어의 공동, 지역의 공동, 혈연의 공동, 문화의 공동, 정치의 공동, 경제생활의 공동, 역사의 공동으로 공고히 결합되고, 그 기초 위에서 주관적으로 민족의식이 형성됨으로써 더욱 공고하게 결합된 역사적 범주의 인간 공동체'이다.

한편, '인종'은 생물학적 유전학적 개념으로서 혈연, 피부색, 눈의 색과 형, 두발의 색과 형, 코의 높이, 신장, 두개골 지수, DNA 등 각종 생물학적 특징을 지표와 기준으로 인류를 분류하는 생물학적 개념의 인간집단이다.

이 책에서 고찰하려는 것은 민족과 인종을 엄격히 구분하여 '민족'을 살펴보고 고조선 국가형성을 밝히려는 것이다. '인종'을 고찰하려는 것은 전혀 아니다. 이 책의 글은 따라서 사회학과 역사학의 일부이며, 전문적으로는 고조선 사회사의 일부라고 할 수 있다.

한국민족의 기원에 대해 기존 학설들은 한국민족이 서방 또는 북

---

**1** ① Herbert Spencer, *The Principle of Sociology*, London : Williams and Norgate, 1876.

② F. Engels, *The Origin of the Family, Private Property and the State*, Pathfinder, New York, 1972(1884).

③ W.H. Morgan, *Ancient Society*, Chicago : H. Charles & Kerr, 1909.

④ J.H. Steward, *Theory of Cultural Change*, Urbana−Champaign, University of Illinois Press, 1955.

⑤ D.Y. Peel(ed.), *Herbert Spencer on Social Evolution*, University of Chicago Press, 1972.

⑥ Elman R. Service, *Origin of State and Civilization : Process of Cultural Evolution*, New York : Random House, 1975.

⑦ A.W. Johnson & T. Earle, *The Evolution of Human Societies : From Foraging Group to Agrarian State*, Stanford University Press, 1987.

⑧ T. Earle(ed.), *Chiefdoms : Power, Economy and Ideology*, Cambridge University Press, Cambridge, 1991.

**2** 愼鏞廈, 〈民族形成의 理論〉, 《韓國社會學研究》 제7집, 서울대 사회학연구회, 1984 ; 《한국민족의 형성과 민족사회학》, 지식산업사, 2001 참조.

방으로부터 한반도로 이동해 들어 왔다고 하여 부족과 민족과 인종을 혼동하면서 다음과 같이 여러 기원과 경로를 제시해 왔다. 예컨대, ① 바이칼 지방으로부터의 이동·이입, ② 카프카스 지방(흑해와 카스피 해 사이의 지방)으로부터의 이동·이입(최남선의 불함문화론) ③ 알타이 지방으로부터의 이동·이입, ④ 몽골 지방으로부터의 이동·이입, ⑤ 시베리아 지방으로부터의 이동·이입 등이 제시되거나 주장되어 왔다.

그러나 이러한 기존학설들의 내용을 검토해 보면 어느 것도 증거가 없고, 개념도 혼란스러우며, 단지 연관성의 편린만 보일 뿐이다. 위의 지역과 한반도의 문화항목들에 유사성이나 연관성이 보인다고 해서 즉각 그곳으로부터 한반도로 민족이나 문화가 이동·이입해 왔다고 하는 것은 편견이다. 한반도에서 그 지역으로 이동해 들어가서 확산되었을 수도 있지 않은가? 관련성과 유사성에 역사사실과 시간을 넣어서 엄밀한 실증적 과학적 분석이 필요할 것이다.


제2절

# 구석기시대의 빙하기와 한국인의 기원문제

지구에 '인류'라는 종(種)이 출현한 것은 고생물학자들의 견해에 의하면 가장 높이 보는 학자가 약 800만 년 전, 가장 낮게 잡아보는 학자가 약 500만 년 전 일이다.

여기서는 우리의 주제에 관련된 것만으로 엄격히 제한하여 고생물학자들과 지구물리학자들의 설명을 독자의 이해를 돕기 위하여 각주 없이 극히 간결하게 정리하면서 시작하기로 한다.

인류는 약 500만 년 전에 겨우 손을 땅에서 떼어 구부정하게나마 서서 두 발로 걷게 되었다. 그 후 인류는 오랜 기간에 걸쳐 다음과 같이 진화하였다고 설명되고 있다.

① 손쓴 사람(Homo habilis)… 약 250만 년 전
② 곧선 사람(Homo erectus)… 약 170만 년 전
③ 슬기 사람(Homo sapiens)… 약 20만 년 전
④ 슬기슬기 사람(Homo sapiens sapiens)… 약 5만 년 전

최초의 인류 종(種)은 동아프리카에서 출현하여 유라시아 대륙으로 퍼져나간 것으로 설명하는 것이 통설이지만, 다기원설을 주장하는 견해도 있다. 어느 경우에나 인류는 '곧선 사람' 단계에서 해(태양) 뜨는 곳 또는 보다 살기 좋은 곳을 향하여 매우 느리게 수십만 년에 걸쳐 이동했고, 여러 곳으로 흩어졌지만, 가장 적극적이고 정력적인 인류의 무리(bands)는 유라시아 대륙의 가장 동쪽 끝인 한반도와 남부 연해주가 가장 먼 인종 이동의 종착지가 되었을 것임은 물론이다. 한반도에서 나오는 구석기인의 유적은 약 100만 년 전의 것부터이다. 그러므로 곧선 사람(Homo erectus) 단계에서 한 인류 무리는 적어도 약 100만 년 전에 한반도에 도착하여 정착하기 시작했다고 볼 수 있다.

이때 한반도에 정착한 사람은 인류 '종'으로서의 구석기인이지 아직 '한국인'이 아니었음은 물론이다.

인류가 타제석기를 사용하기 시작하여 구석기인이 된 것은 약 250만 년 전 손쓴 사람 단계에서부터라고 한다. 그리고 신석기시대는 겨우 1만 2,000년 전~1만 년 전에 시작되므로 인류는 약 250만 년간의 매우 긴 구석기시대를 경험한 후 겨우 1만 2,000년 전의 신석기시대 이후부터 현대까지의 매우 짧은 시기를 살고 있는 것이라고 볼 수 있다. 구석기시대가 이렇게 매우 길므로, 구석기시대를 전기(250만 년 전~30만 년 전), 중기(30만 년 전~5만 년 전), 후기(5만 년 전~1만 5,000년 전), 중석기(과도기, 또는 초기 신석기, 1만 5,000년 전~1만 년 전)로 나누어 보는 것은 당연한 것이라고 말할 수 있다.

구석기시대 250만 년간 인류가 거주한 지구는 약 46억 년의 역사를 가졌다고 하는데, 처음에는 오늘날에 비해 매우 더웠다.

지질학자들과 지구물리학자들은 지구의 매우 긴 역사를 ① 고생대(제1기) ② 중생대(제2기) ③ 신생대로 나누어 보는 것이 보통이다. 신생대는 약 6,500만 년 전부터 시작된다고 보는데, 이를 다시 둘로 나누어 '제3기'와 '제4기'로 나누어 설명하는 것이 통설이다.

제3기에는 생명체로서 동물·식물 등이 출현했는데, 지구 기후가 매우 더워서 시베리아에서도 거대한 코끼리와 공룡들이 살았었다. 물론 한반도에도 공룡들과 각종 코끼리 등 열대 동물들이 살았다.

그러다가 제4기에 들어와서 기온이 급강하하여 '빙기'가 찾아오고 기온이 불안정하게 되었다. 기온 급강하의 원인에 대해 지구물리학자들은 큰 운석의 지구 충돌에 의한 폭발적 먼지의 발생 주장부터 시작해서 화산들의 대폭발에 의한 화산재의 발생이 태양빛을 가려서 '빙기'가 온 것 등 여러 가지 원인을 들어 설명하고 있다. 예컨대, 약 7만 5,000년 전에 지금의 인도네시아 스마트라 섬의 토바(Donau Toba) 화산의 대폭발이 있었는데, 화산재가 태양빛을 가려서 태양빛의 90퍼센트가 감소했고, 화산재가 지표면을 15센티미터가량 덮었다. 그 결과 기온이 급강하여 지구 평균온도가 영하 1도까지 내려갔으며, 강우량도 급감하였다. 극심한 한파가 약 6년간 지속되어, 식물생장은 급속히 저하되었다. 그 위에 10여 곳의 화산대폭발이 더 있었다. 이 위험의 시기에 현생인류는 멸종의 위기에 직면하였다. 고생물학자들에 의하면, 수십만 명의 지구 위 구석기인들 가운데, 약 6만 년 전에 오직 수천 명만이 살아남게 되었다고 한다. 그러나 더 이상 인문사회과학도가 관여할 주제는 아니다. 오직 결과는 인류가 출현한 제3기 말과 제4기에는 기온과 기후가 매우 추워지고 매우 불안정하게 되었다는 사실이다.

제4기에는 인류가 출현하여 매우 중요한 시기가 되었으므로, 자연과학자들은 이를 다시 갱신세(更新世, 또는 洪積世, Pleistocene)와 완신세(完新世, Holocene 또는 沖積世, 現世)로 나누어 보는 것이 통설이다. '갱신세'는 약 250만 년 전부터이고, '완신세'(현세)는 약 1만 2,000년 ~1만 년 전부터라고 설명되고 있다.

갱신세(빙기)의 불안정한 기후·기온은 매우 추웠다가 따뜻해졌다가 다시 매우 추워지는 '빙기'(the glacial)와 '간빙기'(the interglacial)를 여러 차례 반복하였다. 가장 추웠던 최후의 빙기(the Last Glacial Maximum ; LGM)는 bp 1만 8,000년~bp 1만 5,000년의 시기로 분류되고 있다. 이 시기에는 한반도와 제주도와 중국 산동반도는 하나로 연륙되어 있었으며, 서해는 바다가 아니라 육지에 둘러싸인 작은 호수에 불과하였다. 지구는 1만 5,000년 전 이후에 점차 따뜻해지기 시작하였다.

동북아시아 지역을 이 기후·기온 변화에 대입하면, 북위 40도선 이북은 가장 추웠던 빙기인 1만 8,000년~1만 5,000년 전에 생물이 거의 모두 생존하기에 어려웠다고 볼 수 있다. 그 이남은 빙하로 덮히는 것은 면했으나, 백두산 일대의 고원지대와 북위 40도선 접근 지역은 빙하지대의 영향으로 인류가 살아남기 어려웠을 것이라고 판단되고 있다.

그러므로 구석기인들 가운데 가장 활동적으로 움직인 '무리들'(bands)은 동쪽(해 뜨는 곳)으로의 이동의 끝인 한반도와 만주·연해주·시베리아로 이동해 왔겠지만 약 1만 5,000년 전에 40도선 이북의 구석기인 무리들은 40도선 이남으로 이동하지 않는 한 모두 얼어 죽었거나 굶고 병들어 죽었다고 보아야 할 것이다. 실로 갱신세에는 수많은 생명체의 종(種)들이 얼어서 크게 3~5차례 소멸되었다고 한다.

약 1만 5,000년 전 이전의 인류는 아직 가족·씨족·부족·민족을 형성하기 훨씬 이전의 주로 동굴에 사는 인류 '무리들'이었다. 따라서 한국 '민족'이 이 시기에 카프카스 지역이나 시베리아나 바이칼 호수나 알타이 지방이나 몽골 지방 또는 서방에서 이동해 왔다는 주장은 지구과학적 근거에 의하여 성립될 수 없는 것임이 확실한 것이다.

위도 약 40도선 이남의 한반도와 남만주는 가장 추운 마지막 '빙기'(bp 1만 8,000년~bp 1만 5,000년)에도 빙하지대를 면했으므로 이 지역에 살던 구석기인들 일부는 생명을 유지할 수 있었을 것이다.

1만 5,000년 전 이후에는 기후·기온이 점차 올라가기 시작해서 1만 2,000년 전~1만 년 전에는 오늘날의 기온처럼 되었다. 그 후 기온은 차츰 더 올라서 9,000년 전~5,300년 전경에는 오늘날보다 2~3도 높았다고 한다. 그 가운데 6,200년 전~5,300년 전경에 기온이 가장 상승했으며, 5,300년 전경부터 다시 하강하기 시작하여 약간 추워졌다가, 오늘날의 기후·기온을 회복한 것이다. 대체로 기후·기온과 해수면 높이가 오늘날과 같아져서 생물 분포대가 오늘날처럼 된 것은 1만 2,000년 전~1만 년 전부터라고 한다.

따라서 한반도와 북위 40도선 이남의 동북아시아 지역은 유라시아 대륙의 가장 동쪽(구석기·신석기인들이 태양이 떠오르는 곳으로 생각한 방향의 지역)으로서, '슬기슬기 사람' 단계의 구석기인들 일부가 생존할 수 있었고, 신석기인들로 진화하면서 새로운 문화·문명을 먼저 만들 수 있는 환경 조건이 절멸되지 않고 존속했었음을 주목할 필요가 있을 것이다.

## 제3절
# 한반도 등지의 구석기인 유적과 신석기인의 출현

해방 후 한국 고고학계의 큰 성과의 하나는 구석기 유적과 구석기인 인물들을 한반도 등에서 발견·발굴해냈다는 사실이다.

한반도에서 현재까지 발견·발굴된 주요한 구석기 유적만도 50개소가 넘는다. 이 가운데서 가장 오래된 구석기 유적은 평안남도 상원군 상원읍 흑우리 '검은모루 유적'(약 100만 년 전) 및 '절골 유적'(약 93만 년 전)과 충청북도 단양 '금굴 유적'(약 70만 년 전)이다. 한반도는 구석기 전기 시대에도 사람이 살았던 매우 오래된 인류 거주지역임을 알 수 있다.

현재까지 발견·발굴된 한반도와 만주 지역 및 남부 연해주 지역 주요 구석기 유적들의 분포를 큰 강 유역별로 보면 다음과 같다.[3]

(ㄱ) 한강 유역(남한강·한탄강 포함)

① 충북 단양 수양개 유적(한데)

② 강원도 양구 상무룡리 유적(한데)

③ 충북 제천 창내 유적(한데)

④ 경기도 양평 맹산리 유적(한데)

⑤ 충북 제천 명오리 큰길가 유적(한데)

⑥ 경기도 연천 전곡리 유적(한데)

⑦ 경기도 연천 남계리 유적(한데)

⑧ 경기도 파주 금파리 유적(한데)

⑨ 경기도 파주 주월리·가월리 유적(한데)

⑩ 충북 제천 점말 용굴 유적(동굴)

---

**3** ① 손보기, 〈층위를 이루는 석장리 구석기문화〉, 《歷史學報》 35·36, 1967.
② 김신규·김교경, 〈상원 검은 모루 구석기시대 발굴보고〉, 《고고학자료집》 4, 1974.
③ 최태선, 《조선의 구석기시대》, 사회과학출판사, 1977.
④ 이융조, 〈단양 수양개 구석기유적 발굴조사보고〉, 《충주댐 수몰지구 문화유적 발굴 종합보고서》 I, 1984.
⑤ 정영화, 〈한국의 구석기〉, 《한국고고학보》 19, 1984.
⑥ 김신규·김교경·백기하·장우진·서국태, 〈승호구역 만달리 동굴유적 발굴보고〉, 《평양 부근 동굴유적 발굴보고》 14, 과학출판사, 1985.
⑦ 손보기, 《구석기 유적 : 한국·만주》, 한국선사문화연구소, 1990.
⑧ 이선복·이교동, 《파주 주월리·가월리 구석기유적》, 서울대 고고미술사학과·경기도, 1993.
⑨ 국사편찬위원회, 《구석기문화와 신석기문화》(《한국사》 2), 1997.
⑩ 이헌종, 〈영산강 유역 신발견 舊石器遺蹟群〉, 《호남고고학보》, 1997.
⑪ 제주대 박물관, 《제주 高山里유적》, 1998.
⑫ 배기동, 《금파리 구석기유적》, 국립문화재연구소, 1999.
⑬ 李隆助 편저, 《舊石器人의 生活과 遺蹟》, 학연문화사, 2003.

⑪ 충북 단양 금굴 유적(동굴)

⑫ 충북 단양 구낭굴 유적(동굴)

⑬ 충북 단양 상시리 바위그늘 유적(동굴)


(ㄴ) 금강 유역

① 충남 공주 석장리 유적(한데)

② 대전 용호동 유적(한데)

③ 충북 청원 두루봉 유적(동굴)

④ 충북 청원 만수리 유적(한데)

⑤ 충북 청원 노산리 유적(한데)


(ㄷ) 대동강 유역

① 평남 상원 검은모루 유적(동굴)

② 평남 덕천 승리산 유적(동굴)

③ 평남 역포 대현동 유적(동굴)

④ 평양 승호 만달리 유적(동굴)

⑤ 평양 승호 화천동 유적(동굴)

⑥ 평남 상원 용곡리 유적(동굴)

⑦ 평남 덕천 풍곡 유적(동굴)

⑧ 평남 북창 금평 유적(동굴)

⑨ 평남 상원 대흥 유적(동굴)

⑩ 평남 상원 중리 유적(동굴)

⑪ 평남 상원 노동리 유적(한데)

(ㄹ) 두만강 유역

① 함북 선봉군 굴포리 유적(한데)

② 함북 온성군 강안리(종성 동관진) 유적(한데)

③ 함북 선봉군 서포항 유적(한데)

④ 함북 선봉군 덕산 유적(한데)

⑤ 함북 회령 낙생리 유적(한데)


(ㅁ) 섬진강 유역

① 전남 승주 우산리 곡천 마을 유적(한데)

② 전남 화순 사수리 대전 마을 유적(한데)

③ 전남 곡성 옥과 유적(한데)

④ 전남 순천 죽내리 유적(한데)


(ㅂ) 기타 해안과 내륙의 주요 구석기 유적

① 제주 애월 빌레못 유적(동굴)

② 황해도 옹진군 냉정 유적(동굴)

③ 함북 화대 석성리 유적(한데)


(ㅅ) 만주 지역

① 요녕성 대석교시 금우산(金牛山) 유적(동굴)

② 요녕성 본계시 묘후산(廟後山) 유적(동굴)

③ 요녕성 단동시 전양(前陽) 유적(동굴)

④ 요녕성 해성시 소고산촌(小孤山村) 선인동(仙人洞) 유적

⑤ 길림성 유수현 주가유방(周家油坊) 유적

⑥ 길림성 안도현 석문산(石門山) 유적

⑦ 요녕성 조양지구 합자동(鴿子洞) 유적


(ㅇ) 남부 연해주 지역

① 연해주 남부 올레니 I (Olenii I) 유적

② 연해주 남부 수보로보(Suvorovo) 유적

③ 연해주 남부 지리학회 동굴 유적

④ 연해주 남부 오시노브카(Osinovka) 유적

⑤ 연해주 남부 일리스따야 I (Illistaya I) 유적

⑥ 연해주 남부 우스띠노브카(Ustinovka) 유적


구석기 유적들 가운데는 때때로 사람뼈가 발견·발굴되고 있는바, 고고학자들은 이를 가지고 다른 학문의 도움을 받아서 당시의 구석기인을 복원해 보기도 한다.

예컨대, 평남 상원군 용곡 동굴 구석기 유적은 5개 문화층으로 구성되었는데, 석기 및 화덕자리와 함께 열 사람 분에 해당하는 사람뼈 화석이 나왔다. 이 가운데 제2문화층에서 나온 제7호 머리뼈는 보존상태가 좋아서 35세 정도의 남자로 추정되어 '용곡 사람'(약 5만 년 전)이라는 이름을 붙여서 조각으로 복원해 형상화하였다.

또한 평남 덕천 승리산 구석기 유적에서는 6개층 가운데 제4층에서 슬기 사람 계통의 사람 이빨과 슬기슬기 사람 계통의 사람 아래턱뼈가 나왔다.

북한 고고학자들은 덕천 승리산의 '슬기 사람'을 '덕천 사람'이란 이름을 붙여 형상화하고, '슬기슬기 사람'을 '승리산 사람'(약 3만 년 전)

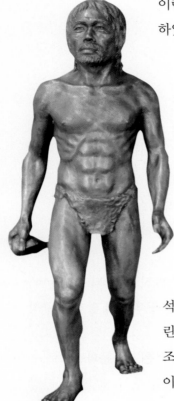

이란 이름을 붙여 조각으로 복원해 보여주기도
하였다.

또한 평양시 역포 대현동 유적에서는 구석
기 시대 사람 머리뼈 화석이 나왔는데, 고고
학자들은 이를 '역포 사람'(약 10만 년 전)이란
이름을 붙여 조각으로 복원하였다.

평양시 승호 만달리에서는 구석기시대
사람 머리뼈와 아래턱뼈가 나왔는데, 고
고학자들은 '만달 사람'(약 1만 5,000년 전)
이란 이름을 붙여 이를 조각으로 복원해
보여주기도 하였다.

충청북도 청원군 가덕면 노현리 두루봉
석회암 동굴(흥수굴)에서는 완전한 2개체의 어
린아이 뼈가 나왔는데, 이를 발견·발굴한 이융
조 교수는 '흥수아이'(약 4만 년 전) 1호·2호라고
이름 붙이고 조각으로 복원해 보여 주었다.[4]

이러한 구석기인들이 현대 한국인의
직계 조상이라는 증거는 없다. 구석기시
대에 혹심한 추위의 '최후의 빙기'가 있

〈그림 1-1〉 '용곡 사람'(약 5만 년 전)
의 복원 조각(이융조·박선주 제작)

었고, 구석기인들의 생활환경이 열악하여 절멸되는 경우가 많았기
때문이다.

---

4 Lee Yung—jo and Park S. J. "A New Discovery of the Upper Pleistocene Child's Skelton from
   Hungsu Cave(Turubong Cave Complex), Ch'ongwon, Korea", *The Korea Journal Quaternary
   Research vol. 4*, 1990 참조.

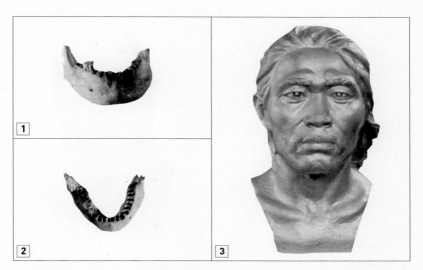

〈그림 1-2〉 **1** '승리산 사람'의 아래턱뼈 화석, 정면 **2** '승리산 사람'의 아래턱뼈 화석, 윗면 **3** '승리산 사람'(약 3만 년 전)의 복원 조각

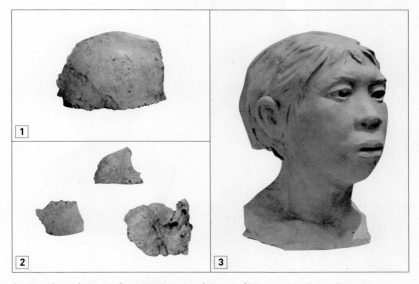

〈그림 1-3〉 **1,2** '역포 사람'의 머리뼈 화석 **3** '역포 사람'(약 10만 년 전)의 복원 조각

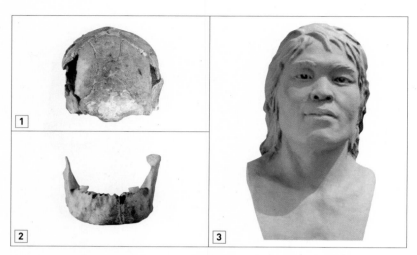

〈그림 1-4〉 **1** '만달 사람'의 머리뼈 화석, 정면 **2** '만달 사람'의 아래턱뼈 화석, 정면 **3** '만달 사람'(약 1만 5,000년 전)의 복원 조각

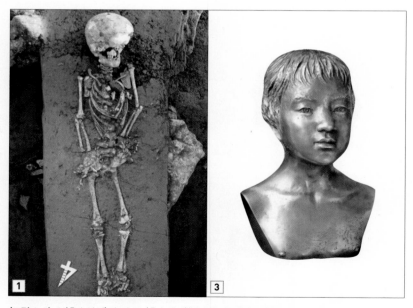

〈그림 1-5〉 **1** '흥수아이'의 뼈 **2** '흥수아이'(약 4만 년 전)의 복원 조각

그러나 빙하지대를 한 번도 겪지 않은 북위 40도 이남의 비교적 따뜻한 지역에서는 구석기인들이 빙기 이후(후빙기)에 신석기인으로 진화했을 수도 있다.

이와 관련하여 남한강 유역 충북 단양 '금굴'의 발굴 결과는 비교적 정확한 탄소 측정 방법에 의한 연대측정을 붙여서 우리에게 매우 중요한 사실을 알려주는 사례이기도 하다. 7개 문화층으로 구성된 이 구석기 유적은 신석기시대를 거쳐 청동기시대까지도 연결되어 있다.[5]

'금굴'은 구석기인들이 오랫동안 전기 구석기시대(60만 년~70만 년 전)부터 후기까지 거주한 유적이 있고, 이어서 과도기(중석기 또는 초기 신석기시대, 약 1만 1,000년 전)의 유적·유물과 신석기시대의 뾰족밑 빗살무늬토기와 뾰족밑 민무늬토기가 발굴되어 '금굴'에서도 계속 사람이 살았음을 알 수 있다.

물론 '금굴' 유적에서 거주한 구석기인들과 신석기인들이 동일 계통의 진화된 사람이라는 증거는 없다. 그러나 또 그렇지 않다는 증거도 없다. 앞으로의 중요한 연구과제가 될 것이다.

## 제4절
# 한반도에서 서기전 1만 년 신석기인의 출현과 한국인의 기원문제

한반도에서는 이상과 같이 백두산 일대의 고원지대를 제외한 전

---

**5** 이융조, 《충북의 선사문화》, 충청북도 북한연구소, 2006, 80쪽 참조.

지역에서 약 100만 년 전 무렵부터 구석기인들이 거주하고 또 분포된 여건 위에서, 서기전 약 10000년경에 신석기인들이 출현하여 신석기시대를 열고, 현재 발견된 것만도 수백 개의 문화유적을 남겼다.

이 신석기인들은 현대 한국인들의 직계 조상이 되는 것이라고 볼 수 있다.[6]

신석기시대의 특징은 마제석기(간석기)를 사용할 뿐 아니라, 무엇보다도 구석기시대의 채집경제(물고기 잡이, 짐승사냥, 자연식물 채취)에서 벗어나서 농업경작(식량 생산 사회경제)을 시작했다는 사실에 있었다.

최후의 빙기가 끝나고 기온이 상승하여 식물 생육에 적합하도록 따뜻해졌으므로 구석기 후기·중석기인들은 동굴 밖으로 나와서 먹을 수 있는 식물의 종을 인위적으로 씨뿌리고, 재배하여 식량을 생산하는 '농업경작'을 시작하였다.

그러나 처음에는 농업경작에만 의존하면 위험부담이 있으므로 물

---

**6** ① 任孝宰,〈한국 중부지방 新石器文化의 상사성과 상이성연구〉,《한국고고학보》 2, 1977.
② _____,〈미사리 긴급발굴 보고〉,《한국고고학보》 8, 1981.
③ 崔夢龍,〈백령·연평도의 즐문토기유적〉,《韓國文化》 3, 1981.
④ 김용간·석광준,《남경 유적에 관한 연구》, 과학·백과사전출판사, 1984.
⑤ 서국태,《조선의 신석기시대》, 사회과학출판사, 1986.
⑥ 김원용·임효재·권학수·이준정,《오산리유적》 I·II·III, 서울대 박물관, 1984·1985·1988.
⑦ 李淸圭,《北村里 유적》, 제주대 박물관, 1988.
⑧ 이융조·신숙정,〈중원 지방의 빗살무늬토기 고찰〉,《손보기박사정년기념논총》, 1988.
⑨ 신숙정,《우리나라 남해안 지방의 신석기문화연구》, 학연문화사, 1994.
⑩ 李淸圭·高才元,〈高山里 유적과 石器유물〉,《제주 신석기문화의 원류》, 1995.
⑪ 韓永熙,〈新石器時代 중·서부지방 土器文化의 재인식〉,《한국의 농경문화》 5, 1996.
⑫ 임효재,《한국신석기문화》, 집문당, 2002.
⑬ 손수호,〈팽이그릇 시기 집자리의 편년에 대하여〉,《단군과 고조선 연구》, 지식산업사, 2005.
⑭ 李相均,《한반도 신석기문화의 신동향》, 학연문화사, 2005.
⑮ 임효재 편저,《韓國新石器文化의 전개》, 학연문화사, 2005.
⑯ 임재해 편,《고대에도 한류가 있었다》, 지식산업사, 2007 참조.

고기 잡이·짐승사냥·자연식물채취도 병행하여, 농업경작을 중심으로 식량 조달을 위한 다각적 사회경제활동을 하게 되고, 그러한 활동에 편리한 입지인 주로 '강(江)변'에 거주지를 만들고 '마을'을 구성하게 되었다.

신석기시대 사람의 농업경작의 시작은 인류생활에 혁명적 변화를 가져왔다.

우선 신석기인들은 정착하여 '주거지'를 만들고 농사용 '도구'를 만들었다. 도구들은 석기는 돌을 갈아서 '간 돌'(마제석기) 도구를 만들었고, 뼈(주로 짐승뼈)와 나무로도 농사용 도구를 만들었다. 뿐만 아니라 흙으로 토기(질그릇)를 만드는 기술을 개발하여 농사용 토기를 비롯한 각종 용구를 제작하였다. 특히 토기는 제작도 용이할 뿐 아니라 제작기술도 비교적 빨리 변할 수 있는 것이어서 신석기인들의 독특한 생활 양식과 의식이 표현되어 제작되는 경우가 많았다.

그리하여 농업경작(식량 생산 사회경제)은 신석기인들을 '유족'하게 만들었고 '문화'를 창조하게 만들었다.

신석기인들의 농업경작은 사회조직에도 혁명적 변화를 가져왔다. 구석기인들의 동굴생활에서는 모계사회가 보편적이었다. 아버지는 알 수가 없으므로 모든 구석기사회에서는 모계 무리 사회가 지배했으며, 신석기시대 초기에도 이것이 계승되었다. 그러다가 신석기인들이 동굴에서 나와 강가에서 농경을 시작하자 '무리'(bands)가 해체되어 농사를 잘 짓기 위한 단순사회인 '가족'제도가 형성되고, 농사와 물고기 잡이와 짐승사냥에서 육체노동의 힘을 더 많이 사용하는 아버지의 권위와 권력이 출현하여 점차 강화되었다. 그리하여 신석기시대의 어느 시기에 가족제도에서 부계사회가 확립되었다. 신석기시대 부계사회의 성립 여부는 신석기 무덤들에서 전투용 돌검[石劍]·돌창·화살촉 등 전투용 무기의 껴묻기 여부에서 알아 볼 수 있다.

신석기시대 가족들은 세대에 따라 분화되면서 같은 계통의 가족들이 모여 복합사회인 씨족(clan)을 형성하였다. 분화된 가족들은 자연스럽게 근접한 지역에 모여 살면서 '마을'을 형성했으므로, 동일 계통의 부계 씨족들이 모여서 만든 '마을공동체'는 '부계 씨족공동체'와 결합되는 경우가 많았다.

긴 시간을 통하여 씨족들이 끊임없이 분화하고 확산되자, 일정한 지역에 거주하는 여러 씨족들이 모여서 2중 복합사회인 부족(tribe, 또는 종족)을 형성하게 되었다. 부족은 '혈연의 공동'뿐만 아니라 '지역의 공동'이 중첩되어 형성된 인간 집단이었다.

부족의 규모가 거대화되고 물질적 여유가 축적되어 갈등이 현저히 나타남에 따라, 부족사회의 진전 형태로서 부족장(chief)이 막료들을 가진 군장사회(君長社會, chiefdom)가 출현하였다. 신석기시대 후기에는 많은 부족들이 군장사회에 도달하는 경우가 많았다.

군장사회는 일종의 정치체로서, 상당하게 발전한 경우에는 준국가(準國家)에 도달하는 경우도 있지만, 대개는 서로 평등한 크고 작은 규모의 군장사회들이 상호 교역하고 경쟁하다가 더 크고 복잡한 단위의 3중 복합사회(고대국가)의 형성으로 진화하였다.

군장사회가 고대국가의 형성으로 진화하는 경로는 정복, 혼인동맹, 정치적 연맹 등 기타 여러 가지가 있었지만, 어느 경우에나 '군사력'이 가장 확실한 배경이 되었다. 따라서 '남성군장'을 확립하고 군사력이 강한 군장사회에 의해 3중 복합사회인 '고대국가'가 형성되는 것이 일반적이었다.

한반도는 한 번도 '빙기'에 '빙하지대'가 된 적이 없는 비교적 온화한 지역이었으므로 다른 지역에 비하여 신석기시대가 비교적 일찍 시작된 지역이라고 볼 수 있다.

한반도에서는 대체로 서기전 약 10000년(BC 10000년)부터 신석기인이 출현하고 신석기시대가 시작되었다고 보는 것이 합리적 해석이 되는 초기 신석기시대 유적·유물들이 최근 계속 출토되고 있다.

국립문화재청 조사단이 2002년 강원도 고성군 문암리(文岩里)에서 신석기시대 유적을 발굴 조사했는데, 이 문암리 유적의 신석기시대가 BC 10000년부터 시작되었음이 명료하게 측정되었고 증명되었다.

이 유적은 정밀하게 10개층으로 구분되었는데 가장 오래된 10층과 9층은 무문양토기(민무늬토기)만 출토되는 동질적 층위이고, 8~6층은 오산리식 토기와 융기문(隆起文)토기(덧무늬토기)가 중심이 되는 층위이다. 천만다행하게 제10층(바닥층)에서 5편의 무문양토기 조각과 함께 목탄(木炭: 숯)이 나와서 방사성 탄소 연대 측정을 한 결과 BC 10000년의 측정연대가 정확하게 나온 것이었다.[7]

문암리 유적 제10~9층 층위의 고고유물에 의하여 한국의 신석기시대의 시작이 BC 10000년경부터임이 명료하게 증명된 것이다.

오산리 유적의 융기문토기의 방사성 탄소 측정 연대가 BC 6000년~BC 5000년으로 나왔었으므로,[8] 문암리 조사단은 오산리식 토기가 융기문토기와 함께 출토되는 문암리 8~6층의 연대를 BC 6000년으로 추정하였다. 그리고 문암리 제10층~제6층까지를 신석기시

---

[7] 국립문화재연구소, 《高城文岩里遺蹟》, 2004, 228쪽 참조.

[8] 서울대 박물관, 《鰲山里遺蹟》Ⅰ·Ⅱ·Ⅲ, 1984·1985·1988, 참조.

대 전기(BC 10000년~BC 6000년)로 분류하고, 제5층~제1층을 신석기시대 중기(BC 3500년~BC 2500년)로 해석하였다.

문암리 제10층과 9층의 유적 유물은 BC 10000년경의 신석기시대의 초기 유물이므로 이를 몇 가지 간추려 들면 〈그림 1-6〉과 같다.

문암리 제8층~6층에서는 훨씬 발달된 신석기 전기 유물이 다수 출토되어 있다.

또한 제주도 고산리에서는 아카호야 화산재층(BC 6800년~BC 6300년)보다 아래층에서 갈색 민무늬토기 50여 점을 비롯하여 돌화살촉 404점 등 모두 6,500여 점의 신석기시대 석기와 토기 파편이 출토되었다. 일본 규슈의 아카호야 화산은 BC 6800년~BC 6300년에 대폭발을 하여 그 화산재가 제주도는 물론 한국 동해와 인도차이나 해역에까지 날아가서 흔적을 남겼는데, 고산리 유적은 아카호야 화산재층보다 선행한 아래층에서 발견되어 BC 6800년 이전의 BC 10000년경~BC 6800년경의 것으로 추정되었다.[9] 최근에는 고산리 유적은 BC 10000년경의 신석기 유적이라고 보는 것이 새로운 추세이다.[10]

또한 경상북도 청도군 오진리(梧津里) 암음(岩蔭) 유적에서도 융기문토기(덧무늬토기) 이전의 퇴적층에서 다수의 민무늬토기 등 여러 가지 토기들이 출토되었는데 오산리식 토기(BC 6000년경)보다 선행하는 신석기 전기 시대 전기 토기로 추정되었다.[11]

---

**9** ① 李淸圭, 〈제주도 高山里 출토 융기문토기〉, 《탐라문화》 9, 1989.
　② _____·高抏, 〈高山里 유적과 석기유물〉, 《제주 신석기문화의 원류》, 1995 참조.

**10** 국립제주박물관, 《제주의 역사와 문화》, 2001, 28~34쪽 참조.

**11** 河仁秀, 〈남해안 櫛文土器 연구현황과 과제(I)-편년을 중심으로〉, 《博物館研究論集》 9, 부산박물관, 2002 참조.

〈그림 1–6〉 강원도 고성군 문암리 신석기 유적 제10·9층 유물(BC 10000년경) (크기 부동)
**1** 제10층 무문양토기 조각 **2** 제9층 출토 토기 **3,4,5** 제9층 7호 주거지 토기 조각 **6** 제9층 출토 돌도끼 **7,8** 제9층 7호 주거지 출토 돌도끼 **9** 제9층 7호 주거지 갈돌 **10** 제9층 7호 주거지 어망추 **11** 제7~2층 출토 돌손칼

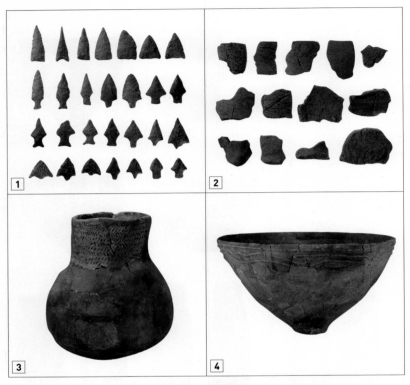

〈그림 1-7〉 제주도 고산리 유적 출토 신석기시대 유물(BC 10000년경) (크기 부동)
**1** 타제석촉  **2** 원시무문토기  **3** 압인문토기  **4** 융기문토기

　그러므로 한반도에서 신석기시대가 BC 10000년경에 시작된다는 사실에 이제는 더 이상 놀라거나 당황할 필요가 없는 것이라 생각한다.

　사회과학적 관점에서는, 종래 한반도 신석기시대 시작을 BC 6000년경으로 보아온 견해는 당연히 수정되어야 하며, 고고학계의 최근 발굴 성과에 의거하여 BC 10000년경을 한반도 신석기시대의 시작으로 보아야 한다고 생각한다.

한반도의 북위 40도 이하의 지역에서 살인적 혹한의 최후의 빙기를 이겨낸 '슬기슬기 사람' 단계의 구석기인들 일부가 동굴에서 나와 BC 10000년경 신석기인으로 진화하면서, 주로 강변과 해안에서 가족·씨족·부족제도를 만들고 큰 마을공동체를 만들며, 경작(재배)농업의 농업혁명을 시작하여 새로운 시대를 열었다는 사실을 이제는 고고유물로 증명할 수 있게 되어가고 있는 것이다.

한반도에서 서기전 10000년경 신석기시대를 열고 신석기시대의 경작(재배)농업을 최초로 시작해서 '신석기시대 농업혁명'을 처음 수행한 '신석기인'이 '한국인 최초의 기원'이라고 할 수 있다.

# 제 2 장

# 고조선 국가를
# 형성한 3부족

## 제 1 절
# 고조선 국가형성의 3부족설

고조선 국가형성에 결합한 부족들에 대해서 기존학설로는 ① 예맥(濊貊) 1부족설(이병도 교수 학설)[1]과 ② 예(濊)부족과 맥(貊)부족의 2부족설(김상기 교수 학설)[2] 등이 있다.

한편 필자는 고조선 건국시기 자료들을 검토한 결과 ③ 한(韓·寒·馯·桓·汗)부족·맥부족·예부족의 3부족 결합설을 제시하고 있다.[3]

필자의 3부족설은 '한'부족을 찾아내어 추가할 뿐 아니라, '한'부족을 고조선 제왕을 배출하여 가장 중심적 역할을 수행한 부족으로 보는 견해이다.

널리 아는 바와 같이 스펜서(Herbert Spencer) 이후 사회학과 인류학에서는 단순사회인 '가족'들이 다수 결합하여 복합사회인 '씨족'을 형성하고, 다수의 '씨족'들이 결합하여 2중 복합사회인 '부족'을 형성하면서 혈연공동체를 벗어나서 지연(地緣) 공동체로 전환되며 안정

---

1 李丙燾, 〈檀君說話의 해석과 阿斯達문제〉, 《한국고대사연구》, 1976 참조.

2 金庠基, 〈韓·濊·貊 移動考〉, 《東方學論叢》, 1974 참조.

3 愼鏞廈, ① 〈民族形成의 理論〉, 《韓國社會學研究》 제7집, 1984.
　　② 〈檀君說話의 社會學的 解釋〉, 《韓國社會史研究會論文集》 제47집, 1995.
　　③ 〈韓國民族의 起源과 形成〉, 《韓國學報》 제100집, 2000; 《한국민족의 형성과 민족사회학》, 지식산업사, 2001.
　　④ 〈한민족의 형성과 단군에 대한 사회사적 고찰〉, 《단군학보》 제3집, 2000; 단군학회 엮음, 《단군과 고조선 연구》, 지식산업사, 2005.
　　⑤ 〈고조선 국가의 형성: 3부족 결합에 의한 고조선 개국과 아사달〉, 《사회와 역사》 제80집, 한국사회사학회, 2008 겨울.
　　⑥ 〈고조선의 통치체제〉, 《고조선연구》 제1집(고조선학회), 지식산업사, 2008 참조.

된 군장(君長)을 가진 군장사회(chiefdom)를 형성한다고 보았다. 그리고 다수의 부족들이 결합하여 안정된 왕(king)을 가진 3중 복합사회인 고대국가를 형성하며, 고대국가 형성부터 인류사회는 문명의 단계로 들어간다는 관찰이 보편적 정설로 정립되어 발전하고 있다.

## 제2절
# '한'부족의 문화유형과 '한강문화'

신석기시대의 선진문화의 특징은 농경에 의한 식량 생산 경제생활의 시작에서 나타난다. 최근의 고고학 발굴 성과에 의하면 동아시아에서 벼농사를 맨 처음 시작한 지역은 ① 한강(남한강·금강 상류·한탄강 포함) 유역(중·상류)과 ② 양자강 중·하류 유역이다.

### 1) 최초의 선진적 농경사회문화 형성
한반도 중부지방 한강 유역에서 기원하여 농경생활을 먼저 시작한 부족을 필자는 '한'(韓·寒·馯·桓·汗)부족이라고 판단하고 있다. 신석기시대의 부족 명칭은 대체로 강·산의 이름과 토템에서 기원하는데, '한'부족은 '한'강에서 기원하여 발전함으로써 '한'부족의 명칭을 갖게 된 것으로 생각한다.

'한강'의 '한'은 매우 오래된 한부족의 언어로서 고조선어로 계승되었으며, 현대한국어의 '큰'의 뜻이다. '한'부족이 중국 산동 지방과 동북 지방에 진출했을 때의 중국 고문헌에 '韓', '寒', '馯', '桓',

'汗' 등 여러 가지 글자로 음역하여 표기된 사실은 '한'이 순수한 '한'부족 언어이고 고조선 언어임을 방증해 주는 것이다.

'한'부족은 동아시아에서 가장 먼저 농경사회에 들어갔던 부족이라고 판단된다. 그 증거로는 다음의 몇 가지를 들 수 있다.

(1) 청원 소로리(清原 小魯里, 남한강·금강 상류 지역)에서 고대형 볍씨가 18개 출토되었는데, 계측 가능한 온전한 14톨 가운데 8톨이 포함된 중부 토탄층을 미국의 지오크론 연구소(Geochron Lab, GX)에서 연대치를 측정했고, 6톨이 포함된 중부 토탄층을 서울대학교 기초과학연구소(AMS, SNU)에서 연대치를 측정했더니, 14개의 토탄층 연대 측정치가 bp 12,500년(BC 10550년)~bp 14,620년(BC 12670년)으로 두 연구소의 측정치가 일치하였다. 같은 토탄층 중부 아래층에서 고대형 '단립(短粒)벼'가 출토되었는데, 토탄층 연대가 bp 13,920년(BC 11970년)으로 측정되었다. 가장 늦은 시기의 토탄층에서도 '장립(長粒)벼' 1톨과 '유사벼' 1톨이 출토되었는데, 측정치가 bp 12,500년(BC 10550년)으로 나왔다. 주사전자 현미경(SEM)으로 출토된 단립벼의 유봉돌기를 관찰한 결과 현대 단립벼와 같은 것으로 관찰되었다. 출토된 단립벼는 순화(馴化, domestication)의 초기단계 재배벼로 판단되었다.[4]

---

[4] 박태식·이융조, 〈小魯里 볍씨 발굴로 살펴본 한국벼의 기원〉, 《농업사연구》 제3권 2호, 2004 참조. 이 보고서는 다각적으로 치밀한 자연과학적 조사를 한 후에 "소로리 볍씨는 자연환경, 출토 빈도, 難脫粒性, 한반도에 野生벼가 존재하지 않고, 또 식물의 조직학적, 생태적, 토양의 물리적인 면을 고려할 때, 한국 栽培벼의 조상이며, 馴化 初期 단계의 벼로 해석되고, 청원군 소로리는 栽培벼의 起源地로 기록되어야 할 것이라고 본다"고 요약하고 있다.

이것은 '단립벼'가 13,920년 전부터 재배되기 시작했음을 의미한 것이므로 놀라운 일이었고, 많은 비판이 일어났다. 가장 날카로운 비판은 출토벼 자체를 측정하지 않고 출토벼가 포함된 토탄을 측정했다는 것이었다.

최근 미국 아리조나 대학교의 연구에서 소로리 볍씨가 포함된 토탄과 볍씨를 분리하여 재측정한 결과 토탄의 연대가 bp 12,552±90년(BC 10602±90년, AA-82240)으로, 그리고 토탄 안에 있던 고대벼가 bp 12,500±150년(BC 10,550±150년, AA-82239)으로 측정되어, 토탄 측정이나 토탄벼의 측정이 차이가 없고 일치하고 있음이 밝혀져서 비판에 대한 명확한 자료를 제시하게 되었다.[5]

(2) 충주 조동리 유적(남한강 유역)의 신석기문화층 두 곳[bp 6,200±40년(BC 4250±40년)과 bp 6,140±40년(BC 4190±40년)]에서 빗살무늬토기·그물추·돌도끼·간석기·숯 등과 함께 볍씨가 출토되어 6,200년 전 당시 벼농사에 대한 중요한 자료를 얻게 되었다.[6]

(3) 옥천 대천리(금강 상류) 집터 유적에서 불탄 탄화미·보리·밀·조·기장 등 5종류의 곡물이 출토되었는데, 탄소 측정의 결과 BC 3500년~BC 3000년경의 곡물로 측정되었다.[7]

(4) 경기도 고양(高揚) 가와지(家瓦地) Ⅰ지구(한강·임진강 유역)에서도 볍씨가 출토되었는데, bp 5,310±80년(BC 3360±80년, 보정연대)으

**5** 이융조, 〈중원지역의 구석기문화〉, 《중원광장》 창간호, 중원포럼·충북일보, 2009 참조.

**6** ① 이융조·우종윤, 《충주 조동리 선사유적(Ⅰ)》, 충북대 박물관, 2001, 459쪽.
 ② ____·____·이승원, 《충주 조동리 선사유적(Ⅱ)》, 충북대 박물관, 2003, 214쪽 참조.

**7** 한창균·김근완·구자진, 〈대천리 유적 신석기시대 집자리에 대한 고찰〉, 《옥천 대천리 신석기유적》, 한남대 중앙박물관·한국고속철도건설공단, 2003 참조.

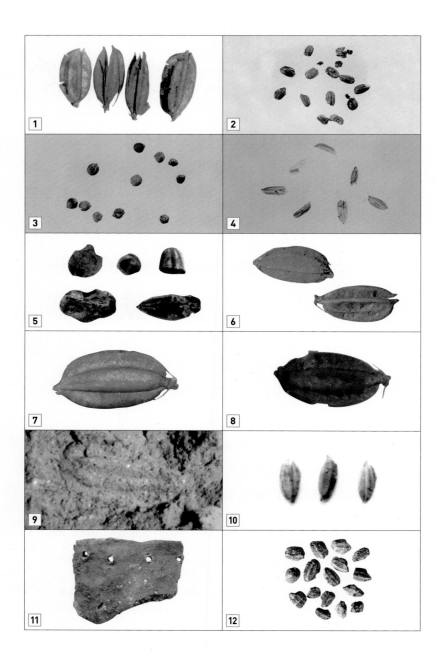

**〈그림 2-1〉 한강 유역 출토 신석기시대 벼·탄화미(크기 부동)**

**1** 청원군 소로리 볍씨(BC 10550년~BC 11950년)
**2** 충주 조동리 유적 탄화미 ①(BC 4200±40년)
**3** 충주 조동리 유적 탄화미 ②(BC 4140±40년)
**4** 충주 조동리 유적 벼 껍질(BC 4200년경)
**5** 옥천 대천리 유적 탄화미·보리·밀·조·기장(BC 3500년경)
**6** 고양군 가와지 Ⅰ지구 볍씨(BC 3318±80년경)
**7** 고양군 가와지 Ⅱ지구 볍씨(BC 3318년~BC 2668년경)
**8** 고양군 가와지 Ⅲ지구 볍씨 토탄 상부(Ⅰ, Ⅱ지구와 동일연대)
**9** 고양군 가와지 Ⅲ지구 볍씨 자국(Ⅰ, Ⅱ지구와 동일연대)
**10** 김포군 가현리 볍씨(BC 2030±25년)
**11** 하남시 미사리 볍씨 박힌 구멍 무늬 Ⅰ기 토기 조각(신석기시대 중기)
**12** 여주군 흔암리 탄화미(BC 1650년~BC1490년경)

로 측정되었다.[8]

(5) 경기도 김포군 가현리(한강 하류 지역)에서는 토탄층과 함께 쌀과 조의 탄화물이 검출되었는데, bp 4,020±26년(BC 2070±26년)으로 연대가 측정되었다.[9]

(6) 경기도 하남시 미사리(한강 중류 지역) 030호 주거지에서는 볍씨 자국이 찍혀 있는 신석기시대 구멍무늬[孔列] 1기 토기 조각들이 발굴되었다.[10]

(7) 경기도 여주군 흔암리(欣岩里, 남한강 유역)에서는 12호 집자리에서 다량의 탄화미(炭化米)와 보리·조·수수 등의 곡물이 발굴되

---

**8** 박태식·이융조, 〈고양 家瓦地 1지구 출토 벼낟알들과 한국선사시대 벼농사〉, 《농업과학논문집》 제37집 2호, 1995 참조.

**9** ① 任孝宰, 〈경기 김포반도의 고고학조사연구〉, 《서울대학교 博物館報》 제2집, 서울대 박물관, 1990.
② ______ 편저, 《韓國古代稻作文化의 기원-金浦의 古代米를 중심으로》, 학연문화사, 2001 참조.

**10** 고려대 미사리 발굴조사단(尹世英·李弘鐘), 《渼沙里》 Ⅴ, 1994 참조.

었는데, bp 3,306±70년(BC 1410±70년, 보정연대 BC 1650년~BC 1490년)으로 추정되었다.[11]

최근 고고학계의 고대미 발굴 성과의 축적으로 이제는 사회과학계가 이론화 작업을 할 필요를 절감하게 된다.

소로리 볍씨는 BC 10000여 년의 것으로서, 지역적으로 그리고 시기적으로 고립된 현상이 아니라, 지역적으로 확산되고 시기적으로 지속되어, 새로운 시대를 연 '단립벼' 재배 농업혁명의 씨앗이 된 것을 관찰할 수 있기 때문이다.

BC 10000여 년경의 볍씨가 나온 청원군 소로리는 남한강 상류와 금강 상류의 발원지가 나누어지는 지역에 위치한 곳으로서, 구석기시대 동굴 유적이 집중되어 있는 지역에 매우 가까운 곳이다. 남한강 상류에는 한국에서 가장 오래된 구석기 유적의 하나인 70만 년 전의 금굴 동굴 유적, 수양개 유적, 구낭굴 유적, 상시바위그늘 유적, 점말 용굴 유적 등과 그 밖에 다수의 구석기·신석기 유적들이 있다.

또한 금강 상류에는 두루봉 동굴 유적, 큰 용굴 유적, 작은 용굴 유적과 공주 석장리 유적, 청원 만수리 유적, 청원 노산리 유적 등 다수의 구석기·신석기 유적들이 있다. 두 지역 유적(남한강 상류 지역과 금강 상류 지역)은 매우 거리가 가까워서 두 지역의 구석기 유물들은 석질이나 생활도구가 동일하다. 두 지역은 모두 북위 37도선 지대로서 북위 40도선 이남에 있었으므로, BC 12000년~BC 10000년에 기후

---

11 任孝宰, 《欣岩里住居地》 Ⅳ, 서울대 박물관, 1978 참조.

가 오늘날과 같이 다시 따뜻해졌을 때 동굴에서 나온 '슬기슬기 사람' 단계의 구석기인들 일부가 야생벼와 식물들을 재배해보려고 순화(馴化)를 시도한 것은 '사회학적 상상력'을 적용해보면 당연한 일이 아니었을까?

소로리 볍씨에서 '단립벼'는 15톨이나 되는데, '장립벼'는 1톨이고, '유사벼'가 2톨이나 있다는 것은 동굴에서 나온 구석기 '슬기슬기 사람' 일부가 야생벼과 식물에서 '단립벼' '장립벼' '유사벼'들 가운데 '단립벼'를 선택해가고 있었음을 증명하는 것은 아닐까? '유사벼'의 출토된 개체 수보다 '단립벼'의 출토된 개체 수가 훨씬 많은 것은 출토된 '단립벼'가 재배벼라는 증거의 보강이 아닐까?

그들의 '단립벼' 재배 시도가 성공했다면, 지역적으로 우선 한강·한탄강 유역 일대와 금강 유역 일대에 '단립벼' 유물이 나올 것이며, 시기적으로 연속되어 나올 것이다.

그런데 이미 남한강 유역 충주 조동리 유적에서는 BC 4200년경의 탄화벼가 나왔다. 한강 본류 유역에서도 고양 가와지 Ⅰ·Ⅱ·Ⅲ 지구에서 BC 3360년경의 볍씨가 나왔으며, 미사리에서도 신석기시대 중기의 볍씨 박힌 토기가 출토되었고, 여주 흔암리에서는 BC 1650년경의 탄화미가 나왔으며, 한강 하류 유역인 김포 가현리에서도 BC 2070년경의 볍씨가 나오지 않았는가.

금강 상류 유역인 옥천 대천리 유적에서도 BC 3500년경의 탄화미가 나왔고, 그와 함께 같은 연대의 보리·밀·조·기장이 출토되었다. 금강 하류 지역인 부여 송국리 유적에서도 BC 1000년경의 볍씨가 출토되었다.

이러한 벼 재배 유적 발굴은 이 지역 전부를 조사 발굴한 것이 전혀 아님을 유의해야 한다. 아파트 등 건축 공사 때문에 우연히 선정된 지역에서, 힘들게 발굴한 것이기 때문에, 앞으로 이 지역에서 얼마든지 풍부한 '단립벼' 고대미 발굴 결과가 나올 것은 명약히 예견할 수 있는 일이라고 말할 수 있다. 더구나 '소로리' 이후 동일한 '단립벼'만 출토되고 '장립벼'가 사라졌다는 것은 주목해야 할 사실인 것이다.

비록 '장립벼'(*indica* 및 *javanica* 포함)는 재배 기원이 동남아 지역일지라도, '단립벼'의 재배 기원은 '한강 상류'인 '남한강' 유역과 '금강 상류' 유역이며 BC 10000년경 신석기시대의 시작과 동시에 '단립벼' 선택 순화 재배 과정이 시작되어 '단립벼' 재배의 농경이 한강(한탄강·금강 상류 포함) 하류와 서해안으로 확대되면서 단립벼 재배의 농경 문화가 발전되었음을 알 수 있다.

또한 남한강 상류 및 금강 상류에서 기원 발달한 단립벼 재배는 금강 하류 유역에서도 널리 확산되었음을, 부여 송국리 출토의 '단립벼' 농경문화 유적에서도 확인할 수 있다.

한강 유역의 '단립벼' 재배 농경문화는 그 후 전 한반도와 요동반도 남부 및 산동반도로 전파되었다고 자료를 통해서 검증해 볼 수 있다.

황해도 봉산군 지탑리 유적과 충청북도 옥천군 대천리 유적에서 알 수 있는 바와 같이 한반도의 농경문화는 단립벼 재배와 공반하여 조·보리·기장·수수·팥·콩 등의 잡곡 재배가 병행하였다. 김포 가현리 출토의 볍씨는 '조'와 함께 출토되었다. 그러므로 한강 유역에서는 잡곡 재배와 벼 재배를 병행하다가 동아시아에서 가장 이른 시기에 단립벼 재배를 핵심으로 한 농경문화를 형성·발전시켰다고 볼 수 있다.

한강 유역은 세계에서 가장 이른 시기에 농경문화가 시작된 농경
문화 기원지의 하나인 것이다.

요컨대, 한강(남한강·한탄강·금강 상류 유역 포함) 유역에서는 BC
10000년경부터 단립(短粒)벼를 선택해서 순화(馴化) 단계를 거치면
서 전기 신석기시대(BC 10000년~BC 6000년경)에 이미 농경생활이 시
작되고 있었음을 알 수 있다.[12]

필자는 동아시아 최초의 벼농사 등 최선진 농경문화를 중심으로
'한강문화'의 개념과 고고유물의 체계화 및 이론 정립이 이루어져야
한다고 생각한다.[13]

한강 유역에서 초기 신석기시대에 최초로 농경문화를 시작하여 '한
강문화'를 창조한 부족이 바로 후에 '한'부족으로 불리운 부족이라고
필자는 판단하고 있다.

### 2) 뾰족밑 빗살무늬토기의 문화유형

'한'부족은 농경생활 도구의 하나로 독특한 '뾰족밑 빗살무늬토

---

**12** 淸原 小魯里 볍씨(bp 13,920년)와 高陽 가와지 볍씨(bp 5,310±80년) 사이의 연대 차는 농경
문화 발전의 차이라고 볼 수 있다. 소로리 볍씨에서는 재배된 단립벼(*japonica*)들과 함께 장립
벼(*indica*)도 1톨 나왔으며, 유사벼도 2톨 출토되었다. 이것은 馴化의 시작단계를 나타내는 것
이라고 볼 수 있다. 한편 가와지 I지구와 II지구 볍씨 및 김포 볍씨는 모두 재배된 단립벼뿐이
고, 장립벼와 유사벼는 소멸되었다. 그 사이 단립벼만 선택되어 재배된 농경문화의 발전을 나
타내는 것이라고 볼 수 있다. 또한 그 사이의 단립벼 재배 발전 과정의 단립 볍씨에 대해서는 아
직 한강 유역을 모두 발굴한 것이 아니고, 앞으로 얼마든지 발굴이 있을 것이기 때문에, 현재의
연구단계에서도 물론 재배벼의 기원을 논할 수 있다고 본다.

**13** ① 서울특별시사편찬위원회 편, 《漢江史》, 1985.
② 최몽룡 외, 《한강유역사》, 민음사, 1993.
③ 경기도 박물관, 《경기도 3대하천유역 종합학술조사 I, 임진강》 3책, 2001.
④ _____, 《경기도 3대하천유역 종합학술조사 II, 한강》 3책, 2002.
⑤ _____, 《경기도 3대하천유역 종합학술조사 III, 안성천》 1책, 2003 참조.

기'를 발명하여 사용하였다.

한강에서 발굴된 뾰족밑 빗살무늬토기의 편년은 늦게 잡아도 BC 6500년~BC 5000년경에 사용되기 시작한 것으로 볼 수 있다.[14]

필자는 '뾰족밑 빗살무늬토기'는 한강 유역에서 기원한 것으로 판단하고 있다. 뾰족밑 빗살무늬토기는 한강 유역 '한강문화'의 주축이 된 신석기시대 최선진 농경문화에서 기원하여 다른 지역으로 파급 이동되었다고 보는 것이다.

현재 남아 있는 암사동 유적[15]과 미사리 유적[16]에서 발굴된 '뾰족밑 빗살무늬토기' 유적들이 '한'부족의 농경문화의 대표적 유적의 발굴유물 사례의 일부이다.

'뾰족밑 빗살무늬토기'가 한강 유역에서 기원했다는 사실은 그 분

---

**14** 한국 고고학계에서는 뾰족밑 빗살무늬토기를 BC 5000년경으로 추정하고 있는데, 고고학계에서 보정편년이 필요하다고 본다. 왜냐하면 중국과 북한의 고고학은 이를 훨씬 높여 보고, 남한과 일본의 고고학계는 이를 낮추어 잡아 격차가 커서 동아시아 지역 전체의 비교 고찰이 어렵기 때문이다.

예컨대 산동반도 大汶口文化 晚期 유적에서 고조선 계열의 세련된 팽이형 민무늬토기 11점이 발굴되었는데, 중국 고고학계는 대문구문화 만기 연대를 BC 3000년~BC 2600년의 것이라고 측정하였다(高廣仁·欒豊實, 《大汶口文化》, 文物出版社, 2004, 73~78쪽 참조). 이러한 유형의 세련된 팽이형 토기를 한국 고고학계는 BC 1000년경의 것으로 추정하였다[국사편찬위원회, 《구석기문화와 신석기문화》(《한국사》 제2책), 442쪽 참조]. 격차가 최소한 1,600년이나 된다. 이러한 경향을 감안하여 동아시아 지역 전체의 비교 고찰을 위해, 중국 고고학계의 높여 잡는 연대 기준으로 보정하면, 한강 유역 '뾰족밑 빗살무늬토기'의 편년은 BC 6500년~BC 5000년으로 된다.

**15** ① 金元龍, 〈岩寺里遺蹟의 土器·石器〉, 《歷史學報》 17·18, 1962.
② 任孝宰, 《암사동》, 서울대 박물관, 1985.
③ 國立中央博物館, 《岩寺洞》, 1994.

**16** ① 金元龍, 〈廣州 渼沙里 櫛文土器遺蹟〉, 《歷史學報》 14, 1961.
② 金鍾徹, 〈廣州 渼沙里 櫛文土器에 대한 小考〉, 《韓國考古》 1, 1967.
③ 渼沙里先史遺蹟發掘調査團, 《渼沙里》 Ⅰ~Ⅳ, 1994.

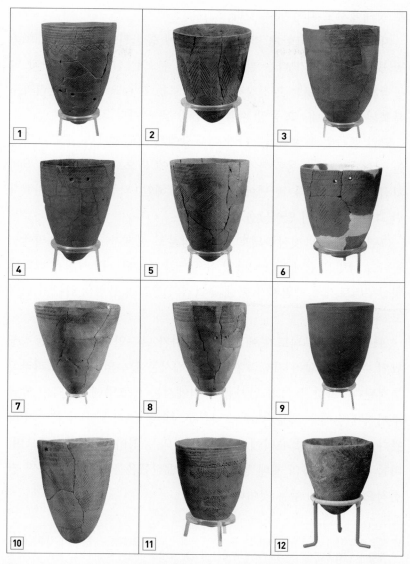

〈그림 2-2〉 한강 유역 암사동·미사리에서 출토된 각종 뾰족밑 팽이형 빗살무늬토기(크기 부동)
**1,2** 제5호 주거지 바닥 출토 **3,4** 유구(遺構)혼합 출토 **5,6,7,8,9,10,11** 유구혼합 3차 출토 **12** 미사리 주거지 바닥 출토

포 상태에서도 확인할 수 있다.[17]

지금까지의 고고학계 발굴보고 지도에 동심원을 그려보면, 뾰족밑 빗살무늬토기가 다수 발굴되는 지역 분포는 남으로 남해안과 낙동강까지, 북으로는 청천강까지, 동으로는 강원도 양양 오산리까지 분포되어 있는데, 그 중앙 지점이 '한강 유역'이다.

만일 뾰족밑 빗살무늬토기가 대동강에서 기원했다면 남으로 한강을 넘어 남해안 낙동강까지 분포되기 전에 북으로는 압록강을 건너 확산되었을 것이다. 반면에 금강이나 남해안·낙동강에서 기원했다면 그 반대 현상이 일어났을 것이다.

그런데 뾰족밑 빗살무늬토기의 북방분포 한계가 청천강 유역에서 끝나고 남방은 남해안과 낙동강 유역까지 분포된다는 사실은 뾰족밑 빗살무늬토기의 기원지가 한강 유역임의 간접적 증명의 하나가 된다고 볼 수 있다.

'뾰족밑 빗살무늬토기'에는 대형 토기가 다수인데, 이것은 농경생활의 수확물인 알곡 저장과 관리를 위해서는 필수의 도구였으리라고 추정된다. 한강 유역의 암사동 유적에서는 10호밖에 안 되는 발굴 주거지에서 매우 많은 '뾰족밑 빗살무늬토기'(조각 포함)가 쏟아져 나왔다. 이것은 한강 유역에서 알곡 생산의 농경이 크게 발전했으며, 벼를 비롯한 오곡의 재배 농경이 크게 발전했음을 수확물 용구가 간접적으로 증명해 주는 것이다.

---

**17** 발굴보고서들을 읽고 나서 여기서는 토기의 무늬보다 토기의 器形을 더 주목하여 관찰하였다. 왜냐하면 '뾰족밑 빗살무늬토기'나 '뾰족밑 팽이형 토기'는 기형이 세계에서도 매우 독특한 형태이므로, 기형이 토기를 만든 집단의 분포와 이동과 계승을 더 잘 알려주기 때문이다. 따라서 기형 분석이 먼저('綱')이고 이와 더불어 무늬 분석이 다음('目')이 되어야 이 토기를 만든 집단의 범주를 놓치지 않게 될 것이라고 생각하였다.

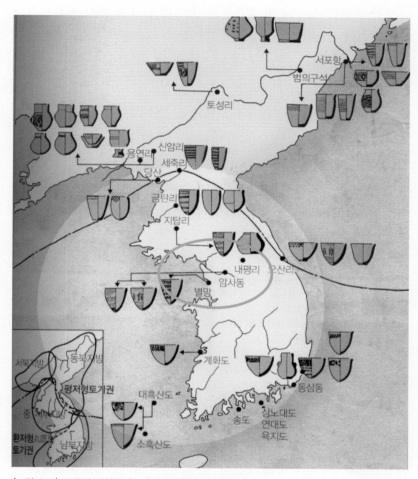

〈**그림 2-3**〉 뾰족밑 빗살무늬토기의 분포(국립중앙박물관)

'뾰족밑 빗살무늬토기'를 직접 계승한 것이 '둥근밑[圓底] 빗살무늬토기'와 '뾰족밑 팽이형 민무늬토기' 및 '둥근밑 민무늬토기'이다.

한강 유역에서는 이 밖에도 물론 소수의 납작밑 토기와 간토기가 출토되었다. 그러나 절대다수의 독특한 토기유형은 '뾰족밑 빗살무늬토기'이다.

### 3) 농경 도구의 발전

한강 유역에서 초기 신석기시대부터 시작된 농경사회경제에 수반하여 농경 도구들도 매우 풍부하게 되고 발전되었다. 예컨대, 한강 유역 암사동 유적은 일제강점기까지도 수백 개 주거지가 남아 있었다고 하는데, 홍수에 휩쓸려 가고 또 파괴되어, 본격적으로 고고학

〈그림 2-4〉 한강 유역 암사동 출토 신석기시대 각종 농구들(크기 부동)
1 암사동 주거지 출토 개간용 돌도끼의 사례
2 암사동 2호 주거지 출토 돌괭이
3 암사동 10호 주거지 출토 돌곰배괭이(일설 돌가래)
4 암사동 4호 주거지 출토 돌쟁기 보습
5 암사동 1호 주거지 출토 돌쟁기 보습
6 암사동 4호 주거지 출토 돌쟁기 보습(일설 돌가래)
7 암사동 4호 주거지 출토 돌가래
8 암사동 4호 주거지 출토 돌가래삽
9 암사동 Ⅴ · Ⅵ 트렌치 출토 돌가래삽
10 암사동 10호 주거지 출토 보습 조각
11 암사동 5호 주거지 출토 파토기(破土器, 호미의 일종)
12 암사동 Ⅴ · Ⅵ 트렌치 출토 파토기(호미의 일종)
13 암사동 2호 · 4호 주거지 Ⅶ 출토 돌낫
14 암사동 Ⅰ 트렌치 출토 반달칼
15 암사동 10호 주거지 출토 탈곡용 돌칼
16 암사동 주거지 출토 갈돌판과 갈돌봉
17 암사동 3호 · 제5호 · 제7호 주거지 출토 갈돌봉
18 암사동 10호 주거지 출토 맷돌판

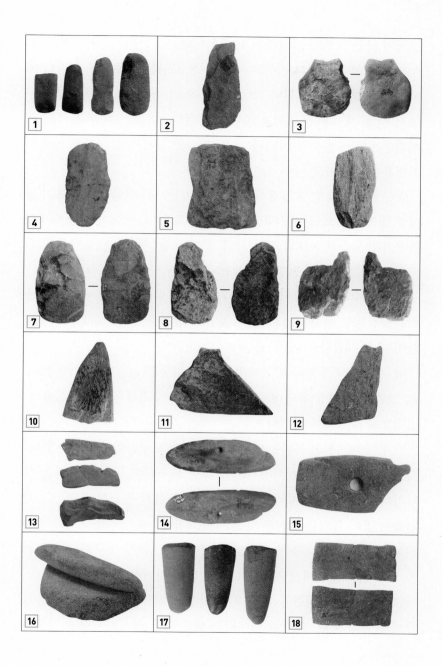

자들이 발굴 보고한 주거지는 10개뿐이다.

그 10개 주거지에서 쏟아져 나온 농경 도구들의 종류와 수량이 매우 풍부한 데 놀라게 된다(〈그림 2-4〉 참조). 암사동 출토 농경 도구로서 각종 개간용 돌도끼가 쏟아져 나왔다. 이것은 한강 유역의 신석기인들이 강변뿐만 아니라 부근의 숲을 농경지로 개간해 농사를 지었음을 시사하고 있다.

또한 돌도끼와 함께 돌괭이, 돌곰배괭이들이 다수 출토되어 초기 농경은 괭이 농경으로 시작되었음을 알려주고 있다. 이어서 각종 형태의 돌쟁기 돌보습이 출토되고, 돌가래, 돌가래 삽, 돌호미날들이 공반 출토되어, 농경이 쟁기 농경으로 발전되었음을 또한 알려 주고 있다.

농작물 수확 도구로서도, 신석기 후기에 나타나는 돌낫과 탈곡용 반달돌칼들도 출토되었으며, 갈돌판과 갈돌봉 등 신석기시대 맷돌들이 다수 나왔다(〈그림 2-4〉 참조).

이 지역에서 풍부하게 쏟아져 나오는 갈돌봉[敲石]들과 갈돌판[碾石] 조각들도 한강 유역에서 농업경작과 그 수확물이 풍부했음을 간접적으로 증명해주고 있다.

이 밖에 해석하지 못하는 다수의 농경 석기 도구들이 출토되어 있다.

물론 한강 유역의 신석기시대 농경용 도구들이 석기뿐인 것은 아니었다. 석기와 함께 나무로 만든 목제 도구들과 짐승뼈로 만든 골각기들이 많이 있었을 것임은 다른 지역(예컨대 서포항 유적, 지탑리 유적) 신석기 유적들에 비추어 틀림없는 일이지만, 목제 농구와 골각기들은 모두 썩어 없어져서 지금은 나오지 않는 것이라고 볼 수 있다.

암사동 유적 유물들을 미사리 등 한강 유역의 다른 유적 유물들과 함께 관찰해 보면, 한강 유역에서는 매우 이른 신석기시대 초기부터

**〈그림 2-5〉 한강 유역 암사동 출토 신석기시대 개간용 돌도끼[石斧] (크기 부동)**

**1** 암사동 주거지 출토 개간용 돌도끼의 사례  **2** 암사동 주거지 출토 개간용 돌도끼의 사례
**3** 암사동 제3호 주거지 출토 개간용 돌도끼  **4** 암사동 제10호 주거지 출토 개간용 돌도끼①
**5** 암사동 제10호 주거지 출토 개간용 돌도끼②  **6** 암사동 제10호 주거지 출토 개간용 돌도끼③
**7** 암사동 제10호 주거지 출토 개간용 돌도끼④  **8** 암사동 Ⅱ~Ⅳ 트렌치 출토 개간용 돌도끼

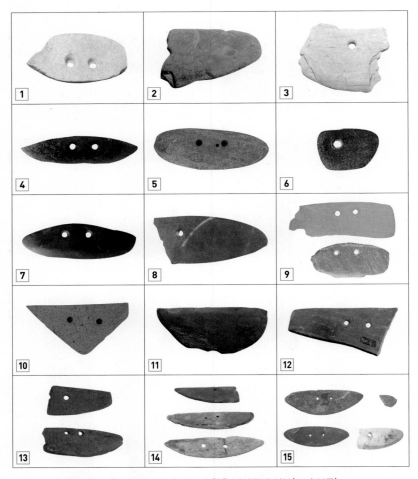

**〈그림 2-6〉 한강 유역 출토 신석기시대 각종 수확용 반달돌칼 일부(크기 부동)**

 1 안산 선부동 나2호 고인돌 출토　　　 2 연천 학곡리 2호 고인돌 출토
 3 미사리 서울대 발굴 구역 주거지 출토　 4 미사리 A4호 주거지 출토
 5 미사리 A5호 주거지 출토　　　　　　 6 미사리 A-1 주거지 출토
 7 미사리 004 · 005 주거지 출토　　　　 8 미사리 015호 수혈주거지 출토
 9 제천 황석리 고인돌 출토　　　　　　 10 보령 평라리 고인돌 출토
11 보령 평라리 고인돌 출토　　　　　　 12 청주 가격동 고인돌 출토
13 제천 조동리 주거지 출토　　　　　　 14 청주 내곡동 주거지 출토
15 여주 흔암리 주거지 출토

농경이 시작되어 괭이 농사로부터 점차 쟁기 농사로 진화해 갔음을 알 수 있다.

요컨대 한부족은 한강 유역에서 신석기시대 시작과 더불어 시행착오적으로 괭이 농경을 시작하여 신석기시대·중기·후기에는 쟁기 보습 농사를 지으면서 선진한 농경을 영위 발전시키고 있었다고 볼 수 있다.

### 4) 해(태양) 숭배의 신앙

'한'부족은 태양숭배족이었다. 한부족은 선진 농경부족이었기 때문에 농업경작과 직결된 '태양'을 숭배한 것은 자연스러운 일이었을 것이다.

《후한서(後漢書)》에 '동이'(東夷) 9족 가운데 '양족'(陽族)이라는 이름이 나온다.[18] 필자는 이 '양족'은 태양숭배부족이며, 바로 '한'부족이라고 판단하고 있다.

고조선 시기 초기에 고조선 지역과 그 후국(侯國) 진국 지역에서 출토되는 석기 및 청동기 고고유물에 각종 태양 무늬의 유물이 다수 출토 발견되는 것은 '한'부족이 태양숭배부족이었음을 방증해 주는 것이라고 해석된다.

### 5) 천손(天孫)의식을 가진 부족

'한'부족은 '천손(天孫)의식'을 가진 부족이었다. 한부족은 태양숭배부족이었으므로 태양이 떠 있는 '하늘'을 숭배하고 자기들을 태양

---

**18** 《後漢書》 卷85, 東夷列傳 第75 참조.

및 하늘과 연결시켜 '하느님의 후손'이라는 '천손의식' '천손사상'을 형성하고 발전시켰다.

'한' 부족이 신(神, God)을 '하느님'(한님: 하늘의 경칭)이라고 호칭한 언어 속에서도 '한' 부족의 하늘에 대한 숭배와 자기들을 '하느님의 후손'이라고 생각하는 의식이 간접적으로 표현되고 있다고 볼 수 있다.

### 6) 남성군장(君長, chief)의 부계 부족공동체 사회

'한' 부족은 남성군장의 지휘를 받는 부계 부족공동체 사회였다고 추정된다. 농경사회가 시작되면 모계 씨족공동체가 급속히 해체되고 부계 씨족공동체와 부계 부족공동체 사회가 확립되며, 부족장도 남성이 되는 것이 상례이다. 후에 '한' 부족의 부족군장의 아들 가운데 '환웅'(桓雄, 부족군장)이 기록에 나오는데, 여기서 '웅'(雄)은 남계 부족군장(王)을 나타내는 것이라고 해석된다.

'한' 부족이 남성군장의 지배를 받는 부계 부족공동체 사회였다는 사실은 한강 유역 일대와 한반도에서 출토되는 초기 개석식 고인돌 무덤에서 다수 출토되는 돌검[石劍]들과 화살촉들에서도 잘 증명된다. 이 돌검 등 무기들은 전투용·지휘용·수렵용 무기들로서 남성군장 및 부계 부족공동체 사회의 문화 항목의 하나라고 해석된다(〈그림 2-7〉 참조). 또한 이러한 고인돌 출토의 돌검들은 맥족의 여성 부족장 무덤들에서 돌검이 나오지 않고 화려한 옥장식품들이 나오는 것과 대조된다.

이러한 '한' 부족 부계 부족공동체 사회의 남성군장은 한강 유역과 그 밖의 이동 지역에서 농경문화와 함께 일찍이 '군장사회'(chiefdom society)에 진입했다고 볼 수 있다. '환웅'이 가졌던 관료조직은 원시시대 말기 군장사회 준국가의 관료조직 형태라고 해석된다.

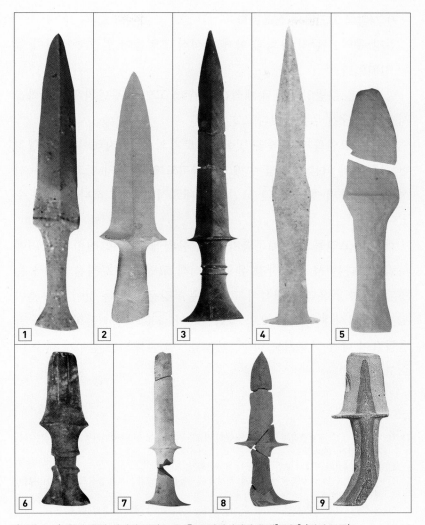

〈그림 2-7〉 한강 유역 개석식 고인돌 등 출토 신석기시대 돌검[石劍] (길이 부동)

**1** 청원 아득이 유적 출토　　　　　**2** 제천 황석리 고인돌 출토
**3** 양평 상자포리 4호 고인돌 출토　　**4** 보령 평라리 유적 출토
**5** 파주 당하리 7호 고인돌 출토　　　**6** 파주 덕은리 B1호 고인돌 출토
**7** 수원 팔달산 고인돌 출토　　　　　**8** 안산 선부동 2호 고인돌 출토
**9** 연천 원당리 고인돌 출토

## 7) 개석식 고인돌의 장례문화

한강 유역은 금강 유역과 함께 개석식 고인돌이 밀집하여 남아 있는 지역이다.[19]

한부족은 무덤양식에서 개석식(蓋石式) 고인돌 무덤의 장례문화를 시작하고 남긴 부족이었다고 본다.

개석식 고인돌과 뾰족밑 빗살무늬토기의 분포 지역이 거의 일치한 사실에서 이를 확인할 수 있다. 경기도 양평 앙덕리 고인돌은 신석기시대 중기 한강 유역 고인돌의 대표적 사례의 하나라고 볼 수 있다.[20]

개석식 고인돌의 장례문화가 한강 유역에서 이미 신석기 중기에 확립되었다는 사실은 한강 유역 개석식 고인돌의 부장품들에서 증명된다. 한강 유역의 개석식 고인돌은 부장품이 없는 것이 대부분이고, 신석기시대 중기에 오면 돌화살촉이 출토되거나 돌화살촉과 반달돌칼이 함께 나오기도 하고, 반달돌칼만 출토되는 경우가 다수 나오고 있다.[21]

---

**19** ① 하문식, 〈금강과 남한강 유역의 고인돌문화 비교연구〉, 《손보기박사정년기념고고인류학논총》, 지식산업사, 1988 참조.
② 우장문, 《경기 지역의 고인돌 연구》, 학연문화사, 2006.
③ 하문식, 〈고인돌의 축조에 관한 문제: 채석과 덮개돌운반─경기 지역을 중심으로〉, 《白山學報》 제79호, 2007.
④ 오대양, 〈한강 본류 유역 고인돌 유적의 성격〉, 《백산학보》 제79호, 2007 참조.

**20** 이융조, 〈양평 앙덕리 고인돌 발굴 보고〉, 《韓國史研究》 제11집, 1975 참조.

**21** 한강 유역의 고인돌과 그 부장품은 다음 책에서 정리하였다.
① 하문식, 〈금강과 남한강 유역의 고인돌문화 비교연구〉, 《손보기박사정년기념고고인류학논총》, 1988.
② 우장문, 《경기 지역의 고인돌 연구》, 2006.
③ 경기도 박물관, 《경기도 고인돌》, 2007 참조.

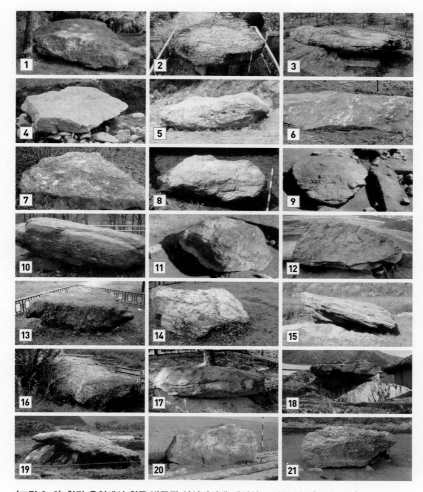

**〈그림 2-8〉 한강 유역에서 최근 발굴된 신석기시대 개석식 고인돌 일부(크기 부동)**

**1** 파주 다율리·당하리 2호 고인돌　**2** 연천 학곡리 고인돌　**3** 연천 양원리 고인돌
**4** 양평 상자포리 1호 고인돌　**5** 시흥 삼동 고인돌　**6** 안양 평촌동 1호 고인돌
**7** 안양 신촌마을 4호 고인돌　**8** 군포 골안마을 2호 고인돌　**9** 안산 선부동 나2호 고인돌
**10** 광명 가학동 12호 고인돌　**11** 이천 현방리 8호 고인돌　**12** 안성 만정리 고인돌
**13** 용인 왕산리 2호 고인돌　**14** 김포 고정리 고인돌　**15** 시흥 조남동 고인돌
**16** 오산 금암동 9호 고인돌　**17** 수원 교동 1호 고인돌　**18** 청원 아득이 고인돌
**19** 제천 황석리 층6호고인돌　**20** 음성 양덕리 고인돌　**21** 보령 평라리 고인돌

돌화살촉과 반달돌칼이 함께 공반되어 나오는 개석식 고인돌은 수렵(짐승사냥)과 농경을 함께 추구한 단계와 관련이 있으며, 반달돌칼만 부장품으로 나오는 경우는 신석기시대 농경 단계와 관련되어 있다고 볼 수 있다. 반달돌칼은 신석기시대부터 나오는 수확용 농경도구로 고고학자들이 널리 인지하고 있기 때문이다.

한강 유역 개석식 고인돌의 장례문화는 한강 유역 농경사회경제의 시작과 발전에 동반한 가부장적 가족제도와 부계씨족제도의 형성 발전에 관련된 것이라고 볼 수 있다.

뒤에 '한'부족이 '맥'부족 및 '예'부족과 연맹하여 대동강 유역에서 고조선 고대국가를 형성한 이후에 '개석식' 고인돌은 거대한 받침대를 가진 '탁자식' 고인돌로 변화했다고 본다.

사회학적 관점에서 왕과 귀족의 권력·권위·부력은 '높음'[高·首]과 '큼'[大]으로 상징화되어 표현되는데, 이것을 '개석식' 고인돌에 적용할 경우에는 받침돌(기둥돌)을 만들어 뚜껑판돌을 높이 받치는 '탁자식' 고인돌로 변화하게 하고, 뚜껑판돌도 크고 넓게 만드는 대형 탁자식 고인돌로 변화했다고 관찰되고 해석된다. 그러므로 거대한 뚜껑돌과 그것을 떠받쳐 올리는 거대한 받침돌(기둥돌)의 조합양식에서 제왕(king)의 '권력'과 '권위'와 '부력'이 상징적으로 무덤양식의 변화를 통해 표현된 것이 '탁자식' 고인돌이며, 한반도와 요동지역의 거대한 '탁자식' 고인돌은 고조선 '왕릉'(또는 왕릉급)이라고 볼 수 있는 것이다.

필자는 '개석식 고인돌'은 신석기시대 중기부터 한부족이 한강 유역에서 창안하여 확산된 무덤양식이었으며, '탁자식 고인돌'은 한부족이 주도하여 '맥', '예'부족과 함께 고조선 고대국가를 수립하고

제왕이 출현한 시기부터의 대동강 유역에서 창안하여 확산된 고조
선식 무덤양식이라고 해석하고 있다.

　고인돌 무덤은 한국 신석기시대와 청동기시대의 독특한 무덤양식
이었다.[22] 필자가 강조하는 것은 '개석식' 고인돌은 '한' 부족이 신석
기시대 중기에 창안하여 전 한반도에 전파된 장례문화이며, '탁자
식' 고인돌은 '고조선' 개국 무렵의 대권력 형성이 창안한 그 뒤의 장
례문화라는 사실이다. '개석식' 고인돌과 '탁자식' 고인돌은 성립에
크게는 신석기시대와 청동기시대의 선후가 있으며, 고조선 개국 후
탁자식 고인돌이 한강 유역과 그 이남에도 보급됨에 따라 두 개의 큰
유형으로 변화했다고 관찰된다.

　'한' 부족의 농경문화의 시작은 가부장적 가족제도, 부계씨족제도
와 씨족장 문화, 부계부족장 문화를 발전시키는 과정에서 '개석식'

---

**22** ① 도유호, 〈조선 거석문화연구〉, 《문화유산》 2, 1959.
　② 金元龍, 〈김해 무계리 支石墓의 출토품〉, 《東亞문화》 1, 1963.
　③ 金載元・尹武炳, 《韓國支石墓 연구》, 1967.
　④ 석광준, 〈오덕리 고인돌 발굴 보고〉, 《고고학 자료집》 4, 1974.
　⑤ 이융조, 〈양평 앙덕리 고인돌 발굴보고〉, 《韓國史研究》 11, 1975.
　⑥ 최몽룡, 《나주 보산리 支石墓 발굴보고서》, 1977.
　⑦ 강인구, 〈달성 진천동의 지석묘〉, 《韓國史研究》 28, 1980.
　⑧ 김병모 편, 《亞細亞巨石文化 연구》, 1982.
　⑨ 이청규, 〈제주도 지석묘 연구〉, 《耽羅文化》 4, 1985.
　⑩ 이영문 〈전남 지방의 지석묘문화〉, 《全南文化財》 2, 1989.
　⑪ 金貞培, 〈한국과 요동반도의 지석묘〉, 《先史와 古代》 7, 1996.
　⑫ 석광준, 〈평양 일대에서 새로 발굴된 고인돌과 돌관 무덤에 대하여〉, 《고고연구》 99-3, 1996.
　⑬ 김동일, 〈별자리가 새겨진 고인돌 무덤에 대하여〉, 《고고연구》 96-3, 1997.
　⑭ 河文植, 《고조선 지역의 고인돌 연구》, 1999.
　⑮ 문화재청・서울대 박물관, 《한국 지석묘(고인돌) 종합조사 연구》 Ⅰ・Ⅱ, 1999.
　⑯ 우장문, 《경기 지역의 고인돌 연구》, 2006.
　⑰ 李亨求, 《江華島 고인돌 무덤 조사연구》, 2006.
　⑱ 경기도 박물관, 《경기도 고인돌》, 2007.

〈그림 2-9〉 한강 유역의 고인돌과 대동강 유역의 고인돌(크기 부동)
**1** 한강 유역 파주군 다율리 6호 개석식 고인돌 ① **2** 한강 유역 파주군 다율리 8호 개석식 고인돌 ②
**3** 대동강 유역 강동군 문흥리 개석식 고인돌 **4** 대동강 유역 상원군 망울뫼 탁자식 고인돌

고인돌 문화가 한강·한탄강·금강 일대에서 출현하여 '한'부족의 거주지 중심으로 확산되어 나간 것으로 해석된다.

'한'부족이 한강 유역에서 농경문화와 부계 씨족공동체·부계 부족 공동체문화의 동반문화로 형성한 '개석식' 고인돌문화는 대동강 유역에서 '탁자식' 고인돌 문화로 발전하여, 결국은 이것이 고인돌의 두 유형이 되었으나, 시기적으로 '개석식'이 탁자식에 선행한 양식이었다고 본다.

### 8) 선돌[立石]문화의 창조

'한'부족은 신석기시대에 한강 유역과 금강 유역을 중심으로 농업 경작문화를 시작하면서, 농경문화와 관련하여 '선돌'[立石]문화를 창조해 내었다. 필자는 한반도의 개석식 고인돌문화와 선돌문화는 '한' 부족이 '농경문화'를 최초로 시작하면서 공반하여 창조한 큰돌 [巨石]문화의 2개 항목이라고 생각한다.

고인돌문화가 죽은 사람과 관련된 큰돌문화였다면, 선돌은 살아있는 사람과 관련된 큰돌문화였다. '한' 부족의 개석식 고인돌은 죽은 사람을 땅에 묻어서 '큰돌'로 덮었고, 산 사람을 위하여 '큰돌'을 세워서 더 나은 생활을 지향하도록 의미를 부여했던 것으로 보인다.

고고학자들의 발굴보고서를 읽어보면, '선돌'에는 여러 형태가 있지만, 그 의미와 기능은 다음과 같이 정리될 수 있을 것이다.[23]

① 선돌은 농업생산의 풍요와 인구생산의 풍요(증가)를 위한 것이었다. '한' 부족은 선돌을 남자의 상징처럼 만들거나, 선돌을 쌍으로 세울 때는 남성상징으로 끝을 뾰족하게 치석하고 여성상징으로 끝을 넓고 평평하게 치석하였다.[24] 아예 옥천 안터 1호 선돌처럼 선돌에 '풍요의 잉태'를 조각하기도 하였다.[25]

선돌의 대부분이 평지와 구릉·야산의 끝자락에 샛강의 물줄

---

**23** ① 한흥수, 〈조선 巨石文化 연구〉, 《震檀學報》 제3호, 1935.
② 손진태, 〈조선 Dolmen에 관한 조사연구〉, 《朝鮮民族文化의 연구》, 을유문화사, 1949.
③ 방선주, 〈한국 巨石制의 제문제〉, 《史學研究》 제20집, 1968
④ 한규항, 〈한국 선돌의 기능변천에 대한 연구〉, 《白山學報》 제28집, 1984.
⑤ 이융조, 〈한국 선사문화에서의 선돌의 성격〉, 《東方學志》 제46집, 1985.
⑥ 우장문, 〈화성·용인 지역 선돌의 비교고찰〉, 《京畿史學》 제6집, 2002.
⑦ 하문식, 〈경기 지역 선돌 유적과 그 성격〉, 《古文化》 제72집, 2008 참조.
**24** 이융조, 〈한국선사문화에서의 선돌의 성격〉, 《東方學志》 제46집, 1985.
**25** ① 이융조·우종윤 편, 《선사유적발굴도록》, 충북대 박물관, 1998, 236~237쪽 참조.
② ____, 《충북의 선사문화》, 충청북도·충북학연구소, 2006, 274~358쪽 참조.

기를 따라 세워진 것은 농경문화와의 관련을 나타내는 것이라고 볼 수 있다.[26]

② 선돌은 마을공동체의 부계사회로의 이행을 상징화한 것이었다. 신석기시대에 들어서자마자 동굴에서 나와 강변에 정착한 초기 신석기인들은 소가족제도를 형성하게 되고, 동굴에서의 모계 씨족공동체는 해체되기 시작하여, 부계 씨족공동체와 가부장 중심의 소가족제도로 변동하였다. 선돌 가운데서 황석리 선돌(〈그림 2-10〉의 5 참조)은 여성상징의 선돌의 크기가 남성상징의 선돌보다 더 커서 모계 씨족공동체의 강력했음을 시사하고 있다.[27] 그러나 대부분의 선돌은 남성상징의 선돌만 1기씩 서 있고, 남성상징과 그 강한 힘을 표상하고 있어서, '한'부족은 선돌 건조기에 이미 부계 부족공동체 사회가 성립되었음을 강력히 시사하고 있다고 볼 수 있다.

③ 선돌은 마을공동체의 안정·안녕과 수호의지를 시사하고 있다. '한'부족의 선돌 양식은 가부장 및 부계씨족장과 마을공동체 부계촌장의 강한 힘으로 마을의 안전과 안녕을 수호하고 외부로부터의 적의 침입과 심지어 질병 또는 악귀의 침입까지도 물리치겠다는 '벽사'의지가 표상되어 있다고 볼 수 있다.[28] 이 때문에 곳에 따라서는 선돌을 마을의 수호신의 표상으로 생각하여 신앙하거나 제사하는 민속도 발생한 것으로 보인다.

---

26 하문식, 〈경기지역 선돌유적과 그 성격〉, 《古文化》 제27집, 2008 참조.
27 이융조, 〈한국 선사문화에서의 선돌의 성격〉, 《東方學志》 제46집, 1985 참조.
28 하문식, 앞의 글 참조. 하문식 교수는 선돌의 기능을 묘표, 풍요, 수호, 경계로 들고 있다.

〈그림 2-10〉 한강 유역 신석기시대 선돌의 예(크기 부동)
1 양주 옥정동 2호 선돌    2 청원 아득이 선돌    3 용인 창리 2호 선돌
4 여주 처리 선돌    5 제천 황석리 선돌
6 옥천 안터 1호 선돌    7 옥천 안터 6호 선돌    8 화성 쌍정리 선돌

④ 선돌은 마을공동체의 '기념비'의 의미와 기능을 가졌던 것으로 보인다.

옥천 안터 6호 선돌(〈그림 2-10〉의 7 참조)과 7호 선돌처럼 문자생활이 아직 없던 마을공동체에서 특정의 업적을 기념하는 표지로 남성상징의 선돌에 특정의 그림을 조각해서 그 업적을 기념하고 상기시킨 것으로 해석된다. 화성 쌍정리 선돌(〈그림 2-10〉의 8 참조)은 일종의 기념비의 성격을 가진 것으로 이해된다.

⑤ 선돌은 마을공동체의 표지석의 의미와 기능을 가졌다고 볼 수 있다.[29]

특히 선돌의 위치가 마을공동체의 입구에 세워졌을 때 더욱 그러했다고 볼 수 있다.

⑥ 선돌은 무덤의 묘표의 의미와 기능을 가졌다고 볼 수 있다.

특히 위치가 고인돌이나 무덤 부근에 세워졌을 때 그러했다고 볼 수 있다. 옥천 안터 1호 고인돌과 선돌, 그리고 청원 아득이 고인돌과 선돌이 그 좋은 예이다.

'광개토대왕비'의 경우는 선돌의 '기념비'적 성격과 '묘표'의 성격을 종합한 전통을 크게 발전시키고 대형화한 경우라고 해석되어질 수도 있을까? 연구과제가 될 것이다.[30]

---

**29** 하문식, 〈경기지역 선돌유적과 그 성격〉, 《古文化》 제27집, 2008 참조.

**30** ① 한흥수, 〈조선巨石文化연구〉, 《震檀學報》 제3호, 진단학회, 1935.
　② 단국대 박물관, 《中原高句麗碑조사보고서》, 1979.
　③ 하문식, 앞의 글 참조.

### 9) 제왕을 배출한 부족

한부족은 고조선의 제왕을 배출한 부족이었다. '한'부족의 일파가 지역 이동을 하여 고조선 국가형성을 주도했는데, 고조선 제왕의 친계는 '한'부족에서 나왔다고 본다.《고기(古記)》의 단군설화에서는 이 '한'부족이 '환'(桓)족, '한부족 군장'이 '환웅천왕'(桓雄天王)으로 기록되어 나온다. '한'과 '환'(桓)은 동아시아 고대기록에서 교차 사용됨을 볼 수 있다.

남성군장을 갖고 부계 부족공동체 사회를 형성하여 먼저 군장사회(chiefdom)에 들어간 부족이 고대국가를 형성하는 데 주도적 역할을 수행하는 것은 고대국가 및 민족형성사에서 보편적 현상이었다고 볼 수 있다.

'한'부족은 한강 유역에서 이미 '군장사회'를 성립시켰으며, '군장'은 다수의 막료를 거느리고 통치하는 '준국가'(準國家)를 형성했다고 볼 수 있다. 그러나 이 단계의 부족 군장의 '준국가'는 한 고을 단위의 통치체로서 다수의 '준국가들'과 수평적으로 동등한 준국가였으며, 군장의 아들들이 이동하여 다른 지역에서 '준국가'를 세운 경우에도 동등한 소고을국가의 범위를 벗어나지 못한 것이었다고 볼 수 있다. 오직 여러 부족들의 준국가들을 연맹하여 통치해야 '고대국가'의 범주에 들어가기 시작하는 것이다.

### 10) 제왕 호칭 '한' '간' '칸'을 낳은 부족

'한'부족은 왕을 '한' '가한'이라고 호칭한 기원을 만든 부족이었다. 고조선과 동아시아의 고조선문명권에서는 제왕을 '한'(han) 또는 '가한' '칸'(ga+han=칸=ghan=Khan)으로 호칭하기도 하는데, 이 호칭을 낳은 부족이 '한' 부족이라고 본다.

즉 고조선의 제왕을 낳은 부족이 '한' 족이기 때문에 제왕을 뜻하는 '한' '가한' '칸'이 여기에서 기원한 것이라고 보는 것이다.[31]

한강에서 기원한 '한' 부족 군장의 여러 자손들이 새 영역을 찾아 무리를 이끌고 남·북·동으로 이동해 정착한 사실이 고고유물로 증명된다. 필자는 그 가운데서 북으로 대동강 유역에 이동해 정착한 '한' 부족이 같은 지역에 이동해 들어와 정착하고자 하는 '맥' 부족과 '예' 부족을 만나 연맹·결합해서 '고조선 국가'를 형성하는 데 주도적 역할을 했다고 본다.

'한' 부족의 일파가 지역 이동을 하여 고조선 국가형성을 주도하여, 고조선 제왕이 '한' 부족에서 나왔으므로 제왕을 '한'으로 호칭하게 된 것이었다. 고조선에서는 지방의 행정 수장이나 후국의 후왕을 '가'라고 불렀는데, 후에 이들이 분리독립한 경우에는 '가'와 '한'이 결합하여 '가한' '간' '칸'으로 호칭되었다고 본다.

### 11) '한강문화'의 성립

신석기시대 사람들이 인류역사에서 성취한 가장 큰 성과는 처음으로 '농업경작 생산'을 시작하여 최초의 '농업혁명'을 달성해서 인류역사에서 새 시대를 연 것이라고 할 수 있다.

---

**31** 고조선에서는 왕을 '한', 최고위 관료 또는 후국의 통치자를 '가'라 호칭했는데, 후국이 강성해져서 독립하는 경우에는 '가'와 '한'을 합쳐서 '간', '칸'으로 호칭하기도 하였다. 그 호칭 기원은 '한' 족이 제왕을 낸 사실에서 나온 것이라고 본다. 《三國史記》에 나오는 박혁거세 居西干(거서간)의 '거서'는 '큰'이며 한자로 번역하면 '거서간'은 '大王'이라고 본다. 신라의 麻立干(마립간)은 '마리간'이고 '마리'는 '머리'이며 한자로 번역하면 '마립간'은 '首王'의 뜻으로서, '간'(ga+han)은 왕을 나타낸다. 고조선문명권의 전통이라고 할 수 있다.

신석기시대에 한강(남한강·금강 상류·북한강·한강 본류·한탄강 포함) 유역은 이 지역의 신석기인들에 의하여, 동아시아에서 가장 이른 시기에 '농업경작 생산'이 시작된 지역의 하나가 되었으며, 한강 본류와 금강 유역 일대에서 '농경생활'이 보급 발전되어 동아시아 최초의 '신석기 농업혁명'이 달성된 지역의 하나가 되었으므로, 이 지역의 신석기문화는 '한강문화'로서 개념화되어 성립될 수 있다고 필자는 생각한다.

한강(남한강·금강 상류 포함)문화의 농업혁명은 '단립(短粒)벼'의 농업경작을 세계 최초로 시작했을 뿐 아니라, 조·기장과 함께 밀·보리·콩·팥의 농업경작도 동아시아 최초로 시작하여 보급한 농경문화였다.

어찌하여 이러한 '신석기 농업혁명'이 이 지역에서 일어날 수 있었을까? 이 지역의 사람과 특수한 환경의 결합된 큰 작용으로, 이 지역의 신(新)석기인들이 구석기인들과 직결되어 발전해서 가장 이른 시기에 새 시대를 열 수 있었던 것으로 보인다. 남한강 상류 부근의 산들에는 석회암으로 된 동굴들이 매우 많다. 현재 발굴되어 구석기 유물이 나온 것만 들어도 한반도에서 가장 오래된 구석기 유적의 하나인 70만 년 전 구석기 유물이 나온 '금굴', 점말 용굴, 구낭굴 등 동굴 유적과 수양개, 상시바위그늘 유적, 큰길가 유적 등 다수의 한데 유적이 있으며, 아직 다수의 발굴되지 않은 구석기 유적들이 있다고 보고되어 있다.

또한 금강 상류에는 두루봉 동굴, 큰 용굴, 작은 용굴 및 송두리·소로리·율량동·봉명동 등과 그 밖에 다수의 구석기 한데 유적들이 있다.

이 두 유적은 한금령을 끼고 남한강과 금강이 나뉘어 시작되는 지역에 마주보고 있는 가까운 곳에 분포되어 있어서, 구석기시대에도 서로 소통이 있었으리라고 추정될 수 있는 하나의 지역권 안으로 되어 있다.

한반도 석회암 동굴지대의 이 동굴들은 모두 북위 40도 이하인 북위 37도선의 동굴들이다. 약 1만 5,000년 전의 최후 빙기의 최악의 혹한으로 북위 40도선 이상의 구석기인들이 거의 절멸되었으리라고 추정되는 경우에도, 북위 40도선 이하인 북위 37도의 이 지역 구석기인들은 동굴 속에서 최악의 혹한기를 넘겨 살아남았음이 이 지역 동굴 유적·유물로 확인될 수 있다. 이 지역 동굴의 '슬기슬기 사람' 단계의 구석기인들 일부는 BC 12000년~BC 10000년에 기후가 따뜻해져 오늘날의 기후와 유사하게 되자 바로 굴 밖으로 나와 남한강 상류와 금강 상류 강변에서 농사를 실험하며 소가족 단위의 새 시대를 연 것으로 보인다. 그 증거로 '금굴' 유적과 '수양개' 유적을 들 수 있다.

'금굴' 유적의 발굴 조사 보고서를 보면, 〈표 2-1〉에서도 알 수 있는 바와 같이, 모두 7개의 층으로 구성된 유적에서 1~4층의 4개 층은 구석기시대 유적이고, 제5층은 '과도기'로서의 '초기 신석기'(중석기)시대 유적이며, 제6층은 신석기시대 유적으로서 빗살무늬토기와 뼈송곳·돌그물추 등이 출토되었고, 제7층은 청동기시대 유적으로 민무늬토기와 간석기 등이 출토되었다(〈그림 2-11〉 참조).

'금굴' 유적에서는 구석기시대→과도기[초기신석기(중석기)]→신석기시대→청동기시대 유적 유물이 한 굴에서 나와서 이 지역의 구석기인들과 신석기인들이 직결되어 있음을 알려주고 있다.[32]

---

32 ① 손보기, 〈단양 도담리 금굴유적 발굴조사보고〉, 《충주댐 수몰지구 문화유적 연장 발굴조사 보고서》, 충북대 박물관, 1985 참조.
　② 이융조, 《충북의 선사문화》, 충청북도 충북학연구소, 2006, 78~80쪽 참조.

**〈표 2-1〉** 금굴 유적 문화층의 문화 특징과 연대

| 문화층 | 문화 특징 | 연대 구분 | 절대연대(bp) |
|:---:|:---:|:---:|:---:|
| 7 | 민무늬토기·간석기 | 청동기 | 4,000 |
| 6 | 빗살무늬토기·뼈송곳·돌그물추 | 신석기 | 5,670 |
| 5 | 잔석기·짐승화석(5과 5종) | 과도기<br>(중석기·초기 신석기) | 11,000 |
| 4 | 돌날떼기 수법·밀개·새기개·<br>짐승화석(10과 14종) | 후기 구석기 | 26,600 |
| 3 | 홈날·톱니날·석기떼기 수법 발달·<br>짐승화석(20과 37종) | 중기 구석기<br>(7만~12만 년 전) | 107,450 |
| 2 | 주먹도끼·불 사용·짐승화석<br>(5과 5종) | 전기 구석기<br>(35만~45만 년 전) | 185,870 |
| 1 | 휘인날 주먹도끼·짐승화석(1종) | 전기 구석기<br>(60만~70만 년 전) | |

'금굴' 유적 바로 아래에 있는 '수양개' 유적은 이 지역의 여러 동굴들에서 나와 정착한 구석기인들 일부가 신석기시대·청동기시대까지 거주했던 매우 넓은 고대 거주 지역 공간의 유적이다. 유속이 빠른 북한강과 달리 남한강은 북으로 역류하는 역류한강이어서 강물의 유속이 매우 느리어 비가 오면 강물이 호수처럼 되면서 항상 청정하므로 신석기인들이 새 시대를 열기에는 매우 적합한 강이다. 이 강변의 이름이 '수양개'이고 엄청난 규모의 구석기·신석기 유적이 남아 있다. 이융조 교수가 이끄는 충북대학교 박물관 팀이 발굴 조사한 수양개 Ⅰ지구의 유물만 보아도 〈그림 2-12〉과 같이, 세계적인 구

〈그림 2–11〉 남한강 유역 '금굴'에서 출토된 구석기 · 신석기 · 청동기시대 유물(크기 부동)

석기 유물들이 출토되어 있다.[33]

건너편의 금강 상류 '두루봉 동굴'들 가운데 '흥수굴'에서는 2개체 사람뼈가 발굴되었는데, 그중 완전한 개체의 사람뼈는 약 4만 년 전에 살았던 5살 정도 아이의 사람뼈로서 '흥수아이'라고 이름을 붙여 이융조 교수와 충북대학교 박물관 팀에 의해서 복원 조각되기도

**33** ① 이융조, 〈단양 수양개 구석기유적 발굴 조사 보고서〉, 《충주댐 수몰지구 문화유적 연장 발굴 조사 보고서》, 충북대 박물관, 1985, 101~250쪽.
　　② ＿＿＿ 편, 《국제학술회의, 수양개와 그 이웃들》, 충북대 박물관, 2007 참조.

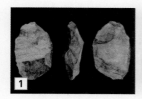 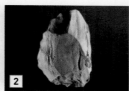 

 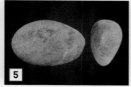 

 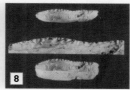 

  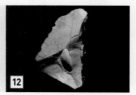

〈그림 2-12〉 남한강 유역 '수양개' 유적 구석기 출토물 일부(크기 부동) (이융조 교수)

| | | |
|---|---|---|
| **1** 찍개 | **2** 주먹도끼 | **3** 슴베찌르개 |
| **4** 밀개 | **5** 망치 | **6** 물고기 모양 새긴 예술품 |
| **7** 몸돌 | **8** 긁개 | **9** 좀돌날 몸돌 |
| **10** 수정 새기개 | **11** 주먹칼 | **12** 톱니날연모 |

하였다.[34]

이 밖에 상시바위그늘 유적 제5층과 구낭굴에서도 사람뼈가 발굴되었다.[35]

지구의 기후·기온이 현재와 같이 온난화된 BC 12000년~BC 10000년의 시기가 되자 동굴에서 나온 '과도기'(중석기시대·초기 신석기시대)인들에 의해 바로 농업경작이 추구되었고 시작되었으며, 그 수많은 유적·유물들의 하나에 금강 상류에 가까운 지역 소로리에서 '소로리 볍씨'가 이융조 교수 팀에 의해 발굴된 것이다.

'소로리 볍씨'는 BC 11970년경(bp 13,920년)의 볍씨로서 초기 신석기인들(중석기인들)이 야생벼들을 채취하여 '가족경작화'하기 위해 경작을 시작한 순화(馴化, domestication) 단계의 볍씨이며, 경작 농업의 기원이 되는 볍씨라고 해석되고 있다.[36]

소로리 볍씨가 '순화' 단계의 '재배벼'라는 증거로는 몇 가지 점이 관찰된다.

〈그림 2-13〉 금강 상류 '두루봉 동굴'의 '흥수아이'(약 4만 년 전) 복원 조각(이융조 교수)

---

**34** 이융조·박선주, 《청원 두루봉 흥수굴 발굴 조사 보고서》, 충북대 박물관, 1991 참조.

**35** ① 손보기, 《상시바위그늘 옛 살림터》, 연세대 박물관, 1983·1984 참조.
　　② 이융조, 《충북의 선사문화》, 충청북도 충북학 연구소, 2006 참조.

**36** ① 이융조·우종윤 편, 《청원 小魯里 구석기유적》, 충북대 박물관·한국토지공사, 2000.
　　② ＿＿＿·＿＿＿, 〈세계 最古의 소로리 볍씨의 발굴과 의미〉, 제1회 국제학술회의, 《아시아 선사농경과 소로리 볍씨》, 충북대 박물관·청원군, 2003, 27~46쪽 참조.

〈그림 2-14〉 출토 상태의 소로리 볍씨    〈그림 2-15〉 출토 상태의 소로리 유사벼

우선 소로리 볍씨로 '단립벼' 15톨이 장립벼 1톨 및 유사벼 2톨과 함께 출토되었다는 사실이다. '유사벼'와 함께 출토되었기 때문에 '소로리 볍씨'는 '순화' 단계의 볍씨임을 알 수 있고, '장립벼'보다 '단립벼'의 개체 수가 압도적으로 많기 때문에 초기 신석기인들이 '단립벼'를 선택하여 되풀이해서 경작하는 순화 단계에 있었음을 알 수 있다.

'소로리 볍씨'는 또한 채취할 때 농구로 베어낸 자국과 야생벼의 특징인 까시락지가 소멸된 단계의 볍씨이며, 농업과학자들이 수차례 거듭하여 재배벼임을 과학적으로 증명하였다.[37] 최근 소로리 유적에서 출토된 딱정벌레가 애벌레 시절에 '벼과'[禾科]식물에 살아야 하는 특성을 밝힌 논문이 발표되어 소로리 일대에 '벼과식물'이 생존했었음을 증명하였다.[38]

소로리 유적은 오창과학지방산업단지의 건설공사 때문에 발굴되었

---

**37** 박태식·이융조, 〈소로리 볍씨 발굴로 살펴본 한국벼의 기원〉, 《농업사연구》 3-2, 2004, 119~132쪽.

**38** 남상찬·이성균·안승락·이융조·조수원, 〈청원 소로리 토탄층에서 고대볍씨와 함께 출토된 뿌리잎벌레류의 화석〉, 《한應昆誌》 47(4), 2008, 333~336쪽; 이융조, 〈중원 지역의 구석기 문화〉, 《중원광장》 창간호, 중원포럼·충북일보, 2009 참조.

〈그림 2-16〉 중국 옥섬암 출토 볍씨 껍질

지만, 만일 한강 상류와 금강 상류의 이 지역을 모두 발굴하면 '소로리 볍씨'와 같은 볍씨들이 거듭 발굴될 것이라고 내다볼 수 있다. 이 지역에서 벼과식물의 순화과정이 진행되고 있었음을 '딱정벌레' 화석도 시사하고 있는 것이다.

'소로리 볍씨'는 BC 11970년경(bp 13,920년)의 볍씨로서 세계에서 가장 이른 시기의 '단립벼' 볍씨이다.

이것은 중국 양자강 유역 호남성 옥섬암(玉蟾岩) 동굴 출토의 BC 9050년(bp 11,000년) 볍씨와 강서성 선인동(仙人洞) 동굴 출토의 BC 8550년(bp 10,500년) 볍씨보다 소로리 볍씨가 약 2,920년 앞선 것이다.

그러므로 세계에서 최초의 '단립벼' 재배는 소로리 일대인 남한강 상류와 금강 상류 사이 지역에서 기원하여 한강과 금강 유역으로 확산되면서 전파되었다고 볼 수 있다.

'단립벼'와 농경문화의 한강 유역에의 확산을 증명하는 대표적 유적이 충주 조동리 유적, 고양 가와지 유적, 하남 미사리 유적, 김포 가현리 유적, 여주 흔암리 유적이라고 볼 수 있고, 금강 유역에의 확산을 증명하는 대표적 유적이 옥천 대천리 유적, 부여 송국리 유적이라고 해석된다.

대표적 사례로 남한강 유역 충주 조동리 유적을 보면, 신석기시대부터 청동기시대까지 농업경작이 발전된 것을 확인할 수 있다. 남한강 유역 조동리 유적에서 BC 4250년(bp 6,200년경)과 BC 4190년(bp 6,140년경)의 볍씨가 나온 것은 앞에서 서술한 바와 같다(〈그림 2-1〉참조).

조동리 유적에는 이러한 볍씨와 함께 신석기시대부터 청동기시대까

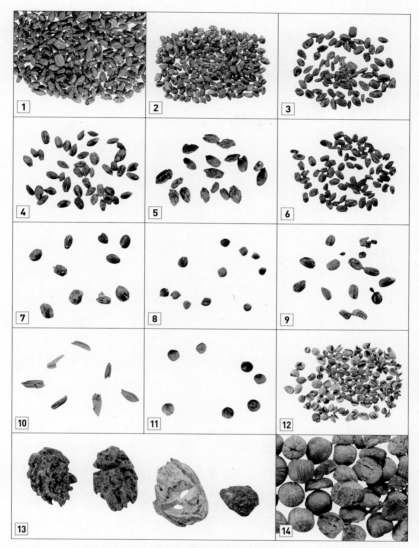

〈그림 2-17〉 남한강 유역 충주 조동리 출토 곡물(BC 4200년경) (크기 부동)
1 탄화밀ⓐ  2 탄화밀ⓑ  3 탄화밀ⓒ  4 탄화미ⓐ  5 탄화보리ⓐ  6 탄화보리ⓑ  7 탄화미ⓐ
8 탄화미ⓑ  9 벼 껍질  10 탄화수수  11 탄화기장  12 종류 미상 열매 껍질  13 탄화복숭아씨
14 탄화도토리

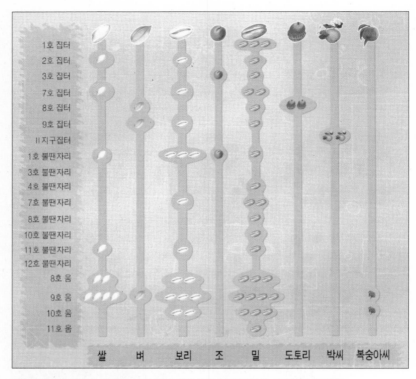

〈그림 2-18〉 남한강 유역 조동리 유적 곡물 출토 빈도(조동리 선사유적 박물관)

지에 걸쳐서, 〈그림 2-17〉과 같이, 탄화미 및 밀·보리·수수·기장·
알 수 없는 열매 껍질들·도토리·박씨·복숭아씨 등이 출토되었다.[39]

조동리의 이러한 농경문화와 관련된 용구를 보면, 토기에서는 한
강 본류와 같은 빗살무늬토기, 민무늬토기, 붉은간토기 등이 출토되

---

**39** ① 이융조·우종윤 편저, 《선사유적 발굴도록》, 충북대 박물관, 1998, 282쪽.
　② 충주시, 《조동리 선사유적 박물관》, 2005, 57~61쪽 참조.

었다(〈그림 2-19〉 참조).

또한 남한강 유역 충주 조동리 유적에서는 신석기시대 농업경작용구들이 다수 출토되었다(〈그림 2-20〉 참조).

한편 금강 상류 유역 옥천 대천리 유적에서는 앞에서도 서술한 바와 같이 BC 3500년경의 탄화된 밀·보리·기장·조 등이 출토되었다. 이 밖에 대천리 유적에서는 벼 껍질·콩류·삼씨·도토리·꽃받침·벌집(나나니벌) 등이 나와서 BC 3500년에 모든 곡류 재배가 이 지역에서 번성했음이 증명되었다.

이와 함께 대천리 유적에서는 농업용구로서 뾰족밑 빗살무늬토기, 갈돌, 갈판, 돌도끼, 뒤지개, 돌보습(괭이) 등이 공반 출토되었다.[40] 이들 농업용구는 한강 본류의 암사동·미사리 유적에서 출토되는 농업용구와 동일 유형의 것이다(〈그림 2-21〉 참조).

즉, 한강 상류인 남한강 유역과 금강 상류 유역에서 기원하여 성립된 신석기 시대의 경작농업이 한강 본류·북한강·한탄강·임진강 유역으로, 그리고 금강 중류와 하류로 확산 보급된 것이라고 볼 수 있다. 이러한 선진 농업경작을 수행한 신석기인 부족들이 문자시대에 들어와서 알 수 있는 이름이 '한'이다. 즉 '한'부족이 한강 유역과 금강 유역에서 '신석기시대 농업혁명'을 수행한 것이었다.

그러므로 한강 유역과 금강 상류 유역을 하나로 묶어서 동아시아 최초의 '신석기시대 농업혁명'을 시작하여 수행한 신석기시대 '한강문화'의 성립이 증명되는 것이다. 그리고 이 '한강문화'를 창조하여

---

**40** 한창균·김근완·구자진, 〈대천리 유적 신석기시대 집자리에 대한 고찰〉, 《옥천 대천리 신석기 유적》, 한남대 중앙박물관·한국고속철도건설공단, 2003, 157~171쪽 참조.

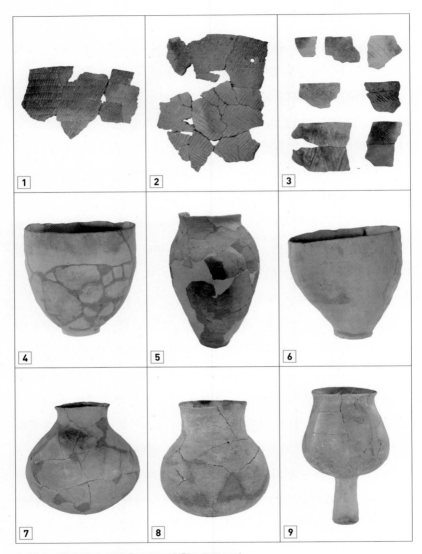

〈그림 2-19〉 남한강 유역 충주 조동리 출토 주요 토기
1 빗살무늬토기(조각)　　　　2 빗살무늬토기　　　　3 빗살무늬토기
4 민무늬토기(높이 27.0cm)　　5 민무늬토기(높이 47.3cm)　　6 민무늬토기(높이 30.3cm)
7 붉은간토기(높이 14.5cm)　　8 붉은간토기(높이 25.0cm)　　9 굽잔토기(높이 16.5cm)

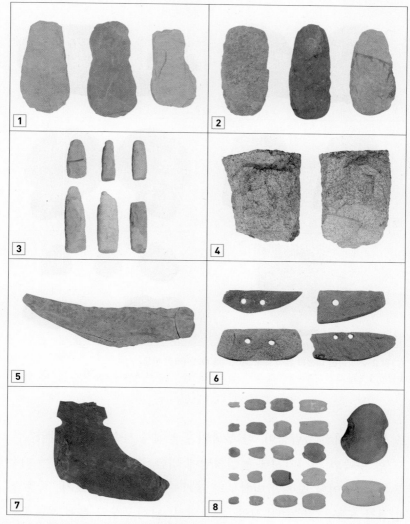

〈그림 2-20〉 남한강 유역 충주 조동리 출토 주요 농구

**1** 돌보습(길이 21.0cm)　　　　**2** 돌보습(길이 17.0cm)
**3** 돌도끼(길이 18.5cm)　　　　**4** 뗀돌도끼(길이 13.3cm)
**5** 돌낫(길이 18.8cm)　　　　　**6** 반달돌칼(크기 부동)
**7** 돌칼(파토기, 길이 4.45cm)　**8** 그물추(길이 13.6cm)

**〈그림 2-21〉 옥천 대천리 유적 출토물(BC 3500년) (크기 부동)**
**1** 갈돌 **2** 갈판 **3** 돌도끼 **4** 뒤지개 **5** 팽이형 뾰족밑 빗살무늬토기 **6** 곡식 낟알(밀·보리·기장·쌀·조)

형성 발전시킨 사람들이 '한'부족임은 앞에서 서술한 바와 같다.

　'한'부족의 신석기시대 농업혁명에 의한 선진적 농경문화는 매우 독특한 '팽이형 뾰족밑 빗살무늬'토기, 뾰족밑 민무늬토기, 각종 농업경작 도구, 태양숭배 신앙, 천손의식, 남성군장의 부계 부족공동체 사회, 독특한 '개석식' 고인돌문화, 독특한 선돌문화, 독자의 군장사회와 준국가를 형성하여 생활하면서 신석기시대 선진적 군장사회(chiefdom)를 체계적으로 형성 발전시켜 나간 문화였다.

신석기시대 '한강문화'를 형성한 '한' 부족이 계속 분화되어 가면서 그 한 갈래(환웅족)가 이동해서 북상하여 '맥'족과 '예'족을 만나자 연맹하여 동아시아 최초의 고대국가인 '고조선'을 형성함으로써, 한강문화는 고조선 국가형성의 기반의 하나가 되었다.

또한 한강 유역과 금강 유역에 남고, 분화되어 영산강·섬진강·낙동강 유역으로 이동한 갈래의 한족은 '진'(辰·震)국을 형성하여, 한강문화는 '진'국과 삼한(三韓) 문화의 기반이 되었다.

'한강문화'의 선진 농경문화는 고조선 국가형성 후, 한반도 전역에 보급되었으며, 여기서는 고증할 여유가 없지만, 한반도 서해안과 발해만을 통하여 고중국 산동반도와 동중국해안에 전파되었고, 남해안을 통하여 일본 규슈 지방과 혼슈 서북해안에도 전파되었다.

최근 중국에서는 '동이'(東夷)족인 '래'(萊)족이 산동반도에 들어와서 종래 '조'[粟]를 위주로 하던 고중국에 '밀'[小麥] 농사를 도입해주었으며, 역시 '동이'족인 '근모'(根牟)족이 들어와서 '보리'[大麥]농사를 도입하여 고중국 농업에 일대 혁신이 일어나게 되었다고 보고 있다.[41]

필자는 중국에 밀·보리의 새 농경을 도입시켜준 '동이'족 래(萊)족과 근모(根牟)족이 고조선 이주민이라고 보고 있으며, '한강문화'의 선진적 농경문화를 산동반도와 중국 해안에 전파시켰다고 보고 있다.

'단립벼'는 어떠한가? 중국에서는 강서성 선인동(仙人洞) 동굴 유적에서 나온 볍씨(BC 8550년)와 호남성 옥섬암(玉蟾岩) 동굴에서 나온 볍씨(BC 9050년)를 기원으로 하여 양자강 하류 하모도(河姆渡)문화(BC 5000년경)와 양저(良渚)문화(BC 3000년경)에서 전승되었다는 이른바 '장

---

**41** 張富祥, 《東夷文化通考》, 上海古籍出版社, 2008, 477~499쪽 참조.

강(長江; 양자강) 문화기원설'을 제의하고 있다. 그러나 이것은 '한강문화 기원'보다 약 1,200년~2,900년 뒤늦은 것임을 주목할 필요가 있다.

뿐만 아니라 만일 '하모도문화'와 '양저문화'에서 벼 재배가 기원하여 보급되었다면, 당연히 양자강 북쪽 강안과 관내 중원지방에 '단립벼' 문화가 확산 보급되었을 터인데 중세 초기까지도 이 지역은 '밀·보리' 문화의 지대였고, '단립벼' 문화는 '동이'족들이 거주한 산동반도와 회수·양자강 하구 북안까지의 해안 지역뿐이었다. 고중국에서 '단립벼 문화' 지역과 고조선 이주민 '동이' 거주 지역이 대부분 일치하고 있는 것이다.

그렇다면 '한강문화'의 '단립벼' 선진농경이 고중국 해안에 전파·보급되었다고 보는 것이 합리적 추론이 아니겠는가? 실증적으로 검토해 보아야 할 과제일 것이다.

동아시아에서 세계 최초의 '단립벼' 재배를 중심으로 한 '신석기시대 농업혁명'을 주도한 '한'부족은 계속 이동 분화해가는 과정에서 남방으로도 다수 이동했지만, 그 가운데 한 갈래는 북방으로 이동하여 '맥'부족과 '예'부족을 만나게 되자 그들과 연맹하여 동아시아에서 최초로 부족연맹에 의한 '고대국가' 형성에 들어가게 되었다.

## 제3절
# 맥(貊)부족의 문화유형

고조선 국가 형성에 결합한 맥(貊)부족은 백랑수(白狼水, 지금의 大

凌河) 중·상류와 시라무렌 강 중·상류 유역에서 기원하여 요서·요동 지방에 널리 퍼지면서 압록강을 건너 청천강·대동강 유역까지 내려온 부족이었다.

한문자의 분해로는 貊(맥)의 원음은 '白'(백)과 같고, 豸(치)는 신수(神獸)를 가리키는 문화적 비칭이며, '百'(백)은 '白'(백)과 원음이 동일하다. 貊(맥)은 '박'이라고도 읽었으며, 지금도 일본어에서는 貊(맥)은 음독에서 '박'이고 훈독에서 '고마'이다. 白狼水(백랑수)의 '白狼'(백랑)은 큰 범주에서 '貊'(맥)과 동일한 의미라고 필자는 생각한다.

초기 맥부족은 백랑수(白狼水) 및 시라무렌 강 유역과 그 부근에서 발굴된 홍산(紅山)문화 유적을 남긴 부족이다. 최근 중국 고고학계가 다수 발굴하여 주목을 받은 '홍산문화' 유적들은 '맥'부족의 신석기시대 유적·유물이라고 필자는 판단하고 있다.[42]

### 1) 모계부족사회와 여족장 지배

BC 3500년경의 우하량(牛河梁) 유적들과 홍산문화(紅山文化) 유적들은 '맥'부족의 문화를 많이 알려주고 있다.

---

**42** 최근 중국 고고학계는 시라무렌 강과 대릉하 유역 일대에서 신석기시대 유적들을 다수 발굴하였다. 小河西(소하서) 문화유적(BC 7000년~BC 6500년), 康家灣(강가만) 문화유적(BC 6000년~BC 5500년), 興隆洼(흥륭와) 문화유적(BC 6200년~BC 5200년), 査海(사해) 문화유적(BC 5600±95년), 富河(부하) 문화유적(BC 5200~BC 5000), 趙寶溝(조보구) 문화유적(BC 5000~BC 4400), 紅山 문화유적(BC 4500년~BC 3000년), 牛河梁(우하량) 문화유적(BC 3500년~BC 3000년), 小河沿(소하연) 문화유적(BC 3000년~BC 2000년) 등이 그 대표적인 것이다. 중국 고고학계는 유적(site)마다 '문화'라는 용어를 붙여 사용하지만 보고서 영문판에서는 유적(site)의 용어를 사용하는 것이 보통이다. 중국에서는 넓은 의미로 위의 유적들을 모두 묶어서 '홍산문화'로 호칭하기도 하고, 좁은 의미로 '홍산 유적'과 '우하량 유적'만을 '紅山文化'로 호칭하기도 한다. 이 유적들은 시라무렌 강과 大凌河 유역 일대에 널리 연결되어 있으며, 크게 볼 때 모두 貊族의 신석기시대 문화유적들이라고 볼 수 있다.

맥부족은 신석기시대 후기까지 모계사회의 부족이었다.

이것은 우하량 유적의 지배층 유물들이 대부분 모계사회의 유물 중심으로 되어 있는 것에서 증명된다.

맥부족은 여(女)족장을 추대했다고 필자는 판단한다. 여신숭배와 함께 우하량 유적의 족장급 지배층 유물에서 옥패물 등 여성 장식품들이 매우 많이 출토되고, '한'부족과는 달리 석검 등 검이 출토되지 않는 데서 이를 알 수 있다.

'맥'부족은 홍산문화 유적들에서 증명되는 바와 같이 옥(玉)장식문화를 크게 발전시켰으나, 고대국가를 선도적으로 수립하기는 어려웠다고 본다. 왜냐하면 부족군장이 무기를 들지 않는 여(女)족장이고, 무기와 강력한 군대가 없기 때문이다. 우하량 유적의 모든 부족장급 무덤들에서는 잘 갈린 훌륭한 각종 옥(玉)장식품들은 부장품으로 많이 출토되지만, 이와 함께 남성부족장이었으면 당연히 출토되어야 할 검(劍)이나 군사유물이 출토되지 않는 데서도 이 점이 거듭 확인된다.

---

① 劉冬青, 《紅山文化》, 內蒙古大學出版社, 2002.
② 劉國祥, 〈紅山文化墓葬形制與用玉制度研究〉, 《首屆紅山文化國際學術研討會》(자료집), 2004.
③ 朝陽市文化局·遼寧省文物考古研究所, 《牛河梁遺址》, 學苑出版社, 2004.
④ 邵國田 主編, 《敖漢文物精華》, 內蒙古文化出版社, 2004.
⑤ 郭大順主編, 《紅山文化》, 文物出版社, 2005.
⑥ 劉國祥, 〈西遼河流域新石器時代至早期靑銅器時代考古學文化槪論〉, 《遼東師範大學學報》 2006年 第1期, 社會科學版.
⑦ 于建設 主編, 《中國兆方古代文化國際學術研討會備忘錄》, 遠方出版社, 2006.
⑧ 赤峰市博物館 編, 《赤峰博物館文物考古文集》, 遠方出版社, 2007.
⑨ 우실하, 《동북공정 너머 요하문명론》, 소나무, 2007.
⑩ 심백강, 《황하에서 한라까지》, 참좋은세상, 2007.
⑪ 신형식·이종호, 〈'中華 5천 년', 紅山文明의 再照明〉, 《백산학보》 제77호, 2007.
⑫ 복기대, 〈試論 紅山文化 原始龍에 대한 재검토〉, 《白山學報》 제77호, 2007.
⑬ 林沄, 〈說 '貊'〉, 《林沄學術文集》, 科學出版社, 2008 참조.

〈그림 2-22〉 홍산문화 우하량 유적 부족장급 무덤의 옥패물 부장품

**1** 우하량 제2지점  **2** 우하량 제2지점 1호총 제7호묘  **3** 우하량 제2지점 1호총 제27호묘  **4** 우하량 제5지점 1호총 제1호묘  **5** 우하량 제16지점 제4호묘  **6** 우하량 제2지점 1호총 제4호묘

홍산문화 유적들의 부족장급 적석총들에서 여성유골이라고 판별되는 모든 유골들과 남녀가 판별되지 않는 유골들에 옥장식품이 뼈에 끼워져 있거나 부장되어 있다. 주인공이 여성이 아니라 여부족장 아래의 남성 무장(男性武將)일 수도 있을 것이다. 중국 고고학자들이 유일하게 피장자가 성년 남성이라고 보는 우하량 제2지점 1호총 제4호 묘에서도 부장품은 모두 옥장식품이었고, '검' 등 무기는 한 개도 나오지 않았다.[43] 그러나 남성 무장에 옥(玉) 패물만 부장되고, 석검(石劍)은 부장되어 있지 않으므로, 설령 주인공이 남성일지라도 이 문화는 주도적으로 부족들을 통합해 고대국가(古代國家)를 수립할 단계에는 이르지 않았다고 보아야 할 것이다.

사회학과 문화인류학에서는 세계 모든 지역에서 고대국가는 반드시 신석기시대 부계 부족사회의 남성부족장이 '검'을 들고 군사력에 기초하여 형성한 것임을 알고 있기 때문이다.

### 2) 여신(女神)숭배 부족

맥 부족은 여신(女神)숭배 부족이었다.

이 사실은 우하량 유적에서 발굴된 실물 크기의 여신의 토상(土像, 塑造等身女神像)에서 알 수 있다. 이 여신토상(女神土像)은 제단(祭壇) 앞의 특별한 위치인 묘(廟, 사당)터에서 발굴되어 여신이었다고 중국 고고학계는 해석하였다.

우하량 유적 여신상 발견에 몇 년 앞서 1979년 요녕성 객좌현 동산취촌(東山嘴村)에서 큰 규모의 제단 유적과 사람 조각상이 발견되

---

**43** 朝陽市文化局·遼寧省文物考古研究所, 《牛河梁遺址》, 學苑出版社, 2004, 34~36쪽 참조.

〈그림 2-23〉 여신상이 발견된 제단 앞의 신성한 장소인 묘(廟, 사당) 건물터 〈그림 2-24〉 우하량 유적에서 발견된 원래 여신상의 머리 부분

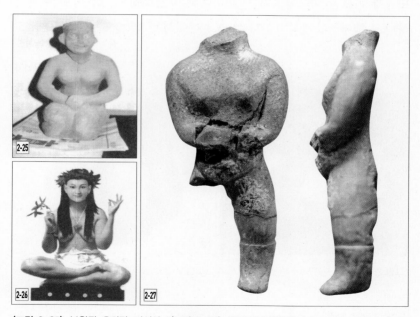

〈그림 2-25〉 복원된 우하량 여신상 〈그림 2-26〉 중국에서 실물화시킨 우하량 여신상 〈그림 2-27〉 동산취 유적의 여신상 조각(정면, 측면)

었는데, 이 조각상도 여성인 것으로 판별되었다. 이 조각상은 당연히 이 제단 유적과 관련된 여신상(女神像)으로 해석되며, 이를 부정하는 경우에도 적어도 여성부족장의 조각상으로 해석된다.

### 3) 곰 토템 부족

맥부족은 '곰'[熊] 토템 부족이었다.

《후한서》에서 "맥이(貊夷)는 웅이(熊夷)"라고 요약하였다.《후한서》는 맥(貊) 짐승을 설명하여, "《남중팔군지(南中八郡志)》에 이르기를, 맥은 크기가 당나귀와 같고 모양은 곰[熊]과 자못 비슷하다. 힘이 많고 쇠[鐵]도 먹으며 잡으면 부서지지 않는 것이 없다고 하였다. 또 《광지(廣志)》에 이르기를 '맥'의 색은 창백하며, 그 가죽은 따뜻하다고 했다"고 기록하였다.[44] 일본어에서는 貊(맥)도 훈독할 때 '고

〈그림 2-28〉 곰의 아래턱(우하량 여신묘 출토)  〈그림 2-29〉 곰의 발톱(우하량 여신묘 출토)

---

**44** 《後漢書》卷86, 南蠻西南夷列傳, 哀牢, "南中八郡志曰 貊大如驢 狀頰似熊, 多力食鐵所觸無不拉. 廣志曰 貊色蒼白 其皮溫煖" 참조.

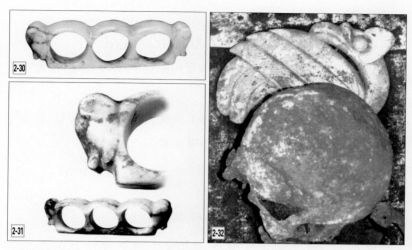

〈그림 2-30〉 쌍곰머리 옥패물(우하량) 〈그림 2-31〉 쌍곰머리 옥패물 부분 〈그림 2-32〉 옥새(우하량)

마'(곰)로 읽고 熊(웅)도 '고마'(곰)로 읽는 사실도 참고가 된다.

또한 우하량 유적에서는 여신 토상이 발굴된 자리에서 '곰'의 아래턱과 (앞)발이 발굴되었다. 그 자리가 여신상이 있었던 신성한 곳이기 때문에 이것이 '숭배'와 관련된 유물임을 알려주고 있다. 물론 원래는 '곰'의 전신 토상이었으리라고 추정되지만, 곰의 아래턱과 앞발 부분만으로도 '곰' 토템 숭배를 증명해 주는 것으로 해석될 수 있다.

맥부족이 만든 옥장식물에는 '옥곰'(옥웅)들도 상당히 많다. 옥장식품들 가운데 '옥돼지'라고 판단하는 옥패물을 '옥곰'으로 해석하는 학자들도 있다.[45]

―――――――――――

45 ① 柳東靑, 《紅山文化》, 內蒙古大學新聞社, 2002, 59~64쪽.
② 禹實夏, 《동북공정 너머 요하문명론》, 소나무, 2007, 182쪽 참조.

### 4) 옥장식문화의 발전

맥부족은 옥(玉)장식문화를 크게 발전시킨 부족이었다.

이것은 맥부족의 족장이 여(女)족장이었던 사실과 관련된 것이라고 해석된다.

우하량 유적과 홍산문화(紅山文化) 유적 전반에서 발굴된 찬란하게 발전된 옥장식품들이 이를 잘 증명해 주고 있다.

### 5) 돼지의 사육과 가축화

맥부족은 '돼지'[猪]를 애완 사육한 부족이었다.

우하량 유적과 홍산문화 유적 일반에서 가장 많이 나오는 옥장식품이 '옥저'(玉猪, 옥돼지)이다. 이것은 맥부족이 '돼지'를 애완용으로 매우 일찍 가축화했음을 알려주는 것이다. 중국 고고학계는 이 옥돼지를 '옥저룡'(玉猪龍)이라고 하여 '용'(龍)의 일종으로 설명하고 있는데, 이것은 홍산문화(紅山文化) 유물을 고조선 계통이 아니라 고중국 계통으로 연결시키려고 하는 의식의 표현으로 해석된다.[46]

물론 '맥'부족은 농사를 지으면서 '돼지'를 가축으로 사육하여 식용 경제생활에도 사용했음은 더 설명할 필요가 없을 것이다.

또한 '돼지'는 '뱀'[蛇] 등 파충류의 천적으로서, 신석기시대 이 지방에 매우 많이 번식한 '뱀' 등 파충류를 쫓아내주는 매우 유익하고

---

46 ① 林沄, 〈所謂 '玉猪龍' 并不是龍〉, 《二十一世紀的 中國考古學》, 文物出版社, 2006.
② 복기대, 〈試論 紅山文化 原始龍에 대한 재검토〉, 《白山學報》 제77호, 2007 참조.
《牛河梁遺址》(2004), 《敖漢文物精華》(2004), 《遼河文明展文物集萃》(2006) 기타 도록들을 보면 玉으로 만든 돼지 패물은 '玉猪'이고 중국 고고학자들의 호칭처럼 '玉猪龍'은 아니다. 끝에 '龍' 자를 붙여 호칭한 것은 實物과 일치하지 않는다.

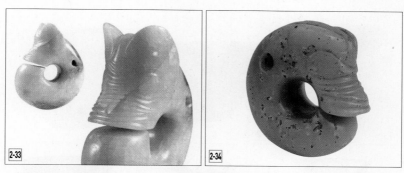

〈그림 2-33〉 옥돼지 패물(우하량) 〈그림 2-34〉 옥돼지(홍산문화)

길한 동물로 애완되고 집안에서까지 사육되었으리라고 해석된다.[47]

### 6) '납작밑 토기'의 문화

맥부족은 용기인 토기의 기형에서 '납작밑[平底] 토기'를 먼저 만든 부족의 하나였다.

홍산문화와 우하량 유적에서 출토되는 토기들은 초기부터 기형(器形)이 공통적으로 각종 모양이 모두 '납작밑 토기' 형태인 것이 특징이다. 이는 한강 유역과 대동강 유역의 '뾰족밑 빗살무늬토기' 및 '뾰족밑 팽이형 토기'의 특징에 대비된다. 물론 이 '납작밑 토기'의 공통성 다음에 다양한 기형 변화와 회색과 채도의 무늬 변화가 있었음은 물론이다.

---

**47** 서양학자들이 20세기에 만주 지역을 조사 연구하면서 고아시아족인 퉁구스(Tunghus) 족의 특징으로 돼지 사육을 자주 들었었다. 원래 난하와 요하 사이의 요서 지방 맥족들을 중국인들이 BC 3세기경에 東胡(맥부족들의 집합 명칭)라고 기록했는데, 중국 발음으로 '퉁후'이고, 로마자화하면 'Tung-hus'(s는 복수)이다. 이것을 서양 연구자들이 'Tunghus'라고 부르면서 古아시아족이라고 해석한 것이다. Tunghus(퉁구스, 東胡)는 요서 지방의 고대 貊族들의 집합 명칭이었다.

**〈그림 2-35〉 홍산문화의 각종 납작밑[平底] 토기 형태(크기 부동)**

**1,2,3** 흥륭와 문화 **4,5,6** 사해 문화 **7** 조보구 문화 **8** 우하량 상층 적석총 통형기(筒形器) **9** 우하량 제2지점 4호층 하층 적석총 채도 통형기 **10** 우하량 제2총 4호묘 5-1총 채도 항아리 **11** 우하량 제16지점 하층 적석총 채도 통형기 **12** 심양 신동 유적 출토 항아리

우하량 유적을 비롯하여 홍산문화의 토기들은 맥족의 부족장이 여성부족장인 사실과 관련되어, 옥장식품의 아름다운 발전뿐만 아니라, 토기의 기형과 무늬·채색에서도 아름다운 것이 큰 특징이라고 관찰된다.

요동반도 및 압록강 양안에서 발굴된 '납작밑 토기'와 평북 의주군의 '미송리형 토기'(납작밑 토기의 한 형태)는 맥족의 주류가 신석기시대에 이 지역까지 이동해 왔음을 알려주는 증거 유물이 될 수 있는 것이라고 해석된다.

### 7) 돌무덤[石塚]의 장례문화

맥부족은 또한 적석총(積石塚, 돌무지 무덤), 석관묘(石棺墓, 돌널무덤), 석곽묘(石槨墓, 돌덧널무덤) 등 돌무덤[石塚]을 만들고 발전시킨 부족이었다. 우하량 유적에서도 몇 개의 적석총과 석관묘가 발굴되었다. 돌무덤은 맥족의 특징적 무덤양식이며, 홍산문화에서는 보편적으로 다수 발굴된 무덤양식이었다.

맥부족의 돌무덤은 고중국 계열의 특징적 무덤양식인 토광묘(土壙墓, 흙구덩이 무덤)와는 전혀 관련이 없는 무덤양식이다. 맥족의 돌무덤 양식은 고조선의 돌무덤 양식인 적석총, 고인돌[支石墓], 피라미드형 대형 적석총들에 직결되는 무덤양식이었다.

### 8) 왕비를 배출한 부족

맥부족은 고조선 국가를 건국할 때 왕비를 배출하여 부족연맹에 들어간 부족이었다.

고대국가의 형성은 부계사회 부족에서 나온 부계 남성 제왕의 등

극과 동시에 이루어지는데, '맥'부족은 여신(女神)을 숭배하고 여부족장을 가진 아직 모계사회의 최종 단계에 있던 신석기시대 부족이었으므로, 고조선 건국의 부족연맹에서 제왕의 배출을 담당하지 않고 왕비의 배출을 담당하게 된 것은 자연스러운 귀결이었다고 볼 수 있다.

중국 고고학계가 최근 발굴한 홍산문화(紅山文化) 유물들(이른바 '요하문명' 유물들)을 만든 맥족의 주류는 고조선(古朝鮮) 건국에 왕비(王妃)를 배출하는 부족으로 참가하여 맥족의 문화(홍산문화)도 고조선문화와 고조선문명의 일부로 통합 발전하게 되었다고 필자는 판단하고 있다.

고조선 고대국가의 수립 과정에서 부계사회부족(한족)의 남성 부족군장과 모계사회부족(맥)의 여성 부족군장이 동일 지역에서 접촉된 경우 두 부족의 연맹은 남성부족 군장들만의 접촉 경우보다 더 용이했으리라고 추정된다. 더구나 그 부족연맹이 '혼인동맹'에 의한 것이면 결합은 보다 용이하고 더욱 공고한 결합이 될 것임은 충분히 추정할 수 있는 일이다.


제4절
# 예(濊)부족의 문화유형


'예'부족은 예강(濊江) 유역에서 기원한 부족이었다. '예강'은 문헌상 두 곳에 기록되어 있다.

그 하나는 '예강'을 지금의 북류 송화강(엄호수, 제2송화강 ; 일설 지금의 嫩江)의 옛 이름으로 비정하는 것이다. 예부족이 기원한 땅은 부여(夫餘)국이 세워진 곳이었다. 《후한서(後漢書)》에 "부여국은 본래 예의 땅이다"[48]라고 한 것이나, 《진서(晉書)》에 "(부여)국 안에 옛 성이 있는데 이름은 예성(濊城)이다. 대개 본래 예맥(濊貊)의 땅이다"[49]라고 한 기록에서 이를 알 수 있다.

다음은 지금의 중국 하북성 행당(行唐)현·안평(安平)현에 걸쳐 예수(濊水)가 있었다. 《수경주(水經注)》 청장수·탁장수 주에는 "청장수는 장무(章武)현의 옛 성의 서쪽을 지나 흐르는데 옛 예읍(濊邑)이고, 그 지류 냇물이 나오는데 이를 예수(濊水)라고 일컫는다"[50]고 하였다. 《태평환우기(太平寰宇記)》 하북도 진주 평산현조에서는 예수(濊水)를 석구수(石臼水) 또는 녹수(鹿水)라고도 부른다고 하였다.[51]

여기서 중국 만주 길림성의 예강과 하북성의 예강의 어느 것이 먼저인가를 판별하는 문제가 대두된다. BC 3세기의 중국 고문헌에는 지금의 요서·하북 지방의 기사에 '맥'족이 주로 나오다가, BC 2세기 이후에야 '예'족이 나옴을 참조하여, 여기서는 일단 예족의 기원이 관련된 강은 길림성의 '예강', '예읍'이라고 본다. 그리고 하북성의 '예강', '예읍'은 그 후 예족 일부가 서쪽으로 이동해 간 것으로

---

**48** 《後漢書》卷85, 東夷列傳 夫餘傳.

**49** 《晉書》卷97, 東夷列傳 夫餘國傳.

**50** 《水經注》, 濁漳水·清漳水 注, "清漳水逕章武縣故城西 故濊邑也 枝瀆出焉 謂之濊水."

**51** 《太平寰宇記》河兆道 진주 평산현조, "隋國經 : 房山 …… 濊水出焉 亦謂之石臼水 又謂鹿水 出行唐 東入博陵 今 河兆安平縣 謂之木刀溝 又謂之袈裟水 …… 南流入漳沱河" ; 리지린, 《고조선연구》, 백산자료원, 1963, 148~149쪽 참조.

해석한다. 그러나 이것은 더 연구해 볼 과제이다.

'예'부족은 처음 고기잡이와 수렵의 경제생활을 했으며, 따라서 수초와 사슴·멧돼지 등을 따라 강을 중심으로 이동하였다. 다산 정약용은 "예(濊)는 지명이거나 또는 수명(水名)이다. 그러므로 그 군장이 스스로 예왕(濊王)이라 자칭하였다"[52]고 기록하였다.

'예'부족은 예강에서 기원하여 강을 따라 남쪽으로 이동해서 요하 유역,[53] 요동반도, 압록강, 두만강 유역, 청천강·대동강 유역, 한반도 동해안 등에 이동해 퍼진 부족이었다.

### 1) 범 토템 부족

'예'부족은 '범'[虎, 호랑이] 토템 부족이었다.

《후한서》예전에서 "(예족은) 해마다 10월이면 하늘에 제사를 지내는데, 주야로 술 마시고 노래 부르며 춤추니 이를 무천(舞天)이라 한다. 또 범[虎]을 신으로 여겨 제사 지낸다"[54]고 하였다.

### 2) 부계사회의 징표

'예'부족의 부족장은 부계였다고 추정된다. 눈강 부근의 유적에서는 석검(石劍)이 많이 나오고, 뒤의 청동기·철기시대 예족의 유물들에는 싸우는 '범'의 장식품이 나온다. 사슴과 멧돼지 사냥의 생활습관도 부계사회 남성부족장의 부족임을 시사해 준다.

---

**52** 丁若鏞, 《疆域考》, 〈濊貊考〉, "又曰濊者 地名 或是水名(字從水) 故其君自稱濊王" 참조.

**53** 《呂氏春秋》〈恃君覽〉에서는 渤海灣 동부가 濊族이 거주하던 지역이라고 기록하였다.

**54** 《後漢書》卷85, 東夷列傳 濊傳.

'예'부족은 강과 수초(水草)를 따라 만주와 한반도 북부로 이동했기 때문에 '맥'부족과 같은 지역에 섞여 거주하거나 이웃해 거주하는 경우가 많았다.

### 3) 농경문화의 시작

'예'부족은 고조선 건국에 후국족으로 참여한 이래 요동반도와 압록강 양안에서 농경문화에 정착한 것으로 보인다. 《삼국지》동이전 예전에 "항상 10월을 제천(祭天)하는 달로 써서 주야로 음주하고 노래하며 춤추니 이름하여 무천(舞天)이라 한다"[55]고 했는데 《삼국지》한(韓)조의 10월에 농사가 끝났을 때의 제천행사에 맞춘 데서 이를 추정할 수 있다.

'예'의 한자 표기가 '薉'에서 '濊'로, 다시 '穢'로 옮겨 간 것도 '예'족이 수초를 따라 이동하다가 정착하여 농경 생활로 들어간 것을 반영한 것이라고 볼 수 있다.

### 4) '납작밑 토기'의 문화

'예'부족은 생활용기로서 '납작밑[平底] 토기'를 발전시킨 부족이었다. '예'부족 거주 지역에서 출토된 토기들은 모두 '납작밑'으로서, '맥'부족의 토기들과 기형에서 유사하지만, '한'부족의 '뾰족밑'[尖底] 빗살무늬토기들과는 현저하게 다르다.

'예'부족의 한 갈래의 신석기시대 유적으로 추정되는 강원도 고성군 문암리 유적 출토의 토기(BC 10000년~BC 6000년)들은 〈그림 2-36〉에

---

55 《三國志》魏書 卷30, 烏丸鮮卑東夷傳 濊傳 참조.

〈그림 2-36〉 강원도 문암리 유적 토기 양식(BC 10000년~BC 6000년) (크기 부동)
**1** 문암리 02-3호 매장유구 출토 **2** 문암리 02-3호 매장유구 출토 **3,4,5** 문암리 02-7호 주거지 출토 **6,7,8,9,10** Ⅷ-1층 출토 **11,12** Ⅷ-2층 출토

서 보는 바와 같이 모두 기형이 '납작밑 토기'이다. 이 가운데서도 특히 귀달린 항아리형 토기는 예족의 독특한 것으로서 다른 곳에서 잘 보이지 않는 것이다.

### 5) 후국 소군주를 배출한 후국 부족

'예'부족은 고조선 국가를 형성할 때 참여하여 부족장을 소군주로 인정받는 후국족으로 참가하였다. 이 때문에 '예'부족의 군장은 군장사회(chiefdom) 상태에서 고조선 건국에 참여했으며, 그 후 고조선이 해체될 때에도 예족 후왕 남려(南閭)의 지휘 아래 위만조선에 저항하였다.

예족은 고대 동아시아에서 매우 중요한 부족이었는데, 아직 연구가 충분히 되어 있지 않아서, 앞으로 매우 중요한 연구과제가 되는 부족이다.

# 제 **3** 장

# 한·맥·예
# 3부족의 결합

## 제1절
# 한국 고문헌에 기록된 한·맥·예
# 3부족 결합에 의한 고조선 국가형성

신석기시대 후기 한강 유역에서 형성 발전된 문화 지표항목들이 대동강 유역에서도 발견되어, 이 시기 부족이동과 교류가 있었음을 알려준다. 예컨대, 대동강 유역에서 발굴된 한강 유역의 것들과 동일한 '뾰족밑 빗살무늬토기' 및 각종 뾰족밑 토기들의 분포 경로가 이를 알려준다.

한강 유역으로부터 대동강 유역으로 이동해 가서 정착한 '한'부족의 한 갈래(桓雄族)와 북방으로부터 내려와 정착한 '맥'부족의 주류 갈래, 그리고 '예'부족의 주류 갈래 등 3부족이 대동강 중류에서 결합하여 3부족 연맹에 의해 최초의 고대국가를 수립한 것이 '고조선'[古朝鮮(朝鮮)] 국가이다.[1]

일연(一然)의《삼국유사(三國遺事)》에는 중국 고문헌《위서(魏書)》의 기록을 그대로 전재하여 인용한 다음, 이어《고기(古記)》라는 책에서 고조선(古朝鮮)이 환웅족(桓雄族)·곰 토템족·범 토템족의 3부족이 관여하여 건국되었음을 알려주는 다음과 같은 설화를 인용하였다.[2]

> 고기(古記)에 이르되 옛날에 환인(桓因, 帝釋을 이름)의 서자(庶子) 환웅(桓雄)이 있어 항상 천하에 뜻을 두고 인세(人世)를 탐내어 구하거늘, 아

---

**1** 고조선 건국설화에서 '환웅'이 하느님의 아들로서 하늘에서 내려왔다는 이야기는 기원을 신성화시키고 싶어 하는 '민족(부족)이동'의 설화적 표현이다. 다른 지역의 경우도 동일하다. 건국설화에서 나오는 '동물'은 토템으로서 전 세계 보편적임을 뒤르켐이 상세히 밝힌 바 있다.

버지가 아들의 뜻을 알고 삼위태백(三危太伯)을 내려다보매 가히 홍익인간(弘益人間)할 만한지라. 이에 천부인(天符印) 3개를 주어 가서 세상(사람)을 다스리게 하였다. 웅(雄)이 무리 3천을 이끌고 태백산 꼭대기(太伯은 지금의 妙香山) 신단수(神檀樹) 밑에 내려와 여기를 신시(神市)라 이르니 이가 환웅천왕(桓雄天王)이라고 하는 분이다. (그는) 풍백(風伯)·우사(雨師)·운사(雲師)를 거느리고 주곡(主穀), 주명(主命), 주병(主病), 주형(主刑), 주선악(主善惡) 등 무릇 인간 360여 가지 일을 주(主)하여 인세(人世)에 있으면서 다스리고 교화(敎化)하였다.

그때에 일웅(一熊)과 일호(一虎)가 같은 굴에서 살며 항상 신웅(神雄)에게 빌되, 원컨대 화(化)하여 사람이 되어지이다 하거늘, 이때 신웅이 신령스러운 쑥 한 타래와 마늘 20개를 주고 이르기를, 너희들이 이것을 먹고 백일 동안 일광(日光)을 보지 아니하면 곧 사람이 될 수 있다고 하였다. 곰과 범이 이것을 받아서 먹고 기(忌)하기 삼칠일 만에 곰은 여자의

2 ① 申采浩, 〈檀君時代〉, 《讀史新論》(《大韓每日申報》 연재), 1908.
  ② 朴殷植, 《檀祖事攷》, 1911, 《白巖朴殷植全集》 제4권, 백암박은식선생전집편찬위원회, 2002 수록.
  ③ 黃義敦, 〈檀君考證에 대한 신기록의 발견〉, 《東光》 제1권 제7호, 1926.
  ④ 崔南善, 〈檀君論〉(《東亞日報》 연재), 1926.
  ⑤ 安在鴻, 〈檀君論과 箕子抹殺論〉, 《新朝鮮》 제11호, 1935.
  ⑥ 金載元, 《檀君神話의 신연구》, 정음사, 1947.
  ⑦ 孫晉泰, 〈三國遺事의 社會史的 고찰〉, 《學風》 제2권 제1·2호, 1949.
  ⑧ 金廷鶴, 〈檀君神話와 토테미즘〉, 《歷史學報》 제7집, 1954.
  ⑨ 金貞培, 《韓國民族文化의 起源》, 學生社, 1978.
  ⑩ 李基白 편, 《檀君神話論集》, 새문사, 1988.
  ⑪ 朴成壽, 《檀君紀行》, 교문사, 1988.
  ⑫ 尹以欽 외, 《檀君-그 이해와 자료》, 서울대 출판부, 1994.
  ⑬ 慎鏞廈, 〈檀君說話의 사회학적 해석〉, 《사회사학회 논문집》 제47집, 1995.
  ⑭ 徐永大 편, 《북한학계의 단군신화 연구》, 백산자료원, 1995.
  ⑮ 金杜珍, 《韓國古代의 建國神話와 祭儀》, 일조각, 1999.
  ⑯ 金成煥, 《朝鮮時代檀君墓 인식》, 경인문화사, 2009 참조.

몸이 되고 범은 능히 기(忌)하지 못하여 사람이 되지 못하였다.

웅녀(熊女)는 그와 혼인해주는 이가 없으므로 매번 단수(檀樹) 아래서 주문을 외우며 원하기를 아기를 잉태해지이다 하였다. 웅(雄)이 잠깐 변하여 혼인하여 아들을 낳으니 이를 단군왕검(檀君王儉)이라 하였다. (단군왕검이) 당고(唐高, 堯)의 즉위한 지 50년인 경인(庚寅, 唐高의 즉위년은 戊辰인즉 50년은 丁巳요, 庚寅이 아니다. 아마 틀린 듯하다)에 평양성(平壤城, 지금의 西京)에 도읍하고 비로소 조선(朝鮮)이라 칭하였다.

또 도읍을 백악산(白岳山) 아사달(阿斯達)로 옮기었는데, 그곳을 또 궁홀산[弓(一作 方)忽山], 또는 금미달(今彌達)이라고도 한다. 나라를 다스린 것이 1,500년이었다.

주(周)의 호왕[虎(武)王] 즉위년인 기묘(己卯)에 기자(箕子)를 조선에 봉하매, 단군은 장당경(藏唐京)으로 옮기었다가 후에 아사달에 돌아와 숨어서 산신(山神)이 되니, 수(壽)가 1,908세이었다고 한다.[3]

위의 '단군설화'에서 신화적 요소를 분리해 버리고 역사적 사실적 부분만 간추려 사회학적 문화인류학적으로 해석하면 고조선 국가는 ① 천손의식을 가진 가장 선진적인 '한'(桓)부족과 ② 곰 토템 부족인 '맥'부족이 '혼인동맹'에 의해 결합하고, ③ '범' 토템 부족은 다른 방법으로 결합해 개창되었음을 알 수 있다.

이때 가장 선진적 부족으로서 고조선 국가형성을 주도한 '한'(韓·桓)부족에서 '왕'(王, 天王)을 내고, '맥'(貊)부족에서 '왕비'(王妃)를 내는 것이 합의되었음을 단군설화는 알려주고 있다. 단군설화에서

---

3 《三國遺事》卷1, 古朝鮮(王儉朝鮮)條.

나오는 '웅녀'(熊女)는 곰이 변신한 여자가 아니라 곰 토템 부족인 '맥'(貊)부족 여자임은 더 설명할 필요가 없을 것이다.[4]

한(桓)부족과 '맥'부족의 '혼인동맹'에 의한 부족연맹은 다른 역사에서 증명될 수 있을까? 대체적으로 직계 후대 왕조는 직계 선대 왕조의 관행을 승계하는 일이 많은데, 고조선의 직계 후대 왕조인 고구려의 국가형성을 보면 '혼인동맹'이 주축이 되어 있음을 알게 된다.

고구려는 처음 5부의 결합으로 국가형성을 이루었는데,《삼국지》《위지》동이전 고구려조에 의하면, 연노부(涓奴部)·절노부(絶奴部)·순노부(順奴部)·관노부(灌奴部)·계루부(桂婁部)의 5부 중에서 처음에는 연노부에서 왕을 내기로 했다가 세력이 약해지자 계루부에서 계속 왕을 내게 되었다.[5] 한편 왕비는 절노부에서 계속 내었다. 이에 따라 계루부 다음으로 절노부가 높은 권위를 가졌으며, 절노부의 대인(大人)은 '고추가'(古雛加)의 칭호를 더하였다. 계루부가 왕을 내고 절노부가 왕비를 내는 '혼인동맹'의 결합방법은 매우 공고한 결합방식이어서 함부로 그 밖의 부족 여자를 취하기 어려웠다.[6]

고조선 국가형성에서 '한'(桓·韓·馯·寒·汗)부족과 '맥'(貊)부족의 '혼인동맹'이 처음 한 대의 것인지, 대대로 존중된 결합방식이었는지는 자료가 분명치 않으나, 고조선은 하나의 관행적 제도로서 '한'부족과

---

**4** Emile Durkheim, *Le Formes Elémentaires de la Vie Religieuse* ; (영어판) Translated by Karen E. Field, *The Elementary Forms of Religious Life*, Free Press, 1995; (한국어판) 노치준·민혜숙 역,《종교생활의 원초적 형태》(한국사회과학연구소), 민영사, 1992, 153~339쪽 참조. 이 연구는 원시부족의 거의 모든 토템은 부족 명칭의 기능을 하며 그 대명사임을 잘 설명해 주고 있다.

**5**《三國志》卷30, 魏書 30, 東夷傳 高句麗條 참조.

**6** 李基白, ①〈高句麗王妃族考〉,《震檀學報》제20집, 1959.
　　　　②〈高句麗 國家形成 문제〉,《한국고대국가와 상회》, 1985 참조.

'맥'(貊)부족이 '혼인동맹'에 의하여 공고하게 결합되었다. 중국 고문헌에 나오는 '한맥'(馯貊)이 '한'족과 '맥'족의 혼인동맹에 의해 결합된 한국 원민족의 표현 기록이라고 본다.

'예'(濊)부족은 다른 방식에 의해 '한·맥'족과 결합하였다고 볼 수 있다.

'예'부족의 고조선 국가에의 결합양식은 어느 정도 자치권을 가진 부족 군장의 '후국'(侯國)제도에 의거한 것이었다. 뒤의 일이지만 중국의 한(漢)이 말기 고조선을 침입한 시기에 '예군'(濊君) 남려(南閭)의 투항 기사와 '예군'(濊君)의 글자를 새긴 인장이 발견된 것으로 보아서,[7] 고조선 형성에 참가한 예(濊)의 군장은 고조선 왕검의 제후(諸侯)의 하나로서의 지위를 인정받는 상태로 결합된 것이었음을 미루어 알 수 있다.

즉 '한'부족과 '맥'부족은 '혼인동맹'으로 공고하게 결합하고, '예'부족은 족장을 제후의 하나로 인정받는 후국 방식으로 결합하여 3부족이 조선(고조선)이라는 고대국가를 최초로 형성한 것이었다.

종래 고조선 국가를 수립한 부족을 '예'와 '맥'의 2부족이라고 보아온 것을 한·예·맥의 3부족이라고 하여, '한'(韓·桓·馯·寒·汗)부족을 새로이 발굴 정립한 것은 매우 중요한 것이다.[8] 왜냐하면 '한'이 고조선 건국의 주역이며 왕계(王系)였기 때문이다. 건국의 주역

---

**7** 《漢書》卷6, 〈武帝紀〉第6, 元朔 2年 秋, "東夷濊君南閭等 口二十八萬人降 爲蒼海郡"및 《後漢書》卷85, 東夷列傳 75 濊條, "元朔元年 濊君南閭等畔右渠 率二十八萬口 詣遼東內屬 武帝次基地爲蒼海郡 數年乃罷" 참조.

**8** 古朝鮮 국가의 형성에 처음부터 '한'(韓·桓·馯·寒·汗)부족이 들어가 주도하지 않고, 韓부족이 고조선 멸망 후 準王이 남하해서 馬韓을 설립하고 결국 三韓이 뒤늦게 韓民族 형성에 들어갔다고 본 것은 고조선 형성을 주도한 '한'(韓·桓·馯·寒·汗)을 발견하지 못했기 때문이라고 생각된다.

과 왕계부족이 명확히 됨으로써 그 후 동아시아에서 고조선의 활동
과 분화와 각 민족의 민족형성의 내부 동태가 더욱 명확히 밝혀질
수 있을 것이기 때문이다.

'한'이 고조선 멸망 후 마한·진한·변한의 3한을 통하여 한국민족
형성에 들어가는 것이 아니라, 그보다 수천 년 앞서 고조선의 최초
의 건국에 주역으로서 그리고 왕계로서 활동하여 고조선 개창을 주
도했다는 사실은 그 후의 역사 전개에 매우 중요한 것임을 유의해
둘 필요가 있다.

## 제2절
## 중국 고문헌에 기록된
## 한·맥·예 3부족 결합

'한'부족과 '맥'부족의 결합에 대한 증거는 《상서주소》 등의 BC 5세
기의 중국 고문헌 기록에서도 확인된다. 즉 《상서(尚書)》의 주서(周書)
원문에 "武王旣伐東夷 肅愼來賀", (周의) 무왕(武王)이 이미 동이를 정
벌하니 숙신의 사신이 와서 축하하였다는 BC 5세기의 기사가 있다.[9]
《상서정의(尚書正義)》의 공안국전(孔安國傳)에서는 이를 "해동(海東)의
오랑캐들인 구려(句麗), 부여(夫餘), 한맥(馯貉) 등의 족속들이 무왕(武
王)이 상[商(殷)]을 이기자 모두 길을 통하게 되었는데, 성왕(成王)이 왕
위에 오르자 회수(淮水) 지방의 동이(東夷)들이 반란을 일으켰으므로

---

**9** 《尚書》 卷22, 周官 참조.

성왕(成王)이 이를 정벌했고 숙신이 와서 축하한 것이다"[10]라고 해설
하였다.

공안국(孔安國)은 이어서 '한'(馯)은 '戶旦反'(한)으로 발음하여 읽
으며, 《지리지(地理志)》(漢書)에서는 '한맥'(寒貊)으로 기록했다고 쓰
고,[11] 공자(孔子)는 '貉'(맥)이라 하는 것은 '맥'(貊)이라고 말했다고
기록하였다. 즉 '馯貊'(한맥 ; 馯貌, 馯貉)은 '한맥'(寒貊)이라고도 쓰
며, 한(馯)족과 맥(貊)족이 결합한 동이(東夷)가 주(周) 무왕(武王)이
상(商)나라를 쳐서 이긴 BC 5세기경에 새 왕국 주(周)나라와 통하게
되었음을 기록한 것인데, 이것이 고조선(古朝鮮)을 가리킨 것임을 바
로 알 수 있는 것이다.

이때 고조선을 '한맥'(馯貊)으로 표현하여 그것이 '한(馯)과 맥(貊)'
의 결합 민족임을 시사했을 뿐 아니라, '馯'(한 ; 馬와 干의 결합문자)
자를 써서 '한'족은 동이(東夷)족이면서 기마민족임을 알 수 있게 하
였다.

고조선 건국 전후부터 한반도에서 '한'부족의 일부가 산동반도 등
에 건너가서 소분국을 이루며 살았는데, 이를 고대 중국인들은 '寒',
'韓', '汗', '馯' 등 여러 문자로 표기하다가 일부 중국에 동화한 '한'
을 '韓'으로 부르기도 하였다.

《상서(尙書)》 주서(周書)의 위 기록에 대하여 《상서정의(尙書正義)》
는 구려(駒麗), 부여(夫餘), 한맥(馯貊) 등 족속이 공군(孔君)의 때에

---

**10** 《尙書注疏》卷18, 周書, 孔安國傳, "海東諸夷 句麗·夫餘·馯貌之屬 武王克商 皆通道焉. 成
王卽政而叛 王伐而服之 故肅愼氏來賀"참조.

**11** 《尙書注疏》卷18, 周書, 孔安國傳, "馯戶旦反 地理志音 寒貊"참조.

모두 그 이름이 있었다고 기록하였다.[12]

정현(鄭玄)은 위의 기록에 대해 "고구려(高句麗)·부여(夫餘)·한(韓) 은 있으되 이 한(馯)은 없으니 한(馯)은 곧 피한(彼韓, 저들의 韓)이며 음은 같고 글자는 다르다"[13]고 하여 '한맥'(馯貊)은 '피한'[彼(東夷)韓] 이라고 하였다.

즉 BC 5세기에 해당하는 주(周)의 무왕(武王)과 성왕(成王) 때에 주 (周)나라와 교통한 동이(東夷)의 '한맥'(馯貊)이 있었음은 단편적 기 록으로나마 확인할 수 있는 것이다.

또한, 《정씨집운(丁氏集韻)》에서는 이미 살펴본 바와 같이 "馯(한)의 음은 한(寒)이니 동이(東夷)의 별종(別種)을 일컫는 것이다"라고 하였다. 또한 '예'(穢)를 설명하면서《일주서주(逸周書註)》에서 "예(穢)는 한예 (寒穢)이니 동이(東夷)의 별종(別種)이다"라고 한 것도 참고가 된다.[14]

'예'(濊)와 '맥'(貊)의 결합에 대해서는《한서》식화지에 "팽오(彭 吳)가 예맥(穢貊) 조선(朝鮮)과 개통하여 창해군(滄海郡)을 설치하자 연(燕)과 제(齊)나라 사이가 모두 발동(發動)하였다"[15]고 하여 '예맥' (穢貊)을 말하고, 또 이들을 '조선'(朝鮮)과 연달아 적음으로써 '예맥 조선'(穢貊朝鮮)으로 통합해 해석할 가능성을 열어 놓았다. 또한《사 기》에서도 "좌방(左方)의 왕장(王將)들은 동쪽에 위치해 있는데 상곡

---

**12** 《尙書注疏》卷18, 周書, 孔穎達疏, "正義曰 成王伐淮夷滅徐奄 指言其國之名此傳言. 東夷非 徒淮水之上夷也 故以爲海東諸夷 駒麗·夫餘·馯貊之屬 此皆於孔君之時有此名也" 참조.

**13** 《尙書注疏》卷18, 周書疏, "鄭玄云 北方曰貉 又云東北夷也. 漢書有高句麗·夫餘·韓 無此馯 馯卽彼韓也 音同而字異" 참조.

**14** 《逸周書》卷7, 王會편에서, 成王 때(BC 5세기경) 천하의 제후와 四夷의 사신들이 周나라 수도 에 모였는데 '穢人'이 언급되었고, 晉의 孔晁가 注를 달면서 이를 '寒穢'라고 해설하였다.

**15** 《漢書》卷24, 食貨志 第4 下, "彭吳穿 穢貊·朝鮮 置滄海郡 則燕齊之間 靡然發動" 참조.

(上谷)을 거쳐 곧바로 가면 예맥·조선(穢貊·朝鮮 또는 穢貊朝鮮)과 맞닿는다"[16]고 하여 '예'(穢)와 '맥'(貊)의 결합 또는 '예'(穢)와 '맥'(貊)과 '조선'(朝鮮)의 결합을 시사하였다.

즉 중국의 고문헌들은 동이의 '駻貊'(한맥)·'寒貊'(한맥)·'寒穢'(한예)·'穢貊'(예맥)·'穢貊朝鮮'(예맥조선)을 기록함으로써, '한과 맥의 결합'·'한과 예의 결합'·'예와 맥의 결합'·'예와 맥과 조선의 결합'을 인지하고 있었음을 알려주고 있다.

또 하나의 중국 고문헌 자료로서 '한(韓:駻·寒·汗·桓)·맥(貊)·예(穢)' 3부족 결합에 의한 '고조선'(古朝鮮) 국가형성을 알 수 있는 《시경》 한혁(韓奕)편이 있다.

> 커다란 저 한(韓)의 성(城)은 연(燕)나라 백성들이 완성한 것일세.
> 선조가 받으신 명(命)을 받들어 많은 오랑캐를 다스리셨네.
> 왕(王)께서 한후(韓侯)에게 추(追, 예)와 맥(貊)을 하사하셨네.
> 북국(北國)들도 모두 받아서 그들의 백(伯)이 되셨네.[17]

주(周) 선왕(宣王)과 한후(韓侯)를 기리기 위한 이 고대의 노래는 채록자의 주관에 의해 문제가 발생함을 곧 알 수 있다. 《시경》 채록자가 여기서 찬양하고자 한 한후(韓侯)는 춘추시대 황하 상류에 있던 작은 나라 진(晋)이 3분되어 조(趙)·위(魏)·한(韓)으로 분열된 한(韓)

---

**16** 《史記》卷110, 列傳 50, 匈奴 참조.

**17** 《詩經》韓奕篇, "溥彼韓城 燕師所完 以先祖受命 因時百蠻 王錫韓侯 其追其貊 奄受北國 因以其佰."

이다. 이 3국 중에서도 동북쪽을 향한 소국은 조(趙)였기 때문에 이 '한'(韓)은 지리상 이동이 있었다 할지라도 오늘의 북경 및 만리장성 북동의 추(追)나 맥(貊)과 겹치거나 국경을 맞닿을 여지가 없는 서남쪽 매우 먼 거리의 시종일관한 최약소국의 하나였다. 따라서 《시경》 채록자가 존주·존화주의의 악습관으로 주 선왕이 한후(韓侯)에게 추(追)·맥(貊)을 하사하고 북국(北國)들을 모두 하사했다는 기록을 남겼다고 할지라도 이것은 '연'(燕)과 지리적으로 겹쳐 있던 다른 '한'(韓)의 이야기이지, 황하 상류의 약소국 '한'(韓)의 사실은 아닌 것이다. 적어도 과학적으로는 그렇게 될 수 없다.[18]

후한(後漢) 시기에 왕부(王符)가 《잠부론(潛夫論)》에서 "옛날 주(周) 선왕(宣王) 때에 또한 한후(韓侯)가 있었는데 그 나라가 연(燕)에 가까이 있었으므로 시(詩)에 말하기를 '저 커다란 한(韓)나라 성(城)은 연

---

**18** 《毛詩正義》 卷18의 4에서 鄭玄은 《詩經》에 수록된 '韓奕'은 尹吉甫가 周의 宣王을 기리기 위하여 쓴 詩라고 하였다. 그러나 朱熹는 이 시가 尹吉甫의 작품이라는 것은 아무 근거 없는 설이라고 지적하고, 누구의 작품인지 모르는 이 시는 韓侯가 제후의 자리에 처음 올라 周의 조정에 들었다가 宣王의 命을 받고 돌아갈 때 周 宣王과 韓侯를 기리기 위해 씌어진 작자를 잃어버린 칭송의 시라고 해석하였다. 문제는 이 시가 역사적 사실에 전혀 맞지 않는다는 데 있다. 즉 周 宣王이 貊과 濊(追)를 다스리도록 韓侯에게 下賜한 사실도 없고 北國(소위 중국 고문헌 周禮職方氏에 나오는 九貊=九夷)을 하사한 사실도 없으며 周의 소약국 韓이 東夷의 貊과 濊를 다스린 일도 없고 北國들(九貊=九夷)을 다스린 일도 물론 없다.

위의 역사적 사실이 있었던 것은 燕나라와 그 후의 만리장성 부근에서 200년간 싸운 강대한 東夷의 韓(桓·馯·寒·汗)이었다. 즉 東夷의 韓이 貊·濊를 지배하고 北國(九貊=九夷)의 宗主가 되었던 역사적 사실을 끌어다가 周의 韓侯를 기리는 데 섞어 넣은 것이다.

鄭玄은 이 모순을 짐작하고 '燕'을 나라 이름으로 해석하지 않고 '편안한 때'라는 의미의 '安'으로 해석하여 이 모순을 해결하려고 시도하면서 "燕師所完"을 "편안할 때의 백성들이 완성한 것"이라고 해석하였다. 또 韓侯의 선조는 周 武王의 아들이었으므로 武王의 東夷의 정벌의 공을 의식하여 韓侯에게 貊·追·北國을 모두 하사하여 통치케 했다고 억지 해석을 하였다. 그러면서도 鄭玄은 자기 해석이 견강부회임을 의식했는지 "燕師所完"의 "完" 자는 北燕나라에서는 '桓'으로 발음한다"고 하여 燕이 나라 이름일 수도 있는 가능성의 여지를 남겨 놓는 모호한 언급을 하였다. 왜 鄭玄은 '北燕'과 '桓'을 언급했는가? 貊·追·北國(九二=九貊)을 모두 하사받거나 통치한 周의 韓侯는 없었다.

(燕)나라 백성들이 완성시킨 것'이라고 하였다. 그 뒤 한서(韓西)에 또한 한(韓)이라는 성(姓)이 있어 위만(衛滿)에게 벌(伐)한 바 되어 이동해서 해중(海中)에 살았다"[19]고 해서 '한'(韓)이 여럿 있음을 지적하였다. 결국 3개의 한(韓)이 실재해서 그 후에 혼동을 일으킨 것이었다.

즉 이때의 '한'(韓)으로는 ① 중국 관내에 있는 고중국의 한(韓) ② 연(燕)의 북쪽에 있는 동이(東夷)의 한(韓) ③ 위만에 패하여 다시 동쪽으로 옮아 살고 있는 동이(東夷)의 한(韓)의 삼한(三韓)이 있었다고 인식된 것이다. 이 중에서 중국 관내의 한(韓)은, 연(燕)의 북쪽에 있으면서 연(燕)과 세력을 다투다가 패하여 연(燕)의 동쪽으로 옮겨가서 살고 있는 동이(東夷)의 한(韓)과는 별개의 것이었다.

이 중에서 중국 관내에 있던 중국의 '한'(韓)은 주로 한자 표기가 '韓'으로 나온다. 이에 대조적으로 연(燕)의 북쪽에 있으면서 연(燕)과 세력을 다투다가 동쪽으로 이동해 산 한(韓)은 《상서(尙書)》에서는 '한맥'(馯貊)[20]의 '한'(馯), 《한서지리지(漢書地理志)》의 '한맥'(寒貊)의 '한'(寒), 《일주서주(逸周書註)》에서는 '한예'(寒穢)의 '한'(寒)처럼 '馯'이나

---

朱熹는 이 모순을 해결하기 위해 燕은 나라 이름이지만 召公의 나라라고 해석하였다. 그러나 召公이 완성한 城의 제후가 貊·追·北國들을 모두 하사받아 통치한 사실이 없으니 이것도 억지이다.

《詩經》韓奕편의 이 구절은 周 宣王과 韓侯를 더욱 기리기 위한 목적으로 東夷의 韓(馯·寒·汗·桓)이 요서와 河北 지방에서 쌓은 공적을 끌어다 삽입시킨 것이라고 해석하는 것이 역사적 사실과 합치되는 것이다.

여기서 東夷의 '韓'이 그 후의 만리장성 동북방에 있었는가의 문제가 제기된다. 물론 東夷의 '韓'이 韓·馯·寒 등의 이름으로 실재하여 貊·濊를 통합 지배하고 北國(九貊=九夷)의 宗主가 되었었다.

설령 鄭玄의 해석을 채택하는 연구자들이 필자의 해석을 택하지 않는다고 할지라도 이것은 증명의 일부에 불과하므로 古朝鮮을 구성한 부족이 한(桓·韓·馯·寒·汗)·맥(貊)·예(濊) 3부족이었다는 역사적 사실과 필자의 학설에는 변함이 없다.

**19** 《潛夫論》卷9, 志, 氏姓 第35 참조.
**20** 《尙書大傳》卷18, 周官 第22, 孔氏疏 참조.

'寒' 자로도 표시되었다. 즉, 연(燕)의 북쪽에 있다가 연(燕)과 세력을 다투어 패해서 동쪽으로 이동해 살았다고 한 '韓'은 동이족(東夷族)의 '한'으로서, 이것이 동이족 발음으로 '한'(Han)이기 때문에 '韓', '馯', '寒', '汗', '桓' 등 여러 가지 한자로 표기된 것이었다. 《정씨집운(丁氏集韻)》에서는 "한(馯)의 음은 寒(한)이니 동이(東夷)의 별종(別種)이다"라고 하였다.

그러므로 《시경》에 기록된 바의 연(燕)과 투쟁한 한(韓)은 동이(東夷)의 별종(別種)인 한[韓(馯, 桓)]인 것을, 주왕(周王)을 빛내기 위해 중국 관내의 한(韓)과 혼합시켜 마치 중국 관내의 '한'(韓)이 모든 추(追)와 맥(貊)족 등을 다스리도록 하사한 것처럼 존화주의적 사필로 왜곡한 것이다. 그러나 이것을 중국 관내의 '한'(韓)과, 연(燕)과 투쟁한 '동이'(東夷)의 한[韓(馯, 寒, 汗, 桓)]으로 구분하여 보면 《시경》의 이 노래는 동이(東夷)의 한[韓(馯, 寒, 汗, 桓)]이 연(燕)과 세력을 다투었고 추(追)와 맥(貊)을 지배했으며 모든 주변 오랑캐를 다스렸다는 중요한 역사적 사실을 알려주고 있는 것이다.

즉 편견 없이, 중국 주왕의 하사 운운한 필법을 모두 무시해버리고, 사실 부분만을 떼어보면 뒤의 시 번역과 같이 (東夷의) '한'(韓)이 '연'(燕)의 동북쪽 지역에 존재하여 그 주변 지역을 모두 지배했음을 알 수 있다.

여기서 유의해 둘 것은 중국 관내의 한(韓)도 원래의 고중국 계열에는 없는 성(姓)이라는 사실이다. 일찍이 중국 산동반도에 건너간 고조선 이주민의 '한'(寒)족이 고중국에 귀화한 경우가 있었는데, 중국 관내의 한(韓)도 기원은 고조선 이주민의 후예일 가능성이 매우 높다는 점이다. 주의 선왕이 고조선족 이주민 후예의 신하를 동북방 고조선 세력 견제를 위해 '한후'(韓侯)로 임명하여 성(城)을 지키도록 조치했을 가능성이 높다. '선조가 받으신 명(命)을 받들어' 많은 오랑캐를 다스렸다는 시구 표현에 중국 관내 한(韓)도 고조선 귀족 '한'의 후예임이 강력히 시사되고 있다. 앞으로의 연구과제라 할 것이다.

《시경》 한혁편은 다음과 같이 분절해 볼 수 있다.

① 한(韓)나라의 저 커다란 성(城)은 원래 한[韓(馯, 寒, 汗, 桓)]이 쌓았었는데, 또 연(燕)이 그것을 완성시킨 것이다.

② 한[韓(馯, 桓, 汗, 寒)]은 많은 오랑캐들을 다스렸다.

③ 한[韓(馯, 桓, 汗, 寒)]은 '추'(追, 濊—김상기 등)와 맥(貊)을 통합하였다.

④ 한[韓(馯, 桓, 汗, 寒)]은 북국(北國)들도 모두 지배하여 그 '백'(伯, 우두머리)이 되었다.

일찍이 김상기 교수는 '추'(追)의 음가는 '되' '퇴'이고 '예'(濊)의 음가는 '회' '외'인데, '퇴'와 '회', '되'와 '외'는 서로 전환되기 쉬우며, 여기서 쓰인 '추'(追)는 '예'(濊)를 지칭한 별명이라고 보았다.[21]

그렇다면 이 기록에서 우리는 '예'[濊(追)]와 '맥'(貊)을 통합한 강성한 '한'[韓(東夷의 韓, 馯, 寒, 汗, 桓)]이 그 후의 '연'(燕)나라 지역을 지배해서, 큰 성(城)을 쌓고 '북쪽의 나라들'[北國들]로부터도 '백'(伯)으로 존중받으며 그들을 지배했다가 연(燕)의 공격을 받고 성(城)을 빼앗긴 것을 알 수 있게 된다.

즉 《시경(詩經)》 한혁(韓奕)편은 '한'[韓(東夷의 韓, 馯, 寒, 汗, 桓)]

---

**21** 金庠基, 〈韓·濊·貊移動考〉, 《東方史論叢》, 서울대 출판부, 1974, 357쪽 참조.

족이 중심이 되어 추[追(濊)]와 맥(貊)을 통합하고 북국들(北國들, 중국의 북쪽에 있는 나라들)을 '모두' 다스리는 종주국(伯)이었음을 알려주는 기록이라고 할 수 있다.

## 제3절
## 고고유물에서 보이는 3부족의 결합

한강 유역에서 기원한 '한'족과 백랑수(白狼水)·시라무렌 강 유역에서 기원한 맥(貊)족과 예강(濊江) 유역에서 기원한 예(濊)족의 3부족이 부족 이동의 결과 과연 대동강 중류 '아사달'에서 서로 접할 수 있도록 부족 이동 정착을 할 수 있었겠는가의 고찰이 필요할 것이다. 이것은 고고유물로써 간접 증명이 된다고 생각한다.

고고유물 발굴 성과를 빌려보면, 한강 유역에서 기원한 '뾰족밑 빗살무늬토기'는 북으로는 대동강 유역과 대동강 하류 해안에서 여러 점이 발견되고 남으로는 한강 하류에 인접한 서해안, 충청남도 서해안, 군산 부근 서해안, 금강 중·하류 유역, 남해안·낙동강 유역 등에서 다수 발견되었다.

예컨대 한강 유역 암사동·미사리 등에서 출토된 '뾰족밑 빗살무늬토기'와 대체로 동일한 토기가 황해도 해주의 용담포, BC 6000년기~BC 4000년기의 황해도의 봉산 지탑리 유적,[22] 대동강 하구의

---

[22] 도유호, 《지탑리 원시유적 발굴보고》, 1961.

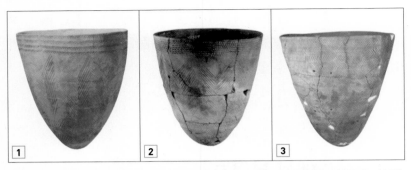

〈그림 3-1〉 한강 유역 암사동, 황해도 지탑리, 대동강 유역 남경 유적의 뾰족밑 빗살무늬토기의 비교(크기 부동)
**1** 한강 유역 암사동(BC 6000년기~BC 4000년기)  **2** 황해도 지탑리(BC 6000년기~BC 4000년기)  **3** 대동강 유역 남경 유적(BC 3000년기)

궁산리 패총과 연도리(燕島里) 패총, BC 4000년기의 평양시 사동 구역 금탄리(金灘里) 유적(Ⅰ문화층) 등에서 출토되었다.[23]

 이 토기 유적들은 한강 유역의 암사동·미사리 출토 '뾰족밑 빗살무늬토기'와 동일한 문화유형이다. 이 사실은 한강 유역과 대동강 유역의 신석기문화가 해안을 통해서 활발히 교류했음을 알려 주고 있는 것이다. 한강 유역의 뾰족밑 빗살무늬토기가 바닥의 뾰족함이 더욱 날카로운데, 대동강 유역의 그것은 '뾰족밑 토기'와 '둥근밑[圓底] 토기'가 함께 나온 점에서 한강 유역으로부터 대동강 유역으로의 전파가 더 주류였다고 볼 수 있다.

 북한 고고학계는 대동강 유역의 '뾰족밑 토기'의 연대를 BC 4000년기로 측정하고 있다.

 한편 기원적으로는 백랑수 유역에서 출토된 '맥족의 납작밑[平底]

---

**23** 김용간, 《금탄리 원시유적 발굴보고》, 1964, 《한국사》 제2권, 353쪽.

토기'와 유사한 '납작밑 토기'가 요동반도와 압록강 유역 의주 미송리에서 상당수 출토되었는데, 북한 고고학계는 '미송리형 토기'의 학명을 붙이고 있다.

이것은 '맥'족의 한 주류가 압록강 유역까지 이동하여 가지고 온 토기 형태라고 해석된다.

'납작밑 토기'(미송리형 토기)는 고조선 건국시기에는 대동강 유역에서 '뾰족밑 토기' 다음으로 출토되고 있다.

대동강 유역에서 출토된 토기 유형의 변화를 보면, BC 4000년기의 평양 금탄리 유적 1문화층과 BC 3000년기의 평양 어은동 유적까지는 뾰족밑 팽이형 빗살무늬토기들만 주로 나타난다.

그러나 대동강 유역 BC 3000년기의 남경 유적에 오면 토기 유형에 다양한 대변화가 일어남을 볼 수 있다(〈그림 3-2〉 참조).

남경 유적의 토기들은 뾰족밑 팽이형 빗살무늬토기가 주류이기는 하지만 바닥의 뾰족밑이 현저하게 '둥근밑'[圓底]으로 변화하고, 무엇보다도 미송리형 단지의 영향을 받은 것으로 보이는 납작밑[平底] 단지 항아리가 보인다(〈그림 3-2〉의 7·8 참조). 맥족 초기 단지 항아리와 거의 비슷하다.

또한 뚜렷한 것은 초기 둥근밑 팽이형 토기의 상부의 양쪽에 두 귀를 붙인 둥근밑 항아리가 나오는데, 그 둥근밑 팽이형 토기 부분은 '한'족의 뾰족밑 팽이형 토기의 변화 부분이지만, 두 귀를 상부에 붙인 것은 초기 '예'족의 토기의 문화유형의 영향이라고 관찰된다(〈그림 3-2〉의 11 참조). 그리고 대동강식 민무늬 팽이형 토기가 나오기 시작한다(〈그림 3-2〉의 12 참조).

'예'족은, 강원도 고성 문암리 유적 출토 토기에서 볼 수 있는 바

〈그림 3-2〉 대동강 유역에서 뾰족밑 빗살무늬토기의 전파와 토기 문화 유형(크기 부동)

**1,2,3** 황해도 지탑리 유적(BC 6000년기~BC 4000년기) **4** 평양 금탄리 유적 1문화층(BC 4000년기) **5,6** 평양 어은동 유적(BC 3000년기) **7,8,9** 평양 남경 유적(BC 3000년기) **10,11,12** 평양 남경 유적(BC 3000년기)

**〈그림 3-3〉 대동강 유역 남경 유적과 강원도 문암리 유적의 귀달린 항아리(크기 부동)**
**1** 대동강 유역 남경 유적 출토(BC 3000년기) **2,3,4,5,6** 강원도 고성 문암리 유적 Ⅶ-1층 출토
(BC 3500년~BC 2500년) **7,8,9** 문암리 유적 Ⅶ-2층 출토(BC 3500년) **10** 문암리 유적 Ⅷ층
출토(BC 10000년~BC 6000년) **11** 문암리 유적 Ⅸ층 출토(BC 10000년)

와 같이, '귀달린 민무늬 항아리'와 '귀달린 덧무늬 항아리'를 애용하였다(〈그림 3-3〉 참조). 대동강 유역 남경 유적(BC 3000년기)에서 귀달린 항아리(〈그림 3-2〉의 11) 참조가 출토된 것은 BC 3000년기에 '예'부족이 대동강 유역에서도 '한'족 및 '맥'족과 문화접촉 및 문화교류가 있었음을 나타내는 것이라고 볼 수 있다.

대동강 유역 남경 유적의 '귀달린 빗살무늬 항아리'의 두귀는 '예'족의 귀달린 항아리의 접촉 영향으로 보이지만, 무늬는 '빗살무늬'여서 대동강 유역에서 '한'족과 '예'족의 문화접촉과 문화교류를 나타내 주고 있다.

대동강 유역 남경 유적 출토 고고유물들은 BC 3000년기에 '한'·'맥'·'예' 3부족이 대동강 유역에서 활발한 문화접촉을 하여 문화교류와 문화변혁을 일으켰음을 간접적으로 나타내고 있다고 볼 수 있다.

또한 강원도 고성(高城) 문암리(文岩里)에서 발굴된 유물들 가운데 요동반도의 옥(玉)으로 제작한 옥귀걸이가 출토된 사실도 주목할 필요가 있다.[24] 이 유물은 BC 5000년~BC 4500년경의 '예'족의 유물들이라고 추정되는데, 그 토기는 '납작밑 토기'이고, 출토된 옥(玉) 귀걸이는 〈그림 3-5·6〉에서 보는 바와 같이 홍산문화(특히 흥륭와 유물) 유적의 옥 귀걸이와 매우 유사하였다.

예족이 강원도 고성 문암리 지방까지도 들어왔는데 그보다 가까운 청천강 대동강 유역까지 내려왔을 것임은 용이하게 추정할 수 있을 것이다.

---

**24** 國立文化財研究所, 《高城文岩里遺蹟》, 2004, 237~239쪽 및 267쪽 참조.

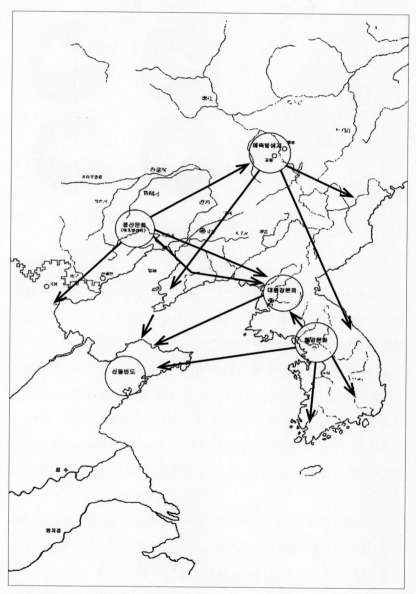

〈그림 3-4〉 한·맥·예 3부족의 이동 지도

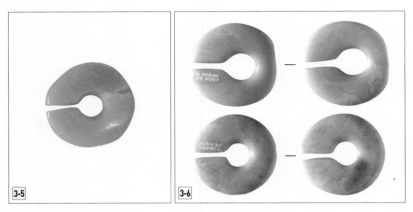

〈그림 3-5〉 요서 지역 흥룡와 옥귀걸이(BC 6000년) 〈그림 3-6〉 강원도 문암리 옥귀걸이 (BC 5000년~BC 4500년) (크기 부동)

　　신석기시대에도 후기에는 '한' 부족, '맥' 부족, '예' 부족이 대동 강·청천강·압록강 유역에서 상당히 활발한 접촉과 교류와 중첩된 정착생활을 했었음을 확인할 수 있다.

　　고대국가를 건국함에서 '한' 족이 남쪽으로 내려가서 동질적인 '한'족과 결합한 것보다, 한족의 한 갈래가 북쪽으로 이동하여 다른 부족인 '맥'족 및 '예'족과 결합해서 '고조선' 고대국가를 수립한 것 은 3부족 3문화의 융합에 의해 고조선 국가의 발전을 더욱 촉진하고 국력을 비교적 단기간에 더욱 강력하게 증강시키는 데 작용했다고 볼 수 있다.

　　또한 '한강문화'에서 기원한 '한'족과 '홍산문화'를 배경으로 한 '맥' 족과 요하문화를 배경으로 한 '예'족의 결합은 고조선의 발전방향을 남쪽보다 북쪽으로 향하게 하는 데 크게 작용했다고 볼 수 있다.

## 제4절
# 고조선 국가형성의
# 생산과 기술의 기초

### 1) 청동기시대의 시작

한·맥·예 3부족의 결합에 의해 대동강 유역의 '아사달'에서 고조선 국가를 건국한 전후에 대동강 유역에서는 3부족 결합의 결과 생산력과 기술이 비약적으로 발전한 사실이 고고유물로 증명된다.

우선 고조선 국가형성 시기의 청동기 유물이 대동강 유역에서 나오고 있다. 고고학계에서 그간 발굴한 성과를 모아 하나의 표로 만들어 보면, BC 31세기～BC 24세기 사이에, 다음 〈표 3-1〉와 같이, 무려 14개의 청동기 유물과 금동 유물이 출토된 것을 알 수 있다.

이에 약간의 설명을 붙이면, 우선 대동강 중상류인 평안남도 성천군 용산 무덤에서 BC 3073년경(bp 5,023년)의 것으로 측정된 청동(靑銅) 조각들이 팽이형 토기, 돌도끼, 돌도끼 조각과 함께 출토되었다(〈그림 3-7〉 참조).[25]

이것은 청동무기나 도구를 제조하기 직전의 청동 조각이지만, 이미 (자연)동과 석(錫)과 연(鉛)의 3광석을 '합금'시켜 제조한 합금 조각이기 때문에, 청동기시대가 한반도 서북 지방에서는 BC 31세기～BC 24세기에 시작되고 있었음을 강력히 시사하는 것이다.

이어서 고조선(단군조선) 성립기인 서기전 26세기(bp 4,593±167년)의 것으로 측정된 비파형 청동창끝(〈그림 3-8〉)과 청동단추(4㎝, 〈그

---

**25** 《조선기술발전사》 I, 과학·백과사전종합출판사, 1996, 38쪽 참조.

**〈표 3-1〉** 한반도에서 BC 31세기~BC 24세기의 청동기 유물 유적

| 번호 | 유적 이름 | 유적 종류 | 출토 청동기·금동 유물 | 측정연대 |
|---|---|---|---|---|
| 1 | 평남 성천군 용산 무덤 | 고인돌 무덤 | 청동조각 | BC 31세기 |
| 2 | 평남 상원군 용곡 4호 | 고인돌 무덤 | 청동단추 | BC 26세기 |
| 3 | 덕천시 남양 유적 | 16호 집자리 | 비파형창끝 | BC 26세기 |
| 4 | 덕천시 남양 유적 | 16호 집자리 | 청동단추 | BC 26세기 |
| 5 | 덕천시 남양 유적 | 16호 집자리 | 청동방울거푸집 | BC 26세기 |
| 6 | 상원군 장리 | 고인돌 무덤 | 청동교예장식품 | BC 26세기 |
| 7 | 상원군 장리 | 고인돌 무덤 | 청동방울 2개 | BC 26세기 |
| 8 | 상원군 장리 | 고인돌 무덤 | 청동끌 1개 | BC 26세기 |
| 9 | 평남 강동군 순창리 | 고인돌 무덤 | 비파형 청동창끝 | BC 25세기 |
| 10 | 평남 강동군 순창리 | 글바위 5호 무덤 | 금동귀걸이 | BC 25세기 |
| 11 | 강동군 송석리 | 문성당 8호 무덤 | 금동귀걸이 | BC 25세기 |
| 12 | 강동군 순창리 | 글바위 2호 무덤 | 금동귀걸이 | BC 24세기 |
| 13 | 강동군 송석리 | 문성당 3호 무덤 | 금동귀걸이 | BC 24세기 |
| 14 | 강동군 송석리 | 문성당 8호 무덤 | 금동귀걸이 | BC 24세기 |
| 15 | 경기도 양평군 양수리 | 고인돌 무덤 | 청동기시대 공반 유물 | BC 24세기 |
| 16 | 전남 영암군 장천리 | 집자리 ① | 청동기시대 유적 | BC 27세기 |
| 17 | 전남 영암군 장천리 | 집자리 ② | 청동기시대 유적 | BC 24세기 |

림 3-9〉)가 평남 상원군 용곡 4호 고인돌 무덤에서 발굴되었다. 또한 같은 시기(BC 26세기)의 것으로 남양 16호 집자리에서도 '비파형 청동창끝'이 발굴되었다.[26]

    대동강 상류 상원군 장리에서는 BC 3000년기 전반기의 큰 규모

---

**26** 《조선기술발전사》 I, 과학·백과사전종합출판사, 1996, 31~38쪽 참조.

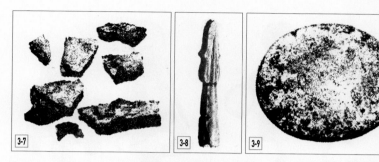

〈그림 3-7〉 청동 조각(BC 31세기. 평남 상원군 성천군 용산 무덤) 〈그림 3-8〉 비파형 청동창끝(BC 25세기. 평남 강동군 5호 고인돌 무덤) 〈그림 3-9〉 청동단추(BC 26세기. 평남 용곡리 4호 무덤)

고인돌(오덕형) 무덤(뚜껑돌 깊이 630㎝, 너비 405㎝, 두께 72㎝)의 무덤칸에서 청동교예장식품 1개, 청동방울 2개, 청동끌 1개를 비롯한 청동 제품과 돌활촉 44개, 질그릇 조각 수십 점, 사람뼈 등이 나왔다. BC 26세기의 유적·유물로 측정되었다.[27]

이 가운데서 청동 2인 교예장식품은 서로 어깨를 끼고 발목을 합친 2인 교예사(키 3.7㎝)가 각각 1개씩의 환을 들고(환 사이의 너비 5.1㎝) 또 2개의 환 위에 올라서(환까지 합친 높이 4.8㎝) 재주를 부리는 형상을 제작한 것이다. 옷의 몸통과 팔 소매, 바지에 굵은 기하학적 번개무늬가 돋쳐져 있고, 얼굴에는 입·코·눈·귀가 잘 묘사되어 있는 작지만 매우 숙련된 기술의 청동 공예품이다(〈그림 3-10〉 참조).

또한 청동방울은 원추형의 종처럼 아구리가 넓고 꼭대기가 좁은 형으로서, 울림통·고리·추로 이어졌는데 방울의 높이는 3센티미터,

---

**27** 최응선, 〈상원군 장리 고인돌 무덤을 통하여 본 고조선 초기의 사회문화상에 대하여〉; 이형구 편, 《단군과 고조선》, 살림터, 1999, 479~488쪽 참조.

〈그림 3-10〉 교예를 형상한 청동 장식(BC 26세기, 상원군 장리 고인돌 무덤) 〈그림 3-11〉 청동방울(BC 26세기, 상원군 장리 고인돌)

직경 1.7센티미터, 추의 길이 2센티미터의 작은 청동종방울이다. 울림통을 세로로 크게 네 등분하여 구멍을 길게 내고 몸통 위에 굵은 기하학적 삼각형 번개무늬를 돋친 것으로서 어려운 구조를 숙련된 기술로 만든 작지만 뛰어난 청동 공예품이다(〈그림 3-11〉 참조).

이 두 점의 청동 제품은 곡예와 음악·무용의 청동 도구를 부장품으로 제조한 것으로서 청동기가 상류 지배층의 오락도구를 상징화하는 데까지 이르렀음을 알려준다.

또한 대동강 중류 유역인 평안남도 강동군 순창리 굴바위 5호 무덤과 강동읍 문성당 8호 무덤에서는 각각 BC 25세기의 금동귀걸이가 나왔고, 순창리 2호 무덤과 송석리 2호 및 8호 무덤에서는 각각 BC 24세기의 것으로 측정된 '금동귀걸이'가 발굴되었다.

남한에서 초기 발굴된 비파형 동검 등 청동기에는 탄소 측정에 의한 정확한 연대측정 발표가 없었으나, 간접적인 청동기시대 유적의 증거는 있다.

그 간접적 증거로서, 청동기시대 무덤으로 판정된 경기도 양평군 양수리의 5기의 고인돌이 발굴된 유적에서 채취한 숯에 대한 방사성 탄소측정 결과는 BC 1950±200년으로 나왔는데, 교정연대는 BC 2325년이었다.[28]

또한 전라남도 영암군 장천리의 청동기시대 두 개 주거지 유적은 수집된 숯에 대한 방사성 탄소측정 결과 그 연대가 각각 BC 2190± 120년(bp 4,140±120년)과 BC 1980±120년(bp 3,930±120년)으로 나왔는데, 교정연대는 각각 BC 2630년과 BC 2365년으로 나왔다.[29]

이러한 청동기시대 유적 연대측정 결과는 남한 지역의 연대측정 발표가 없는 초기 비파형 동검의 연대추정에 큰 참고가 되는 것이다.

요컨대 대동강 유역에서는 동아시아의 가장 이른 시기 BC 31세기 ~BC 24세기에 청동기시대가 시작되었음을 확인할 수 있다.

이러한 청동기시대의 시작은 고조선의 국가형성의 생산력과 기술의 기초가 되었음은 물론이다.[30]

즉 동아시아에서 단립벼 재배를 비롯한 농업경작의 '신석기시대 농업혁명'은 한강 유역의 '한강문화'에서 가장 먼저 시작하여 발전시킨 데 비해서, 대동강 유역의 '대동강문화'에서는 청동기문화를 동아시아에서 가장 먼저 시작하여 고조선 국가형성의 기초가 된 것이었다고 볼 수 있다.

---

**28** Chan Kirl Park and Kyung Rin Yang, "KAER I Radiocarbon Measurements Ⅲ", *Radiocarbon Vol. 16*, No. 2, 1974, 197쪽; 윤내현, 《고조선연구》, 일지사, 1994, 315쪽 참조.

**29** 崔盛洛, 〈연암 장천리 주거지〉 2, 목포대 박물관, 1986, 46쪽; 윤내현, 앞의 책, 315쪽 참조.

**30** 종래 일부 고고학자들이 한반도의 청동기시대는 BC 10세기경에 성립되므로, 고조선 건국도 BC 10세기경의 일이라고 추단하는 것은 수십 년 전의 발굴 결과에 의거한 낡은 견해이다.

### 2) 농경문화와 잠업의 발전

또 하나의 다른 지표로 농업생산력을 보면, 대동강 유역에서는 봉산군 지탑리의 신석기시대 유적 2기층에서 피와 조가 나와서 경종농업이 시행되었음을 알려주었다. 또한 BC 3000년기와 BC 2000년기로 연대측정되는 평양 남경 유적 36호 집자리에서는 벼를 비롯하여 조와 기장, 수수, 콩 등 5곡이 함께 나왔다.

이것은 대동강 유역에서 BC 3000년기에 벼 생산과 밭작물 재배의 경종농업(耕種農業)이 진행되고 있었음을 알려주는 것이다. 뿐만 아니라 남경 유적 36호 집자리에서 나온 벼알은 지름 1미터 범위 안에서 흙과 함께 8~10센티미터 두께로 수북이 쌓여 있었으며, 벼알은 단립(短粒)벼였다.[31] 또한 평안북도 영변군 세죽리 마을 유적에서는 도끼 수십 개, 낫 5개, 괭이 3개, 호미 1개가 출토되었다.

곡식 낟알을 수확하는 농구인 반달칼의 증대 과정을 보면, BC 3000년기 후반기에 해당하는 평양시 삼석 구역 호남리 남경 유적 3기층과 황해도 송림시 석탄리 유적 3기층 집자리들에서 나온 반달칼의 수는 1호당 평균 남경 유적이 3.3개, 석탄리 유적이 7개나 되었다. 이것을 그 이전 BC 3000년기 전반기의 남경 유적 2기층, 석탄리 유적 2기층 집자리들에서 나온 반달칼의 수(1호당 평균 각각 1.7개와 2개)와 대비해 보면 2~3배가 증가하였다. 이것은 BC 3000년기에 대동강 유역에서 농업생산력이 급속히 증대하고 있었음을 간접적으로 알려주는 것이라고 할 수 있다.[32]

---

**31** 조희승, 〈잠업, 제강, 벼재배 기술을 통해 본 고조선문화의 우수성과 독자성〉, 《단군과 고조선》, 살림터, 1999, 477쪽.

**32** 김유철, 〈고조선 시기 경제발전과 노예제도의 변천〉, 앞의 책, 393쪽.

〈그림 3–12〉 대동강 유역 남경 유적에서 출토된 탄화된 5곡(벼·조·수수·콩·기장) (크기 부동)
**1** 탄화된 벼(BC 2000년기) **2** 탄화된 조(BC 2000년기) **3** 탄화된 조(BC 3000년기) **4** 탄화된 수수(BC 2000년기) **5** 탄화된 콩(BC 2000년기) **6** 탄화된 기장(BC 2000년기)

또한 대동강 유역에서는 BC 4000년기에 이미 누에를 쳐서 비단을 짜기 시작하였다. 평양시 남경 유적 신석기 문화층 3호 집자리에서는 밑창에 누에의 먹이인 뽕잎을 그려 넣은 질그릇이 나왔다. 황해도 봉산군 지탑리 제2지구에서 나온 질그릇에서는 누에를 몇 마리 반복하여 새김으로서 하나의 '번데기' 무늬를 이루게 하였다. 여기에 새겨진 누에 무늬는 윗면에 10개 이상의 둥근 마디(환절)가 있고, 그만한 수의 다리가 아래쪽에 달려 있었다. 봉산군 지탑리 유적 제2지구 문화층은 늦게 잡아도 BC 4000년기를 내려가지 않는다고 측정되었다. 이 누에들은 석잠누에(염색체 수 27)로서 중국의 넉잠누에(염색체 수 28)와는 염색체 수가 다른 별개 종류의 누에였다. 정백동 200호 무덤, 석암리 214호 무덤과 205호 무덤에서는 당초 무늬와 구름 무늬 등을 수놓은 자수비단이 나왔는데, 석잠누에에서 뽑은 명주실로 직조한 것임이 확인되었다.[33]

생산력과 기술의 이러한 발전 위에서 한·맥·예 3부족 결합에 의해 고조선 국가가 형성되었고, 이번에는 고조선 국가형성이 더욱 비약적으로 생산력과 기술을 발전시켜 동아시아 최초의 고대국가 고조선이 비약적으로 발전하게 되었다고 해석된다.

---

**33** 조희승, 〈잠업, 제강, 벼재배 기술을 통해 본 고조선문화의 우수성과 독자성〉, 《단군과 고조선》, 살림터, 1999, 473~474쪽.

# 제 4 장
## 고조선 국가의 형성

# 고조선 국가의 형성

한강 유역을 중심으로 형성된 '한'부족의 한 갈래(桓雄족)가 북으로 대동강 유역으로 이동하여 정착하고, 서북에서 동남 방향으로 이동하여 압록강을 건너 대동강 유역으로 들어온 '맥'부족의 주류와, 북방에서 남방으로 이동해 들어온 '예'부족의 주류 갈래 등 3부족이 결합하여, 3부족 연맹에 의거해서 최초의 고대국가인 '고조선'(古朝鮮)을 건국하였다.

《삼국유사》 고조선(古朝鮮)조는 《위서》의 기사를 다음과 같이 인용하였다.

> 위서(魏書)에 이르되 지금으로부터 2천 년 전에 단군(壇君)왕검이 있어, 도읍을 아사달(阿斯達. 經에는 이르되 無葉山이라 하고 또한 白岳이라고도 하니 白州에 있다. 혹은 이르되 개성 동쪽에 있다 하니 지금의 白岳宮이 그것이다)에 정하고 나라를 개창(開創)하여 이름을 조선(朝鮮)이라 하니 고[高(堯)]와 같은 시기이다.[1]

이것은 중국의 《위서》라는 고문헌이 ① 이 책이 씌어진 당시로부터 2,000년 전에 ② 단군(壇君)이라는 왕검이 있어서 ③ 아사달(阿斯

---

[1] 《三國遺事》卷1, 古朝鮮(王儉朝鮮)條, "魏書云 乃往二千載有壇君王儉 立都阿斯達(經云無葉山 亦云白岳 在白州地 或云在開城東 今白岳宮是) 開國號朝鮮 與高同時."

達)이라는 곳에 수도를 정하고 ④ 처음으로 국가를 세워 국호를 '조선'(朝鮮)이라고 했으며, ⑤ 그 건국시기는 중국의 '요'(堯)임금과 같은 시기라는 것이다.

이 기록은 중국 역사가의 하나가 역사적 사실을 담담하게 기록한 것임을 주목할 필요가 있다. 《삼국유사》의 저자 일연(一然)은 이 《위서》의 기록을 그대로 전재하여 인용하고, 자기의 견해는 (괄호 안에) 잔주를 붙였다.[2]

현재 남아 있는 중국 고문헌에도 고조선을 직접 거명한 기록들이 있다. BC 7세기에 제(齊)나라 재상 관중(管仲)이 지은 《관자(管子)》에는 다음과 같이 '발조선'(發朝鮮)에 대해 기록하였다.

> 환공(桓公, 제나라 제후)이 관자(管子)에게 '내가 들건대 해내(海內)에 귀중한 7가지 예물이 있다고 하는데 그에 대해 듣고자 하오' 하였다. 관자가 가로되 '음산(陰山)의 유민이 그 하나요, 연(燕)의 자산 백금이 그 하나요, 발조선(發朝鮮)의 문피(文皮, 표범 가죽)가 그 하나요, 라고 대답하였다.[3]

---

**2** 《魏書》에는 書名이 기록되어 있는 것만으로도 약 30종이 있었는데, 현재 전해지고 있는 것은 陳壽의 《三國志》의 《魏書》뿐이다. 陳壽의 《魏書》에는 古朝鮮 기록이 없고, 一然이 인용한 것은 다른 《魏書》이다. 일연이 인용한 위의 고조선 기사는 문체도 중국식이고 내용도 중국식으로 서술되어 있어서 중국 고문헌 《魏書》의 인용임이 틀림없다고 본다. 일연이 인용한 《魏書》의 내용을 큰 줄기에서 의심할 필요는 없다. 중국에서 지금 전해지지 않는 《魏書》의 하나인 《魏略》의 인용 부분을 귀중한 사료로 사용하고 있는 것과 마찬가지로, 一然이 인용한 《魏書》도 사실을 기록한 귀중한 사료이다.
鄭寅普, 《朝鮮史硏究》, 서울신문사, 1946, 34쪽에서는 《三國遺事》에서 인용한 《위서》는 曹魏시대 王沈의 《魏書》일 것이라고 논증하였다.

**3** 《管子》卷23, 揆道篇.

환공(桓公)이 가로되, 사방의 오랑캐가 복종하지 않는 것은 아마도 잘 못된 정치가 사방에 퍼져서 그런 것이 아닌가 걱정입니다. …… 발조선 (發朝鮮)이 조근(朝勤)을 오지 않는 것은 문피(文皮)와 태복을 예물로 요청 하기 때문입니다. …… 한 장의 문피라도 여유 있는 값으로 계산해 준다 면 8천 리 떨어진 발조선도 조근(朝勤)을 오게 될 것입니다.[4]

이 자료는 BC 7세기에 제(齊)나라에서 8천 리나 떨어진 '발조선' (發朝鮮 ; 밝조선, 밝달조선 – 인용자)을 알고 기록하고 있으니, '조선' (朝鮮)이라는 나라는 BC 7세기 이전에 제(齊)나라로부터 8천 리나 떨어진 먼 곳에 실재했었음을 명확히 알려주고 있다.

또한 BC 4세기~BC 3세기에 나온 《산해경》에서는 '조선'(朝鮮)의 위 치에 대해 "조선(朝鮮)은 열양(列陽)의 동쪽에 있는데 해(海)의 북쪽이 며 산(山)의 남쪽에 있다. 열양은 연(燕)에 속해 있다"[5]고 기록하였다.

이 기록은 '조선'(朝鮮)이라는 나라는 '연'나라에 속한 열양(列陽) 이라는 곳의 동쪽에 있음을 BC 4세기~BC 3세기의 중국인들이 이 미 잘 알고 있음을 나타내고 있는 것이다. 연(燕)이라는 나라는 만리 장성 부근에 있던 나라이며, '조선'은 그러한 '연'나라로부터 동쪽에 있으면서 '연'나라와 접해 있는 나라라고 BC 4세기~BC 3세기경의 중국인들은 이해하여 기록하고 있는 것이다.

또한 《전국책》에서는 연(燕)의 문왕(文王)에게 소진(蘇秦)이 BC 4세 기경의 정세를 말하면서 "연(燕)의 동쪽에는 조선(朝鮮)의 요동이 있

---

4 《管子》卷24, 輕重甲篇.

5 《山海經》卷12, 海內北經.

다"[6]고 설명하였다.

그러므로 '조선'[朝鮮(古朝鮮)]이라는 나라가 BC 7세기 이전에 (후의) 만리장성 넘어 동쪽에 실재하고 있었음은 객관적으로 논란의 여지없이 명백한 것이라고 할 수 있다.

고조선에 대한 중국 측 기록이 BC 7세기에 보인다고 해서, 물론 고조선이 7세기에 건국된 나라인 것은 아니다. 고조선은 중국 산동반도 안쪽에 있던 제(齊)나라로부터 동쪽으로 8천 리나 떨어진 먼 나라인데 중국에서 그 이름과 특산품을 알고 교역까지 논의한 사실은 그보다 훨씬 이전에 '조선'(朝鮮)이라는 나라가 실재했던 것을 중국인이 BC 7세기에 기록에 남긴 것에 불과하기 때문이다. 그러므로 고조선은 적어도 BC 7세기 훨씬 이전에 뒤의 만리장성 넘어 8천 리가 떨어진 동쪽에 건국해서 발전하고 있던 고대국가였음이 명확한 것이다.

고조선에 관한 중국 고문헌 기록의 특징은 산동반도로부터 약 8천 리 떨어진 곳에 '조선'(朝鮮)이라는 국가가 있는데, 《위서》라는 책이 씌어지기 약 2천 년 전에 단군(檀君)이라는 왕검이 '아사달'을 도읍으로 하여 개창한 나라이며 그 건국시기는 고중국의 하(夏)나라 요(堯)임금 때와 같은 시기라는 객관적 사실만 극히 간단히 기록한 것이다.

이에 비하여 《삼국유사》에서 인용된 조선 고문헌으로 보이는 《고기(古記)》는 고조선의 건국과정이 보다 상세히 기록되어 있다. 즉 하느님의 아들이라는 의식을 가진 '환웅'과 그 일족 집단('한'족의 한 갈래)이 '곰' 토템 부족('맥'족) 및 '범' 토템 부족('예'족)과 결합하여 3부족이 '고조선'(조선)을 건국했다는 사실이다.

---

**6** 《戰國策》卷29, 燕策 1 참조.

이때 환웅족('한'족)과 '맥'족의 결합은 환웅족('한'부족)의 군장 '환웅'과 '맥'부족의 여족장의 '혼인'에 의한 '혼인동맹'의 방법이었다. '예'부족의 결합은 뒤에 드러나는 바와 같이 제후국가의 자치권을 갖는 방식에 의한 것이었다.

고대국가의 형성은 대부분 '군사적' 부족 통합이나 연맹이며, '혼인동맹'의 방법은 극소수인데, 과연 '혼인동맹'이라는 평화적 방법으로 고대국가 고조선의 국가형성이 가능했을까에 문제를 제시할 수 있을 것이다.

이 문제에 대해서는 고조선의 직계 선조국가나 후예국가에 '혼인동맹'의 건국방법이 존재했었나를 찾아보는 것이 해결방법이 될 수 있다. 고조선은 최초의 고대국가이므로 선조국가는 없고 후예국가를 찾아보면, 앞에서 본 바와 같이, 직계 후예국가인 '고구려'는 5부족의 '부족동맹'에 의해 건국되었는데, 그 핵심구조는 5부족 가운데서 '연노부'(涓奴部, 후에 桂婁部)가 왕을 내고 '절노부'(絶奴部)가 왕비를 내는 '혼인동맹'의 방법으로 결합하여 건국한 것이었다.[7] 그러므로 '고조선'의 '한'부족과 '맥'부족의 '혼인동맹'의 방법에 의한 결합의 《고기(古記)》의 기록을 불신할 필요는 전혀 없다고 보아야 할 것이다.

여기서 주목할 것은 '한'부족의 환웅과 '맥'부족의 여부족장이 '혼인동맹'으로 결합했다 할지라도 처음부터 환웅이 '고조선'을 건국한 것은 아니었다는 사실이다.

환웅은 '한'부족의 한 갈래의 군장으로서 지역 이동을 하여 선진한 농업생산을 기반으로 해서 3상5부제의 초기관료를 가진 군장사회의

---

7 《三國志》卷30, 魏書, 東夷傳, 高句麗條 참조.

'준국가'(準國家)를 이미 형성하고 있던 선진부족의 군장이었다. 이에 비하여 '맥'부족은 비록 찬란한 옥(玉)문화를 창조했으나 가장 중요한 농업(식량)생산에서 '한'부족에 후진된 상태였고, 무엇보다 부족장이 '여족장'이었으므로 '군사적' 통합이나 연맹보다는 '혼인동맹'의 방법을 선호한 것은 당연한 일이었다고 볼 수 있다. 《고기(古記)》에는 '맥'부족 여족장(곰여인)이 혼인을 요청한 것으로 기록되어 있다.

그럼에도 불구하고 환웅과 맥부족 여군장의 혼인동맹만으로 고조선이 건국된 것이 아니라, 한족 군장 환웅과 맥족 여군장 사이에서 '아들' '단군'(檀君)이 태어나고, 단군이 장성한 다음 친가인 '한'부족과 외가인 '맥'족을 통합하고, '예'족에게 자치권을 주어 참여시켜서, '고조선'(朝鮮)이라는 동아시아 최초의 고대국가를 개창한 것이었다.

고조선 국가형성의 이 기본적 사실을 좀 더 세분하여 자세히 알아볼 필요가 있다.

## 제2절
# 고조선 국가의 명칭

《삼국유사》에서 인용된 《위서》는 "지금으로부터 2천 년 전에 단군 (檀君)왕검이 있어 도읍을 아사달(阿斯達)에 정하고 나라를 개창하여 이름을 '조선'(朝鮮)이라 하니 고[高(堯)]와 같은 시기이다"라고 기록하여 고조선의 국가 명칭이 '조선'(朝鮮)이라고 명백히 기록하였다.

그러나 고조선 건국시기는 한자가 발명되지 아니한 시기이므로 한자 명칭 '조선'(朝鮮)은 고조선말로 된 명칭의 뒷날의 한자 번역임이 분명한 것이다.

고조선 국가의 고조선말 명칭은 무엇일까? 이병도 박사는 《위서》에서 기록한 고조선 수도 '아사달'이 바로 고조선 국가의 명칭 '조선'(朝鮮)이라고 보았다. 수도 명칭과 국가 명칭이 동일한 경우를 자주 볼 수 있는데, '아사'는 일본어에서 지금도 '朝'(아사; 아침)이고 '달'은 땅·나라의 뜻이니, '아사달'을 후일 한자로 '조선'(朝鮮)이라 번역한 것이라 본 것이다.[8]

필자는 이병도 박사의 해석에 찬동한다. 단지 이때 '아사'가 일본어로 '아침'일 뿐 아니라 고대조선어에서도 '아침'이었음을 증명할 필요가 있다.

중세한국어에서는 '아침'이 '앗춤'이었다.[9] 필자는 '앗춤'은 '아사(시)+춤'의 준말이라고 본다. '아사(시)'가 '아침'이고, '춤'은 '무렵'의 뜻으로, 약간의 시간대를 의미하는 명사이다. '아사(시)춤'의 준말이 '앗춤'이 되었고, 이것이 '아춤'[10]을 거쳐, 현대 한국어에서 '아침'으로 변화한 것이라고 본다. 고조선어에서 '아사(시)'는 '아침'이었음이 명백하다고 생각한다.

고조선 국가의 당시 고조선어 명칭은 '아사달'(및 '아사나')이었고, 한자 의역 명칭이 '조선'(朝鮮)이었다. '달'에는 '산·땅·나라'의 뜻이 모두 포함되어 있기 때문이다. 그 뜻은 '아침의 나라', '아름다운

---

**8** 李丙燾, 〈檀君神話의 해석과 阿斯達 문제〉, 《서울大論文集》 제2집, 1955 참조.

**9** 《老乞大諺解》 상권, 59쪽.

**10** 《訓蒙字會》 상권, 2쪽.

(고운) 아침의 나라', '빛나는 아침의 나라'였다.

중국 고대문헌에는 '阿史德'(아사덕)이라는 명칭도 나오는데, 이 것도 '아사달'의 한자표기라고 생각한다. 중국 고대어는 종성(받침) 이 발음되지 않는 관습이어서 德(덕)도 '더' '다'로 발음되고 達(달) 도 '다'로 발음되기 때문이다.

또한, 고조선어에서는 '나라' '국가'를 '나' 또는 '라'라고 하였다. 그러므로 '아사달'은 '아사나'와 동일한 것이라고 볼 수 있다. 중국 고문헌에 나오는 '阿斯那'(아사나) 또는 '阿史那'(아사나)는 '아사(시) 나'로서 '아사(시)달'과 동일한 뜻이다.

또한, '아사양'(阿史壤)도 '아사나'와 동일한 번역표기이다. '壤'은 현 대한국어는 '양'으로 발음해 읽지만, 고대어에서는 '라' '나'로 읽었다.[11]

또한 '阿斯塔納'(아사탑납)의 표기도 나오는데, '아사달나'(아사달 나라)의 한자표기이다.

고조선 계통의 인물들은 고조선 해체 후에 '아사나'(阿史那), '아사 양'(阿史壤), '아사덕'(阿史德)의 성씨를 사용한 경우가 있었는데, 모 두 '아사나' '아사달'의 한자 표기라고 본다.

한자의 표기가 '조선'(朝鮮)이든지 '阿史那'든지 '阿史壤'이든지 '阿 史德'이든지 간에 고조선의 당시 고조선말 국가명칭은 '아사달' '아사 나'였으며, 그 뜻은 직역하면 '아침의 나라'이다.

'朝鮮'(조선)은 '아침의 나라', '아름다운(고운) 아침의 나라'의 뜻 을 담은 한자 번역인데, 이것은 고조선 사람 자신 또는 고조선 계열 소분국 사람의 번역으로 추정된다. 왜냐하면 중국은 고대부터 이웃

---

11 申采浩, 《朝鮮上古史》, 《改訂版丹齋申采浩全集》 상권, 75쪽 참조.

나라 명칭을 번역할 때는 나쁜 뜻을 가진 글자를 한 자 섞어 번역하는 악습이 있었는데, '조선'(朝鮮)은 그렇지 않기 때문이다.

《신증동국여지승람》에서는 "조선(朝鮮)은 동쪽에 해뜨는 땅에 있으므로 조선이라 이름하였다"[12]고 하고, 이어서 중국인 해석을 "사기(史記)의 주(注) 색은(索隱)에 이르기를 '朝'(조)는 음이 潮(조)요, 鮮(선)은 음이 仙(선)이니 산수(汕水)가 있으므로 이렇게 이른다"[13]고 기록하면서도 이를 취하지 아니하였다. 필자는 《신증동국여지승람》의 이 해석이 '아침의 나라'의 뜻에 근접했다고 생각한다.

안정복은 "기자의 땅이 요지(遼地)의 태반을 봉(封)함 받아서 선비(鮮卑)의 동쪽[鮮卑之東]에 있으므로 조선이라고 칭하게 되었다"[14]고 했는데, 이 견해는 틀린 것이라고 본다. 고조선이 선비보다 먼저 성립하여 먼저 '조선'이라고 호칭되었기 때문이다.

이 밖에 신채호는 《만주원류고(滿洲源流考)》에 청(淸)초의 관경(觀境)을 '주신'(珠申)이라고 하고, '주신'(珠申)은 '肅申'(숙신)과 동음(同音)이라고 했는데 조선'도 동음으로 '주신'(珠申)에서 나와 형성된 명칭이라고 보았다.[15] 정인보는 신채호와 유사한 견해를 제시하였다.[16]

신·정 두 분의 견해도 만주족이 형성되기 전에 고조선 국가가 형성되었기 때문에 성립될 수 없다고 본다.

---

12 《新增東國輿地勝覽》 권51, 平安道 平壤府 郡名條.
13 《新增東國輿地勝覽》의 註의 이 설명은 중국 魏나라 학자 張晏이 "朝鮮有濕水·洌水·汕水 三水合爲洌水 疑樂良朝鮮取名於此也"라고 한 것을 《史記》 朝鮮列傳이 引用한 것을 다시 검토한 것이다. 리지린의 《고조선연구》는 이 설을 취하고 있다.
14 安鼎福, 《東史綱目》 附卷 上, "朝鮮名號" 참조.
15 申采浩, 《朝鮮上古文化史》, 《改訂版丹齋申采浩全集》 상권, 361~362쪽 참조.
16 鄭寅普, 《朝鮮史研究》, 서울신문사, 1946, 52~53쪽 참조.

양주동은 고대 조선족은 태양숭배 신앙을 갖고 도처에 '밝'과 '새' [東]의 지명을 남겼다고 지적하면서 '朝'(조)를 '밝'으로 '鮮'(선)을 '새'로 해석하여 '朝鮮'(조선)을 '밝새'로 풀이하였다.[17] 매우 포괄적 풀이로서는 타당하다고 보지만, 역으로 '밝새'에서 '朝鮮'을 한자 뜻 번역 해내기는 어렵다고 본다.

고조선의 국가 명칭 '아사달'은 '아침의 나라'의 뜻이며, '조선'(朝鮮)은 이를 약간 풀어서 '아름다운 아침의 나라', '빛나는 아침의 나라'의 뜻이다.

## 제3절
# 고조선의 건국시기

고조선의 건국시기는 《삼국유사》에 인용된 《위서》에 의하면 "《위서》가 씌어진 시기로부터 2,000년 전"이니 서력으로는 약 BC 24세기이다.

1) 《삼국유사》에 인용된 《위서》는 고조선 건국년도가 중국 요임금 즉위년과 같다고 했는데, 중국에서는 요의 즉위년에 대해 무진(戊辰)년설과 갑진(甲辰)년설이 있다. 무진(戊辰)년을 취하면 BC 2333년이고, 갑진년을 취하면 BC 2357년이 된다.

---

**17** 梁柱東, 《古歌硏究》, 박문출판사, 1957, 380~391쪽.

2) 《삼국유사》에 인용된 《고기》는 고조선 건국연대를 요임금 즉위 년보다 약 50년 후라 했으니, 이를 갑진년 즉위설에 적용하면 BC 2307 년이 된다.

3) 그러나 고고학적 발굴 성과를 참조하면 고조선 개국 연대는 BC 2333년보다 이전일 가능성이 매우 높다.

산동반도 '대문구문화' 유적 상층 만기(晚期, 후기) 유물에서 '아사 달' 문양이 새겨져 있는 고조선 '뾰족밑 팽이형 민무늬토기'가 11점 발굴되었는데, 중국 고고학계는 이를 BC 3000년~BC 2600년의 것 이라 연대측정하였다.[18] 이 팽이형 토기와 '아사달' 문양은 고조선 건 국 후에 산동반도에 이주해 들어간 고조선 사람들이 제조한 것이 명 백하므로, 고조선은 적어도 BC 3000년~BC 2600년경에 건국된 것 이라고 볼 수 있다.

뿐만 아니라 '팽이형 민무늬토기'는 '뾰족밑 빗살무늬토기'보다 훨씬 뒤에 나타나서 고조선 건국 후 상당히 긴 시간에 걸쳐 성행했 으므로, 산동반도 대문구문화의 '팽이형 민무늬토기'의 상한 연대가 BC 3000년이나 된다는 것은 고조선 건국시기가 이 상한 연대 부근 이었음을 시사해 주는 측면도 있다 할 것이다. 이것은 매우 과학적 인 측정의 결과인 것이다.

4) 북한의 1993년 단군묘 발굴 때 그 안에서 나온 인골의 연대측정 치가 bp 5,011±267년(두 기관에서 24~30차 측정 평균)으로 나왔다.[19]

---

**18** 高廣仁·欒豊實, 《大汶口文化》, 文物出版社, 2004, 73~78쪽 참조

**19** 허종호, 〈단군 및 고조선 역사연구에서의 몇 가지 기본문제들과 그 해명〉, 《단군과 고조선》, 살림터, 1999, 231쪽 참조.

북한의 단군묘 발굴과 그 인골에 대해서 한국학계에서는 논란이 분분하지만, 고고학의 전자상자성공명 측정방법에 의거한 연대측정이므로 하나의 참고자료가 된다. 중국 고고학계에서는 고분에서 발굴된 인골의 연대측정치가 이보다 더 올라가는 경우가 상당히 많다.

5) 고조선이 건국된 후 고조선 사람의 일부가 중국 산동반도 등 관내에도 이주해 들어가고, 고조선 이주민의 군사영수 치우(蚩尤)가 중국계 황제(黃帝)와 싸웠으며, 치우가 후퇴하여 중국에 귀화 정착하게 되었는데, 중국사에서는 황제(黃帝) 이후 약 400년~500년 후에 요(堯)임금이 왕위에 오른다고 설명되어 있다. 이것을 고조선 건국에 적용하면 단군(檀君) 고조선(古朝鮮)은 BC 2333년보다 400년~500년 이전에 건국된 것이라 볼 수 있다. 즉 이 자료에 의거하면 고조선은 BC 29세기~BC 28세기에 건국된 것이라고 해석할 수 있다.

중국 사회과학원은 1996년 '하상주단대공정'(夏商周斷代工程)을 5개년 계획으로 연구한 결과, 중국 최초의 고대국가 하(夏)의 건국연대를 BC 2070년이라고 2000년 11월에 발표했다.

6) 산동반도의 고조선 계열 동이족인 소호족(少昊族)의 삼족오태양신(三足鳥太陽神) 전설에, 해 뜨는 땅 동방의 제준(帝俊 ; 고조선의 제왕인 듯)의 열 아들인 10개의 태양이 한꺼번에 떠올라 생물이 뜨거워 죽어가게 되었으므로 요(堯)임금이 제준(帝俊)에게 원조를 간청해서 제준(帝俊)이 활 잘 쏘는 예(羿)를 보내어 요(堯)를 도와주었다는 전설이 있는데, 여기서도 구이족(九夷族 ; 9개의 동이족)을 통치한 고조선 제왕은 요임금보다 먼저 존재했었음을 알 수 있다. 즉 고조선의 건국은 중국 요임금보다 '이전'의 사실인 것을 알 수 있다.

위의 몇 가지 사실에서 귀결되는 결론은 고조선의 건국시기는 BC 30세기~BC 24세기경이라고 볼 수 있다는 것이다. 고조선의 건국시기를 BC 24세기로 잡는 것은 가장 늦게 본 안전한 경우임을 주목할 필요가 있다.

국내외 학계 일부에는 고대국가는 청동기시대에 형성된다는 고정관념에 사로잡혀, 세련된 비파형 동검의 연대추정치가 BC 1000년경이므로 고조선도 BC 1000년경 건국되었다고 보는 견해도 있다.

그러나 고대국가는 신석기시대 말기부터 초기 청동기시대로의 이행의 변혁기에 형성되는 것이 많으므로, 반드시 세련된 청동기시대가 확립되어야 고대국가가 형성되는 것은 아니다. 신석기시대 말기부터 초기 청동기시대로의 이행기에 얼마든지 고대국가가 형성될 수 있다. 뿐만 아니라 최근의 발굴 성과에 의하면 한반도의 서북 지방에서는 BC 31세기~BC 24세기의 청동기가 다수 출토되었다.

고조선은 신석기시대 말기부터 청동기시대로 이행하는 변혁기에 선진 농경부족인 '한'부족이 왕을 내고, '맥'부족이 왕비를 내며, '예'부족은 후국이 되는, 한·맥·예의 3부족 결합에 의해 BC 30세기~BC 24세기에 형성된 고대국가인 것이다.

고조선이 BC 30세기~BC 24세기에 건국되었는 데 비하여, 최근 중국의 '동북공정'은 하(夏)의 건국연대를 BC 21세기경(BC 2070년)이라고 발표하였다. 즉, 고조선은 고중국 최초의 국가 하(夏)보다 몇백 년 먼저 건국된 것이다.

고조선은 동아시아에서 최초로 출현한 고대국가였다.

# 고조선의 건국 제왕 단군

고조선 국가를 건국한 임금은 《삼국유사》의 《위서》《고기》를 비롯하여 그 후 모든 고문헌들이 하나같이 모두 '단군'(檀君, 壇君)이라고 기록하고 있다.

고조선 건국의 제왕은 단군이고, 개국시조 단군은 신화가 아니라 실제 인물인 것이다.

고조선이 해체되기 훨씬 이전인 BC 7세기의 중국 고대 최초의 문헌들에서 '조선'(朝鮮)이라는 국가 명칭이 나오고 있으니, 고조선은 중국 고문헌들에서 보아도 명백히 역사실제이다. 전 세계 실재한 고대국가는 반드시 실재한 건국 제왕이 있었으니, '단군'은 신화가 아니라 명백히 역사실제인 것이다.

고조선에서 제1대 '단군'이 타계하자 고조선 사람들은 단군이 신(神)이 되어 승천했다고 믿거나 또는 태백산에 들어가 태백산의 신이 되었다고 믿었다.[20]

그 후 고조선의 제2대 제왕부터 단군조선의 모든 제왕들은 '단군'의 호칭을 계승하여 사용하였다. 그 결과 '단군'은 제왕을 가리키는 보통명사가 되었다. 그러므로 '단군'에는 고유명사와 보통명사의 뜻이 다 함께 포함되었다.

'한'부족의 군장과 '맥'부족의 여군장 사이에 아들로 태어나서 장

---

**20** 서영대, 〈전통시대의 단군인식〉, 《단군학연구》 창간호, 1999 참조.

성하자 아사달에 수도를 정하고 조선(朝鮮; 고조선)을 건국한 제1대 제왕은 고유명사로서의 '단군'(檀君)이다. 《위서》에 "지금으로부터 2천 년 전에 '단군' 왕검이 있어 도읍을 '아사달'에 정하고 나라를 개창하여 이름을 '조선'(朝鮮)이라 하니 고(高)와 같은 시기이다"라고 기록한 고조선 개국시조 단군은 고유명사로서의 '단군'이다.

한편 고조선 제2대 제왕부터 고유명사를 앞에 붙이고 다음에 붙인 '단군'은 제n대 'ㅇㅇ단군'처럼 보통명사로서의 '단군'이다. 《삼국유사》가 인용한 《고기》에서 "단군은 …… 나라를 다스린 것이 1,500년이었다. …… 장당경(藏唐京)으로 옮기었다가 후에 아사달에 돌아와 숨어서 산신(山神)이 되니 수(壽)가 1,908세였다고 한다"고 기록한 단군은 역대 단군의 재세시기를 모두 합한 보통명사로의 단군이다.

'단군'의 한자표기에는 《제왕운기》와 같이 '檀君'(단군)으로 표기한 기록도 있고, 《삼국유사》와 같이 '壇君'(단군)으로 표기한 경우도 있다.

'檀君'은 풀어보면 조선왕조시대 학자들이 풀이한 바와 같이 '밝달임금'의 뜻이다. 고조선이 태백산(한밝달) 아사달에 수도를 정하고 건국되었으며, 밝달임금 단군이 타계하자 승천하여 하늘(또는 태백산)에서 신(神)이 되었으므로 단군의 고조선 민족을 '밝달'(배달)민족으로도 별칭했고, 고조선을 건국한 제왕을 '밝달임금'이라는 뜻으로 '檀君'이라고 '밝달나무 檀' 자를 빌려 표기한 것이다.

한편 '단'을 '제단 壇'으로 표기하고 그 후 '檀'과 '壇'이 병기된 것은 그 '음가'의 중요성을 시사하는 것이다. 고조선문명권의 고대어에서는 고조선 개국 이후 '하느님'을 '단군'(Dangun), '단굴'(Dangur)이라고 호칭했는데, 이 경우에는 '檀 · 壇'을 음을 취해 혼용하였다.

'단군'의 음을 취했을 경우의 뜻은 '천왕'(天王)이다.[21] 《삼국유사》의 《고기》에는 환웅의 호칭을 '천왕'(天王)이라 했는데, 이 천왕이 '壇君'의 뜻이라고 본다. 일연이 《삼국유사》에서 '단군'을 '壇君'으로 구태여 흙토(土)변의 '壇'(제단 단) 자를 취한 것은 '단군'이 지상의 천왕임을 강조하여 '壇' 자를 취한 것으로 해석된다.

단군은 고조선의 건국왕으로서 여러 후국들을 지배한 '제왕'이었다. 그 증거는 고조선 건국의 3부족 연맹에 들어간 예족은 고조선의 후국(侯國)이 되어, '예'족장은 예군(濊君)의 지위를 가졌었기 때문이다.[22] 즉 단군은 한·맥족뿐만 아니라 후국 예족의 군장인 예군(濊君)을 지배했으며, 후에 다른 부족들이 편입되어 후국이 되었을 때에도 최상위에서 그들을 지배한 제왕이었다.

또한 단군은 고조선의 정치·경제·사회·행정·군사·문화의 제왕(帝王)이었지, 샤먼(shaman) 또는 무군(巫君)은 아니었다. 그 증거는 고조선의 중앙기구 조직 안에 단군제왕 아래 무(巫)를 포함해 다루는 부서(主命)가 설치되어 있었다는 사실에서 이를 알 수 있다. 단군은 오직 국가의 천제(天祭)를 올릴 때에만 제사장이 되었을 뿐, 단군이 무군(巫君)이었던 것은 아니었다.

일찍이 최남선이 단군은 군장(君長)임과 동시에 무군(巫君)이었다고 해서 '단군(檀君)=무군론(巫君論)'을 제기한 것은 잘못된 근거에 의거한 것이었다고 본다.

---

**21** 《三國遺事》〈古記〉의 '桓雄天王'이라 한 표현과 《帝王韻紀》에서 '檀雄天王'이라 표현한 곳에서도 '天王'과 '檀君'의 뜻의 관련을 추론할 수 있다.

**22** 《漢書》 卷6, 武帝記 第6, 元朔 2年秋 기사 및 《後漢書》 卷85, 東夷列傳 75, 濊條 기사 참조.

고조선의 개국 시대가 일반적으로 제정일치(祭政一致)시대이기는 하지만, 이것은 제왕이 국가제사의 장이나 국교(國敎)의 장의 직책을 겸한다는 뜻이지, 단군을 무(巫)로 해석하는 직접적 근거는 되지 않는다.

## 제5절
# 고조선의 첫 수도 아사달

### 1) 아사달과 서경(西京; 평양)과 왕검성의 일치

고조선 개국 때의 수도는 '아사달'이었다. 《삼국유사》에 인용된 《위서》는 "지금으로부터 2천 년 전에 단군왕검이 있어 도읍을 '아사달'(阿斯達)에 정하고 나라를 개창하여 조선이라 하였다"고 기록하였다.

한편 《삼국유사》가 인용한 《고기》에서는 ① 처음 '평양성'에 도읍하고, ② 다음에 '백악산(白岳山) 아사달'로 옮겼으며, ③ '장당경'(藏唐京)으로 옮겼다가, ④ 다시 '아사달'로 돌아와 단군조선이 종료한 것으로 되어 있다. 여기서도 단군이 다시 '아사달'로 돌아왔다고 했으니 최초의 수도는 '아사달'로 보는 뜻이 내포되어 있다고 볼 수 있다.

필자는 고조선 첫 수도 '아사달'을 비정하면 대동강 중류 '강동'(江東)현임을 논증하여 밝힌 바 있다.[23]

---

**23** 愼鏞廈, ① 〈한국민족의 起源과 形成〉, 《韓國學報》 제100집, 2000.
　　② 〈한민족의 형성과 단군에 대한 사회사적 고찰〉, 《단군학보》 제3집, 2000 ; 단군학
　　회 편, 《단군과 고조선 연구》, 지식산업사, 2005 참조.

고조선 첫 수도 '아사달'(강동 아사달)이 일연의 《삼국유사》의 '서경'(西京; 평양)과 동일하다는 고문헌의 증거가 있다.

《신증동국여지승람》 강동현조에는 "고려 인종(仁宗) 14년(서기 1136년-인용자)에 서경기(西京畿)를 나누었는데, 잉을사향(仍乙舍鄕)·반석촌(班石村)·박달관촌(朴達串村)·마탄촌(馬灘村)을 합하여 강동현(江東縣)으로 하고 현령을 두었다. 후에 성주(成州, 지금의 成川-인용자)에 속하였다가 공양왕 때에 다시 현령을 두었다"[24]고 기록되어 있다. 여기서 '서경기'(西京畿)는 고려시대의 서경(西京; 평양)이다. 즉 고려 태조 왕건이 설치한 서경(西京, 서경기; 평양)에는 처음에 '강동현 아사달'이 포함되어 있었던 것이다. 서경(西京)에 포함된 '아사달' 고읍(古邑)을 서경(평양)에서 분리하여 '강동현'을 설치한 것은 왕건이 옛 '아사달'을 포함해 서경(西京)을 설치한 지 200여 년이 지난 고려 제17대 왕 인종 11년(서기 1136년) 때였다.

그러므로 고려 지식인들은 고조선 '아사달'(강동의)을 '서경'(西京; 평양)으로 하등 모순 없이 생각하여 기록한 것이었다. 일연이 고조선의 첫 수도를 '평양'(서경)이라고 하면서 또 때로는 '아사달'로 돌아왔다고 기술한 것은 고려시대 지식인인 일연으로서는 모순된 것이 아니었다.

김부식이 《삼국사기》(1145년 완성)에서 "평양을 본래 선인(仙人) 왕검(王儉, 고조선 단군)의 택(宅)으로 혹은 왕이 도읍한 왕험(王險)이라고도 한다"[25]고 기술한 것도 '아사달'이 서경(평양)에 포함되어 있었

---

**24** 《新增東國輿地勝覽》 권55, 평안도 江東縣, 建置沿革條.

**25** 《三國史記》 卷17, 高句麗本紀, 東川王 21年條.

으므로 고려 지식인인 김부식에게는 모순이 없었음을 알려주는 것이기도 하다.

즉 고려 지식인들에게는 고조선 첫 수도 '아사달'＝서경(西京)의 일부＝평양이라는 인식이 정립되어 있었던 것이라고 볼 수 있다.

또한 위의《신증동국여지승람》의 기록은 강동현이 성천(成川)과 통합되었던 지역이기도 했음을 알려주고 있다.

그러므로 여기서 주의할 것은 도읍이 동일할지라도 이름이 달리 기록될 수 있다는 사실이다.《위서》에서 고조선의 첫 도읍 이름은 '아사달'이고《고기》에서 첫 도읍 이름은 '평양'이지만 실제 지역은 동일한 것이다.

《삼국유사》가 인용한《고기》에서도 첫 도읍이 '평양'이라고 하면서도 끝으로 '다시 아사달'로 돌아왔다고 했으니, '평양'이 곧 '아사달'이었음을《고기》도 시사하는 것이다.

### 2) 박달(태백산) '아사달'

여기서 주목해야 할 것은 '아사달'이 '백악산(白岳山) 아사달'로 '백악산'과 '아사달'이 붙어 기록되어 있다는 사실이다. 이는 아사달을 찾기가 용이하도록 도와주는 기록이라고 할 것이다.

여기서 '백악산'(白岳山)은 '백악'(白岳) '백산'(白山)을 3음자로 표기한 것이고, 岳(악)과 山(산)을 이중표기한 곳에서 순수한 고조선어의 한자 소리 표기임을 알 수 있다. 조선왕조시대 학자들이 지적한 바와 같이 '백악'(白岳)과 '백산'(白山)은 '밝달'의 한자표기이다.

그러므로 '백악산 아사달'은 '밝달 아사달' '밝달 조선'이며,《관자(管子)》에서 나오는 '발조선'(發朝鮮)과도 같다고 본다.

'밝달'은 한자로 여러 가지 소리 번역을 하였다. 가장 널리 쓰인 것이 '백산'(白山) '백악'(白岳) '박달'(朴達) '박산'(朴山) '북악'(北岳) 등이다. 이 신성한 산을 더욱 강조하거나 전 민족의 신성한 산임을 강조할 경우에는 '큰 밝달'이라는 뜻으로 '태백산'(太白山) '태박산'(太朴山) '대박산'(大朴山) '백두산'(白頭山) '장백산'(長白山) 등으로 표기하였다.

그러므로 《삼국유사》의 《고기》에 의하면 '아사달'은 분리 독립된 지역이 아니라 '밝달'(白岳山, 白山, 白岳 朴山, 朴達, 北岳)의 (연이어 있는) 기슭에 위치한 아침 햇빛을 먼저 찬란히 받는 '아사달'인 것이다. 이러한 지역은 어디일까? 오늘날에도 지리적으로 비정할 수 있을까?

《삼국유사》의 《고기》는 고조선의 첫 도읍을 평양성이라고 기록했으므로 먼저 평양성을 찾아보고, 다음에 그 일대를 찾아보는 것이 순서일 것이다. 《신증동국여지승람》을 보면 평양성 안에는 그러한 곳이 없고, 인접한 동북쪽 강동현에는 '대박산'(大朴山) '박달'(朴達)과 '아사달산'(阿斯達山)이 있었다.[26] 《신증동국여지승람》 강동현조에 '대박산'(大朴山)의 설명에 "현의 북쪽 4리에 있는 진산(鎭山)이다"[27]라고 기록되어 있다. 또한 《강동읍지》의 지도에는 대박산이 끝나는 기슭 군아와 추흥관(秋興館) 뒤에 '아달산'(阿達山)이 그려져 있는데, 이것이 '아사달산'임은 더 설명을 요치 않는다.[28]

---

**26** 《新增東國輿地勝覽》平安道 江東縣 古跡條 참조.

**27** 《新增東國輿地勝覽》平安道 江東縣 山川條 참조.

**28** 《江東郡邑誌》(江東郡邑誌謄書成册, 奎10912) 앞면 〈江東郡邑地圖〉 참조.

또 강동현 건치연혁조에는 '박달관촌'이 나오고 그 설명에 "고려 인종 14년에 서경기(西京畿)를 나누었는데 잉을사향(仍乙舍鄕)·반석 촌(班石村)·박달관촌(朴達串村)·마탄촌(馬灘村)을 합하여 강동현으 로 하고 현령을 두었다"[29]고 기록하였다. 또한《강동지》고적조에도 '박달관촌'을 들고 그 설명에 "현의 북쪽 15리에 있으며 지금은 물 구지촌(勿仇知村)으로 개명했다"[30]고 기록하였다.

여기서 '대박산'이 '태백산' '대백악' '백악산'과 같은 명칭임은 바 로 알 수 있다. '박달관촌'은 '밝달(朴山, 白山, 白岳)이 뻗어 나온 기 슭에 있는 마을'의 뜻이지만, '밝달'(白岳山, 白山)의 실재를 증명하 고 있음은 더 말할 필요도 없다.

《삼국유사》《고기》에 기록되어 있는 '백악산 아사달'은 강동현의 대박산[大朴山(박달)] 아사달(阿達洞 일대)이었던 것이다.

### 3) '아사달' 지명의 유적: 아사달동과 아사달산

또한 강동현에는 '아사달'이라는 고도(古都)가 있었던 지명의 증 거가 있다.

구한말 일제강점기의 행정구역으로 평안남도 강동군 강동읍(이전 의 강동현 東軒이 있던 곳, 그 후 강동군 군청과 강동면사무소가 있던 곳)에 는 1913년까지 '아달동'(阿達洞)이란 큰 마을(시가지)이 있었다. 일본 제국주의자들이 1910~1918년 소위 '토지조사사업'을 강행할 때, 일제 총독부는 식민지 통치를 용이하게 하기 위해 1914년경 행정구

---

**29**《新增東國輿地勝覽》平安道 江東縣 建置沿革條 참조.
**30**《江東誌》(奎17481) 古跡·古邑城條 참조.

역을 대대적으로 통폐합하면서, '아달동'에 다른 동을 포함시킨 것이 아니라 '아달동'을 2개로 해체하여 하나는 강동군 강동면 아달리(阿達里)로 만들고, 다른 하나는 강동군 강동면 칠포리(漆浦里)에 통합시켜, 그 이름마저 사라지게 되었다.[31]

이 강동현 '아달동'이 '아사달'이라고 필자는 생각한다. 원래는 '아사달동'이어야 하지만, 작명에 3음절을 택하는 오랜 관습으로 1자를 탈락시키는 경우에 '아'를 취하고 '사'를 탈락시킬 것은 자연스러운 것이라고 볼 수 있다. 왜냐하면 '아사'는 '아침'을 의미하는 것이고, 이 경우 '아'가 어근과 같은 것이기 때문이다. 그러므로 '아사달골' '아사달동'을 한자로 3음절 표기를 할 때 '아달동'으로 표기한 것이었다고 해석된다. 고조선의 단군이 도읍을 정한 '아사달' '阿斯達'은 한반도의 '강동 아사달'이었다고 필자는 생각한다.

그러면 강동현의 아사달(아달동 일대)의 고조선의 첫 수도였을 때의 위치와 크기는 어떠했을까? 필자는 《신증동국여지승람》 강동현의 고적(古跡)조에 넣은 큰 마을들이 고조선 첫 도읍 때의 위치와 크기라고 생각한다.

《신증동국여지승람》 강동현 '고적'조에 넣은 큰 마을이 ① 잉을사향(仍乙舍鄕, 현의 남쪽 12리에 있다) ② 기천향(岐淺鄕, 현의 북쪽 3리에 있다) ③ 반석촌(班石村, 현의 서쪽 20리에 있다) ④ 박달관촌(朴達串村, 현의 북쪽 15리에 있다) ⑤ 마탄촌(馬灘村, 현의 서남쪽 30리에 있다) ⑥ 태자원(太子院, 현의 남쪽 25리에 있다) 등이다. 이 마을들을 구태여 모두 '고적'(古跡)에 넣어 특별히 기록한 것은 이 마을들의 큰 묶음이 바로

---

31 《新舊對照朝鮮全道府郡面里洞名稱一覽》(越智唯七編), 1917, 784쪽 참조.

고조선 첫 도읍 옛 '아사달'임을 말하는 것이라고 필자는 생각한다. '아사달'은 이 큰 마을들을 모두 아사달의 일부로 포함한 큰 성시(城市)였다.

그러므로 '아사달'은 조선왕조시대 《신증동국여지승람》이 편찬된 15세기경을 기준으로 하면 강동현의 현청[東軒]마을(아달동)을 중심으로 적어도 현의 서쪽으로 20리, 현의 남쪽으로 12리, 현의 서남쪽으로 30리, 현의 북쪽으로 15리의 범위가 고조선의 도읍지 '아사달'이었다고 볼 수 있는 것이다.

### 4) 아사달 수도의 고조선 왕궁 위치

고조선의 수도 '아사달' 도읍 가운데서, 우리는 고조선 제왕 단군이 살면서 정무를 보았던 왕궁의 위치도 지명을 통하여 찾아볼 수 있다.

아사달 고읍(古邑) 가운데서 '잉을사향'(仍乙舍鄕)은 '우르집마을', '임금집마을'[王宮里]의 이두표기로서 왕궁이 있던 지역으로 추정된다.[32]

'잉을사향'(仍乙舍鄕)의 '仍'(잉)은 옛말 '그대로' 표기한다는 이두식 도입표현이면서 다음의 발음과 연결되고, '乙'(을)은 '우르＝임금'의 고대어의 이두식 표기이다. '舍'(사＝마)는 家(가)·宮(궁)을 표기하면서 다음 발음에 연결시킨 것이다. '乙舍'(을사, 우르집)가 '왕궁'(王宮)의 이두표기이다. '鄕'(향·시골·마을)은 앞 글자 '舍'(사)를 '마'로도 발음하기 때문에 '마을'로 읽도록 한정되어 있다. 그러므로 '잉을

---

**32** 《江東郡邑誌》部坊條에서는 岐淺鄕이 지금의 縣內村에 합쳐졌으며, 班石村이 高泉村으로 개칭되었고, 朴達串村은 勿仇知村으로 개칭되었다고 기록하였다.

사향'(仍乙舍鄕)은 옛 명칭으로서 '우르집마을', '임금집마을', '왕궁리'(王宮里)이며, 고조선 수도 '아사달'의 왕궁(王宮)터임을 알려주는 것이다.

《신증동국여지승람》강동현조에, 고려 인종 14년에 서경기(西京畿)에서 나누어 현을 설치했는데, 잉을사향(仍乙舍鄕)이 곧 지금(조선왕조)의 현내방(縣內坊) 용흥리(龍興里)이고, 반석(班石)이 곧 지금의 고천방(高泉坊) 반석리(盤石里)이며, 박달관촌(朴達串村)은 곧 지금의 구지방(區池坊) 용암리(龍巖里)이고, 마탄촌(馬灘村)은 지금의 마탄방(馬灘坊)이라고 설명하였다.

고조선 첫 수도 '아사달'의 왕궁은 조선왕조시대 15세기 강동현 용흥리(龍興里)가 그 왕궁터였다고 볼 수 있다.

### 5) 단군묘(檀君墓)의 실재

강동현 아사달이 고조선의 첫 수도 '아사달'이었음을 증명하는 매우 중요한 사실은 강동현 '아사달'에 '단군묘'(檀君墓)와 '고황제묘'(古皇帝墓)가 있었다는 사실이다.

《신증동국여지승람》에는 '대총'(大塚)이라는 항목을 넣고 그 설명에, "하나는 서쪽으로 3리에 있으며 둘레가 410척으로 속담에 단군묘(檀君墓)라 전한다. 하나는 현의 북쪽으로 30리에 있으며 도마산(刀个山)에 있는데 속담에 고황제묘(古皇帝墓)라고 전한다"[33]고 기록하였다.

이 두 개의 무덤은 모두 제왕묘라고 필자는 생각한다. 《신증동국

---

**33** 《新增東國輿地勝覽》平安道 江東縣 古跡條.

여지승람》의 이 기록에 현의 서쪽 3리에 있는 큰 무덤은 속담에 '단군묘'라고 전하며 제사 지내 왔으니,[34] 이것이 사실이면 이것이 고조선을 건국한 제1대 단군의 묘일 것이다. 단군묘는 둘레가 15세기에도 410척(123m)이니 조선왕조시대 규모로도 큰 제왕릉(帝王陵)임을 명확히 알 수 있다.

한반도와 만주·내몽고 일대를 통하여 고읍(古邑)에 '단군묘'라고 명확히 기록되고 전승되면서 그 유적이 실재한 곳이 다른 곳에는 없다. 이것은 참으로 주목해야 할 증거이다.

### 6) 고황제묘(古皇帝墓)의 존재

한편 도마산에 있는 고황제묘(古皇帝墓, 옛 황제묘)는 제1대 단군의 '선조(환웅)묘'이거나, 제1대 단군의 후손제왕인 다른 역대 단군(보통명사로서의 박달임금) 가운데 하나인 단군황제묘라고 추정되는 것이다. 전설에는 고황제묘를 '한왕묘'라고 백성들이 호칭해 왔다니 단군의 조상의 묘일 가능성도 배제할 수 없다. 왜 이 2묘만 수천 년을 보존하면서 전해오고 《신증동국여지승람》에까지 기록되었겠는가.

왜 강동읍에는 평양이나 서울에도 없는 '단군'이나 '고황제'의 이름을 넣은 묘가 오랫동안 전승되며 보존되어 왔을까? 앞으로의 연구과제가 될 것이다.

### 7) 황제단(皇帝壇)의 존재

또한 현의 북쪽 35리의 전포리(錢浦里)에 '황제단'이라고 하는 단군

---

**34** 金成煥, 〈전통시대의 단군묘 인식〉, 《고조선연구》 제1집(고조선학회), 지식산업사, 2008 참조.

의 고적이 있는데 둘레가 607척 4촌, 높이가 126척의 단(壇)이다.[35]

황제단의 둘레가 607척 4촌(182.2m), 높이가 무려 126척(37.8m) 이라면 여러 계단의 피라미드형 대규모 제단일 수밖에 없는 참으로 매우 큰 제단(祭壇)이다.

황제단(皇帝壇)의 명칭과 그 큰 규모는 이것이 고대국가 성립 후 제왕의 제단(祭壇)임을 명백하게 시사하는 것이다.

황제단의 실재는 강동현 '아사달'이 고조선의 수도였음을 간접적으로 증명해주는 매우 중요한 유적이고 항목이라고 할 것이다.

### 8) 황제굴의 존재

또한 황제단의 남쪽 오애(烏崖)에는 큰 굴(황제굴)이 있고 이 큰 굴 속에는 "終南山下 漢王天地"(남산 아래 끝나는 곳까지는 한왕의 천지이다)라는 한자 8자가 새겨져 있다고 하였다.[36]

강동현에는 '남산'이라는 이름의 산이 없으니, 이때의 '남산'이 어느 남산인지 알 수 없다. 혹시 '한강'의 '남산'일 가능성은 없겠는가?

'한강'을 옛 선비들이 '漢江'으로 한자표기한 것과 같이 '한왕'을 '漢王'으로 한자표기한 것은 아닐까? 고황제묘와 고황제굴은 대동강 유역으로 이동해 들어온 '한'족의 왕(예컨대 환웅)의 유적 계통으로 연결되는 것은 아닐까?

'고황제굴'의 실재는 이것이 고조선 시대의 유적임을 강력히 시사하는 것이라고 볼 수 있다.

---

**35** 《江東郡邑誌》古蹟條 참조.

**36** 《江東郡邑誌》古蹟條 참조.

## 9) 왕도(王都)의 유적·유물과 명칭

강동현 아사달이 고조선의 수도였음은 강동현에 남아 있는 고황제(古皇帝)를 시사하는 무수한 지명들에서도 확인할 수 있다. 예컨대 황제 또는 황제의 도읍지를 나타내는 '황제' '용'(龍) '태자'(太子) 등과 같은 지명들이다. 또한 왕릉을 나타내는 강동현 내의 고을 이름으로는 읍릉동(邑陵洞)·읍릉리(邑陵里)가 있다.

《신증동국여지승람》에는 고적(古跡)조에 '태자원'(太子院)을 넣고 그 설명에 "현의 남쪽 25리에 있다. 석탑(石塔)이 있고 탑 남쪽에는 연산(連山)이 있다. 속담에 고태자(古太子, 옛 태자)의 태(胎)를 감춘 곳이라고 한다"[37]고 기록하였다.

《신증동국여지승람》에는 '사직단'(社稷壇)이 강동현에도 있음을 기록하고 "현의 서쪽에 있다"[38]고 설명하였다. 《강동군읍지》의 지도에는 대박산 기슭 바로 아래 사직단(社稷壇)이 그림으로 그려져 있다.[39] 강동현 큰 마을 이름에 사직동(社稷洞)·사직리(社稷里)가 남아 있어서 그 실재를 증명하고 있다.

## 10) 대형 고인돌의 실재

《강동군읍지》에는 지도에 고인돌[支石]이 그려져 있고, 현의 서쪽 10리 문흥리(文興里)의 대로변 산정(山頂)에 있다고 설명하였다.[40] 그 지도에는 사직단과 봉화산 사이의 세 봉우리의 서쪽 봉우리 산 꼭대

---

**37** 《新增東國輿地勝覽》平安道 江東縣 古跡條.
**38** 《新增東國輿地勝覽》平安道 江東縣 祠廟條.
**39** 《江東郡邑誌》의 地圖 참조.
**40** 《江東郡邑誌》古蹟條, 支石 참조.

〈그림 4-1〉 '강동현 아사달'의 고인돌

기에 'ㅠ' 형 큰 탁자식 고인돌이 집채 모양으로 그려져 있는데, 매우 큰 고인돌이었음을 알려주고 있다.[41] 또한 '고인돌' 무덤들을 나타내는 강동현 내의 지명으로는 입석동·석름동·반석동 등이 있다.

물론 이 밖에도 크고 작은 고인돌들이 다수 있었음을 최근 지표조사 보고를 통해서 알 수 있다.

---

**41** 석광준, 〈문흥리 고인돌에 대하여〉, 《조선고고연구》 제81호, 1991년 제4호를 읽었더니, 문흥리 고인돌은 모두 6기이다. 대조해보니 제2호 고인돌이 《江東郡邑誌》의 지도에 그려진 고인돌과 일치하였다. 그 보고에 의하면, 제2호 고인돌의 뚜껑돌의 길이 410cm, 너비 300cm, 두께 20cm이다. 동·서 두 고임돌은 아래 폭보다 위 폭을 약간 좁혀 사다리꼴로 만들었는데, 서쪽 고임돌의 아래 폭 너비는 256cm, 높이는 160cm, 두께 18cm인데, 고임돌의 윗기슭은 매끈하게 가공되어 뚜껑돌과 거의 맞물려 있었다. 2호 고인돌은 각 부문들을 조립한 형식으로 보아 매우 균형이 잘 잡힌 것이었다. 뚜껑돌의 동·서 나래는 두 고임돌과 뚜껑돌이 맞물림 선에서 각각 70cm, 남·북 나래 부분은 각각 90cm 나옴으로써 좌우 균형이 꼭 맞았다. 그러나 수천 년 시간이 지나는 동안에 동쪽 고임돌은 수직으로 서 있고 서쪽 고인돌은 동쪽으로 7도가량 기울어져 고인돌이 본래의 위치보다 동쪽으로 기울어진 것으로 추측된다고 보고되었다.

### 11) 마산(馬山)의 실재

강동현에는 단군이 기마 연습을 했다는 전설이 내려오는 현의 남쪽 1리 지점에 '마산'(馬山)이 있는데, 강동읍의 안대(案臺)로 되어 있었다.[42]

또한 대박산과 묘운대(墓雲臺) 위에는 철마가 세워져서 아래를 압승하는 것처럼 내려다 보았다.[43] 현의 남쪽 50리 지점의 만달산(蔓達山) 산정에도 또한 수철마(水鐵馬)가 세워져 있었다.[44]

또한 강동현의 옛 지명에는 '馬'자를 넣은 지명이 집중적으로 많은 것도 주목을 요한다. 예컨대 마산방(馬山坊)·마학동(馬鶴洞)·마산동(馬山洞)·마산면(馬山面)·마탄촌(馬灘村)·도마산(都馬山) 등과 같은 것이다.


### 12) 아사달 성곽(城郭)

고조선의 강동현 '아사달'은 주위에 2중으로 성(城)을 쌓은 도시였다. 《신증동국여지승람》에 '고읍성'(古邑城)이 당시에도 남아 있다고 했으며, "서강(西江) 동쪽에 있다. 토축(土築)으로 둘레는 5,759척이며 안에 두 개의 우물이 있다"[45]고 설명하였다. 그러나 강동현의 지명은 이 고성(古城)이 본래는 토석을 함께 사용한 토석성(土石城)이었음을 시사하고 있다. 예컨대 석문동(石門洞)·고성동(古城洞)·석름동(石凜洞)·송석동(松石洞) 등과 같은 것이다.

또한 《강동군읍지》에는 '고성'(姑城)이 현의 서쪽 40리에 있는데 조선

---

**42** 《江東郡邑誌》山川條 馬山 참조.

**43** 《江東郡邑誌》山川條 大朴山 참조.

**44** 《江東郡邑誌》山川條 蔓達山 참조.

**45** 《新增東國輿地勝覽》平安道 江東縣 古跡條 참조.

왕조시대에는 유지(遺址)만 남아 있다고 하였다.[46] '고성'(姑城)은 '고모성' '곰성'으로서 단군시대의 유적임을 시사하는 것이라고 볼 수 있다.

즉 '아사달'은 2중의 성(城)으로 둘러싸인 성시(城市)였다. 고성(姑城)은 강동현 서쪽 40리 지점에서 고읍(古邑)을 둘러싼 외성(外城)인데 16세기경에는 유지(遺址)만 남아 있었다. 이 외성(外城) 안에 강동현 서쪽 20리 지점에서 고읍(古邑)을 둘러싼 내성(內城)이 토성(土城)으로서 16세기에도 둘레 5,759척이 남아 있음이 기록된 것이 있었다.

아사달이 2중의 성(城)을 가진 성시(城市)였음은 고조선 도읍지로서의 증거가 보강되는 것이라고 할 수 있다.

### 13) 금속 생산의 도시

강동현 '아사달'에서는 동·금·철 등을 생산 제련하는 곳을 나타내는 '생금동'(生金洞)이라는 큰 마을이 있었으며, 또한 도자기를 구워 공급하는 곳을 나타내는 도산(陶山)이라는 지명도 있었다.[47]

강동현 '아사달'과 대동강 유역에서 고조선 건국 전후 시기에 청동기 유물들과 금동 유물들이 다수 발굴되는 것은 그 금속기 생산지 마을이 '아사달' 안에 실재했던 사실과도 연계되어 있었다고 볼 수 있다.

### 14) 남경리(南京里)의 지명

강동현 원당방(元堂坊)에는 현의 서쪽 40리 지점에 고읍(古邑)의

**46** 《江東郡邑誌》姑城條 참조.

**47** 《新舊對照朝鮮全道府郡面里洞名稱一覽》785~787쪽 및 《新增東國輿地勝覽》平安道 江東縣條 備考條 및 《江東郡邑誌》坊曲條 "南京里在縣西四十里 古邑基. 戶一百四十" 참조.

터인 '남경리'(南京里)가 있었다.

남경리(南京里)의 지명은 강동현이 '서울'[京] 도읍이었던 역사 시기가 있었으므로 '남서울'의 뜻이 담긴 지명이 남아 있었으리라고 볼 수 있다.

남경리의 지명은 고조선의 서울 '아사달 수도의 남부 지역'의 흔적을 시사하기도 하지만, 고조선이 수도를 천도한 후에 '아사달' 전체를 '남쪽 서울'[南京]로 말한 흔적을 시사하는 것일 수도 있다.

이상의 사실들을 종합해 볼 때, 강동현 아사달이 고조선의 첫 수도 '아사달'이었음은 의심할 여지가 없는 것이라고 생각된다.

## 제6절
# 고조선의 천도와 부수도

고조선은 수도 이외에 영역이 만주·요동·요서로 확대됨에 따라 부수도를 두었다. 필자는 고조선은 융성기에 오경오부(五京五部)제를 실시해서 전국을 5개 지역으로 나누고, 중앙에 수도를 두며 나머지 4개 지역에는 부수도를 두었다고 본다.

신채호는 고조선이 삼경오부(三京五部)제였다고 하나, 유적 수에 맞지 않고, 지역은 5부인데, 수도 1개와 부수도 2개만을 둔 것은 논리적으로도 잘 맞지 않는다. 오경오부제를 실시했다고 보아야 할 것이다.

중앙에 수도를 두고 단군이 이 지역을 직접 통치하고 나머지 4개 지역에 각각 부수도(副首都)를 두어 주로 왕족을 보내거나 그 부족장을 특임하여 통치했다고 관찰된다.

고조선이 천도하면 새 수도가 정수도가 되고 구수도는 '원수도'나 '부수도'로 중시되었으리라고 추정된다.

고조선의 수도와 부수도로 지목되는 곳은 유적과 명칭으로 보아 5곳이 있다.

① 강동현(평양 포함) 아사달 ② 요동반도 개주(蓋州) 지역 험독(險瀆) ③ 요서 지역 대릉하 유역의 조양(朝陽) ④ 영평부(永平府) 조선성(朝鮮城)의 아사달 ⑤ 요서 지역(지금의 내몽고) 적봉(赤峰) 지구 등이다.

이 가운데서 강동현 아사달은 고조선 개국 때의 수도이므로, 천도한 수도나 부수도는 다른 4곳이 될 것이다.

이 문제의 해결은 시기별 지표유물로서 ① 뾰족밑 팽이형 토기(A시기) ② 고인돌 무덤의 연대와 분포(B시기) ③ 비파형 청동단검의 연대와 분포(C시기) 등을 한 복합문화의 지표 항목으로 해서 매우 명료한 지표에 준거하여 고고학적 발굴물을 분석함으로써 해결될 수 있을 것이다.

《삼국유사》에 인용된 《고기(古記)》는 고조선이 ① 백악산 아사달(白岳山 阿斯達, 일명 弓忽山 또는 今彌達) ② 장당경(藏唐京)으로 두 차례 천도했다가, 건국한 지 1,500년 후에 다시 원래의 '아사달'로 돌아온 것으로 기록하였다.[48]

## 1) 제1차 천도와 요동반도

《삼국유사》에서 인용된 《고기(古記)》의 천도 기록이 가장 이른 시

---

**48** 《三國遺事》 卷1, 古朝鮮(王儉朝鮮)條 참조.

기의 고조선 기록이므로, 이에 의거하면 제1차 천도는 요동반도의 개주(蓋州) 지방으로의 천도라고 본다.

그 가장 중요한 증거는 개주(蓋州)·해성(海城) 일대를 중심으로 하여 지금도 남아 있는 매우 크고 아름다운 '탁자식 고인돌' 유적 유물이다. 필자는 요동반도 개주(蓋州) 석붕산(石棚山) 고인돌과 해성(海城) 석목성(析木城) 고인돌, 대석교(大石橋) 석붕욕(石棚峪) 고인돌, 수암(岫岩) 흥륭(興隆) 고인돌, 금현(金縣) 소관둔(小關屯) 고인돌 등과 같이 웅장하고 아름다운 건축물 같은 탁자식 고인돌들은 모두 고조선 '왕릉'(王陵, 또는 왕릉급)이라고 생각한다.

교통과 운송수단이 발달하지 못한 고대에 이렇게 웅장한 '고인돌 왕릉'이 다수 존재한다면 그 가까운 중심 지역에 왕이 거주하는 왕도(王都)가 있을 것임은 미루어 알 수 있는 것이다.

다음은 요동 지역에서 출토된 고조선식 비파형 동검이다. 이른 시기의 고조선식 비파형 동검과 청동창끝은 대동강 유역에서도 나오지만, 더 발전된 아름답고 세련된 비파형 동검이 누상무덤, 정가와자 무덤 등을 비롯하여 요동 일대에서 다수 발굴되었다. 더 발전되었다는 것은 시기적으로는 늦은 시기의 것이기 때문에, 고조선 수도가 천도되었다면, 대동강 '아사달' 다음에 요동반도의 '개주(蓋州) 아사달'이 제일차로 천도한 고조선 수도가 될 수 있는 것이다. 또한 대동강 '아사달'에서는 고인돌 무덤과 이른 시기의 뾰족밑 팽이형 토기와 비파형 청동단검이 모두 함께 출토되는데, 요동반도 개주에서는 이른 시기의 팽이형 토기는 없고 고인돌과 비파형 청동단검이 출토된다. 이것은 대동강 '아사달'이 첫 수도이고, 다음 천도한 수도가 개주 지역이었음을 나타내는 것이라고 볼 수 있다.

〈그림 4-2〉 요동반도의 탁자식 고인돌(하문식 교수)

**1** 개주 석붕산 탁자식 고인돌 **2** 해성 석목성 탁자식 고인돌 **3** 대석교 석붕욕 고인돌

《사기》〈색은〉에는 "요동에 험독현(險瀆縣)이 있는데 조선 왕의 구도(舊都)이다"[49]라고 하였다. 여기서 '요동'이 난하 이동일 수도 있고, 요하 이동일 수도 있고, 두 곳에 모두 있을 수도 있을 것이다. '험독'(險瀆)은 고조선말 '검터'(王儉의 터, 임검의 터)의 발음표기라고 해석되어, 왕검성(王儉城)터로 이해될 수 있는 것이다.

《삼국유사》에서 기록한 궁홀(弓忽)은 고조선말 '검골'(弓은 검·임검의 발음표기, 忽은 골)의 발음 한자표기라고 필자는 생각한다. 또한 '금미달'(今彌達)의 '금미'도 '금'(검, 임금)의 풀어진 말의 표기이며 '달'은 '땅·산'의 뜻으로서, '금미달'은 '검골'과 동일한 것이고, 또 '검터'[險瀆]와도 동일한 것이라고 본다.

이러한 점을 종합해 보면, 고조선은 BC 30세기~BC 24세기에 대동강 '아사달'에서 건국한 후, 제1차로 요동반도 '개주(蓋州) 왕검성'으로 천도했다고 볼 수 있다.

그러면 요동반도로의 천도는 어느 시기의 일이었을까? 필자는 개주 석붕산 '고인돌' 같은 왕릉의 축조 시기에서 이를 찾아볼 수 있다고 생각한다.

중국의 허옥림 교수와 한국의 하문식 교수는 요동반도 개주 지역의 고인돌 축조시기를 비슷한 곽가촌 상층 유적 등의 탄소 연대 측정자료를 근거로 하여 BC 20세기(bp 4,000년)로 추정하였다.[50]

---

**49** 《史記》卷115, 朝鮮列傳, "索隱曰 遼東有險瀆縣 朝鮮王舊都" 참조.

**50** ① 許玉林, 《遼東半島石棚》, 遼寧科學技術出版社, 1994, 74쪽.
　　② 진소래, 〈요동반도 신석기문화 연구〉, 《韓國上古史學報》 24, 1977, 110~112쪽.
　　③ 하문식, 〈고인돌왕국 고조선과 아시아의 고인돌문화〉; 임재해 외, 《고대에도 한류가 있었다》, 지식산업사, 2007, 448~449쪽 참조.

그렇다면 고조선은 BC 20세기경에 요동반도 '개주(蓋州) 왕검성'으로 천도했다고 볼 수 있다.

그러나 고조선의 왕계는 대동강 아사달 시기에도 '한' 족이었고, '개주(蓋州) 왕검성' 시기에도 '한' 족이었다. '한' 족의 무덤양식인 '고인돌' 무덤이 요동 천도시대까지는 사용되고 있었기 때문이다.

고조선은 요동반도 천도시기에 '비파형 동검' 등 고조선식 금속문화와 기마문화를 더욱 크게 발전시켰다.

## 2) 제2차 천도와 대릉하 유역

고조선은 요동반도에서 다시 제2차로 대릉하(大凌河) 유역 조양(朝陽)지구로 천도한 것으로 추정된다.

대릉하 유역 조양지구에서는 팽이형 토기나 고인돌 무덤은 나오지 않고 고조선식 비파형 청동단검을 비롯한 고조선식 청동기들이 집중적으로 다수 발굴되고 있다. 발달된 비파형 동검이 가장 많이 집중적으로 출토되고 있는 지역이 대릉하 유역 조양지구이다.

대릉하 유역으로의 천도시기는, 더 상세한 연구 검토가 필요하지만, 고조선식 비파형 동검의 제작시기에서 추정하여 잠정적으로 BC 15세기경이라고 보고 있다. 더 정밀하게 연구해야 할 과제이다.

《삼국유사》의《고기》에서는 제2차 천도 지역을 '장당경'(藏唐京)이라고 했는데, 이 가운데 '당'(唐)은 삼국시대부터 조선왕조시대까지 '중국'의 별명이고 대명사이다. 장(藏)은 중국의 왕 이름일 수 있는데 연(燕)의 왕 가운데 장왕(藏王)이 있다.

연(燕)이 한때 대릉하 유역 조양을 수도로 정하여 천도한 일이 있는데, 장당경(藏唐京)도 이러한 연유로 일연의 시대에 대릉하 조양

(朝陽)지구를 가리킨 별명이었을 가능성도 있을 것이다.

고조선은 BC 30세기~BC 24세기에 대동강 '아사달'을 수도로 하여 동아시아 최초의 고대국가로 건국되었다가, BC 20세기경에 요동반도 개주(蓋州) 지역으로 천도했으며, 영역의 확대에 따라 BC 15세기경에 요서 지역 대릉하 유역 조양(朝陽)지구로 다시 천도했다는 천도 경로를 설정할 수 있다.

고조선의 천도 때마다 집권세력에는 큰 변동이 일어난 것으로 추정된다. 특히 대릉하 유역 조양(朝陽)지구로의 천도 때에 '한'족 주도의 한·맥·예 융합 황실은 '맥'족 주도의 한·맥·예 융합 황실로 집권세력의 대변동이 있었던 사실이 고고유물에서 약간씩 보이고 있다. 예컨대, 무덤양식에서 고인돌 무덤을 사용하지 않고 적석총 등 다른 양식을 추구한 것 같은 변동 등이다. 앞으로의 연구과제라 할 것이다.

이 밖에 부수도로서는 '아사달'과 관련된 것이 영평부(永平府, 지금의 北京 바로 동북 지역) '조선성'(朝鮮城)이다. 즉 지금의 난하(灤河) 유역의 '아사달'이다. 이것은 영평부(永平府) 일대가 고조선의 영토였음을 시사하는 것이다. 그러나 이 지역이 고조선의 발생 건국지가 되려면 신석기시대로부터 청동기시대로 이행하는 시기의 고조선 유물들이 나와야 하는데, 비파형 청동단검과 청동기는 나오지만 팽이형 토기나 고인돌 무덤은 나오지 않는다. 이곳은 고조선의 부수도였거나 융성기에 임시 천도한 수도 지역이었다고 본다.

즉, 영평부(永平府)의 '조선'('朝鮮'城, 난하 유역의 朝鮮) 지방에서는 뾰족밑 팽이형 토기와 고인돌 무덤도 없을 뿐 아니라 비파형 청동단검도 대릉하 유역 '조양'(朝陽)지구보다 적게 나오고 있다. 그러므로 앞에서 쓴 바와 같이 고조선의 부수도였거나 융성기에 일시 천도한 임시 수도 지역이었고, 고조선의 서방 영토였음은 증명되지만 고조선이 건국된 첫 '아사달'이라고는 볼 수 없을 것이다.

또 하나의 고조선 수도 또는 부수도와 관련된 곳이 요서 지방(지금의 내몽고 자치구) '적봉'(赤峰) 지역이다. '밝달'은 '붉달'과 같은 것으로서 한자로는 백산(白山)·백봉(白峰)·홍산(紅山)·적봉(赤峰)으로 표기되기도 하였다.

요서 지방(현재의 내몽고) 적봉(赤峰) 지역에서는 '뾰족밑 팽이형 토기'와 '고인돌 무덤'은 나오지 않고 고조선 비파형 동검은 상당수가 발굴되었다. 그러므로 적봉(赤峰)은 고조선 영역에 포함된 서변쪽 부수도의 하나였으리라고 추정된다.

고조선의 '강동(江東) 아사달(왕검성)' 시기와 '요동반도 개주(蓋州) 왕검성' 시기는 전조선(단군조선) 왕조의 시기이고, '대릉하 유역 조양(朝陽)지구 왕검성' 시기는 전조선 왕조가 후조선 왕조로 교체하는 시기와 대체로 중첩되어 있다고 해석된다.

# 제 **5** 장
## 고조선의
## 중앙정부 조직

# 군주제와 제왕 단군

고조선은 군주제 고대국가였다.

고조선의 건국 제왕을 '단군(檀君)왕검(王儉)'[1] 또는 '선인왕검'(仙人王儉)[2]이라고 호칭한 기록의 '군'(君) '왕검'(王儉)은 군주제의 호칭으로서 고조선의 통치체제가 '군주제'였음을 논쟁의 여지없이 증명해 준다고 말할 수 있다.

고조선을 건국한 '단군'은 후대의 개념을 적용하면 '제왕'(帝王)이었다고 본다.

고조선 건국 이전에 '한'부족은 이미 군장(君長)사회(chiefdom) 단계에 들어가 환웅(桓雄)이라는 군장이 있었고, '맥'부족도 군장사회 단계에 들어가 여(女)군장이 있었다.

한족 남군장과 맥족 여군장(또는 맥족 여성)의 혼인동맹으로 태어나서 고조선을 건국한 '단군'은 한부족과 맥부족을 통합시키면서 고조선을 통치한 개국시조 '왕'이라고 말할 수도 있으나, 고조선에 통합된 '예'부족의 군장은 예족에 대해 후왕(侯王)·소왕(小王)의 지위와 자치권을 처음부터 가지고 고조선 건국에 참여했으므로, 예족의 후왕까지 통치한 고조선의 최고 통치자 '단군'은 '제왕'(帝王)이라고 보는 것이 더욱 정확하다고 할 수 있다.

---

1 《三國遺事》卷1, '紀異', 古朝鮮(王儉朝鮮)條 참조.

2 《三國史記》卷17, 高句麗本紀, 東川王 21年條.

물론 고조선 개국 초의 제왕 단군의 통치 영역은 몇 개 고을들을 벗어나지 못한 작은 영역이었겠지만, 그 최고 통치자의 질적 성격은 '제왕'이었다고 볼 수 있는 것이다. 그리고 고조선의 영역이 매우 크게 확장된 뒤에도 '제왕'의 성격은 거의 동일한 것이었다고 간주된다.

고조선의 제왕(단군)은 행정권, 재판권, 칙령제정권(입법권), 군사통수권, 국가제사 주재권 등을 한 몸에 집중해 가진 군주였다.

이것만 보면 고조선의 군주제는 전제군주제였다고 볼 수 있다.

그러나 고조선 제왕의 전제군주권은 당시의 사정으로 크게 제한을 받았다고 추정된다.

첫째, 고조선 제왕의 직령지에서는 강인하게 남아 있는 부족장과 씨족장의 잔존 권력을 배려해야 했었다고 본다.

둘째, 예족처럼 후국족(侯國族)이 되어 고조선 제왕의 통치를 받는 후국 부족에 대해서는 후국 제후(소왕)에게 권력을 분배하고 간접통치를 해야 했기 때문이었다.

그러나 고조선의 제왕이 고대 초기의 제약에도 불구하고 범주론적으로 전제군주였음은 명백한 것이다.

여기서 주의할 것은 고조선 제왕은 전제군주였지 무군(巫君)은 아니었다. 일찍이 최남선은 일제강점기 무당을 '당골'이라고 부르는 관행이 남아 있는 사실에 착안하여 단군을 제정일치시대의 무당을 겸한 임금인 무군(巫君)으로 추정한 바 있다.[3] 그러나 이미 환웅시대의 중앙통치조직에서도 주명(主命)을 담당하는 분화된 직책이 별도로 있

---

3 崔南善, 〈檀君及其研究〉, 《別乾坤》 1928년 5월호 참조.

었고, 환웅조차도 무군이 아니었다.[4] 하물며 단군이 무당을 겸했다고
는 볼 수 없다. 오직 국가의 최고 최대 제천(祭天) 행사에서만 제사장
의 지위를 겸한 제왕이었다고 보는 것이 합리적 해석일 것이다.[5]

고조선 제왕의 호칭인 '단군'은 당시 고조선말의 뒤의 한자 번역
으로서 고착화된 명칭인데, 여러 가지 해석이 있다.

첫째, 조선왕조시대 학자들의 견해와 같이 단군(檀君)은 '밝달임
금'의 번역이라고 볼 수 있다. 고조선이 박달산 아래 아사달에서 건
국되어 고조선 민족을 '밝달'(혹은 배달, 倍達) 민족이라고 별칭했으므
로, 단군(檀君)은 박달족 임금을 한자 번역한 것이라고 보는 것이다.

둘째, '단군'의 '단'(壇)을 '한'과 동일한 것이고 '천'(天)을 의미하
는 것이며, '단군'은 천왕(天王)과 동일한 의미라고 보는 것이다. 실
제로 《삼국유사》에 인용된 《고기》에서는 환웅을 환웅 '천왕'(天王)이
라고 기록하였다.[6]

셋째, 단군의 '단'을 '아사'(아침)의 한자 번역이라고도 볼 수 있다.
고조선의 고조선말 나라 이름이 '아사달' '아사달나'였고, 이것은 한
자로는 '단'(旦)으로 번역할 수 있다. 旦과 檀은 통하는 것이다. 실제
로 조선을 나타내는 '진단'(震檀)을 '진단'(震旦)으로 표기하기도 하
였다. 즉 '단군'은 '조선 임금'의 뜻이기도 한 것이다. 즉 단군은 '밝
달 조선(아사달) 임금'의 뜻이 되는 것이다.

전조선(단군조선) 시기의 고조선 군주는 모두 '단군'으로 불린 것

---

4 《三國遺事》卷1, 古朝鮮(王儉朝鮮)條 참조.
5 愼鏞廈, 〈檀君說話의 사회학적 해석〉, 《韓國社會史學會論文集》 제47집, 1995; 《韓國民族의 形
   成과 민족사회학》, 지식산업사, 2001 참조.
6 《三國遺事》卷1, 古朝鮮(王儉朝鮮)條 참조.

으로 보인다. 이때의 단군은 고조선 제왕을 가리키는 보통명사가 되었다고 볼 수 있다.

즉 '단군' 호칭에는 고유명사와 보통명사의 양면이 있었다. 고유명사로서의 '단군'은 고조선의 개국시조 '단군'을 가리킨다.

그러나 제2대 이후의 제왕들도 모두 제왕을 나타내는 어미 용어로 '단군'을 사용했으므로, 이 경우의 '단군'은 '천왕' '제왕'을 나타내는 보통명사가 되었다. 《고기》에 단군의 수명이 1,908년에 달했다[7]고 기록했을 때의 '단군'은 보통명사로서의 단군을 모두 합산한 것이라고 볼 수 있다.[8]

고조선의 군주제는 '세습군주제'였다고 해석될 수 있다.

현재 전해지는 고문헌 자료들은 개국시조 단군의 아들을 '부루'(夫婁)라고 기록하고, 부루가 제2대 단군이 되었다고 전하고 있다. 그러나 그 이후의 왕계를 정확하게 전하는 완전히 신빙할 만한 고문헌 자료는 아직 발견되지 않고 있다.

17세기의 책인 북애자(北崖子)의 《규원사화(揆園史話)》는 발해시대의 책인 《조대기(朝代記)》와 고려시대 청평산인(靑平山人)의 《진역유기(震域遺記)》(23책)를 대본으로 하여 저술했다고 하면서 단군조선의 47대의 왕계를 기록하였다.[9]

이 책은 17세기 도가(道家) 계통의 고조선 역사책으로서 민간에서

---

7 《三國遺事》卷1, 古朝鮮(王儉朝鮮)條 참조.

8 ① 서영대, 〈단군신화의 역사적 이해〉, 《한신인문학연구》 제2집, 1995.
  ② 김성환, 《고려시대의 단군전승과 인식》, 경인문화사, 2002 참조.
  ③ 임재해, 〈한국신화의 주체적 인식과 민족문화의 정체성〉, 《단군학연구》 제17호, 2007 참조.

9 《揆園史話》, 檀君記 참조.

비전되던 기록들을 참조해서 저술한 것으로 해석되고 있다.[10]

《규원사화》는 17세기의 저술로서 종래 학계에서는 위서(僞書)로 간주되어 왔다.[11] 그러나 왕 세계 등은 전통 역사책들에서는 대대로 기록하고 암송하는 것이 관행이었으므로, 최근에는 17세기의 저술 일지라도 전통 역사책들과 기록들에 의거했을 수도 있으므로 다른 자료에서 검증되는 부분은 채용하여 자료로 활용할 필요가 있다는 주장이 부상하고 있다.

즉 고조선의 첫 수도 '아사달'의 범위에 포함되었던 성천 지방의 읍지인 《성천지(成川誌)》의 옛 지명에 《규원사화》에 기록된 단군조선의 임금 이름과 동일한 지명이 나오고 전설도 남아 있음이 확인된 것이다.

성천은 강동군과 통합된 적도 있던 이웃 고을로서 '아사달'이 연장되어 일제강점기까지에도 조양리(朝陽里, 아사달 마을)의 명칭의 큰 마을이 남아 있던 강동의 이웃 군이다.[12]

즉 《성천지》에는 '부루골'이 있는데, 이것은 고조선 제2대 왕의 명칭과 일치하고, '고불'은 제14대 왕, '연나'는 제24대 왕, '솔나'(송양)는 제25대 왕, '다물'은 제38대 왕과 일치한다는 것이다.[13]

《신증동국여지승람》을 필자도 다시 찾아 보았더니, 성천도호부조에 '흘골산'(달)과 '흘골산성'이 있는데, 제13대 '흘달' 단군과 일치하

---

**10** 한영우, 〈17세기 反尊華的 道家史學의 성장-北崖의 《揆園史話》에 대하여〉, 《韓國學報》 제17집, 1975.

**11** 조인성, 〈檀君古記의 《檀君世紀》와 《檀奇古史》・《揆園史話》〉, 《단군학연구》 제2호, 2000 참조.

**12** 《新舊對照朝鮮全道府郡面里洞名稱一覽》, 1917, 788~789쪽 참조.

**13** ① 김유철, 〈고조선의 통치제도〉, 《단군과 고조선 연구》, 지식산업사, 2005, 285~300쪽.
　　② 손영종, 〈단군 및 고조선 관계 비사들에 대한 이해 - 《규원사화》를 중심으로〉, 《단군과 고조선 연구》, 지식산업사, 2005, 489~496쪽 참조.

| | 제왕 이름 | 재위 연수 | 세습 여부 | 《성천읍지》, 《신증동국여지승람》 등 |
|---|---|---|---|---|
| 1 | 단군(檀君) | | 개국시조 | 지명유무 |
| 2 | 부루(夫婁) | 34 | 세습 | |
| 3 | 가륵(嘉勒) | 51 | 세습 | 《성천지》부루골 |
| 4 | 오사(烏斯) | 49 | 세습 | |
| 5 | 구을(丘乙) | 35 | 세습 | |
| 6 | 달문(達門) | 32 | 세습 | |
| 7 | 한율(翰栗) | 25 | 세습 | |
| 8 | 우서한(于西翰) | 57 | 세습 | |
| 9 | 아술(阿述) | 28 | 세습 | 일명 오사함(烏斯含) |
| 10 | 노을(魯乙) | 23 | 세습 | |
| 11 | 도해(道奚) | 36 | 세습 | |
| 12 | 아한(阿漢) | 27 | 세습 | |
| 13 | 흘달(屹達) | 43 | 세습 | |
| 14 | 고불(古弗) | 29 | 세습 | 《여지승람》흘골산성, 흘골산 |
| 15 | 벌음(伐音) | 33 | 세습 | 《성천지》고불 |
| 16 | 위나(尉那) | 18 | 세습 | |
| 17 | 여을(余乙) | 63 | 세습 | |
| 18 | 동엄(冬奄) | 20 | 세습 | |
| 19 | 구모소(縱牟蘇) | 25 | 세습 | |
| 20 | 고홀(固忽) | 11 | 세습 | |
| 21 | 소태(蘇台) | 33 | 세습 | 《여지승람》골령 |
| 22 | 색불루(索弗婁) | 17 | 세습 | |
| 23 | 아물(阿勿) | 19 | 세습 | |
| 24 | 연나(延那) | 13 | 세습 | |
| 25 | 솔나(率那) | 16 | 비세습(연나의 아우) | 《성천지》연나리 · 연나재 |
| 26 | 추로(鄒盧) | 9 | 세습 | 《성천지》솔나마을 |
| 27 | 두밀(豆密) | 45 | 세습 | |

| 28 | 해모(奚牟) | 22 | 세습 | |
|---|---|---|---|---|
| 29 | 마휴(摩休) | 9 | 세습 | |
| 30 | 나휴(奈休) | 53 | 비세습(마휴의 아우) | |
| 31 | 등올(登屼) | 6 | 세습 | |
| 32 | 추밀(鄒密) | 8 | 세습 | |
| 33 | 감물(甘勿) | 9 | 세습 | |
| 34 | 오루문(奧婁門) | 20 | 세습 | |
| 35 | 사벌(沙伐) | 11 | 세습 | |
| 36 | 매륵(買勒) | 18 | 세습 | |
| 37 | 마물(麻勿) | 8 | 세습 | |
| 38 | 다물(多勿) | 19 | 비세습(마물의 아우) | |
| 39 | 두홀(豆忽) | 28 | 세습 | 《성천지》 다물샘 |
| 40 | 달음(達音) | 14 | 세습 | |
| 41 | 음차(音次) | 19 | 세습 | |
| 42 | 을우지(乙于支) | 9 | 세습 | |
| 43 | 물리(勿里) | 15 | 세습 | |
| 44 | 구홀(丘忽) | 7 | 세습 | |
| 45 | 여루(余婁) | 5 | 세습 | |
| 46 | 보을(普乙) | 11 | 세습 | |
| 47 | 고열가(古列加) | 30 | 세습 | |

며, '골령' '고홀령'이 있는데 제20대 '고홀' 단군과 일치하였다.[14]

《신증동국여지승람》이나 《성천지》는 《규원사화》와는 전혀 관계 없이 별도로 편찬된 책인데, 고조선의 수도 '아사달' 부근에 《규원 사화》에 기록된 고조선 제왕과 동일한 명칭의 지명이 남아 있는 것

---

14 《新增東國輿地勝覽》 平安道 成川都護府條 참조.

은 참으로 주목해야 할 일이라고 생각한다. 이 사실은 《규원사화》도 다 버리지 말고 고증학적으로 검증하여 증명되는 것은 취해 사용해야 함을 시사해 준다고 할 것이다.

《규원사화》의 단군조선 47대 왕계에서 보면 3차례만 아우에게 왕위가 계승되었고, 그 밖에는 모두 아들에게 왕위가 계승되었다.[15]

만일 우리가 《규원사화》의 왕 세계를 고구려·발해시대부터 민간에서 전승되어 오던 것을 옮겨 기록한 것이라고 가정하는 경우에는, 고조선의 군주제는 세습군주제였다고 볼 수 있을 것이다. 세습한 '아들'이 장자(長子)였는지의 여부는 아직 알 수 없다.

고조선의 군주제도는 부여·고구려에 계승되었다고 볼 수 있다.

## 제2절
# 천부인(天符印)과 그 의미

고조선의 제왕은 '세습제도'였다. 제왕의 아들 또는 직계 혈통이 제왕을 세습하였다.

현재 남아 있는 고문헌 기록들은 서로 연락되지 않고 씌어진 것으로 보이는 곳에서 고조선의 제2대 제왕이 단군의 큰 아들인 부루(夫婁)였다고 기록되어 있다. 이것은 교차 검증이 되므로 고조선 제2대

---

**15** 《揆園史話》의 檀君朝鮮帝王名과 《成川邑誌》 및 《新增東國輿地勝覽》의 地名을 대비해 작성한 앞의 〈표 5-1〉 참조.

단군이 '부루'였음은 확인할 수 있다.

《규원사화(揆園史話)》에는 제1대 단군(개국 시조)부터 제47대 고열가(古列加) 단군 때까지의 제왕단군의 명칭과 간단한 치적의 요약이 수록되어 있다.

대개 중세시대의 역사서들은 제왕 이름을 암송하는 전통과 관습이 있으므로, 이 암송되어온 고조선 제왕 이름을 기록해 놓은 어떤 원본에 의거해서 《규원사화》가 이를 채록했는지, 또는 《규원사화》가 17세기 저서이므로 그 저자가 지어낸 이름인지, 현재로서는 정확하게 교차 검증할 수가 없다.

한편 《삼국유사》의 《고기》에 나오는 환웅이 환인(하느님)으로부터 통치자로서의 천명을 받은 증거물인 '천부인(天符印) 3개'는 초대 단군(檀君)과 그 후 역대 단군에게 그 양식이 전승되었을 것인데, 고고유물에서 발굴되어 경험적으로 나타나기 때문에 이를 밝혀둘 필요가 있다.

고조선문명권에서 발굴되는 군장(君長)급 고분에서 ① 청동거울 ② 청동검 ③ 옥(玉, 曲玉 또는 環玉)의 3개가 한 벌 세트로 동시에 출토되는 경우가 다음과 같이 있었다.[16]

---

**16** ① 尹武炳, 《韓國靑銅器文化硏究》, 예경산업사, 1991.
  ② 임병태, 《한국 청동기문화의 연구》, 학연출판사, 1996.
  ③ 국사편찬위원회, 《한국사》 3(청동기문화와 철기문화), 1997.
  ④ 權兌遠, 《古代韓民族文化史硏究》, 일조각, 2000.
  ⑤ 俞炳隣, 《한국 靑銅器時代 住居地 集成(서울·경기·강원도)》, 2004.
  ⑥ 김정배, 〈고조선과 비파형 동검의 문제〉, 《단군과 고조선 연구》, 지식산업사, 2005.
  ⑦ 송순탁, 〈대동강 유역 청동기시대 문화 성격에 대하여〉, 위의 책.
  ⑧ 이건무, 《청동기문화》, 대원사, 2006.

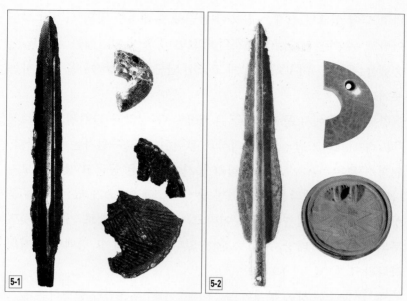

〈그림 5-1〉 천부인 3개(부여 연화리 유적 출토) 〈그림 5-2〉 전형적 천부인 3개

① 충청남도 부여 연화리 유적 석관 무덤
② 충청남도 아산 남성리 유적 석관
③ 대전광역시 괴정동 유적 석관
④ 전라남도 함평 초포리 유적 석관
⑤ 중국 요녕성 심양 정자가와 제6512호 목곽 무덤
⑥ 일본 규슈 후쿠오카 사와라 구 소바라 목곽 무덤

필자는 이 한 벌(세트)로 발굴되는 (청동)거울·검·옥 3개가 단군조선의 제왕권을 상징하는 단군설화의 천부인(天符印) 3개라고 판단한다. 단군설화에는 이것을 하느님이 환웅에게 증표로 내려준 것이

라고 되어 있으나 실제는 환웅이 단군에게 내려준 것의 신화적 설명이라고 해석된다. 천부인 3개의 재료는 청동기 이전에는 석기도 사용했을 것이다. 이것이 어떻게 고조선 단군 계통 왕족임을 증명하는 증거가 될까?

천부인 3개에서 둥근 '거울'은 태양숭배 신앙과 관련된 것으로서 '해'(태양), '하느님', '천손'의식과 관련된 것으로 필자는 해석한다. 원형 거울은 해(태양)를 상징함과 동시에 하늘은 둥글고 땅은 네모지다[天圓地方]는 생각을 갖고 있던 당시에, '해'(태양)가 있는 '하늘'을 상징하여 '천손'임을 알린 것이라고 생각한다. 실제로 거울의 뒷면 무늬는 찬란한 '태양 무늬'로 되어 있다는 사실이 그 명백한 증거의 하나라고 본다.

'검'은 고조선 왕족 부계인 '한'족(환웅족)의 후손임을 증명하는 것으로서, 고조선 왕계에서는 전승되는 특정 '검'으로써 부계가 정통 왕족으로서의 '한'족(환웅족)의 후손임을 증명하는 것이라고 필자는 해석한다. 청동기시대에 들어오면 특정 비파형 동검이나 세형 동검을 전승시켜서 부계인 '한'족 환웅천왕과 초대 단군 및 역대 단군의 강대한 권위와 권력을 상징하여 통치권의 위엄을 알린 것이라고 생각한다.

'옥'은 고조선 왕계에서 모계가 '맥'족임을 증명하는 것이라고 필자는 해석한다. 맥족 여군장의 찬란한 옥장식문화는 이때 중요한 자료가 될 수 있을 것이다. 거울·검과 한 벌이 된 옥(환옥 및 곡옥)은 고조선 제왕의 모계가 정통 '맥'족의 후손임을 밝히고 맥족 군장 모계의 고귀함과 아름다움을 상징화시킨 것이라고 생각한다.

그러므로 '천부인' 3개를 모두 한 벌로 가지면 그 왕족은 천손(天孫)인 한족왕을 부계로 하고, 맥족 왕비를 모계로 한 정통성을 가진 단군의 후손 제왕이고 왕족임을 증명하는 매우 귀중한 증거물이 되는 것이다.

신석기시대 말기에는 자료가 석기였을 것이고 청동기시대에는 자료가 청동이었을 것이지만, 단군계 왕가에서는 정통성의 증명으로 천부인 3개를 사용했을 것이라고 해석된다.

특히 단군계 왕족이 무리를 이끌고 다른 지역으로 이동하는 경우에 그 왕족이 고조선 단군 왕계의 정통성의 증명으로 이 청동거울·청동검·옥(곡옥 또는 환옥)의 천부인 3개를 사용했을 것이다.[17]

청동기시대의 청동거울, 청동검, 옥이 한 세트로서 동시에 출토되는 군장급 고분은 단군왕검 계통 왕족의 무덤이라고 해석할 수 있을 것이라고 본다.


## 제3절
# 고조선의 중앙정부 조직


고조선의 개국 시기의 중앙정부의 기구와 조직에 대해서는 두 개의 문헌기록이 참고가 된다.

---

**17**  朝鮮王朝 시대 무당들이 민속 의식에 청동거울·검·북, 또는 북 대신 청동방울을 사용한 것은 후에 고조선 왕권의 상징을 흉내낸 것으로 해석된다. 특히 북 또는 방울은 降神을 기원하는 신호로서 고조선 왕계의 天符印 3개와는 관련이 없는 것이다. 고조선문명권에서 발굴된 유물의 세트에 의거하는 것이 과학적 증거가 될 것이다.

崔南善, 《檀君古記箋釋》(이응봉 편, 《檀君神話硏究》, 온누리, 1986, 24쪽)에서는 동북아시아의 샤먼의 도구 유형에서 유추하여 鏡·劍에 방울, 북, 冠 중의 하나가 더해진다고 보았다. 그러나 이 견해는 단군을 샤먼으로 보는 편견에 지배되어 있으며, 북과 청동방울은 '소도별읍'에서 '天君'(당골)이 사용했던 것이고, 天符印 3개와는 관련이 없다.

《삼국유사》에 인용된《고기》에는 태백산에 내려온 환웅의 통치조직이 기록되어 있는데, 단군의 고조선도 개국 초에는 이를 계승했으리라고 추정된다.

고조선에 선행하는 '한'부족의 군장 환웅은 3상5부제를 실행했는데, 3상(相)은 풍백(風伯)·우사(雨師)·운사(雲師)로 구성되었다. 3상의 명칭이 기후와 관련된 것은 농업경작과 관련된 것이지만, 이것은 최고위 관직명이었다. 이 3상(相) 중에서 풍백(風伯)이 제1의 재상(宰相) 격이었다. 첫째를 가리키는 '백'(伯) 자에서 이를 알 수 있고, 그 다음부터는 '사'(師)로 구분되어 있다.

3성 아래의 행정체계의 구분은 5부로 나누어져 있다. 단군 설화에서는 "主穀主命主病主刑主善惡 凡主人間三百六十餘事(在世理化 穀命病刑善惡) 등 무릇 인간의 360여 사를 각각 주장하여 맡아서 人世를 다스리고 교화하였다"고 하였다. 이때 '主'(주) 자를 한 번만 사용하여 '主穀命病刑善惡 凡人間三百六十餘事'라고 하지 않고 구태여 穀(곡)·命(명)·病(병)·刑(형)·善惡(선악) 앞에는 매번 '主'(주) 자를 붙여 主穀·主命·主病·主刑·主善惡 凡主人間三百六十餘事라고 한 것은 주곡(主穀)과 주명(主命)과 주병(主病)과 주형(主刑)과 주선악(主善惡) 사이에 칸막이를 분명히 하여 통치 행정 업무의 구분, 즉 행정 조직의 분립(分立)을 동시에 나타내기 위한 것이었다고 해석된다.

즉 ① 穀(농업·식량·목축 등)을 주로 다루는 부서와, ② 命(天命·왕명·칙령·祭天·祭神 등)을 주로 다루는 부서와, ③ 病(질병·의약·치료·악귀 퇴치 등)을 주로 다루는 부서와, ④ 刑(죄·형벌·재판 등)을 주로 다루는 부서와 ⑤ 善惡(윤리·교육·敎化 등)을 주로 다루는 부서로 나누어서, 여기서 인간의 모든 일(일 년 365일에 비유하여 360여 가지

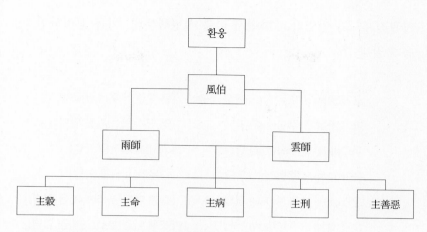

〈그림 5-3〉 환웅의 군장사회 '준국가'의 관료조직

모든 일)을 〈그림 5-3〉과 같이 분담·관장하여 다스리도록 한 것이었다.[18]

　한부족 환웅의 이러한 통치행정조직의 체계는 일정한 정도의 위계체제와 역할 분화가 진전된 것으로서 한 부족의 환웅이 군장(君長)사회의 '준(準)국가'를 영위하고 있었음을 알려주는 것이라고 볼 수 있다.

　단군(檀君)은 한부족의 남군장 환웅과 맥부족의 여군장(여성)의 아들이므로 환웅의 위의 3상5부(三相五部)제도를 계승했을 뿐만 아니라 더욱 발전된 관제를 만들었으리라고 추정된다.

　한편 《규원사화(揆園史話)》에서는 '단군8가'(檀君八加) 제도라는 중

---

**18** ① 尹世福, 〈檀君考〉, 《建國大學術誌》 제2집, 1959 참조.
　　② 李康植, 〈'古記'에 기록된 神市조직의 구조와 기능〉, 《경북대경상대논문집》 제15집, 1987.
　　③ 愼鏞廈, 〈檀君說話의 사회학적 해석〉, 《한국사회사학회논문집》 제47집, 1995 참조.

앙관직제도가 있었다고 하면서 이를 설명했는데, 이를 정리하면 다음과 같다.[19]

호가(虎加) - 모든 가(加)들을 총괄          [큰 아들 부루(夫婁)를 임명]

마가(馬加) - 주명(主命) 담당              [옛 신지(神誌)씨를 임명]

우가(牛加) - 주곡(主穀) 담당              [고시(高矢)씨를 임명]

웅가(熊加) - 주병(主兵) 담당              [치우(蚩尤)씨를 임명]

응가(鷹加) - 주형(主刑) 담당              [둘째 아들 부소(夫蘇)를 임명]

로가(鷺加) - 주병(主病) 담당              [셋째 아들 부위(夫虞)를 임명]

학가(鶴加) - 주선악(主善惡) 담당          [주인(朱因)씨를 임명]

구가(狗加) - 분만제주(分管諸州)          [여수기(余守己)를 임명]

위의 관직 체계는 《삼국유사》의 3상5부(三相五部) 제도와 비슷하지만, 《규원사화》 자체가 17세기에 씌어진 책으로서 위서로 지적되고 있는 만큼, 전승을 수록했다 할지라도 얼마나 신빙성이 있을지는 더 연구해 보아야 할 문제이다. 그러나 3상5부(三相五部) 제도도 8개 부처이고, 단군8가(檀君八加) 제도도 8개 부처인 것은 같다. 《규원사화》에 문제점이 있다 할지라도 단군조선의 직계후손 왕조인 부여와 고구려에서도 '가'(加) 제도가 존재했고, 《삼국유사》《고기》의 8부서와 《규원사화》 8부서의 수가 일치함도 반드시 주목할 필요가 있을 것이다.

일본의 《고사기(古事記)》에는 일본 최초의 왕 신무(神武)가 동정

---

**19** 《揆園史話》, 檀君記 참조.

(東征)할 때 신무는 천손이므로 천제(天帝)가 '야다가라쓰'(八咫烏)를 보내어 길 안내를 시켰다는 전설이 기록되어 있다.[20]

일본의 첫 왕족은 고조선문명권의 후예인 변한의 변진미오야마나(弁辰彌烏邪馬那)의 왕족 계통이 일본열도에 건너간 것이므로, 이때 '야다가라쓰'는 '8가'(八加)를 상징한다고 해석된다.[21]

《고사기》는 8세기에 편찬된 책인데 '천제의 8가'를 전하고 있으므로, 이 자료는 '단군(檀君, 천제)8가제'를 보완 증명하는 자료가 될 수 있다고 본다.

또한 고조선의 후국족으로서 자기들도 단군의 후손이라고 생각해온 만주족 계열의 왕조에서 지방통치조직과 군사조직을 8기제(八旗制)로 나누어 운영해온 것도 '고조선 8가 제도'의 유제와 관련이 있다고 볼 수 있다.

환웅의 '3상5부제'와 단군의 '8가제'를 다음 〈그림 5-4〉와 같이 상호 대입해 보면 양자의 계승성과 차이성을 보다 뚜렷하게 인지할 수 있다.

전조선(단군조선)의 중앙관제는 이전의 한부족 환웅의 중앙관제에 비해 다음의 특징이 있음을 주목할 필요가 있다.

첫째, 호가(虎加)의 총리의 지위가 단독으로 되어 강화되고, 환웅의 우사(雨師)·운사(雲師)의 지위 등이 다른 가(加)처럼 특별 직능을 갖는 가(加)로 변화되었다.

---

**20** 《古事記》, 神武紀 참조.

**21** 여기서 '야다'가 '八'(야덟·여덟)에 해당하며 '가라쓰'(烏)가 '加'(가)에 해당한다고 본다. 고조선·부여·고구려의 초기 인명에 '가마귀 오'(烏) 자가 자주 나오며, 한국어에서 '가'마귀, 일본어에서 '가'라쓰라고 읽는 '가' 발음에 주목할 필요가 있다.

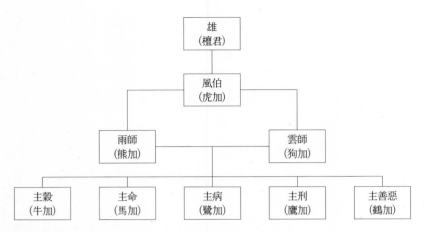

〈그림 5-4〉 환웅의 3상5부제와 단군의 8가제의 비교

　둘째, 환웅의 '우사'의 위치에 들어가는 웅가(熊加)는 '주병'(主兵)
의 부서로서 군사와 국방의 부서이다. 전조선(단군조선)에서는 환웅
의 시기에는 없던 군사·국방의 부서가 신설되어 매우 중시되었음을
알 수 있다.

　셋째, 환웅의 '운사'의 위치에 들어가는 구가(狗加)는 지방을 나누
어 관리하는 부서이다. 전조선(단군조선)에서는 이 지방 분관(分管)
의 부서가 신설되어 매우 중시되었음을 알 수 있다.

　넷째, 군사·국방의 부서(웅가)와 지방 분관(分管)의 부서가 신설되
어 매우 중시된 것은 고조선이 개국 후 영역을 확대해 감에 따라 군
사활동과 새 지방 영역의 행정 및 관리가 새로이 매우 중요하게 되
었음을 나타낸 것이라고 볼 수 있다.

　다섯째, 총리(및 그 보좌직) 직책을 제외한 전문 부서가 환웅의 5개
부서에서 단군의 7개 부서로 변동한 것은 전문직 부서의 분화의 진

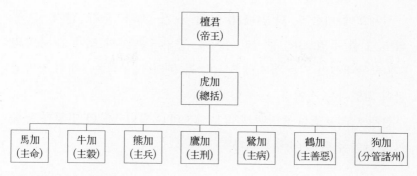

〈그림 5-5〉 단군의 8가제의 구성

전을 나타낸 것으로, 환웅의 중앙조직보다 단군의 중앙조직이 더욱 발전된 것임을 알려주는 것이라고 볼 수 있다.

　여섯째, 단군의 중앙부서 조직의 발전은 고조선 영역의 확대와 가장 크게 직결된 것이라고 볼 수 있다.

　이 점을 참고하면서 '단군8가' 제도를 다음 〈그림 5-5〉와 같이 그려 볼 수 있을 것이다.

　고조선 중앙정부 관료조직의 '8가 제도'는 고대국가의 정치행정조직으로서는 충분히 분화된 발전된 것이며, 고대국가 운영에 맞추어 잘 짜여지고 세분화된 제도라고 볼 수 있다.

　후조선 말기부터는 중국과의 교류의 증가와 관련하여 '상'(相) 등의 명칭이 몇 차례 기록에 나오는데, 별도로 다루기로 한다.

　신채호는 고조선의 중앙관직은 단군 아래 5부(部)를 두고 5가(加)가 관장하는 5부5가 제도(五部五加制度)였다고 기록하였다.[22]

---

**22** 申采浩, 《改訂版丹齋申采浩全集》 상권, 80쪽 참조.

신채호에 의하면, 단군(檀君) 아래 '돗가·개가·소가·말가·신가'의 5'가'를 두었으며, 동·남·서·북·중의 5부(部)에 5'가'가 중앙의 5개 국무대신이 되는 동시에 5부(部)를 분치(分治)하는 5개의 지방장관이 되었다는 것이다.

신채호도 고조선 중앙관제 각부대신의 호칭인 '가'의 명칭을 동물 이름 끝에 취한 것이 주목된다.

<br>

## 제4절
# 고조선의 군사제도

### 1) 군사제도

고대국가와 고대사회는, 사회학과 문화인류학의 관점에서는, '군사형 사회'이고 '군사적 단계'의 사회이다. 고대국가의 형성과 통치와 유지·발전이 군사제도 및 군사력과 직결되어 있었다.

고조선 국가형성 시기의 군사제도는 기록이 거의 없어서 오직 단편적 흔적과 그 후의 기록을 사회학적 상상력에 의거하여 추론할 수밖에 없으나, 군사무기만은 청동기 유물이 풍부하게 남아 있어서 비교적 정확한 서술을 할 수 있다.

고조선의 군사통수권은 제왕 단군과 그의 군사 담당 장관인 '웅가'가 갖고 있었다고 볼 수 있다.

그러나 고조선은 전 영역에 대한 중앙집권적 국가가 아니라, 후국제도를 채택한 일종의 수직적 연맹국가의 성격을 갖고 있었기 때문

에, 군사도 '중앙군'과 '지방군'이 다른 통수체계를 갖고 있었다.[23]

고조선의 중앙군은 '직령지'에 대해서만 제왕 단군과 웅가가 직접 통수권을 행사하는 군대라고 할 수 있다. 그리고 지방군에 대해서는 제왕 단군이 후국 후왕(侯王)에 대한 통수권을 행사하여 간접적 지휘권을 행사했다고 볼 수 있다. 중앙군의 역할은 고조선의 수도와 부수도를 방어하고 외침을 방어하는 데 있었음은 물론이다.

한편 지방군은 제왕 단군의 승인 아래 후국 후왕이 직접 통수권을 행사하는 군대였다. 지방군의 실제적 사령관은 후국의 후왕인 '가'나 그 사령관인 '두만'이었다. 지방군은 고조선의 국경지대를 경비하고 외국의 침략을 방어하는 중요한 역할을 했다고 볼 수 있다.

고조선의 군대는 육군과 수군으로 구성되어 있었다. 고조선은 강화도에서 발해만 연안까지 해안이 긴 나라였기 때문에 육군과 함께 수군이 있었음은 논란의 여지가 없다고 본다.

고조선의 육군은 보병(步兵)과 기병(騎兵)으로 구성되어 있었다. 기병에서만 사용하는 무기(예컨대, 청동꺾창)의 출토가 기병의 실재를 증명해 준다고 할 것이다.

전시에는 고조선 국민의 각계각층이 총동원되었다. 귀족은 의무와 특권으로서 각급 장교로 동원되고, 평민은 병사에 총동원되었으며, 일부 노예도 군량 및 무기운반과 진지 축성에 동원되었다. 부여에 관한 기록을 보면 《삼국지》 위서(魏書) 동이전 부여조에 "적군(의 침입)이 있으면 제가(諸加)들이 몸소 전투를 하고, 하호(下戶)는 양식

---

**23** 최영실, 〈고조선의 군사력에 대하여〉, 단군학회 편, 《단군과 고조선 연구》, 지식산업사, 2005, 319~343쪽 참조.

을 갖다가 음식을 만들어 준다"[24]고 기록하였다. 이 기록은 부여에서 전쟁 때에는 여러 가(加)들과 귀족들이 직접 전투에 참가하며, 하호(평민과 노비) 등은 전투뿐만 아니라, 군량 수송과 보급에도 동원됨을 알려주고 있다. 부여에서는 전쟁 시, 군량 보급부대를 평민과 노예로 편성하여 매우 중시했던 것을 알 수 있다.

고조선의 직계 후예 가운데 하나가 부여였으므로, 부여의 제도에서 고조선의 군사제도를 추정해 볼 수 있다.

신채호는 고조선의 군사제도에 대해 독특한 견해를 발표하였다. 고조선은 전국을 3한[3韓(3朝鮮)]으로 나누어 통치했는데, '신한'(신조선)이 제왕단군이 직접 통치하는 직령지이고, '말한'(馬韓)과 '불한'(不韓)은 부왕(副王)을 두어 통치했다는 '전삼한론'(前三韓論)을 제시하였다. 그는 전3한의 각 한이 각각 중앙·동·서·남·북의 5부를 두고 5가(加)가 각 부를 맡아 통치하다가, 전쟁이 일어나면 5부 인민으로 중앙·전·후·좌·우의 5군(軍)을 편성하여 중앙의 '신가'가 중군대원수(中軍大元帥)가 되고, 그 밖의 4가(加)가 4원수(元帥)가 되어 출전한다고 설명하였다.[25]

고조선은 기병(騎兵)을 매우 중시하였다. 고조선 첫 수도 아사달의 대박산(大朴山)과 철봉산(鐵鳳山) 모운대(暮雲臺) 위에 각각 '수철마'(水鐵馬)상을 세워 놓은 것도,[26] 그러한 의식과 상징의 하나로 볼 수 있다. 특히 전조선 후기와 후조선 시기에는 '기병'의 비중이 현저

---

24 《三國志》魏書, 東夷傳 夫餘條.

25 申采浩, 《朝鮮上古史》, 《改訂版丹齋申采浩全集》 상권, 80~81쪽 참조.

26 《江東縣邑誌》(규장각도서 No. 17481) 및 《江東郡邑誌》(규장각도서 No.109) 참조.

히 증가한 것으로 해석된다. 고조선에서는 말 위에서 달리면서 전후 좌우로 몸을 돌리며 자유로이 활을 쏘는 기사법(騎射法)이 크게 발달 하여, 고조선의 군사력과 전투력은 동아시아 최강의 것이 되었다. 이것은 고조선 영역과 고조선문명권이 서쪽으로도 지금의 만리장성 넘어로까지 뻗치는 데 큰 배경이 되었다고 볼 수 있다.

### 2) 군사 무기와 무장

#### 1_ 단궁(檀弓)과 맥궁(貊弓)

고조선에서는 매우 좋은 활과 화살이 생산되어 중요한 무기로 사용되었다.

고조선의 활의 우수성은 일찍이 고중국에서도 이름이 알려져서, 고조선의 우수한 활을 단궁(檀弓), 고조선 후국 구려(句麗)의 우수한 활을 맥궁(貊弓)이라고 불렀다.

《후한서(後漢書)》예전(濊傳)에 "낙랑의 단궁(檀弓)이 그 지방(예의 지방)에서 산출된다"[27]고 했는데, 이때의 단궁은 박달나무 활이란 뜻 이 아니라, 고조선 붕괴 후 그 지역에 낙랑군을 설치한 바 그 옛 고 조선의 단궁(檀弓)이 예(濊)의 지방에서 생산되고 있다는 뜻이다. 또 한 《후한서》구려(句麗)조에 "좋은 활이 생산되니 이른바 맥궁(貊弓) 이 그것이다"[28]라고 했는데, 이때의 구려는 고구려가 아니라 그 이 전의 고조선 후국이었던 '구려'(句麗)를 가리킨 것이었다.

고중국 일부 사람들은 고조선을 속칭 '동이'(東夷)라고도 불렀는

---

27 《後漢書》卷85, 東夷列傳 第75, 濊傳.
28 《後漢書》卷85, 東夷列傳 第75, 句麗傳.

데, 처음 '이'(夷)의 뜻은 '큰[大] 활[弓]을 사용하는 사람'의 뜻이었고, '夷'는 '大'[큰]와 '弓'[활]을 합한 글자였다. 고조선의 초기 무기의 특징이 '큰 활'이었음을 미루어 알 수 있다.

《진서(晋書)》 동이열전 숙신조에는 "(숙신에는) 석노(石砮)와 가죽과 뼈로 만든 갑옷이 있으며, 단궁(檀弓)은 5척(尺) 5촌(寸)이고, 호시(楛矢, 호나무 화살)의 길이는 1척이 조금 넘는다"[29]고 기록하였다. 이 자료에 의거하면 고조선 단궁(檀弓)의 크기는 3자 5촌(약 1m 5cm)이 된다. 고조선의 단궁(檀弓)·맥궁(貊弓)은 1미터가 넘는 큰 활이었음을 알 수 있다.[30]

고대 중국의 전설에 요(堯)임금이 동방의 천제(天帝) 제준(帝俊)에게 원조를 청했더니 활 잘 쏘는 사람 '예'(羿)를 보내주었는데, 고대 중국인들은 이를 '이예'(夷羿)라고 불러서 '동이(東夷)의 예(羿)'라고 호칭하며 기록하였다.[31] 고조선의 우수한 활과 활솜씨가 전설화된 것이라고 볼 수 있다.

활과 화살은 대나무, 호(楛)나무 등 나무로 만들었기 때문에, 고조선의 활과 화살은 이미 썩어서 고고유물로 출토되지 않고, 오직 화살촉만 돌화살촉, 뼈화살촉, 청동화살촉, 철화살촉들이 출토되어 있다.

### 2_ 비파형 청동단검

청동기시대 고조선의 가장 중요하고 특징적인 청동 무기는 육박

---

**29** 《晋書》 卷97, 東夷列傳, 肅愼氏傳 참조.

**30** 여기서 肅愼은 뒤에 挹婁·女眞·滿州와는 관계없는 '發肅愼'으로서 고조선의 別名으로 자주 쓰인 고조선족의 일부이다.

**31** 郭墨蘭編, 《齊魯文化》, 華藝出版社, 1997, 54~58쪽 참조.

전 무기인 비파형 청동단검이었다. 고조선의 비파형 청동단검은 그후의 주변 고중국의 청동단검이나 북방식 청동단검과는 디자인이 확연히 달라서 쉽게 구분할 수 있다(〈그림 5-6~8〉 참조).[32]

비파형 청동단검의 큰 특징을 몇 가지 들면 다음과 같다.

첫째, 비파형 청동단검은 중간 부분의 양날에 돌기를 만들어 검끝과 검 아래 부분을 돌기를 중심으로 부드러운 곡선의 모양새를 만들어 마치 고대 악기 '비파'의 모양을 갖게 하였다.[33] 이러한 디자인

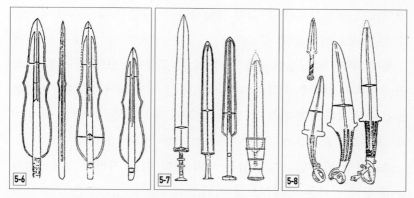

〈그림 5-6〉 비파형 동검의 특징 〈그림 5-7〉 중국식 동검의 특징 〈그림 5-8〉 북방식 동검의 특징

---

**32** 국사편찬위원회, 《한국사》 3, 32~33쪽 및 박진욱, 〈비파형 단검문화의 발원지와 창조자에 대하여〉, 《비파형단검문화에 관한 연구》, 과학·백과사전출판사, 1987, 62쪽 참조.

**33** 비파형 청동단검이 한반도·요동·요서·내몽고 자치구 동부에서 출토되어 '고조선 동검'임이 밝혀졌음에도 불구하고, 일부 일본 고고학자들이 古朝鮮을 인정하기 싫어서인지 이를 '遼寧 式 銅劍'이라 이름 붙였다. 한국 학자들이 이를 추종하여 비파형 동검을 '요령식 동검' '만주식 동검'이라고 부르는 것은 적절치 않다고 본다. 한반도와 길림성과 내몽고 자치구 기타 등지에서 비파형 동검이 널리 발굴되고 있기 때문이다. 또한 '細形銅劍'을 한반도에서만 출토된다고 보고 '韓國形銅劍'이라 이름 붙이는 것도 정확하지 않다고 본다. 세형동검은 한반도뿐만 아니라 요서를 제외한 요동과 연해주 남부 기타 등지에서도 널리 발굴되고 있기 때문이며, 마치 고조선이 한반도에만 제한되었던 것 같은 감을 주기 때문이다. 여기서는 모양새를 취하여 '비파형 동검'과 '세형동검'의 명칭을 택하여 사용하기로 한다.

은 전 세계 청동검 양식에서 오직 고조선 '비파형 청동단검'과 '비파형 청동창끝'만 가진 매우 독특한 디자인이며, 그림에서 알 수 있는 것과 같이 이웃 고중국 청동단검이나, 오르도스·북방식 청동단검과는 확연하게 다른 것이다.

둘째, 비파형 청동단검은 검 몸과 검자루를 별도로 주조하여 조립하는 '조립식' 청동단검이었다. 이에 비해 이웃 고중국과 오르도스·북방식 청동단검은 검 몸과 검자루를 처음부터 함께 붙여 주조하였다. 고조선의 '조립식' 단검은 2부품을 별도로 주조하여 '조립'하는 것이므로 청동기 주조 기술이 상당히 높은 수준에 도달해야 제작할 수 있는 방식이라고 할 수 있다.

셋째, 비파형 청동단검은 검 몸의 한 가운데 '등대'가 검의 거의 끝에서부터 검자루 이음새까지 세로로 곧게 만들어져 있다. 이것은 동검을 견고하게 하면서 '조립'을 정확히 하기 위한 것이다. 이에 비해 고중국과 오르도스·북방식에는 이러한 '등대'가 없다.

고조선의 비파형 청동단검은 이와 같이 이웃 지역의 청동단검과는 뚜렷하게 다른 양식이므로 비파형 청동단검의 분포는 고조선(주로 단군조선)의 강역과 문명권의 범위를 강력히 시사하는 지표유물로 사용할 수 있다.

최근에 그려진 〈그림 5-11〉의 비파형 청동단검의 출토지 분포를 보면, 한반도 전역과 만주 요동·요서 지방과 하북성 지방이 포함되고 있음을 알 수 있다.[34]

---

**34** 金貞培, 〈동북아의 비파형 동검 문화에 대한 종합적 연구〉, 《國史館論叢》 제88호, 2000, 82쪽 참조.

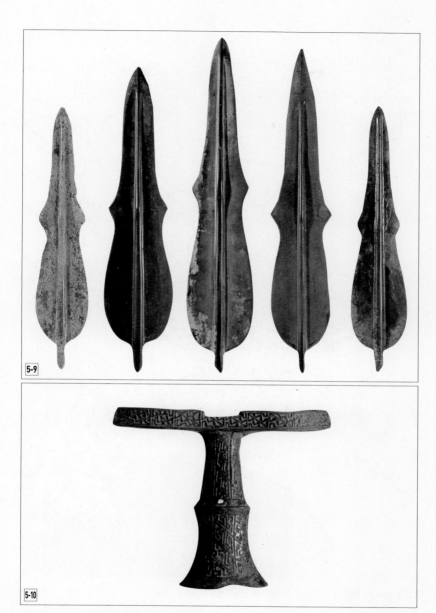

〈그림 5-9〉 고조선 비파형 동검(크기 부동) 〈그림 5-10〉 고조선 비파형 동검의 T 자형 손잡이(이건무 박사)

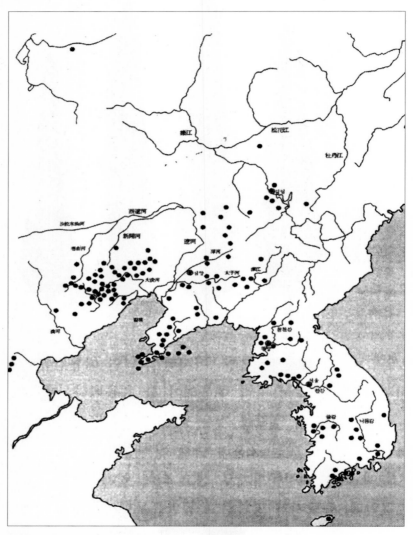

〈그림 5-11〉비파형 청동단검의 출토지 분포(김정배 교수 작성)

고조선의 수도 아사달 지역과 그 제1차 강역에서 동아시아 최초의 청동기시대를 열어 비파형 청동단검과 비파형 청동창끝, 각종 청동 제품 및 금동 제품을 제작하기 시작한 후, 고조선이 BC 20세기경 수도를 요동반도의 개주(蓋州)-해성(海城)-본계(本溪) 부근 험독(險瀆, 왕검성)으로 옮기게 되자, 비파형 청동단검 등도 제2차 수도 지역(요동반도)으로 중심을 옮기어 발전하면서, 한반도와 요동·요서 지방으로 전파 발전하게 되었다.[35]

한반도 지역에서 비파형 동검 문화의 발전은 진국 지역인 남해안까지 미치게 되었다.

북한 지역에서 일제강점기에 발견 수집된 고조선 비파형 청동단검은 다음과 같다.

① 평안남도 지방에서 발견 수집되어 1922년판 《고적조사보고》 제2책에 수록된 비파형 동검[36]

② 평양 부근에서 발견 수집되어 1947년판 《조선고문화종감》 제1권에 수록된 비파형 동검[37]

③ 평안남도 개천(价川)군 중서면 용흥리에서 1939년에 출토된 비파형 동검[38]

이 3개의 비파형 동검은 모두 '아사달' 지역인 대동강 유역에서 제

---

**35** 신용하, 〈고조선 국가의 형성과 고조선 금속문화〉, 《단군학연구》 제21호, 2009 참조.

**36** 《古蹟調査報告》 제2책, 1922; 尹武炳, 《한국청동기문화의 연구》, 예경산업사, 1996, 90쪽 참조.

**37** 梅原末治·藤田亮策, 《朝鮮古文化綜鑑》 제1권; 美德社, 1947, 圖版 35의 167; 윤무병, 앞의 책, 90쪽.

**38** 韓柄三, 〈价川龍興里출토 청동검과 伴出遺物〉, 《고고학》 제1집; 윤무병, 앞의 책.

작된 비파형 동검으로서 특히 주목해야 할 유물이나, 연대측정이나 자세한 자료가 없어서 정확한 것을 밝힐 수 없다.

한편, 남한 지역에서 발굴된 비파형 청동단검의 몇 가지 예를 들면, 다음과 같다.[39]

① 우선 충남 부여군 초촌면 송국리의 석관묘 무덤에서는 비파형 동검 1점(33.4cm), 청동끌 1점(6.2cm), 마제석검 1점(34.1cm), 마제석촉 11점, 관옥(管玉) 17점, 장식옥 2점이 함께 출토되었다(〈그림 5-12〉 참조).[40] 비파형 청동단검의 모양새(디자인)와 부장품이 초기의 비파형 동검임을 알려주는 것이다.

② 전라남도 여천시 적량동 상적 유적의 7호 고인돌의 석실 중앙에서 비파형 동검 1점(길이 33.6cm)이 출토되었다.[41]
고인돌 무덤과 비파형 동검의 모양새가 초기의 것임을 알려주고 있다.

③ 전라남도 여천시 오림동 유적 8호 고인돌에서도 비파형 동검의 동검편 1점(현재 남은 길이 6.7cm)이 석촉 2점과 함께 출토되었다.[42]

④ 전라남도 승주군 송광면 우산리 유적의 8호 고인돌에서 비파

---

**39** 국사편찬위원회, 《한국사》 3(청동기문화와 철기문화), 1997, 57~256쪽 참조.

**40** ① 한국고고학회, 〈부여 송국리출토 일괄유물〉, 《考古學》 3, 1974.
② 姜仁求 외, 《松菊里》, 국립박물관, 1979.
③ 국사편찬위원회, 앞의 책, 1997, 62~64쪽 참조.

**41** 李榮文·鄭基鎭, 《여천 적량 상적 支石墓》, 전남대 박물관·여천시, 1993 ; 국사편찬위원회, 앞의 책, 65~68쪽 참조.

**42** 이영문·정기진, 《여수 오림동 지석묘》, 전남대 박물관·여천시, 1992 ; 국사편찬위원회, 앞의 책, 69쪽 참조.

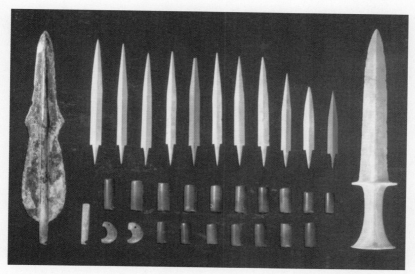

〈그림 5-12〉 부여 송국리 유적의 비파형 동검과 석검 · 관옥 · 곡옥 등 일괄 유물

형 동검 1점(현재 길이 17.8cm)이 장식옥 2점, 소옥 1점과 함께
출토되었다.[43] 비파형 동검의 모양새와 고인돌 무덤 및 공반 유
물이 초기 비파형 동검임을 나타내고 있다.

⑤ 경상북도 김천시 구성면 금릉 송죽리 유적에서 청동기시대에
　속한 유적으로 움집 60여 동, 고인돌 19기 등과 유물로는 고조
　선식 비파형 동검이 민무늬토기와 각종 간토기, 돌도끼, 반달
　돌칼, 숫돌, 가락바퀴, 그물추 등과 함께 출토되었다.[44]

---

**43** 宋正鉉 · 李榮文, 〈牛山里 내우 지석묘〉, 《住岩댐 수몰지역 문화유적 발굴조사 보고서》 II, 전
　　남대 박물관 · 전라남도, 1988; 국사편찬위원회, 《한국사》 3(청동기문화와 철기문화), 1997,
　　71~72쪽 참조.

**44** 조유전, 〈영남 지방의 유적〉; 국사편찬위원회, 앞의 책, 118쪽 참조.

〈표 5-2〉 한반도 출토의 고조선 시기 비파형 동검 사례

| No. | 유적 이름 | 유적 종류 | 출토된 청동 무기류 |
|---|---|---|---|
| 1 | 평안남도 지방 | | 비파형 동검 1 |
| 2 | 평양 부근 | | 비파형 동검 1 |
| 3 | 평양시 형제산 구역 서포동 | | 비파형 동검 1 |
| 4 | 평남 개천군 중서면 용흥리 | 매장지 출토 | 비파형 동검 1 |
| 5 | 평남 개천군 천동 무덤 | | 비파형 동검 1 |
| 6 | 황해도 배천군 대아리 | 석관 무덤 | 비파형 동검 1 |
| 7 | 황해도 신평군 선암리 | 석관 무덤 | 비파형 동검 1 |
| 8 | 황해도 신천 부근 | | 비파형 동검자루 2 |
| 9 | 황해도 연산군 | 니탄층 | 비파형 동검 1 |
| 10 | 경기도 양평군 상자포리 1호 고인돌 무덤 | 고인돌 무덤 | 비파형 동검 1 |
| 11 | 충청남도 부여군 초촌면 송국리 | 석관 무덤 | 비파형 동검 1 |
| 12 | 충청남도 공주군 탄천면 남산리 | | 비파형 동검 1 |
| 13 | 대전시 중구 문화동 유적 | | 비파형 동검 1 |
| 14 | 전라북도 익산군 곰마면 신룡리 룡화산 | | 비파형 동검 1 |
| 15 | 전라북도 무주 | | 비파형 동검 2 |
| 16 | 전라남도 고흥군 운대리 | 고인돌 무덤 | 비파형 동검 1 |
| 17 | 전라남도 여천시 봉계동 월앙 10호 고인돌 무덤 | 고인돌 무덤 떼 | 비파형 동검 1 |
| 18 | 전라남도 보성군 문덕면 덕치리 1호 고인돌 무덤 | 고인돌 무덤 | 비파형 동검 1 |
| 19 | 전라남도 승주군 송광면 우산리 내우 | 고인돌 무덤 떼 | 비파형 동검 2 |
| 20 | 전라남도 여천시 적량동 | 고인돌 무덤 떼 | 비파형 동검 7<br>비파형 청동창끝 1 |
| 21 | 전라남도 고흥군 두원면 운대리 | | 비파형 동검 1 |
| 22 | 전라남도 여천시 평려동 나-2호 고인돌 무덤 | 고인돌 무덤 | 비파형 동검 1 |
| 23 | 전라남도 여수시 오림동 | 고인돌 무덤 떼 | 비파형 동검 3 |
| 24 | 경상북도 청도군 매전면 례전동 | 돌무지 | 비파형 동검 2 |
| 25 | 경상북도 김천시 구성면 금릉 송죽리 | 고인돌 무덤 | 비파형 동검 1 |
| 26 | 경상남도 창원군 진동면 진동리 | 고인돌 무덤 | 비파형 동검 1 |
| 27 | 경상남도 김해군 무계리 | 고인돌 무덤 | 청동 활촉 3 |
| 28 | 강원도 춘천 부근(a) | | 비파형 동검 1 |
| 29 | 강원도 춘천 부근(b) | | 비파형 동검 1 |
| 30 | 강원도 원주시 문막면 궁촌리 | | 비파형 동검 1 |

이 비파형 동검은 공반 유물에서 볼 때 초기 비파형 동검이라고 판단된다.

이러한 남한 지방의 비파형 동검들은 직접의 연대측정이 제시되지 않은 채 보고서가 발표된 경우가 많지만, 모양새나 고인돌 무덤의 공반 유물에서 볼 때 고조선의 초기 청동기시대의 비파형 동검들이라고 볼 수 있다.

한반도에서의 비파형 청동단검의 주요 유적 출토 청동 무기류를 간단히 정리하면 〈표 5-2〉와 같다.[45]

고조선의 초기 비파형 동검은 첫 수도 아사달을 중심으로 한반도 서북 지방에서 기원하여 남쪽으로는 한반도 남해안까지, 북쪽으로는 압록강을 건너 요동 지방으로 퍼져 나가다가, 고조선이 수도를 요동반도 개주(蓋州) 지역으로 천도하자, 제2차 수도인 요동반도의 개주(蓋州) 험독(險瀆, 개주-해성-본계 일대)을 중심으로 요동반도에서 한 단계 더 크게 발전하게 된 것으로 해석된다.

### 3_ 한반도·요동·요서 지역 비파형 동검의 동질성

일부 연구자들 가운데는 한반도에서 출토되는 비파형 동검과 요동 지역의 비파형 동검 및 요서 지역의 비파형 동검이 본질적으로 동일

---

**45** ① 尹武炳, 《한국청동기문화연구》, 예경산업사, 1996.
② 《고고학자료집》 6, 민족문화사, 1995.
③ 《조선기술발전사》 I, 과학·백과사전종합출판사, 1996.
④ 국사편찬위원회, 《한국사》 3(청동기문화와 철기문화), 1997.
⑤ 박진욱·황기덕·강인숙, 《비파형 단검문화에 관한 연구》, 과학·백과사전출판사, 1987.
⑥ 복기대, 《요서 지역 청동기시대 문화연구》, 백산자료원, 2002.
⑦ 오강원, 《비파형 동검문화와 요령 지역의 청동기문화》, 청계, 2006.
⑧ 한국동북아역사재단·중국 내몽고문물고고연구소, 《하가점 상층문화의 청동기》, 2007 참조.

한 것인가에 대한 의문을 제기하는 경우가 있다.

그러나 그 디자인이나 성분은 위의 3지역의 비파형 동검이 근본적으로 동질적이다.

전형적 비파형 동검은 우선 검자루를 나무로 제작했다가 썩어버려서 검 몸과 뿌리만 나오는 전기 비파형 동검과, 검자루를 청동으로 제작하여 조립해서 사용한 중·후기의 비파형 동검으로 크게 분류해 볼 수 있다.

전형적 전기 비파형 동검을 몇 가지 들어보면, ① 한반도의 부여 송국리 출토 비파형 동검[46]과 ② 요동 여대시 강상 무덤 출토 비파형 동검[47]과 ③ 요동 요양현 이도하자 석관 무덤 출토 비파형 동검[48]과 ④ 요서 조양현 십이대영자 석곽묘 출토 비파형 동검[49]과 ⑤ 요서 영성현 남상근 101호 무덤 출토 비파형 동검[50]은 우선 모양새부터 동질적이다(〈그림 5-13〉 참조).

청동제 검자루의 비파형 동검은 요동뿐만 아니라, 요서 지역에서도 널리 발굴된다. 한반도에서는 매우 이른 시기의 비파형 동검의 검 몸은 발굴되지만 그 검자루는 아직 발굴보고가 없다. 한반도에서 먼저 나무 자루의 전기 비파형 동검이 제작되었다가, 천도 후에는 요동·요서에서 청동제 검자루를 가진 중·후기 비파형 동검이 제

---

**46** ① 한국고고학회, 〈부여 송국리 출토 一括遺物〉, 《고고학》 3, 1974.
　　② 姜仁求 외, 《松菊里》 I (국립박물관 고적조사보고 11), 1979.

**47** 《중국 동북 지방 유적발굴보고》, 사회과학원 출판사, 1966.

**48** 《考古》 1981년 2기, 211쪽.

**49** 《考古學報》 1960년 1기 65쪽.

**50** 《考古》 1960년 5기, 7쪽.

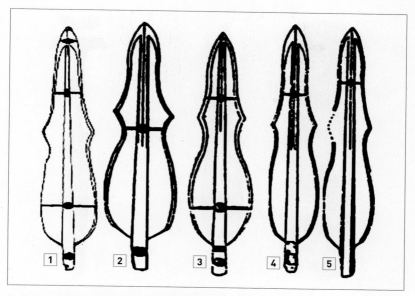

〈그림 5-13〉 한반도·요동·요서 지역의 비파형 동검 비교
**1** 한반도 부여 송국리 석관 무덤 출토　**2** 요동 여대시 강상 무덤 출토　**3** 요동 요양현 이도하자 출토　**4** 요서 조양현 십이대영자 출토　**5** 요서 영성현 남상근 101호 무덤 출토

작되었기 때문이라고 해석된다. 그 대신 한반도에서는 대구 평리동, 경주 입실리와 같이 청동제 검자루가 달린 세형 동검의 발굴보고가 나와 있다. 동내몽고 적봉 지역에서도 청동검자루가 달린 비파형 동검이 출토되었다.[51]

　청동 검자루가 달린 비파형 동검의 경우, 변화의 대추세는 ① 검

**51** ① 박진욱, 〈비파형 단검문화의 발원지와 창조자에 대하여〉, 《비파형 단검문화에 관한 연구》, 과학·백과사전출판사, 1987.
　② 황기덕, 〈요서 지방의 비파형 단검문화와 그 주민〉, 위의 책.
　③ 복기대, 《요서 지역의 청동기시대 문화연구》, 백산자료원, 2002.
　④ 오강원, 《비파형 동검문화와 요령 지역의 청동기문화》, 청계, 2006 참조.

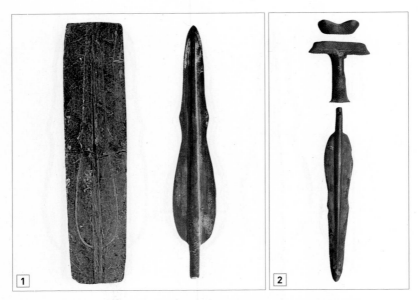

**〈그림 5–14〉 내몽고 자치구 적봉·요서 지역 하가점 상층문화의 비파형 동검과 거푸집**
**1** 청동 검자루가 없이 출토된 하가점 상층문화(적봉)의 출토 비파형 동검과 거푸집 **2** 청동 검자루와 함께 출토된 하가점 상층문화(적봉) 출토의 동검

의 길이가 길어지면서 돌기 부분이 약해지고 ② 검의 폭이 가늘어진다는 사실이다. 이러한 추세는 세형 동검의 출현 시기까지 계속된다고 볼 수 있다.

비파형 청동단검은 한반도와 요동과 요서의 고조선 지역에서 매우 동질적인 것이다. 세밀하게 볼 때 나타나는 약간의 지역적 차이는 세 지역의 크고 본질적인 동질성 안의 작은 지역적 차이일 뿐이다.

일부에서는 요서 지방과 지금의 내몽고 자치구 적봉(赤峰) 지역도 고조선 비파형 청동단검 문화권인지에 대한 의문을 제기하기도 한다. 〈그림 5-14〉에 볼 수 있는 바와 같이 적봉 지역의 비파형 동검도 완전히 고조선식 비파형 동검임을 알 수 있다.

단지 적봉(赤峰) 지역의 뒤의 출토 일괄 유물 가운데는 북방 오르도스식 청동검도 고조선식 비파형 청동단검과 함께 가끔 끼어 나온다. 이곳은 고조선시대 '산융'(원 흉노)족의 본거지였다. 그러므로 전조선(단군조선) 융성기에 고조선의 영역은 서방에서는 내몽고 자치구 적봉 지역까지 미쳤으며, 산융족은 고조선의 최서변 후국족이었음을 시사해주는 것이기도 하다.

즉, 하가점(下家店) 상층문화(上層文化)는 BC 1500년경의 요서 지역 청동기시대 문화인데, 그 발굴 유물 가운데 예컨대 비파형 청동단검은 〈그림 5-14〉의 사진과 같이 한반도 부여 송국리에서 출토된 것과 같은 전형적인 고조선 청동단검이다.

동질적인 비파형 동검의 한반도·만주 요동·요서·동내몽고 적봉 지역의 분포는 융성기의 고조선의 영역을 나타내고 증명해주는 것이라고 볼 수 있다.

### 4_ 비파형 청동창끝

비파형 청동단검과 병행하여 성립 발전하면서 사용된 청동무기로 고조선 문명의 지표유물로 사용할 수 있는 것으로서 '비파형 청동창끝'이 있다.

비파형 청동창끝은 여기에 긴 나무막대를 끼워 긴 창으로써 사용한 것인데, 나무막대는 썩어 없어지고 '청동창끝'[銅矛]만 출토되는 것으로서, 그 디자인이 비파형 청동단검과 동일하게 고대 악기 비파를 닮아서 '비파형' 이름을 사용하는 것이다. 모든 금속문명권에서

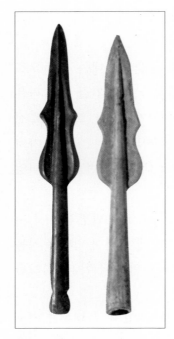

〈그림 5-15〉 고조선식 비파형 청동
창끝(이건무 박사)

청동창끝을 사용했으나 이러한 '비파형 청동창끝'은 고조선 문화에만 있었고, 이웃 고중국 계열에는 없었던, 고조선의 독특한 청동무기이다.

'비파형 청동창끝'의 가장 오래된 유물은, 앞에서 쓴 바와 같이, 평안남도 상원군 용곡 4호 고인돌 무덤에서 BC 26세기의 것으로 측정된 것이다(〈그림 5-16〉의 1 참조). 또한 함경남도 영흥읍에서도 '비파형 청동창끝'의 거푸집이 출토되었다. 이 밖에 함흥 이화동, 경주 구정리, 경주 안계리, 평양 부조예군묘 등에서 '비파형 청동창끝'이 출토되었다.

요동 지역에서는 청원현 이가보 무덤에서 비파형 청동창끝 1개가 나왔다. 길림시 장사산 유적에서는 청동창끝이 2개가 출토되었는데, 그중 하나는 '비파형 청동창끝'이었고, 다른 하나는 '세형 청동창끝'이었다. 또한 영길현 성성초 무덤에서도 '비파형 청동창끝'이 2개 출토되었다. 이 밖에 길림시 교외 장사산 유적에서 부식된 '비파형 청동창끝'이 1개 출토되었다.[52]

이 밖에도 본계시 유가초 대석개묘, 서풍현 성신촌 석관묘, 관전

---

**52** 박진욱, 〈비파형 단검문화의 발원지와 창조자에 대하여〉, 《비파형 단검 문화에 관한 연구》, 34~35쪽 참조.

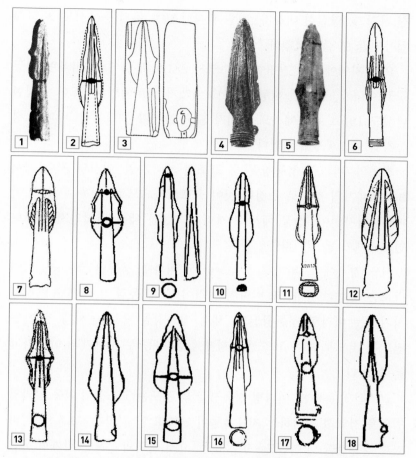

〈그림 5-16〉 내몽고 자치구 적봉·요서 지역 하가점 상층문화의 비파형 동검과 거푸집

**1** 평안남도 상원군 용곡 4호 고인돌 무덤 출토 　　　**2** 함흥 이화동 출토
**3** 함경도 영흥군 영흥읍 출토 　　　**4** 경주 구정리 출토
**5** 경상북도 경주 안계리 출토 　　　**6** 평양 부조예군묘 출토
**7** 요동 본계 유가초 대석개묘 출토 　　　**8** 요동 청원현 이가보 무덤 출토
**9** 요동 길림시 장사산 무덤 출토 　　　**10** 요동 영길현 성성초 무덤 출토
**11** 요동 서풍 성신촌 석관 무덤 출토 　　　**12** 요동 관전 사평가 출토
**13** 요동 영길현 대강자 출토 　　　**14** 요동 길림 후석산 19호 무덤
**15** 요동 길림 장지산 출토 　　　**16** 요서 건평현 포수영자 881호 무덤 출토
**17** 요서 능원현 하탕구 출토 　　　**18** 요서 영성현 남산근 101호 무덤 출토

현 사평가, 영길현 대강자, 길림 후석산 19호 무덤 등에서도 '비파형 청동창끝'이 출토되었다.[53]

요서 지역에서는 건평현 포수영자 881호 무덤에서 '비파형 청동 창끝'이 1개, 능원현 하탕구에서도 1개가 출토되었다. 또한 영성현 남산군 101호 무덤에서도 너비가 넓고 돌기가 무디어진 '비파형 청동창끝'이 1개 출토되었다.[54]

최초의 '비파형 청동창끝'은 고조선 개국지인 '아사달 지역'에서 BC 26세기의 것으로 측정된 것이 출토되었으므로, 청동 무기의 '비파형' 디자인이 '창끝'에서 먼저인지, '단검'에서 먼저인지 앞으로 연구과제가 될 것이다.

어느 경우에나 '비파형 청동창끝'은 비파형 청동단검과 공반되어 나오는 경향이 있다. 또 비파형 동검이 '세형 동검'으로 계승 발전된 시기에는 비파형 청동창끝도 '세형 청동창끝'으로 동시에 계승 발전되는 것으로 보아 고조선의 형제 같은 청동 무기 체계의 하나라고 볼 수 있다.

고조선의 독특한 '비파형 청동창끝'의 분포는 고조선의 활동 영역의 범위를 강력히 시사하는 지표유물이 된다고 할 것이다. 고조선의 '비파형 청동창끝'의 한반도·만주 요동·요서 지역의 분포는 비파형 동검과 함께 고조선의 영역이 한반도·만주 요동·요서에 걸쳐 있었음을 나타내고 증명해주는 것이라고 볼 수 있다.

---

**53** 오강원, 《비파형 동검문화와 요령 지역의 청동기문화》, 청계, 2006, 199쪽 및 531~559쪽 참조.
**54** 복기대, 《요서 지역의 청동기시대 문화연구》, 백산자료원, 2002, 122~123쪽 및 239~243쪽 참조.

## 5_ 부채꼴 청동도끼

고조선의 비파형 동검과 동반하여 나오는 고조선 독특한 청동기로서 각종 '부채꼴' 청동도끼[扇形銅斧]가 있다(〈그림 5-18〉 참조).

청동도끼는 원래 벌목 등 노동도구로 발명되어 사용되다가 때로는 무기로 변형 제작되어 사용되기도 하였다. 고조선의 각 지역에서 제작 사용된 청동도끼는 디자인이 주로 '부채꼴'과 그 변형들이다. 이에 비해 고중국의 전형적 청동도끼는 장방형 '책꼴 청동도끼'[册形銅斧]이다(〈그림 5-17〉 참조). 고조선과 고중국의 청동도끼 모양새는 서로 다른 문화로서 확연히 구분된다.

물론 고조선 지역에서도 '책꼴' 청동도끼가 나오는 경우도 있지만 매우 소수이다. 또한 고중국 지역에서도 각종 '부채꼴' 청동도끼가 나오는 경우가 있지만 매우 소수이며, 동북방의 영향을 받은 것들이다.

고조선 지역에서 발굴된 '부채꼴 청동도끼'를 한반도·요동·요서 지역으로 나누어 일람표를 작성해 보면 〈표 5-3〉과 같다.[55]

부채꼴 청동도끼는 지역적 차이는 있지만 시기적으로는 의주 미송리 출토의 청동도끼와 요동 지역 대련 와룡천 출토의 청동도끼처럼 도끼 윗머리 부분에 무늬 없는 '민무늬 부채꼴' 청동도끼를 제작한 것이 이른 시기의 것이고, 요동 지역 혼강 위사하의 청동도끼나 요서 지역 조양 십이대영자 및 건평 대랍한구 출토의 청동도끼처럼

---

**55** ① 국사편찬위원회, 《한국사》 3(청동기문화와 철기문화), 1997.
　② 이강승, 〈요령 지방의 청동기문화〉, 《한국고고학보》 6, 1979.
　③ 박진욱·황기덕·강인숙, 《비파형 단검 문화에 관한 연구》, 과학·백과사전출판사, 1987.
　④ 복기대, 《요서 지역의 청동기시대 문화연구》, 백산자료원, 2002.
　⑤ 오강원, 《비파형 동검문화와 요령 지역의 청동기문화》, 청계, 2006.
　⑥ 한국동북아역사재단·중국 내몽고문물고고연구소, 《하가점 상층문화의 청동기》, 2007 참조.

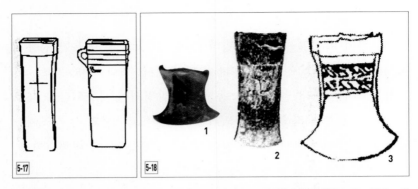

〈그림 5-17〉 고중국식 '책꼴' 청동 도끼 〈그림 5-18〉 고조선식 '부채꼴' 청동도끼 1 한반도 의 주 미송리 출토 2 요동 지역 집안 오도령구문 출토 3 요서 지역 조양 십이대영자 출토

도끼 윗머리 부분에 기하학 무늬를 넣은 것이 뒤이은 시기의 것이라 고 해석된다.

여기서 주목할 것은 '부채꼴 청동도끼'의 출토 지역이 비파형 동 검과 마찬가지로 고조선의 영역을 강력히 시사한다는 점이다. 요서 지방의 조양 십이대영자에 매우 발전된 비파형 동검과 함께 출토된 부채꼴 청동도끼는 요서 대릉하 지역이 고조선의 영역이었음을 강 력히 시사해주는 것이다.

특히 주목할 것은 지금의 중국 내몽고 자치구 적봉을 비롯한 요 서 지역 영성·건평 등의 이른바 '하가점 상층(上層)문화'에서 나오 는 청동도끼들도 각종 '부채꼴' 청동도끼들이라는 점이다.[56] 이 사실 은 하가점 상층문화가 고조선의 서방 영역 문화임을 나타내고 강력 히 시사하는 것이다. 영성(寧城) 소흑석구(小黑石溝)에서 출토된 각

---

56 복기대,《요서 지역의 청동기시대 문화연구》, 백산자료원, 2002, 124쪽 참조.

**〈표 5-3〉** 고조선 시기 부채꼴 청동도끼 등의 발굴 분포(길이·날너비, cm)

| 지역 | 번호 | 유적 | 길이 | 날너비 | 모양새 |
|------|------|------|------|--------|--------|
| 한반도 | 1 | 평북 의주군 미송리 동굴 유적 | 4.5 | 5.0 | 부채꼴 청동도끼 |
| | 2 | 함북 영흥읍 유적(a) | 6.0 | 5.5 | 부채꼴 청동도끼 거푸집 |
| | 3 | 함북 영흥읍 유적(b) | 12.0 | 10.5 | 부채꼴 청동도끼 거푸집 |
| | 4 | 함남 금야군 금야읍 집자리 유적 | . | . | 부채꼴 청동도끼 거푸집 |
| | 5 | 황해도 봉산군 송산리 유적(a) | . | . | 긴네모부채꼴 청동도끼 |
| | 6 | 황해도 봉산군 송산리 유적(b) | . | . | 부채꼴 청동도끼 |
| | 7 | 황해도 신계군 정봉리 석곽 무덤 | . | . | 부채꼴 청동도끼 |
| | 8 | 충남 부여군 구봉리 석곽 무덤(a) | 11.9 | . | 긴네모부채꼴 청동도끼 |
| | 9 | 충남 부여군 구봉리 석곽 무덤(b) | 11.0 | . | 긴네모부채꼴 청동도끼 |
| | 10 | 충남 아산군 남성리 석곽무덤 | 4.3 | . | 부채꼴 청동도끼 |
| | 11 | 전북 전주시 여의동 유적(a) | 5.8 | . | 부채꼴 청동도끼 |
| | 12 | 전북 전주시 여의동 유적(b) | 5.8 | . | 부채꼴 청동도끼 |
| | 13 | 전남 화순군 도곡면 대곡리 | 7.8 | . | 부채꼴 청동도끼 |
| | 14 | 전남 함평군 초포리 적석 석곽 무덤 | 9.7 | . | 부채꼴 청동도끼 |
| | 15 | 전남 영암군 학산면 독천리(a) | 16.7 | . | 긴네모부채꼴 청동도끼 거푸집 |
| | 16 | 전남 영암군 학산면 독천리(b) | 11.6 | . | 부채꼴청동도끼 거푸집 |
| | 17 | 전남 영암군 학산면 독천리(c) | 11.3 | . | 부채꼴청동도끼 거푸집 |
| | 18 | 전남 영암군 학산면 독천리(d) | 14.6 | 7.0 | 부채꼴청동도끼 거푸집 |
| | 19 | 강원도 속초군 조양동 1호 고인돌 | | | 부채꼴 청동도끼 |
| 요동 | 20 | 대련시 와룡천(a) | 3.5 | 3.2 | 부채꼴 청동도끼 |
| | 21 | 대련시 와룡천(b) | . | . | 부채꼴 청동도끼거푸집 |
| | 22 | 대련시 강상 무덤(a) | . | . | 부채꼴 청동도끼거푸집 |
| | 23 | 대련시 강상 무덤(b) | . | . | 부채꼴 청동도끼거푸집 |
| | 24 | 대련시 강상 무덤(c) | . | . | 부채꼴 청동도끼 거푸집 |
| | 25 | 대련시 劉家疃A | 4.5 | . | 부채꼴 청동도끼 |
| | 26 | 대련시 관둔자 | . | . | 부채꼴 청동도끼 |
| | 27 | 대련시 聖周墓 | 4.9 | . | 부채꼴 청동도끼 |

| | 28 | 대련시 윤가촌 하층 2기 | . | . | 부채꼴 청동도끼 |
|---|---|---|---|---|---|
| | 29 | 심양 정가와자 M6512 | 7.2 | 4.2 | 긴네모부채꼴 청동도끼 |
| | 30 | 심양 정가와자 1지점 | 6.5 | 4.7 | 부채꼴 청동도끼 |
| | 31 | 무순 大伙房 | 6.0 | 5.0 | 부채꼴 청동도끼 |
| | 32 | 무순 祝家溝 M1 | 6.2 | . | 부채꼴 청동도끼 |
| | 33 | 요양 이도하자(a) | 7.0 | 4.3 | 부채꼴 청동도끼 |
| | 34 | 요양 이도하자(b) | 8.0 | 6.3 | 부채꼴 청동도끼 |
| | 35 | 요양 이도하자(c) | 6.7 | 6.4 | 부채꼴청동도끼 거푸집 |
| | 36 | 청원현 門臉 | 5.7 | 4.5 | 부채꼴 청동도끼 |
| | 37 | 서풍현 성신촌 | 7.2 | 5.8 | 부채꼴 청동도끼 |
| | 38 | 서풍현 충후둔 | 9.2 | 6.0 | 긴네모부채꼴 청동도끼 |
| | 39 | 서풍현 阜豊屯 | 5.4 | 4.8 | 부채꼴 청동도끼 |
| | 40 | 개원현 尖山子 | 7.0 | 6.0 | 부채꼴 청동도끼 |
| 요 동 | 41 | 보란현 쌍방 | 12.6 | 7.5 | 긴네모부채꼴 청동도끼 |
| | 42 | 보란현 벽류하 M21 | . | . | 부채꼴 청동도끼 |
| | 43 | 장하현 四塊石鎭 | 3.4 | 3.9 | 부채꼴 청동도끼 |
| | 44 | 길림 猴石山 M88(a) | 8.4 | 8.0 | 부채꼴 청동도끼 |
| | 45 | 길림 후석산 M88(b) | . | . | 부채꼴 청동도끼 |
| | 46 | 길림 장사산 | 8.2 | 8.8 | 부채꼴 청동도끼 |
| | 47 | 영길현 猴石山 M19(a) | 7.6 | 6.6 | 부채꼴 청동도끼 |
| | 48 | 영길현 후석산 M19(b) | . | . | 부채꼴 청동도끼 |
| | 49 | 영길현 山頂大棺 | 4.8 | 5.7 | 부채꼴 청동도끼 |
| | 50 | 영길현 東梁崗 | 4.9 | 5.1 | 부채꼴 청동도끼 거푸집 |
| | 51 | 통화현 小道嶺(a)-1 | 5.8 | 6.1 | 부채꼴 청동도끼 거푸집 |
| | 52 | 통화현 소도령(b) | 6.2 | 6.0 | 부채꼴 청동도끼 거푸집 |
| | 53 | 통화현 소도령(c) | 10.9 | 9.5 | 부채꼴 청동도끼 거푸집 |
| | 54 | 통화현 소도령(d) | 8.2 | 8.7 | 부채꼴 청동도끼 거푸집 |
| | 55 | 통화현 소도령(e) | 8.6 | . | 부채꼴 청동도끼 거푸집 |
| | 56 | 집안현 五道嶺溝門(a) | 7.1 | 6.4 | 부채꼴 청동도끼 거푸집 |

| | 번호 | 유적 | | | |
|---|---|---|---|---|---|
| 요동 | 57 | 집안현 오도령구문(b) | 6.0 | 6.0 | 부채꼴 청동도끼 |
| | 58 | 집안현 오도령구문(c) | 6.4 | 5.8 | 부채꼴 청동도끼 |
| | 59 | 집안현 오도령구문(d) | 5.8 | 5.6 | 부채꼴 청동도끼 |
| | 60 | 반석현 小西山 乙 M4 | 6.5 | 5.3 | 부채꼴 청동도끼 |
| | 61 | 동풍 山里七隊 M2 | 5.0 | 4.5 | 부채꼴 청동도끼 |
| | 62 | 동풍 十大望 | 8.4 | . | 부채꼴 청동도끼 |
| | 63 | 혼강 三岔子 | 8.2 | 8.8 | 부채꼴 청동도끼 |
| | 64 | 혼강 葦沙河 | 7.7 | 7.7 | 부채꼴 청동도끼 |
| 요서 및 동내몽고 | 65 | 조양 十二臺營子 M1 | 9.3 | 5.8 | 부채꼴 청동도끼 |
| | 66 | 조양 십이대영자 M2 | 7.7 | 5.2 | 부채꼴 청동도끼 |
| | 67 | 금서 烏金塘(a) | 6.5 | 3.8 | 긴네모 부채꼴청동도끼 |
| | 68 | 금서 오금당(b) | 6.0 | 5.5 | 부채꼴 청동도끼 |
| | 69 | 금서 오금당(c) | 8.5 | 4.5 | 부채꼴 청동도끼 |
| | 70 | 건평 大拉罕溝 M751 | 7.1 | 4.3 | 긴네모 부채꼴 청동도끼 |
| | 71 | 건평 대랍한구 M851 | 4.8 | 4.0 | 부채꼴 청동도끼 |
| | 72 | 건평 炮于營子 M881 | 6.9 | 4.0 | 부채꼴 청동도끼 |
| | 73 | 건평 欒家營子 M901 | 6.1 | 4.1 | 부채꼴 청동도끼 |
| | 74 | 건평 채집 4호 | . | . | 부채꼴 청동도끼 |
| | 75 | 克什克騰旗 용두산 M1 | 4.3 | 3.5 | 부채꼴 청동도끼 |
| | 76 | 극십극등기 용두산 채집 | 4.3 | 3.1 | 부채꼴 청동도끼 |
| | 77 | 寧城 소흑석구 M8501(a) | 7.9 | 4.5 | 긴네모부채꼴 청동도끼 |
| | 78 | 영성 소흑석구 M8501(b) | 12.0 | 5.3 | 긴네모부채꼴 청동도끼 |
| | 79 | 영성 소흑석구 M8501(c) | 7.5 | 5.8 | 걸이날부채꼴 청동도끼 |
| | 80 | 영성 소흑석구 M8501(d) | 18.0 | 5.5 | 옆머리 투겁 청동도끼 |
| | 81 | 영성 소흑석구 출토 | 7.7 | 5.5 | 사다리부채꼴 청동도끼 |
| | 82 | 영성 南山根 M101(a) | 11.6 | 5.5 | 긴네모부채꼴 청동도끼 |
| | 83 | 영성 남산근 M101(b) | 7.3 | 6.3 | 걸이날부채꼴 청동도끼 |
| | 84 | 영성 남산근 M101(c) | 15.5 | 6.6 | 자귀와 부채꼴 도끼 한몸 청동도끼 |
| | 85 | 영성 남산근 M101(d) | 9.2 | 4.8 | 긴네모부채꼴 청동도끼 |

〈그림 5-19〉 요서 영성현 소흑석구 출토 부채꼴 청동도끼(크기 부동)
1 요서 영성현 소흑석구 8501호 무덤 출토
2 요서 영성현 소흑석구 8501호 무덤 출토
3 요서 영성현 소흑석구 출토
4 요서 영성현 소흑석구 8501호 출토

종 '부채꼴 청동도끼'들이 그 실증적 유물들이다(〈그림 5-19〉 참조).

고조선 시기의 출토된 청동기문화 유물들은 위에서 고찰한 '부채꼴 청동도끼'와 함께, 고조선 '비파형 청동단검'에서 확인할 수 있는 바와 같이, 지금의 내몽고 자치구 적봉(赤峰) 지역이 고조선의 서부 지역이었음을 강력히 시사하고 증명해 주는 것이라고 볼 수 있는 것이다.

### 6_ 세형 청동단검

세형 청동단검은 철기시대의 동검이다. 고조선에서 BC 12세기경에 철기시대가 시작되어 철제 무기, 특히 철 장검과 철 단검이 점차 비파형 청동단검을 대체하기 시작하자, 이에 관련하여 비파형 청동단검에도 변화가 일어나서 세형 동검(좁은 놋 단검)이 출현 발전하였다.

한국 고고학계는 세형 동검이 비파형 동검의 계승이라는 견해[57]와, 세형 동검은 비파형 동검과 전혀 다른 내용의 것으로 비파형 동검에서 직결 계승된 것이 아니라는 견해[58]가 나누어져 있음을 읽었다. 그러나 세형 동검이 고조선 동검임은 두 견해가 모두 일치하고 있다. 세형 동검은, 〈그림 5-20〉에서 볼 수 있는 바와 같이, 돌기부(비파형 동검의 특징)와 그 아래 부분의 비파형 곡선 흔적이 현저히 남아있다.[59]

일부 연구자들이 세형 동검을 '한국형 동검'이라고 이름을 붙이고 그 분포 지역을 한반도 또는 청천강 이남만 그리는 것은 사실과 다르다. 이미 중국 고고학자들이 요동 지방에서도 고조선식 세형 동검을 앞에서 지적한 바와 같이 다수 발굴하여 보고하였다.

또한 눈강 하류 지역과 동류 송화강 중상류 지역에서도 중국 고고학자들이 고조선식 세형 동검을 발굴하여 보고하였다.[60] 즉 세형 동검의 분포는 현재까지의 발굴 성과만으로도 북쪽으로는 눈강 하류 지역과 동류 송화강 중상류 지역까지, 동쪽으로는 연해주 남부와 한

---

**57** ① 韓炳三, 〈价川 용흥리 출토 청동검과 반출유물-세형동검의 기원과 관련된 일고찰-〉, 《考古學》 I, 1968.
② 박진욱, 〈비파형 단검문화의 발원지와 창조자에 대하여〉, 《비파형 단검문화에 대한 연구》, 과학·백과사전출판사, 1987.
③ 이영문, 〈한반도 출토 비파형 동검 형식분류 시론〉, 《博物館紀要》 7, 단국대 박물관, 1991.
④ 李淸圭, 〈청동기를 통해 본 고조선〉, 《국사관논총》 42, 국사편찬위원회, 1993.

**58** ① 李鍾宣, 〈세형동검문화의 지역적 특성〉, 《韓國上古史學報》 3, 한국상고사학회, 1990.
② 李健茂, 〈한국식 동검문화의 성격-성립배경에 대하여-〉, 《東아시아의 靑銅器文化》 第3回 文化財研究 國際學術大會論 3集, 문화재연구소, 1994.
③ 趙鎭先, 《細形銅劍文化의 연구》, 학연문화사, 2005.

**59** 이건무, 《청동기문화》, 대원사, 2000, 101쪽 참조. 한국 청동기문화의 사진들이 매우 선명하여, 고조선 청동무기의 사진은 주로 이 책에서 인용하였다.

**60** 박진욱, 〈비파형 단검문화의 지원지와 창조자에 대하여〉, 《비파형 단검문화에 관한 연구》, 과학·백과사전출판사(종합), 79~81쪽 참조.

〈그림 5-20〉 고조선 세형 동검(크기 부동)

반도 동해안까지, 서로는 요동 지역 전부, 남으로는 한반도 전역과 남해안까지 (그리고 일본의 규슈 일부까지) 분포되어 있다.

　이것은 요서 지방을 제외하고는 비파형 동검 분포와 세형 동검 분포가 대체로 정확히 일치하는 것이다. 즉 한반도와 요동·요서 일대 전부에 걸친 고조선의 비파형 동검이 일정한 시기 이후 고조선이 요서 지역을 상실했거나 요서 지역이 철검으로 완전 대체한 이후의 시기에 세형 동검이 비파형 동검을 계승하여 대체하고 발전되었음을

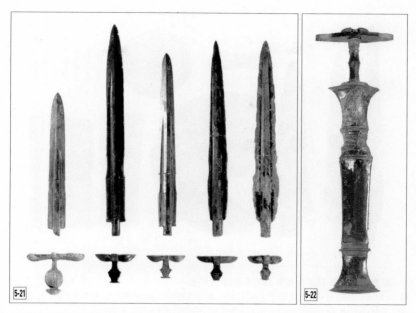

〈**그림 5-21**〉 고조선식 세형 동검의 검 몸과 검자루 끝장식(크기 부동) 〈**그림 5-22**〉 검집에 꽂혀 있는 고조선식 세형 동검

나타내는 것이라고 볼 수 있다.

고조선 세형 동검은 철검의 영향을 받은 듯이 가늘고 날카롭게 변형되어 요동 지역과 한반도 전역에서 크게 발전하였다. 그 대표적 예가 경북 경주시 서면 사라리의 '사라리 유적' 130호 무덤에서 나온 세형 동검과 철검이다.

### 7_ 고조선식 청동꺾창[銅戈:동과]

청동꺾창은 후조선시기에 보편화된 기병용 청동 무기였다. 고조선식 청동꺾창은 한 개의 창날을 긴 자루에 직각으로 비끄러매어 기

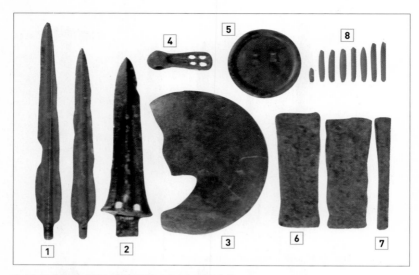

〈그림 5-23〉 부여 합송리 유적 출토 유물(크기 부동)
**1** 고조선식 세형 동검 **2** 고조선식 청동꺾창 **3** 원개형동기 **4** 이형동기 **5** 청동거울 **6** 철제도끼 **7** 철제끌 **8** 유리관옥

병 전투에서 말 위에 있는 적을 걸어채어서 끌어내리거나 찍어 넘어 트리는 무기였다. 고조선의 청동꺾창은 크게 한 가닥인데 고중국식 꺾창은 작게 두 가닥으로 되어 있는 것이 현저히 다르다.

고조선식 청동꺾창은, 부여 합송리에서 출토된 청동꺾창과 같이, 꺾창 몸체의 중앙에 날과 평행하게 굵은 등대가 있고, 그 양쪽에 피홈을 깊게 파놓았다. 꺾창의 몸체 끝에는 긴 나무자루를 직각으로 비끄러맬 수 있게 받침턱과 두 개의 구멍을 뚫어 놓았다. 꺾창의 날은 비파형 동검의 영향을 받은 듯 좀 넓은데, 양날로 한쪽 날은 길고 다른 한쪽 날은 짧아서 한 개 꺾창이 2가닥 칼날 기능을 갖도록 만들었다.

〈그림 5-24〉 고조선의 청동꺾창(크기 부동) (이건무 박사)

고조선식 청동꺾창은 기병이 발전된 고조선에서 매우 효율적 무기로 개발된 기병용임을 알 수 있다.

8_ 고조선의 철제 무기

후조선 중·후기에 철기시대가 시작되자 철제 무기가 제작 사용되었다.

철제 무기 가운데서 가장 중요한 역할을 한 것은 철제 장검(長劍), 쇠뇌[鐵弓], 철도끼[鐵斧] 등이었다.

청동기는 철기에 비해 약하여 단검이 제작 사용되었고, 청동 장검은 무기로서는 부적합하였다. 그러나 철기는 강철로 달구어 장검을 만들어서, 장교들은 철 장검을 사용하게 되었다.

쇠뇌는 강철로 달구어 활을 만들어서, 일시에 여러 개의 화살을 쏘면서 사정거리가 길고 관통력이 강한 사격무기를 개발했는바, 일

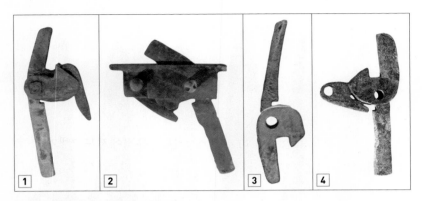

〈그림 5-25〉 고조선의 쇠뇌(크기 부동)
**1** 평양 정백동 206호 무덤 출토 **2** 평양 정백동 37호 무덤 출토 **3** 황해도 은파군 갈현리 하석동 목곽 무덤 출토 **4** 황해도 황주 금석리 목곽 무덤 출토

종의 철제 기계활을 발명해 사용한 것이었다.

고조선의 철제 무기의 발전은 후조선 세형 동검 시기와 병행하였다.

이 책은 전조선(단군조선) 형성기에 집중되어 있기 때문에 철제 무기의 설명은 생략하기로 한다.

9_ 고조선식 갑옷

고조선은 동아시아에서 가장 이른 시기에 뼈갑옷[骨甲]·가죽갑옷[革甲]·청동갑옷[銅甲]·철갑옷[鐵甲]을 생산해 사용한 고대국가였음이 박선희 교수 연구에 의해 밝혀졌다.[61] 아래에서 박 교수의 연구

---

**61** ① 朴仙姬, 〈복식비교를 통한 고조선 영역연구〉, 단군학회 엮음, 《단군과 고조선 연구》, 지식산업사, 2005, 113~126쪽 참조.
　　② _____, 〈고대한국 갑옷의 원류와 동아시아에 미친 영향〉, 임재해 외, 《고대에도 한류가 있었다》, 지식산업사, 2007, 233~296쪽 참조.

결과의 요점을 빌려 들기로 한다.

함경북도 무산 범의 구석 유적 제40호 집자리에서 서기전 2000년기의 뼈갑옷편 2개가 출토되었는데 동물뼈를 얇게 갈아 만든 장방형의 뼈갑편이었다.[62] 이것은 고조선의 뼈갑옷이 장방형의 뼈갑편을 엮어서 제작했음을 알려주었다. 이러한 고조선식 뼈갑편은 중국 요녕성 접경 내몽고 자치구의 하가점 상층문화 유적에서도 2개가 출토되어, 이곳이 고조선식 뼈갑편의 영역임을 확인하였다.

고조선의 가죽갑옷도 뼈갑옷과 마찬가지로 장방형 가죽갑편을 엮어 만들었던 것으로 인지되는데, 중국의 경우 가장 이른 시기의 가죽갑옷인 안양(安陽) 후가장(侯家莊) 서북강(西北岡) 1004호묘 왕실 무덤에서 출토된 가죽갑옷은 고조선식 장방형 가죽편과 고조선식 문양을 넣은 것이어서, 고조선에서 수입했거나 고조선의 영향을 받은 가죽갑옷임을 나타내었다. 조선의 가죽갑편으로 만들어진 가죽갑옷은 고조선이 붕괴된 이후에도 계속 생산되었으며, 고중국이 선호하는 생산품이었다.

복식사 연구의 큰 성과의 하나는 청동단추를 옷에 소수를 달았을 경우에는 장식용이지만, 가죽갑옷에 'ㅗ'형(3~8cm)의 청동단추를 수십·수백 개 달아서 청동갑옷의 기능을 하도록 제작했다는 사실을 실험을 해가며 발견한 사실이다. 고조선의 유적인 누상 1호묘의 청동단추 41점과 정가와자 6512호의 수십 개의 청동단추가 그것이다.

그러므로 고조선의 청동갑옷은 두 형태가 있었다. 하나는 가죽갑옷에 3~8센티미터의 청동 장식단추를 수십·수백 개 붙여 달아서

---

**62** 황기덕, 〈무산 범의 구석 유적 발굴보고〉, 《고고민속논문집》 6, 사회과학원출판사, 1975, 165쪽.

〈그림 5-26〉 함경북도 무산군 범의 구석 유적 출토 뼈갑편(청동기시대) 〈그림 5-27〉 평양 정백
동 1호 무덤 출토 철갑편

위엄을 보임과 동시에 갑옷의 기능을 하도록 고안한 청동갑옷이다.
고조선 유적 가운데 누상묘 출토와 정가와자 6512호묘 출토의 청동
장식단추들이 그러한 예이다. 이러한 고조선의 청동단추는 서기전
25세기부터 나타나기 시작하여 그 후 점차 보편화되었다. 다른 한
형태는 장방형의 작은 청동갑편을 꿰어 연결한 것이었다.[63]

   고조선의 철갑옷은 평양 정백동 1호묘에서 서기전 3세기의 것으
로 추정된 철갑편이 출토되어 그 형태를 알 수 있게 되었다.

---

**63** 박선희, 〈고대갑옷의 원류와 동아시아에 미친 영향〉, 《고대에도 한류가 있었다》, 지식산업사, 2007,
   245~256쪽 참조.

정백동 1호묘의 철갑편은 주로 아래쪽이 둥근 장방형의 것들을 고기비늘같이 연결한 어린갑(魚鱗甲)이었다. 이 유물은 고조선의 서기전 3세기 이전의 유물로서, 고조선은 서기전 12세기 이후 철기시대에 들어서자 철갑옷을 만들어 사용하기 시작했음을 알려주는 것이라고 할 수 있다.

### 10_ 고조선식 청동투구

최근 복식사 연구 성과의 하나는 고조선식 청동투구의 특징이 고중국식 청동투구의 특징과 확연하게 구분된다는 것을 발견한 사실이다.[64]

고중국식 청동투구의 전형적 예를 보면, 중국 안양 후가장 1004호묘에서 출토된 중국식 투구는 범루(范鏤)된 것으로 〈그림 5-28〉과 같이 수면문식과 수비의 모습을 나타내거나 간단히 수면(獸面)만 나타내고, 청동투구의 앞면 이마는 직선의 사각형이며, 투구의 맨 윗부분에는 속이 빈 둥근 동관(銅管)을 세워 영식(纓飾)을 꽂게 하였다. 이에 비하여 고조선에서는 요녕성 소조달맹(昭烏達盟) 영성현(寧盛縣) 남산근(南山根) 10호묘에서 284개 청동 장식단추와 함께 출토된 청동투구에서 보이는 것처럼 가장자리를 둥근 장식단추로 장식하였다. 고조선식 투구의 앞면 이마의 곡선과 투구 꼭지 장식도 중국식 투구와는 현저히 다르다.[65]

무엇보다도 앞이마가 고조선 청동투구는 곡선인데 비해, 고중국

---

**64** 朴仙姬, 《한국고대복식: 그 원형과 정체》, 지식산업사, 2002, 567~570쪽 참조.

**65** 朴仙姬, 〈복식비교를 통한 고조선 영역 연구〉, 단군학회 엮음, 《단군과 고조선 연구》, 지식산업사, 2005, 126~127쪽 참조.

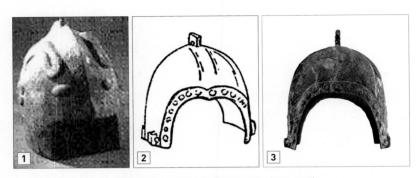

〈그림 5-28〉 고중국식 청동투구와 고조선식 청동투구의 비교(크기 부동)

**1** 고중국식 청동투구(후가장 1004호묘) **2** 고조선 계열 청동투구 **3** 고조선식 청동투구(하가점
상층문화, 남산근 101호묘)

투구는 직선이다. 또한 고조선 청동투구는 투구의 꼭지에 장식을 붙
이는 데 비해, 고중국 투구는 속이 빈 동관(銅管)을 세워 장식물을 꽂
게 하였다.

고조선식 청동투구는 영성현 석불향(石佛鄉) 서삼가촌(西三家村)에
서도 출토되었는데, 앞이마는 역시 둥근 곡선이었다. 투구 꼭지에
말[馬]을 붙인 것이 특징이다(〈그림 5-29〉 참조).[66]

또한 영성현 석자북산취(汐子北山嘴) 7501호 무덤에서도 고조선식
청동투구가 1개 출토되었는데, 이 청동투구는 앞이마는 두 눈썹 사이
부분이 약간 뾰족하게 내려와 있는 곡선형이다. 투구 꼭지에는 앞서
의 남산근 101호 무덤의 투구와 동일하게 네모꼴 꼭지를 붙였다.[67]

이 밖에도 요서 지역 건평(建平) 석립산(石砬山) 제741호 무덤에서

---

**66** 한국동북아역사재단·중국내몽고문물고고연구소 편, 《夏家店上層文化의 靑銅器》, 2007, 198쪽 참조.
**67** 한국동북아역사재단·중국내몽고문물고고연구소 편, 앞의 책, 199쪽 참조.

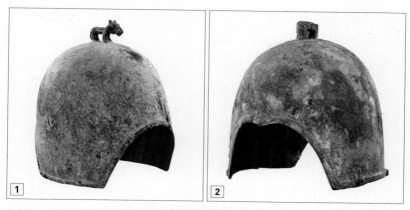

**〈그림 5-29〉 요서 지역의 고조선식 청동투구(크기 부동)**
**1** 요서 영성현 석불향 서삼가촌 출토  **2** 요서 영성현 석자불산취 출토

도 고조선식 투구가 출토되었다.[68]

요서 지역에서 고조선식 청동투구의 발굴은 요서 지역이 전조선 시기 고조선의 영역이었고 고조선문명권의 범위 안에 있었음을 강력히 시사하는 것이라고 볼 수 있다.

### 3) 고조선의 성곽

고조선은 처음 성읍국가(城邑國家)로 출발하였다.[69] 고조선의 첫 수도 '아사달'은 처음부터 주위에 성(城)을 쌓아 외적의 침입을 방비하였다.

대동강 동쪽 유역 강동현(江東縣)의 고읍(古邑)에 남아 있는 옛 성

---

**68** 복기대, 《요서 지역의 청동기시대 문화연구》, 백산자료원, 2002, 123~124쪽 참조.
**69** 李基白, 〈古朝鮮의 國家形成〉, 《한국사시민강좌》 제12집, 1988 참조.

터를 보면, 읍지 기록에는 조선왕조 말기까지 2개의 성곽(城郭)터가 남아 있었다.

그 하나는 현(縣)의 서쪽 20리 지점 고읍방(古邑坊)에 있는 '고성'(古城)인데, 토축(土築)의 성이 둘레 길이 5,759척(尺, 1,727.7m)이 남아 있었다.[70]

다른 하나는 현(縣)의 서쪽 40리 지점에 있는 '고성'(姑城)인데, 조선왕조 말기 성은 이미 허물어지고 유지(遺址)만 남아 있었다.[71]

고려왕조의 거란 침입시기와 몽골 침입시기에 강동현(江東縣)의 성을 수축했다는 기록이 있으므로,[72] 어느 쪽이 고조선시대의 성(城)이고 어느 것이 고려시대 수축한 성인지, 필자는 답사를 하지 못하여 도저히 판별할 수 없다. 또한 고조선 국가형성 초기에 2중의 성곽(城郭)을 만든 것을 뒤에 고려시대에 그중 하나를 수축하여 사용했는지도 알 수 없다.

최근 북한 고고학계가 옛 강동군 향단리 황대마을 앞산에서 강동군 남강(南江)을 배후에 끼어 활용한 고조선 초기의 산성(山城, 황대성)을 발굴하였다.[73]

황대성의 성터는 남강 수면으로부터 약 50미터 높은 산정의 비교적 넓은 부지를 포괄하고 있었는데, 그 동·북·서쪽으로는 남강이 반원형으로 감돌아 흐르고, 남쪽은 높고 험준한 봉우리들로 막혀 있었다. 성벽은 남강 쪽으로 돌출한 산능선과 그 남쪽 평지에 약 300미터

---

**70** 《江東縣邑誌》古跡古邑城條 참조.

**71** 《江東郡邑誌》城郭條 참조.

**72** 《江東縣邑誌》古跡古邑城條 참조.

**73** 리순진, 〈평양 일대에서 새로 발굴된 황대성에 대하여〉, 《조선고고연구》 1995년 1호, 7~12쪽 참조.

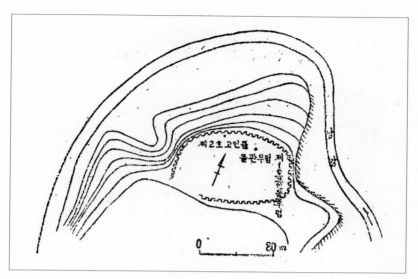

〈그림 5-30〉 황대성의 평면도

길이로 남아 있었는데 성벽의 밑넓이는 약 10미터, 윗넓이는 약 5미
터이고, 현재 남아 있는 높이는 약 1미터였다. 남아 있는 성벽은 남강
에서 가져온 돌과 진흙을 섞어 쌓은 토석혼축성(土石混築城)이었고,
타원형 성이었다.

　황대성의 동남쪽 약 2킬로미터 지점 광탄마을에 대형의 '광탄 고인
돌' 무덤과 고인돌 무덤 떼가 있고, 황대성의 무너진 성벽 위에도 고
인돌 무덤 1개와 돌관 무덤 1개가 있었다. 무너진 성벽 위의 고인돌
무덤은 오덕형 고인돌로서 용곡리 4호 고인돌 무덤(bp 4,539±167년)
과 동일 유형의 동일 시기 것이라고 설명되었다.

　또한 최근(2006~2007년)에 중국 고고학계가 옛 만주 요밍성 부신
(阜新) 삼좌점 평정산(平頂山)에서 산성(山城)을 발굴하였는데, 하가

〈그림 5-31〉 삼좌점 석성과 '치'의 평면도

점 하층문화(BC 24세기~ BC 14세기) 시기의 것으로 석성(石城)이었다.[74] 이것은 고조선시대의 전조선(단군조선) 시기에 해당하는데, 주목할 것은 성의 모양이 타원형이었고, 방비용 치(雉)가 있어서 고조선 산성이었음을 알려주고 있었다.

고조선은 국가형성 시기 처음부터 수도와 부수도 및 큰 읍에는 반드시 성곽(城郭)을 쌓고 상비군을 두어 외적의 침입에 대비했음을 알 수 있다.

고조선의 성곽(城郭)의 특징은 ① 원형(圓形, 타원형 포함)이었고 ② 석

---

**74** ① 遼寧省考古研究所·吉林大學考古學系,〈遼寧阜新平頂山石城址發掘報告〉,《考古》1992년 5기.
　② 고조선학회,《고조선유적 답사자료집》, 2008, 13~14쪽.
　③ 복기대,〈한국사연구에서 고고학응용의 몇 가지 문제에 관하여〉,《고조선연구》 제1호(고조선학회), 지식산업사, 2008 참조.

〈그림 5-32〉 삼좌점 석성의 '치' 동북면 모습 사진

성(石城)의 경우에는 적의 침입을 막아 공격하기에 편리한 치(雉)가 있었다는 점을 잠정적으로 들 수 있다. 이것은 고중국 성곽에서는 보이지 않는 고조선의 성곽의 특징이었음을 주목해 검토할 필요가 있을 것이다.

지금까지의 고찰에서 고조선의 군사제도와 무기·무장과 성곽은 고조선이 고대국가를 수립하여 외부의 침입을 방어하며 발전할 수 있는 충분한 군사제도와 무기와 군사기술과 군사력을 갖추고 있었음을 증명해주는 것이라고 볼 수 있다.

# 제6장

# 고조선의
# 지방통치체제

# 고조선의 지방통치체계의 구성

고조선의 지방통치는 건국 직후부터 ① 직령지와 ② 후국의 2가지 유형이 있었다. 단군이 직접 통치한 지방이 '직령지'이고, 예(濊)의 군장을 통해 간접 통치한 것이 '예 후국(侯國)'이었다고 볼 수 있다.

고조선의 직령지와 후국에 의거한 지방통치체제는 고조선의 영역이 확대됨에 따라 더욱 발전하게 된 것으로 추정된다.

고조선은 한·맥·예의 3부족이 결합하여 동아시아에서는 가장 일찍 고대국가를 건설했기 때문에 고조선 건국 이전부터 동일한 맥족과 예족이 분산 거주하고 있던 요동 지방과 요서 지방, 즉 요하(遼河), 대릉하(大凌河)·난하(灤河) 일대로 전조선은 비교적 급속하게 영역과 세력이 뻗어나가게 되었다. 이것은 3단계를 거친 것으로 이해된다.

제1단계로 고조선은 대동강 유역에서 BC 30세기~BC 24세기경에 강동(江東)의 아사달에 수도를 정하고 건국했을 때에는 북으로는 압록강 이남, 남으로는 예성강·임진강·한강 이북까지의 영토를 가졌던 것으로 추정된다.[1]

그러나 바로 얼마 후에 고조선은 제2단계로 들어가서 서쪽으로는 압록강 건너 지금의 요하 이동의 요동 지방, 북으로는 송화강 중류, 남으로는 남해안까지 후국의 형태로, 동으로는 동해안까지 영유했

---

[1] 신용하, 〈고조선 국가의 형성 – 3부족의 결합에 의한 고조선 개국과 아사달〉, 《사회와 역사》 제 80집, 한국사회사학회, 2008 참조.

던 것으로 고찰된다. 이 지역에서 널리 체계적으로 발견되는 고조선식 고인돌 무덤 및 돌관 무덤과 비파형 청동단검의 체계적 분포가 이를 단적으로 증명해 준다. 이 시기에 고조선은 요동 지역의 개주(蓋州) 지방 험독(險瀆)에 천도했거나 또 하나의 부수도를 설치했던 것으로 보인다.[2]

고조선은 제3단계로 더욱 융성해졌을 때에는 요하를 건너서 요서 지방으로 진출하여 지금의 난하 하류에 고죽국(孤竹國)을 두어 고추가를 파견해서 통치하고 만리장성 너머 일대까지를 영토로 지배했던 것으로 고찰된다. 이 무렵에는 뒤이어 대릉하 중류 유역에 또 하나의 수도 또는 부수도인 '아사달'(朝陽)로 천도하여 이 요서 지방의 후국들을 관장했던 것으로 관찰된다. 이 지역에서 다수 발굴되는 청동기나 비파형 청동단검들이 고인돌 무덤을 동반하지 않고 나오는 것이 그 증거의 하나가 된다.[3]

고조선은 대동강 유역에서 건국하여, 남·북쪽으로만이 아니라, 서북쪽으로는 일찍이 예족과 맥족이 많이 거주하고 있던 요동과 요서 지방으로 서진하는 방향으로 비교적 빠르게 지배 영역과 영토를

---

**2** 《史記》卷55, 朝鮮列傳, "索隱曰 遼東有險瀆縣 朝鮮王舊都" 등 참조.

**3** ① 한창균, 〈고조선의 성립배경과 발전단계시론〉, 《國史館論叢》 제33집, 1992.
　② 윤내현, 《고조선연구》, 일지사, 1994.
　③ 복기대, 〈하가점·하층문화의 기원과 사회성격에 관한 시론〉, 《한국상고사학보》 제19호, 1995.
　④ ____, 〈하가점 상층문화에 관한 시론〉, 《박물관기요》 제14집, 1999.
　⑤ 기수연, 〈중국 문헌에 보이는 東夷와 朝鮮〉, 《단군학연구》 제14호, 2001.
　⑥ 복기대, 《요서 지역의 청동기시대 문화연구》, 백산자료원, 2002 참조.
　⑦ 박선희, 《한국고대복식 ; 그 원형과 정체》, 지식산업사, 2003.
　⑧ 윤내현, 〈고조선의 도읍위치와 그 이동〉, 단군학회 엮음, 《단군과 고조선 연구》, 지식산업사, 2005.
　⑨ 박선희, 〈복식비교를 통한 고조선 영역연구〉, 단군학회 엮음, 위의 책.

확대했다고 볼 수 있다.

고조선 세력과 고조선 문명은 일찍이 서진하다가 난하 유역과 만리장성 너머 지역에서 고중국 하(夏)문명의 세력과 맞닿았다. 이 지역에서 출토되는 고고유물들이 고중국 문명의 유물과 고조선 문명의 유물이 뒤섞이어 나오고 있는 사실이 그 증거의 일단이 된다. 즉 융성기의 고조선과 고중국의 국경은 발해만 북안에서는 난하가 경계선이 되었다고 볼 수 있는 것이다.[4]

필자는 전조선(단군조선)의 이른 시기에 고조선의 영역은 제3단계인 난하 유역까지 도달하고, 발해만 위의 조선현(孤竹國)과 대릉하 유역의 조양(朝陽, 아사달)에 부수도 또는 수도의 천도가 진행되었다고 보고 있다.

전조선(단군조선)의 영역의 확대가 이렇게 급속히 진행된 것은 적어도 몇 가지 요인과 관련된 것으로 해석된다.

첫째, 이 지역이 맥(貊)족의 발생·거주 지역이었고, 이들이 고조선 개국에 왕비족으로 처음부터 결합했으므로 맥족의 고향 지역으로의 발전은 용이하고 우선적이었을 것이라는 점.

둘째, 고조선이 동아시아에서 형성된 최초의 고대국가였기 때문에 요서 지역 등의 각 부족의 통합 또는 연합이 훨씬 용이했었다는 점.

---

4 ① 리지린, 《고조선연구》, 백산자료원, 1963.
　② 윤내현, 《고조선연구》, 일지사, 1994.
　③ ＿＿＿·박선희·하문식, 《고조선의 강역을 밝힌다》, 지식산업사, 2006.
　④ 우실하, 《동북공정 너머 요하문명론》, 소나무, 2007 참조.
　⑤ 임재해 외, 《고대에도 한류가 있었다》, 지식산업사, 2007 참조.

셋째, 고조선의 금속 문명을 비롯한 선진적 문명이 이 지역 부족
　　　들의 문화보다 우위의 문명이었기 때문에 요서 지역 등의
　　　각 부족의 복속이 보다 용이했었다는 점.
넷째, 고조선이 지방통치와 부족연맹의 방법으로 개국 초부터 '후
　　　국'(예컨대 濊족) 제도를 채택한 것이 이 영역의 각 부족들과
　　　의 연맹·통합을 용이하게 한 점.

　전조선(단군조선)의 영역의 확대에 따라 고조선의 지방통치제도에
도 분화 발전이 필요하게 되었을 것이다.
　고조선 가운데 전조선(단군조선)의 지방통치에 대해서 고문헌에는
기록된 것이 없다. 그러므로 발굴된 고고유물·유적과 후대의 기록
들에서 유추하여 알아 볼 수밖에 없다.
　참고될 만한 고문헌 기록들을 몇 가지 들면 다음과 같다.

　　① 지금으로부터 2천 년 전에 단군왕검이 있어 도읍을 아사달(阿斯達)
　　　에 정하고 나라를 개창하여 이름을 조선(朝鮮)이라 하니 고(高, 堯)
　　　와 같은 시기이다.[5]

　　② …… 웅(雄)이 무리 3천을 이끌고 태백산 꼭대기 신단수(神壇樹) 밑
　　　에 내려와 여기를 신시(神市)라 이르니 이가 환웅천왕(桓雄天王)이라
　　　고 하는 분이다. …… (단군이) 평양성(平壤城)에 도읍을 정하고 비로
　　　소 조선(朝鮮)이라 칭하였다. 또 도읍을 백악산(白岳山) 아사달(阿斯
　　　達)로 옮기었는데, 그곳을 또 궁홀산(弓忽山) 또는 금미달(今彌達)이

<hr />

**5** 《三國遺事》卷1, 紀異, 古朝鮮(王儉朝鮮)條, 〈魏書云〉 참조.

라고 한다. …… 단군은 장당경(藏唐京)으로 옮기었다가 후에 아사달에 돌아와 숨어서 산신(山神)이 되었다.[6]

③ 예(濊)·옥저(沃沮)·구려(句麗)는 본래 조선(朝鮮)의 지역이다. …… (예에는) 그 풍속은 대군장(大君長)이 없고, 그들의 관직으로는 후(侯)·읍군(邑君)·삼노(三老)가 있다. …… 그 풍속은 산천(山川)을 중요시하여 산천마다 각 읍락(邑落)의 경계가 있어서 함부로 서로 침범하지 않는다. …… 부락을 함부로 침범하는 사람이 있으면, 벌로 생구(生口)와 소·말을 부과하는데 이를 '책화'(責禍)라고 한다.[7]

④ (濊에는) 대군장(大君長)이 없고 한대(漢代) 이래로 후(侯)·읍군(邑君)·삼노(三老)의 관직이 있어 하호(下戶)를 통치하였다. …… (漢이) 그 뒤 도위(都尉)를 폐지하고 그 거수(渠帥)를 봉하여 후(侯)로 삼았다. …… 그 나라 풍속은 산천(山川)을 중시하여 산천마다 각기 구분이 있어 함부로 들어가지 않는다. …… 부락을 함부로 침범하면 벌로 생구(生口)·소·말을 부과하는데 이를 책화(責禍)라고 한다.[8]

⑤ (夫餘에는) 육축(六畜)의 이름으로 관명(官名)을 지어 마가(馬加)·우가(牛加)·구가(狗加) 등이 있으며, 그 나라의 읍락(邑落)은 모두 제가(諸加)에 소속되었다.[9]

⑥ (부여에서) 제가(諸加)는 별도로 사출도(四出道)를 주관하는데, 큰 곳은 수천 가(家)이며, 작은 곳은 수백 가(家)였다.[10]

---

6 《三國遺事》卷1, 紀異, 古朝鮮(王儉朝鮮)條, 〈古記云〉 참조.

7 《後漢書》卷85, 東夷列傳, 濊條 참조.

8 《三國志》卷30, 魏書, 烏丸鮮卑東夷傳, 濊條 참조.

9 《後漢書》卷85, 東夷列傳, 夫餘條 참조.

10 《三國志》卷30, 魏書, 烏丸鮮卑東夷傳, 夫餘條 참조.

⑦ (東沃沮에는) 호수(戶數)는 5천인데, 대군왕(大君王)은 없으며, 읍락(邑落)에는 각각 대를 잇는 장수(長帥)가 있다. …… (漢 광무제 建武 6년에 변방 郡을 줄이자 이로 해서 都尉를 폐하고) 그 후부터 현에 있던 거수(渠帥)로 모두 현후(縣侯)를 삼으니 불내(不耐)·화려(華麗)·옥저(沃沮) 등의 제현(諸縣)은 전부 후국(侯國)이 되었다. …… 옥저의 여러 읍락(邑落)의 거수(渠帥)들은 스스로를 삼노(三老)라 일컬으니, 그것은 (漢나라의) 현(縣)이었을 때의 제도이다. …… (고)구려는 그중에서 대인(大人)을 다시 두고 사자(使者)로 삼아 함께 통치하게 하였다.[11]

⑧ (東沃沮는) 읍락(邑落)에는 장수(長帥)가 있다. …… 후한(後漢) 광무제(光武帝) 때에 이르러서는 도위(都尉)의 관직을 없앴다. 이후부터는 그 거수(渠帥)를 봉(封)하여 옥저후(沃沮侯)를 삼았다. …… (고)구려는 그중 대인(大人)을 다시 두어 사자(使者)로 삼았다.[12]

⑨ (挹婁에는) 대군장(大君長)은 없고 그 읍락(邑落)마다 각각 대인(大人)이 있다.[13]

⑩ 이로써 만(滿)은 군사의 위세와 재물을 얻게 되어 그 주변의 소읍(小邑)들을 침략하여 항복시키니, 진번(眞番)과 임둔(臨屯)도 모두 와서 부속하여 (그 영역이) 사방 수천 리나 되었다.[14]

⑪ (韓에는) 여러 작은 별읍(別邑)에는 각각 거수(渠帥)가 있으니, 강대한 자를 신지(臣智)라 하고, 그 다음은 검측(儉側), 그 다음은 번지

---

**11** 《三國志》卷30, 魏書, 烏丸鮮卑東夷傳, 東沃沮條 참조.

**12** 《後漢書》卷85, 東夷列傳, 東沃沮條 참조.

**13** 《三國志》卷30, 魏書, 烏丸鮮卑東夷傳, 挹婁條 참조.

**14** 《史記》卷115, 朝鮮列傳 참조.

(樊祗), 그 다음은 살해(殺奚), 그 다음은 읍차(邑借)가 있다.[15]

⑫ (馬韓에는 나라마다) 각각 장수(長帥)가 있어서 세력이 강대한 자는 스스로 신지(臣智)라 하고, 그 다음은 읍차(邑借)라고 하였다. …… 그리고 여러 한국(韓國)의 신지(臣智)에게는 읍군(邑君)의 인완(印綬)을 더해주고, 그 다음 사람에게는 읍장(邑長)의 (벼슬을) 주었다. …… 그 풍속은 기강이 흐려서 국(國)에 비록 주수(主帥)가 있을지라도 읍락(邑落)에 뒤섞여 살기 때문에 제대로 다스리지 못하였다.[16]

⑬ 변진(弁辰)도 12개국(國)으로 되어 있다. 또 여러 작은 별읍(別邑)이 있어서 각각 거수(渠帥)가 있다. (그중에서) 세력이 큰 자는 신지(臣智)라 하고, 그 다음에는 검측(儉側)이 있고, 그 다음에는 번예(樊濊)가 있고, 다음에는 살해(殺奚)가 있고, 다음에는 읍차(邑借)가 있다.[17]

위의 기록은 비록 후대의 것이기는 하나, 고대에는 자연발생적 지방제도에는 지속성이 강했고 (직령지든지 후국이든지 간에) 모두 고조선(단군조선)의 지배 영역에 속했던 지방이므로 그 이전 시대의 지방제도를 추정하는 데 많은 도움을 얻을 수 있다고 본다.

고조선의 지방통치에서 주거집단은 크기와 조직에 따라 읍(邑)과 락(落)으로 대체로 다음과 같이 구성되어 있었다. 이것을 통칭 '읍락'(邑落)이라고 했는데, 다음과 같이 구분될 수 있다.

---

**15** 《後漢書》卷85, 東夷列傳, 韓條 참조.

**16** 《三國志》卷30, 魏書, 烏丸鮮卑東夷傳, 韓條 참조.

**17** 《三國志》卷30, 魏書, 烏丸鮮卑東夷傳, 弁辰條 참조.

① 도읍(都邑)── 아사달. 고조선의 처음 수도. 제왕(帝王) 단군(檀君)
　　　　　　 이 이 수도에서 통치하였다. 고조선은 도읍을 몇 차례
　　　　　　 천도하고, 영역이 확대됨에 따라 부수도를 두었다.

② 국읍(國邑)── 직령지에서는 대읍(大邑)으로서 신지(臣智)가 있
　　　　　　 어 통치하고, 후국에서는 후국의 도읍지로서 그 소
　　　　　　 국(小國)의 후(侯, 小王)가 이곳에서 통치하였다.

③ 소읍(小邑)── 국읍 이외의 별읍(別邑)으로서 중소 규모의 집단거
　　　　　　 주지였다. 소읍의 지위와 세력에 따라 우두머리를 검
　　　　　　 측(儉側, 또는 險側) 그 다음은 번지(樊祗)라고 불렀다.

④ 읍(邑)── 더 작은 읍으로서 우두머리를 살해(殺奚)라고 호칭하였다.

⑤ 촌락(村落, 또는 邑落)── 읍에 행정적으로 부속된 '마을'로서 우두머
　　　　　　 리가 읍차(邑借, 촌장에 해당)로 불린 것으로 해석된다.


국읍(國邑)·소읍(小邑)·읍(邑)·읍락(邑落)의 우두머리를 고조선 말
의 한자소리 표기로 '거수'(渠帥)라고 불렀다. '거수'에 해당하는 다
른 한자뜻 표기로는 '장수'(長帥) '주수'(主帥) '대인'(大人) 등이 나온
다. '거수'는 현대한국어의 '큰' '커다란'과 동일 계통의 고대어로서,
신라왕 호칭의 '거서간'(居西干)과 동일 계통의 고대어이다. '거서한'
은 '대왕'(大王)의 고대어라고 볼 수 있다.

이러한 관점에서 '거수'의 가장 근접한 한자 번역표기는 '대인'(大
人)이며, 한자 혼용표기는 '장수'(長帥)라고 해석된다.

단군조선의 직령지 통치는 정통적 제도가 가장 많이 남아 있었던
부여에서 "그 나라의 읍락(邑落)은 모두 제가(諸加)에 소속되었다"고
한 기록에서 미루어 알 수 있듯이 중앙정부의 '가'(加) 또는 단군이

파견한 '가'(加, ga)에 의해서 통치된 것으로 추정된다.

이 경우에 직령지 지방통치자는 단군의 명을 받들어서 지방을 통치하는 '가한'(ga+han = ghan = khan)이 되는 것이라고 해석된다.

부여에서 가(加)들이 사출도(四出道, 동·서·남·북의 지방)를 주관하는데, 큰 곳은 수천 호, 작은 곳은 수백 호였다고 한 것은 직령지 지배를 가리킨 것이었다. 단군조선의 지방통치 양식도 그를 계승한 부여와 유사했을 것이라고 추정된다.

물론 직령지에서조차도 가(加)들이 하호(下戶)를 직접 전인적으로 지배한 것이라고는 볼 수 없고, 국읍(國邑)·소읍(小邑)·읍(邑)·읍락(邑落)의 각급 '거수'들을 통해서 지배했다고 보아야 할 것이다.

후국의 경우에는 각급 읍(邑)의 거수(渠帥)들을 '후'(侯)로 삼아 상당한 자율적 통치를 인정하면서 간접통치를 시행하였다. 단군조선 건국 초의 예(濊)족 군장을 예후(濊侯)로 삼은 것을 시작으로 해서, 그 후 다른 부족이 항복해 오거나 정복한 경우에 사정에 따라 후국 제도를 통한 간접통치를 실시한 것으로 보인다.

단군조선이 처음부터 후국 제도를 실시한 것은 상대적으로 짧은 기간에 영역을 크게 확대하는 데 중요한 요인으로 작용하였다. 후국의 경우에 통치자와 지배층을 그대로 승인하여 포용했을 뿐 아니라 부족의 명칭도 그대로 존속시킨 것은 단군조선의 포용력과 영역 확대에 더욱 박차를 가하게 했던 것이라고 볼 수 있다.

각급 읍(邑)의 거수(渠帥)들인 신지(臣智)·검측[儉(險)側]·번지(樊祇)·살해(殺奚)·읍차(邑借) 등은 고조선이 내려준 관직 명칭이 아니라 각급 읍(邑)의 당시 공동체 우두머리의 명칭이었다고 해석된다. 이 명칭은 한(韓)과 진(辰)에서 사용한 명칭이었으나, 원래 '한'부족이 고조선의 왕계 배출부족이었고, '신지'(臣智)는 북방부족의 기록에서도 나오는 보편적인 것이었다는 사실에서 보아, 한·진의 지방통치제도는 고조선 영역 거의 전체에서 사용된 것과 유사한 것으로 추정될 수도 있을 것이다.

뒤에 후조선을 멸망시킨 한(漢)이 군현제를 실시하여 국읍에 '도위'(都尉)를 두고 종래의 거수(渠帥)들은 '삼노'(三老)라는 명칭의 대우를 했다가 저항이 심하여, 예에서는 도위(都尉)를 폐지하고 거수(渠帥)를 봉하여 후(侯)를 삼았다거나, 동(東)옥저에서 도위(都尉)의 직을 폐하고 현에 있던 거수(渠帥)를 봉하여 옥저후(沃沮侯)를 삼았다고 한 것은 이를 설명하는 것이다.

또한 옥저의 여러 읍락(邑落)의 '거수'들이 스스로를 삼노(三老)라고 일컬은 것은 한군현(漢郡縣) 때의 제도이고 거수(渠帥)가 본래의 명칭이며, 고구려가 이 '대인'(大人) 제도를 다시 두어 '사자'(使者)라는 고구려 관직을 주었다고 기록한 것은 '거수'를 고구려는 한자로 '대인'(大人)이라고 번역했음을 시사하는 것이라고 볼 수 있다.

그러므로 '거수'(渠帥)는 '대인'(大人) '장수'(長帥, 우두머리)의 뜻을 가진 읍락(邑落)의 장(長, 세습적 또는 비세습적)을 의미한 고조선 용어라고 해석된다. 윤내현 교수는 '후국'(侯國)을 고조선 용어로 '거수국'(渠帥國)이라고 호칭하였다.[18] 필자는 이 견해에 기본적으로 찬성한다. 단지 '거수국'은 후국뿐 아니라 '직령지'에도 붙일 수 있었음을 유의할 필요가 있을 것이다.

필자는 발해만 북쪽 난하 유역에 있던 '고죽국'(孤竹國)은 처음에 후

---

**18** 윤내현, 《고조선연구》, 일지사, 1994, 439~441쪽 참조.

국이 아니라 고조선이 파견한 '고추가'가 통치한 고조선 직령지였고, 그래서 뒤에도 조선현(朝鮮縣, 朝鮮城)의 명칭이 붙어 다녔다고 본다.

여기서 단군조선시대에 고조선은 발해만 북쪽 난하 유역에 직령지를 두었음을 알 수 있다. 또한 대릉하 유역 조양(朝陽)도 '아사달'로서 단군조선이 '직령지'를 두었다고 필자는 생각한다.

전조선(단군조선) 시기 후국보다 직령지에 고조선 중앙정부의 통치력이 강력하게 미쳤음은 더 설명할 필요가 없을 것이다.

또한 후국(侯國)도 간접통치였지만 기본 통치 질서에서는 고조선 제왕의 지배질서 안에 있었음을 유의할 필요가 있을 것이다.

후국들 상호 간과 후국 내 또는 직령지 내 각 지방에는 읍락(邑落)과 함께 산천(山川)을 중심으로 경계(境界) 개념이 정립되어 있었다고 볼 수 있다.

예(濊) 후국에서 "그 나라 풍속은 산천(山川)을 중시하여 산천마다 각기 구분이 있어 함부로 들어가지 않는다. …… 부락을 함부로 침범하면 벌로 생구(生口)·소·말을 부과하는데 이를 책화(責禍)라고 한다"고 한 것은 이 경계(境界) 개념을 나타내는 것이기도 하다. 이러한 일은 고조선 영역 거의 전부에 걸친 것이었다고 볼 수 있을 것이다.

신채호는 '3경5부제'(三京五部制)를 설명하면서, 단군조선은 중앙정부뿐만 아니라 지방제도도 5부(部)로 나누어 통치했다고 설명하였다.

즉 전국을 동·서·남·북·중의 5부로 나누어 중(中)은 단군이 대왕(大王)으로 직접 통치하고, 동·서·남·북은 각각 남(藍)·적(赤)·백(白)·현(玄)의 별칭을 가진 부족이 살아서 단군이 파견하거나 임명한 자가 통치자가 되었다고 하고, 북방에 있는 것이 현제(玄帝)인데 중국 고문헌에서 말한 현이(玄夷)가 바로 고조선의 현족(玄族)이라고 하였다.[19]

또한, 신채호는 고조선이 전국을 3한(3韓, 3朝鮮)으로 나누어 통치하게 되었는데 '신한'(신조선)은 단군대왕(檀君大王)이 직접 통치하는 직령지이고, '말한'(馬韓)과 '불한'(不韓)은 양 부왕(副王)을 두어 통치하는 체제를 만들었다고 하였다. 이것이 신채호의 전3한론(前三韓論)이다. 신채호는 이 3한(3韓, 3朝鮮)의 각각에 3경(京)을 두고, 각각의 '한'에 중·전·후·좌·우의 지방장관을 두었는데, 전국을 동·서·남·북·중의 5부(部)에 나누어 5'가'가 중앙의 5개 국무대신이 되는 동시에 5부를 나누어 통치하는 5개의 지방장관이 되고, 그 가운데 '소가'가 5가의 수위(首位)가 되는 체제를 갖추었다고 설명하였다.[20]

신채호에 의하면 전쟁 시기에는 5부 인민으로써 중·전·후·좌·우의 5군(軍)을 편성하여 '신가'가 중군대원수(中軍大元帥)가 되고, 기타 4'가'가 전후좌우의 4원수(元帥)가 되어 출전한다고 하였다. 신채호는 조선 민족의 윷놀이는 고조선의 이 5가 체제를 민속놀이화한 것으로 해석하였다.

필자는 신채호의 5부 제도 해석에는 찬동하지만, 3경(京) 제도 해석에는 찬동하지 않는다. 필자는 5경(京) 제도였다고 보며, 이에 대해서는 앞에서 쓴 바와 같다.

---

**19** 申采浩, 《朝鮮上古史》, 《改訂版丹齋申采浩全集》 상권, 81쪽 참조.

**20** 申采浩, 앞의 책, 80쪽 참조.

한편 박은식은 고조선(단군조선)의 지방제도로서 직령지는 지자(支子, 큰아들이 아닌 둘째 이하의 아들들)를 봉하여 다스리게 하고 그 밖의 광대한 강역은 소군장(小君長)을 두어 다스리는 후국(侯國) 제도로 통치했는데, 예컨대 예(濊)에 대해서는 여수기(余守己)를 예의 군장으로 삼았다고 하였다.[21]

제2절
## 별읍의 소도와 '소도별읍'

중국의 고문헌에는 고조선의 지방통치제도에 관련이 있을 수 있는 주목할 기록들이 더 있다.

> ① 귀신을 믿기 때문에 국읍(國邑)에 각각 한 사람씩을 세워서 천신(天神)의 제사(祭祀)를 주관하게 하는데 이를 천군(天君)이라 부른다. 또 여러 나라에는 각각 별읍(別邑)이 있으니 그것을 소도(蘇塗)라 한다. (그곳에) 큰 나무를 세우고 방울과 북을 매달아 놓고 귀신을 섬긴다. (다른 지역에서) 그 지역으로 도망 온 사람은 누구든 돌려보내지 아니하므로 도둑질하는 것을 좋게 하였다. 그들이 소도(蘇塗)를 세운 뜻은 부도(浮屠)와 같으나, 행하는 바의 좋고 나쁜 점은 다르다.[22]

21 朴殷植, 《檀祖事攷》 내편, 《白巖朴殷植全集》 제4권, 517쪽 및 583쪽 참조.
22 《三國志》 卷30, 魏書, 東夷傳, 韓條 참조.

② 여러 국읍(國邑)에는 각각 한 사람이 천신(天神)의 제사를 주재하는
데, (그 사람을) 천군(天君)이라 부른다. 또 소도(蘇塗)를 만들어 거기다
가 큰 나무를 세우고서 방울과 북을 매달아 놓고 귀신을 섬긴다.[23]

③ 국읍(國邑)에는 각각 한 사람을 세워 천신(天神)에 대한 제사를 주
재하게 하는데, 그를 천군(天君)이라고 부른다. 또 별읍(別邑)을 설
치하여 그 이름을 소도(蘇塗)라고 하는데, 큰 나무를 세우고 방울과
북을 매단다. 소도의 뜻은 서역(西域)의 부도(浮屠)와 흡사하지만 행
하는 바의 좋고 나쁜 점은 차이가 있다.[24]

이 기록은 고조선의 후국인 진(辰)과 삼한(三韓) 지역에서는 국읍
(國邑)에 각각 천신(天神)에 대해 제사를 주재하는 책임자를 두는데
이를 천군(天君)이라고 불렀다는 것이다.

뿐만 아니라 마한(54개국), 진한(12개국), 변한(12개국)의 각 소국에
는 별읍(別邑)을 두어 '소도'(蘇塗)라고 불렀는데, 그 특징을 들면 큰 나
무를 세우고 방울과 북을 매달아 놓고 천신(天神)을 섬겼으며, 다른 지
역에서 소도라는 별읍(別邑)으로 도망 온 사람은 누구든지 돌려보내지
아니하므로 도둑질하는 것을 좋게 만들었다는 것이다. 중국 고문헌의
편견에 찬 부분을 떼어버리고 보면 고조선의 후국인 진(辰)·한(韓) 지
역에서는 일반 지방통치 지역과는 다른 천신(天神)의 제사를 전담하는
'특별(特別)한 읍(邑)'[別邑]을 설치했었음을 알 수 있다.

소도(蘇塗)는 그 내용을 볼 때 "큰 나무를 세우고"라고 했으니, 후

---

**23** 《後漢書》卷85, 東夷列傳, 韓條 참조.
**24** 《晋書》卷97, 東夷列傳, 馬韓條 참조.

일의 '솟대'의 한자역으로 추정된다.[25] 《삼국지》 등에서 '소도'(蘇塗)를 별읍의 명칭으로 기록한 것은 '솟대(蘇塗)가 있는 별읍(別邑)', 즉 '소도별읍'(蘇塗別邑)의 약칭으로 보아야 할 것이다.

고조선 사람들은 개국시조 단군(檀君, 天王)이 별세하자, 승천(昇天)하여 천신(天神)이 되었다고 생각하고 단군신(檀君神)을 천신(天神)이요 조상신(祖上神)으로 생각하고 숭배했으므로, 이때의 천신(天神)은 '단군신'(檀君神)이었고, 고조선문명권에서 공동으로 숭배한 '단군'(Tangun, Dangun), '단굴'(Tangur, Dangur)이었다고 해석된다. 그들의 종교는 신교(神敎)였다.[26]

고조선 후국 진(辰)·한(韓) 지역 국읍(國邑)에서는 후국 소왕 아래에 천신(天神, 檀君神, Dangun)의 제사를 주재하는 '천군'(天君)이라는 제사장을 두었고, 여러 소국들에는 '솟대를 세운 별읍(別邑)'을 두어 천신(天神, 檀君神)을 제사함과 동시에, 천신(天神)의 가호를 기원하는 의식을 담당케 했음을 알 수 있다.

또 이 '소도별읍'(蘇塗別邑)은 신성시(神聖視)되어 도망자가 이 별읍에 들어가면 다른 소읍(小邑)들에서 추적할 수 없도록 신성성(神聖性)이 존중되었던 것으로 추정된다.[27] 물론 이 경우에도 소왕(小王)이나

---

**25** ① 孫晋泰, 〈蘇塗考〉, 《朝鮮民族文化의 研究》, 을유문화사, 1947, 182~223쪽.
② 金貞培, 〈蘇塗의 정치사적 의미〉, 《歷史學報》 제79집, 1978.
③ 金杜珍, 〈三韓 別邑社會의 蘇塗 신앙〉, 《한국 고대의 국가와 사회》, 1985 참조.

**26** 朴殷植, 《大東古代史論》, 《白巖朴殷植全集》 제4권, 369쪽 및 387쪽; 《韓國痛史》 檀君之神敎, 《白巖朴殷植全集》 제1권, 423쪽 및 1062쪽 참조.

**27** 《三國志》 卷30, 魏書, 東夷傳, 韓條에서 기록한 이 부분은 솟대를 세운 別邑은 동일한 급의 다른 邑 권력이 미치지 못하도록 고대사회에서 자주 보이는 信仰的 神聖性을 존중받았다는 뜻이지 상위의 권력이 도둑이나 도망자를 추적하지 못했을 정도의 것이었다고는 볼 수 없다. 따라서 蘇塗別邑이 도둑질을 조장했다는 류의 기록은 중국인의 추측에 불과하다고 해석된다.

〈그림 6–1〉 1 고조선 시기 진국 지역 농경문 청동기(뒷면)에 새겨진 솟대(蘇塗)와 그 끝의 '새'(대전 괴정동 출토) 2 현대에 복원된 솟대 끝의 '새'(충북 단양)

제후(諸侯)의 권력이 이 '솟대별읍'에 미치지 못했다는 치외법권의 뜻
은 아니고, 그 이하의 소읍(小邑)의 관·민은 도망자가 '솟대별읍'에
들어가는 경우에는 천군(天君)의 허가를 받아야 추적할 수 있을 정도
로 신성성(神聖性)이 존중되었음을 표현한 것이라고 해석된다.

솟대에 매달은 '북'과 '방울'은 부여의 '영고'(迎鼓)에서 볼 수 있는
바와 '북'은 신(神)의 강신(降神)을 기원하여 맞이하는 알림이며, '방
울'은 강신(降神)의 도착을 알리는 소리 도구이므로, '소도별읍'은
지방 '종교 성역'과 연관된 것이었다고 볼 수 있다.

'소도별읍'에서 솟대에 매단 '북'과 '방울' 가운데서, 가죽으로 만
든 '북'은 모두 썩어 없어지고, 각종 '청동방울'들은 청동으로 만들
었기 때문에 지금도 출토되고 있다. 예컨대, 각종 '청동종방울'[銅
鐸], '간두령'(竿頭鈴), '팔주령'(八珠鈴), '쌍두령'(雙頭鈴) 등은 지금
도 출토되고 있으며, 이들은 특정의 '청동거울'과 함께 '소도별읍'에
서 사용되었던 도구들로 생각된다.

솟대 끝에는 나무로 만든 '새'를 부착해 놓는 것이 보통이었다. 이
새는 영매조(靈媒鳥)로서 단군(天神)과 인간(人間) 사이의 뜻을 전달
하는 것으로 생각했기 때문이었다.

이 관습은 삼남(三南) 지역에서는 일제강점기에도 잔영이 남아 있
어서 '마을 천군(天君)'을 '당골'이라고 불렀었는데,[28] 최남선이 여기
서 유추하여 단군(檀君)을 무군(巫君)이라고 해석한 것은 오류였다.
삼남 지역의 '당골'은 진(辰)·한(韓) 지역 '소도별읍'의 '단굴신 제사
자'의 잔영이었을 뿐이라고 해석된다.

---

**28** 崔南善, 〈檀君及其硏究〉, 《別乾坤》 1928년 5월호 참조.

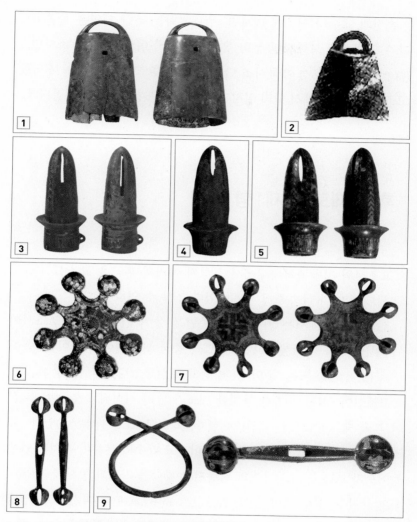

**〈그림 6-2〉 '소도별읍'에서 사용한 청동 방울(크기 부동)**

**1** 청동종방울(동탁): 대전 괴정동 출토    **2** 청동종방울: 경주 죽동리 출토
**3** 간두령: 경주 죽동리 출토    **4** 간두령: 함평 초포리 출토
**5** 간두령: 伝 강원도 출토    **6** 팔주령: 화순 대곡리 출토
**7** 팔주령: 伝 강원도 출토    **8** 쌍두령: 화순 대곡리 출토
**9** 쌍두령: 함평 초포리 출토

손진태 교수의 연구에 의하면, 솟대문화는 북한 지역은 물론이요, 만주 일대에도 보편적인 문화 유형이었다.[29] 이로써 보면 '소도별읍' (蘇塗別邑)은 고조선 개국시조 단군의 별세 후 고조선 국가와 후국들, 고조선문명권 내에서 널리 실시된 제도이며 관행이었다고 추정된다.

제3절
# 후국 제도와 제1형 후국

고조선의 지방통치체제에서 직령지 이외의 후국은 고조선의 영역의 확대에 따라 급속하게 증가되었다고 볼 수 있다.

조선 고문헌에서는 가장 큰 부족만을 들어 전통적으로 고조선이 '구족'(九族)을 지배했다고 표현했고, 중국 고문헌에서는 이를 '동이구족'(東夷九族) 또는 '구이'(九夷)라고 표현하였다.

고조선이 이러한 9족을 통치한 제도가 널리 지적되고 있는 바와 같이 후국 제도(侯國制度, 조선왕조 학자들의 표현으로는 封建制度)였다. 고조선시대에는 통치 영역·영토가 넓어지고 다수의 부족이 통치권 안에 들어오자 역대 단군은 자기의 직령지(直領地)를 가짐과 동시에 가(加)·후(侯)·거수·장수·두만(豆滿, Tuman, Tumen, 萬戶)을 파견 또는 임명하여 간접통치(間接統治)를 하는 후국(侯國) 제도를 발전시켰다.

필자는 후국 제도(侯國制度)를 다시 2개의 유형으로 나눌 필요가 있

---

**29** 孫晋泰, 〈蘇塗考〉, 《朝鮮民族文化의 硏究》, 을유문화사, 1947 참조.

다고 생각한다. 그 하나는 제1유형 후국으로서 전조선(단군조선) 시기에 매우 일찍 후국으로 편입되어 고조선어(古朝鮮語)를 많이 사용하고 중앙정부와의 거리가 상대적으로 가까운 후국이다. 이름만 들어 간단히 설명하면, 맥(貊) · 예(濊) · 부여(夫餘) · 고죽(孤竹) · 청구(靑丘) · 불리지(弗離支) · 옥저(沃沮) · 양맥(良貊) · 구려(句麗) · 비류(沸流) · 구다(句茶) · 행인(荇人) · 개마(蓋馬) · 진반(眞潘) · 임둔(臨屯) · 진(辰) · 숙신(肅愼) · 읍루(挹婁) 등이 이에 해당된다.[30]

### 1) 맥(貊)과 예(濊)

여기서 맥과 예는 고조선 개국 때에 개국에 참가하지 않았다가 개국 후에 후국으로 참가한 잔여의 맥과 예를 가리키는 것이다.

'맥'족은 여군장(부족장)의 지배 아래서 큰 부족이었고, 그 주류는 동남방으로 이동하여 대동강 유역에서 '한'족을 만나자 고조선 건국에 참여하였다. 그러나 일부 '맥'부족의 일부 씨족들은 형성지인 대릉하와 시라무렌 강 유역에도 잔존하였고, 동남방으로의 이동 도중에도 씨족장에 따라 일부 도중 잔류하였다. 그러므로 시라무렌 강 유역으로부터 대동강까지의 이동 경로에는 정착하기에 적합하다고 판단되는 곳곳에 '맥'족이 퍼지게 되었다.

《산해경》에는 "맥(貊)국은 한수(漢水)의 동북쪽에 있고, 땅이 연(燕)나라에 가깝다"[31]고 기록되어 나오는데 여기서 '한수'는 지금의

---

**30** ① 《帝王韻紀》 하권, 〈東國君主開國年代幷序〉.
　　② 리지린, 《고조선 연구》, 백산자료원, 1963.
　　③ 윤내현, 《고조선 연구》, 일지사, 1994 참조.
**31** 《山海經》 卷11, 海内西經, "貊國在漢水東北 地近于燕" 참조.

난하의 한 지류이다.[32] 《시경》 한혁편에서 나온 '한'(韓)의 지배를 받았다는 맥국(貊國)의 '맥'도 이러한 '맥'이다. '맥'족은 요서·요동에 점점이 분산되어 남아 있었는데, 중국 학자들도 진나라 이전의 '맥족'이 이 지역에서 일정한 역사적 활동을 한 중요한 부족임을 논증하였다.[33]

고조선의 영역이 요동을 거쳐 요서 지방으로 확대됨에 따라 그 영역에 포함된 모든 잔존 '맥'족들은 고조선의 후국족으로서 고조선의 지배를 받으면서 그에 복속하였다. '맥'족은 구체적 이름들이 뒤에 나오기 때문에 더 이상의 설명은 생략하기로 한다.

'예'족은 활동 거주범위가 넓었기 때문에 요동반도와 압록강 유역에 거주했던 예족과, 두만강 유역과 함경도·강원도 동해안에 진출해 거주했던 예족(東濊)으로 나누어 고찰하는 것이 적합할 것이다.

《수경주》의 청장수(清漳水) 주에는 "청장수가 흘러가는 고성(故城) 서쪽이 옛 예읍[故濊邑]이고, 지류가 흘러나오는데 예수(濊水)라고 일컫는다"[34]고 하여 '예'족의 일부가 지금의 하북성에도 일부 거주한 흔적을 알려주고 있다.


## 2) 부여(夫餘)

부여(夫餘)는 단군조선 개국 후에 매우 이른 시기에 세운 국가였다. '부여'에는 위치와 건국시기가 크게 다른 2개의 '부여'가 있었다.

---

**32** 《水經注》 卷14, 濡水條 참조.

**33** 林沄, 〈說 '貊'〉, 《林沄學術文集》 2, 北京: 科學出版社, 2008, 239~248쪽 참조.

**34** 《水經注》 卷10, 濁漳水注 참조.

그 하나는 지금의 난하 유역과 요하 이서의 요서 지방에 매우 일찍 고조선 후국으로 설치된 부여이다. 이 '전기 부여'는 중국 고문헌에서는 '부루'(符婁), '불이'(不而), 비여(肥如), 불이(不二), 부역(鳧繹, 중국 발음 '부이'), 부여(扶黎) 등으로 기록되어 나온다.

《일주서》왕회편에 나오는 '부루'(符婁)에 대해 왕념손(王念孫)이 '부루'는 '부여'이며 주(周)의 초에 이미 있었다고 보주를 단 것이 그 예인데, 부여는 그 이전 전조선(단군조선; 중국의 夏·商시기)시대에 고조선 후국으로 이미 실재하였다.

다른 하나의 부여는 요서 지방의 '부여'가 어떠한 사정으로 민족이동을 동북쪽으로 감행하여 북류 송화강 유역의 '예족'의 성인 '예성'으로 이동했다가 후조선 시기에 복속하지 않고 독립한 '후기 부여'(북부여)이다. 이것은 단군조선 형성에 참여했던 맥족 일부가 이전 예족의 발원지인 북류 송화강 일대에 고조선의 후국으로 개창한 것으로, 전조선이 후조선으로 교체되던 시기인 서기전 14세기경에 고조선에서 분립한 고대국가였다.

《후한서》와 《삼국지》는 다음과 같이 부여를 설명하였다.

> 부여는 동이 중에서 가장 평탄하고 넓은 곳으로 토질은 5곡이 자라기에 알맞다. 명마(名馬)와 적옥(赤玉)과 담비·살쾡이가 생산되며, 큰 구슬의 크기는 마치 대추와 같다.
>
> 목책(木柵)을 둥글게 쌓아 성(城)을 만들고, 궁실(宮室)과 창고와 감옥이 있다. 그 나라 사람들은 체격이 크고, 굳세고 용감하며, 근엄·후덕하여 (다른 나라를) 쳐들어 가거나 노략질하지 않는다. 활·화살·칼·창으로 병기를 삼으며, 육축(六畜)의 이름으로 관명(官名)을 지어 마가(馬加)·우가(牛加)·

저가(狗加) 등이 있으며, 그 나라 읍락은 모두 제가(諸加)에 소속되었다.

음식을 먹고 마시는 데는 조두(俎豆)를 사용하며, 회합 때에는 배작(拜爵)·세작(洗爵)의 예(禮)가 있고, 출입 시에는 읍양(揖讓)의 예(禮)가 있다. 납월(臘月, 12월)에 지내는 제천행사에는 연일 크게 모여서 마시고 먹으며 노래하고 춤추는데, 그 이름을 영고(迎鼓)라고 한다. 이때에는 형옥(刑獄)을 중단하고 죄수를 풀어준다. 전쟁을 하게 되면 그때에도 하늘에 제사를 지내고, 소를 잡아서 그 발굽을 가지고 길·흉을 점친다. 밤낮없이 길에 사람이 다니며, 노래하기를 좋아하여 노랫소리가 끊이지 않는다.[35]

그 나라 사람들은 가축을 잘 기르며, 명마(名馬)와 적옥(赤玉), 담비와 유(狖, 가죽) 및 아름다운 구슬이 산출되는데 크기는 대추만 하다. 활·화살·칼·창을 병기로 사용하며, 집집마다 자체적으로 갑옷과 무기를 보유하였다.

그 나라의 노인들은 자기네들이 옛날에 (다른 곳에서) 망명한 사람들이라고 말한다. 성책(城柵)은 모두 둥글게 만들어서 마치 감옥과 같다. 길에 다닐 때는 낮에나 밤에나, 늙은이 젊은이 할 것 없이 모두 노래를 부르기 때문에 하루 종일 노랫소리가 그치지 않는다.

전쟁을 하게 되면 그때도 하늘에 제사를 지내고, 소를 잡아서 그 발굽을 보아 길흉을 점치는데, 발굽이 갈라지면 흉하고 발굽이 붙으면 길하다고 생각한다. 적군(의 침입)이 있으면 제가(諸加)들이 몸소 전투를 하고, 하호(下戶)는 양식을 져다가 음식을 만들어 준다.[36]

---

**35** 《後漢書》卷85, 東夷列傳 第75, 夫餘國條 참조.

**36** 《三國志》卷30, 魏書, 烏丸鮮卑東夷傳 30, 夫餘傳 참조.

위의 기록은 서기전 5세기경의 것이나 그 이전의 관행과 풍속도 설명하고 있는 것으로 볼 수 있다.

박은식은 "단군(檀君) 뒤에 해부루(解扶婁)가 북부여에 나라를 세웠으니 즉 지금의 봉천 개원(開原)현이다. 그 후 나뉘어 동부여와 졸본부여로 갈라졌으며, 북부여는 나라를 누린 것이며 매우 오래되었으니 2,000년에 이른다"[37]고 하였다.

박은식은 북부여족은 곧 부여의 후예인데, 북부여는 다섯 지류로 나누어졌다고 하였다. 즉 한 지류부여로 '부여족'에 전해졌고, 한 지류부여는 '규봉족'(圭封族)과 합해졌으며, 한 지류부여는 '고구려족'에 전해졌으며, 한 지류부여는 '백제족'에 전해졌고, 한 지류부여는 '선비족'(鮮卑族)에 전해졌다.[38] 선비족도 크게 부여족의 한 지류라고 본 것은 박은식 견해의 특징이라 할 수 있다.

### 3)고죽(孤竹)국

고죽(孤竹)은 발해만 연안 난하 중류 유역에 설치된 처음에는 고조선의 직령지로서 대릉하 유역의 조양(朝陽) 지방과 함께 고조선에서 파견된 고추가(古鄒加)의 통치지역이었다가, 후에 중앙정부의 지배력이 약화된 시기에는 후국처럼 되었다고 필자는 보고 있다.

그 증거는 BC 7세기 중엽에 산동반도의 제(齊) 환공(桓公)이 북으로 불리지(弗離支, 令支)·고죽(孤竹)·산융(山戎)을 공격한 일이 있는데, 이때 대항해 싸운 고죽국 장군이 황화(黃花), 고죽국 군주가 답

---

**37** 朴殷植, 《韓國痛史》, 《白巖朴殷植全集》 제1권, 118쪽 및 740쪽 참조.

**38** 朴殷植, 《檀祖事攷》, 《白巖朴殷植全集》 제4권, 548쪽 및 608쪽 참조.

리가(答里呵, 고대발음 다리가)였다.[39]

고죽국 군주 '답리가'의 '답리'는 군주 이름이고 '가'(呵, 加)는 고조선 지방 제후의 관명 호칭으로서, 왕족의 '가'는 고조선·부여·고구려에서 '고추가'로 격상하여 호칭되었었다.[40] 이것은 난하 중류 유역에 있던 고죽국이 고조선 왕족의 '고추가'가 파견되어 통치한 고조선 후국이었고, 고죽국은 '고추가가 통치하는 나라'의 한자번역 소리 표기이며, 고죽국이 고조선 지방 후국이었음을 알려주는 것이라고 본다.[41]

고죽국의 위치에 대해서 《통전》영주(營州)조는 "영주는 지금의 유성현(柳城縣)인데, 은(殷) 때에는 고죽국(孤竹國)의 땅이었다"[42]고 기록했고, 유성현에 대해서는 《신당서》에서 "유성군은 동쪽에 갈석산(碣石山)이 있다"[43]고 하였다. 갈석산은 현재 만리장성이 시작하는 '난하' 하구에 있으므로 고죽국은 난하의 중·하류에 걸친 고조선의 후국이었음을 알 수 있다.

신채호는 '고죽국'의 크기와 상태에 대해 다음과 같이 서술하였다.

---

**39** 黃鳳岐 主編,《朝陽史話》, 遼寧人民出版社, 1986, 18쪽 참조.

**40** 고조선·부여·고구려의 중앙정부 장관(대신) 및 지방 제후의 관명 호칭인 '가'는 중국 고문헌에서 '加''伽''呵''可' 등의 한자로 소리표기되었다. 지방 제후 '가'가 왕자 또는 왕비의 부형에서 임명되었을 경우에는 '고추가'로 호칭하여 '가'보다 격상된 지위를 부여한 것으로 해석된다. 이에 비해 왕 및 지방 소왕을 의미한 '한'은 汗·馯·寒·桓·韓 등으로 한자표기되었다. 고조선 해체 뒤에 지방 소왕들이 독립할 무렵부터 '가'와 '한'이 합쳐져서 '가한'이 되어, 고조선 문명권에 속해 있던 모든 민족들이 '왕''제왕'을 '가한'(gahan, kahan, khan)으로 호칭한 것으로 해석된다.

**41** '고죽'(孤竹)의 고중국 발음(漢·唐)은 'Kotsiu'(고츄)이고, '고추가'(古鄒加)의 '고추'(古鄒)의 고중국어 발음도 'Kotsiu'(고츄)로서 완전히 동일하다.

**42** 《通典》卷178, 營州條 참조.

**43** 《新唐書》卷39, 地理志, 營州·柳城郡條 참조.

연계(燕薊)에 있는 식민한 나라들은 영평부(永平府)로 서울한 '고죽'(孤竹)이 천리지방(千里地方)을 가져 가장 크고, 그 다음에는 순천부(順天府) 부근에 서울한 영지(令支)와 고죽(孤竹)의 동남에 있는 '영지'(令支)요, 이 밖에도 여러 소국들이 있으며, 산서(山西)에는 부여족이 몽고인종과 연합건설한 '적국'(赤國, 赤狄) '백국'(白國, 白狄) 등이 있더라.[44]

고조선의 고죽국은 고조선이 제2차 천도를 할 때까지 대릉하 유역 조양(朝陽)지구도 통치하였다.[45]

### 4) 청구(靑丘)국

대릉하 유역 지금의 조양(朝陽) 지역이 고죽국(孤竹國)의 후왕(가)에 의해 통치받던 시기의 조양지구 고조선 후국의 별명이 '청구'국인 것으로 추정된다.

《사기정의(史記正義)》에는 "복건(服虔)은 말하기를 청구국(靑丘國)은 바다(발해- 인용자) 동쪽으로 3백 리에 있다고 하였다. 곽박(郭璞)은 말하기를 청구(靑丘)는 산(山) 이름이다. 위에 밭이 있고 역시 국(國)이 있다. 구미호(九尾狐)가 난다. 바다(발해) 밖에 있다"[46]고 하였다.

당시 발해로부터 동북쪽으로 3백 리 지점에 있는 것은 대릉하 유역인데, 대청산(大靑山, 靑丘)의 바로 동쪽에 조양(朝陽)이 있고, '조양'(朝陽)의 명칭 자체가 능하(凌河) 서쪽과 대청산(大靑山) 동쪽 사이

---

**44** 申采浩, 《朝鮮上古文化史》, 《改訂版丹齋申采浩全集》 상권, 416~418쪽 참조.

**45** 趙宇·滕學信·閻海淸·郝衛中·營文華編, 《今古朝陽》, 遼寧大學出版社, 1986, 37쪽 참조.

**46** 《史記正義》 卷117, 司馬相如列傳, 〈正義〉 참조.

에 있기 때문에 '조양'(朝陽)의 명칭이 나오게 되었다고 하였다.[47]

《산해경》에는 "청구국(靑邱國)은 조양곡(朝陽谷)의 북쪽에 있다"[48]고 하였다.

고조선이 조양에 한때 천도를 했거나 부수도를 두었기 때문에 중국인들은 조양지구의 고조선을 '청구'(靑丘)국이라고 별명으로 호칭했을 가능성이 높다고 본다.


### 5) 발(發, 밝·박)족

중국 고문헌 《일주서》의 왕회편에 나오는 '발'(發)인에 대해서,[49] 필자는 '발'을 '밝달족' '밝족'의 한자표기로서 '고조선족'을 나타낸 것이며, 나라 이름이 아니고 족(族)의 이름이라고 본다.

따라서 '발'(發)은 나라 이름을 대동함이 없이 사용할 때는 '밝족'(고조선족)임을 나타내고, 《관자》 소광편에 나오는 '발조선'(發朝鮮)처럼 나라 이름을 수반하는 '발조선'은 '밝달조선' '밝조선'(고조선)으로서 '발'과 '조선'을 띄지 않고 읽는 편이 더 뜻에 맞는다고 생각한다.[50]

또한 《사기(史記)》 오제본기에 나오는 '발식신'(發息愼)도[51] '밝달식신'으로서 '고조선'을 가리키는 것이다. 이때의 '발식신'(발직신, 숙신)[52]은 지금의 북경 바로 위에 있던 고조선족을 가리킨 것으로서, '밝달족'

---

**47** 孟昭凱·陳瑞周 主編, 《古今朝陽千題》, 朝陽市文化局, 1993, 3쪽 참조.

**48** 《山海經》卷9, 海外東經, 靑邱國條 참조.

**49** 《逸周書》卷7, 王會篇에서는 成周之會에 모인 北方의 대표로 稷愼·穢人·前兒·良夷·楊州·發人·靑丘 등을 들었다.

**50** 《管子》卷8, 小匡篇 참조.

**51** 《史記》卷1, 五帝本紀 참조.

**52** 《春秋左氏傳》卷17, 昭公 5年條 참조.

의 중국식 별칭이었고, 지금의 연해주 지방의 읍루(挹婁)와는 관계가 없는 것이었다. 부사년도 이때의 '숙신'은 '읍루'의 선조가 아니며 관계는 없는 것이라고 하였다.[53] 즉 고조선 전기에 중국과 밀접하게 교류하면서 나오는 '식신' '직신' '숙신'은 중국들이 '고조선'을 말할 때 사용한 '고조선의 별칭'이었다.

'발'족은 모두 '고조선족'으로서, 그 뒤에 오는 나라 이름의 나라도 고조선족임을 나타낸 것이라고 보아도 틀림이 없을 것이다.

### 6) 불리지(弗離支)·불령지(弗令支)·영지(令支)

불리지(弗離支)는 불령지(弗令支) 또는 영지(令支)라고 불리던 고조선이 파견한 장수의 직령지였다가, 부여가 후국이 된 후 고조선 후국으로서 활동한 매우 용감한 부여 계통 후국이었다고 해석된다.

《일주서》의 왕회편에서는 '불령지'를 '고죽' '불도하' '산융' 등과 함께 들었는데, 공영달의 주에는 "불령지는 모두 동북이(東北夷)이다"[54]라고 하였다.

《관자》 소광편에서도 '영지'를 '고죽'과 '산융'과 나란히 들어서 지금의 북경 영평부 부근의 나라임을 시사하였다.[55]

한편 신채호는 '불령지'의 활동에 대해 다음과 같이 기술하였다.

기원전 5·6세기경에 불리지(弗離支)란 자가 조선(朝鮮)의 병(兵)을 솔

---

**53** 傅斯年,〈夷夏東西說〉참조.

**54** 《逸周書》卷7, 王會篇孔穎達 注疏 참조.

**55** 《管子》卷8, 小匡篇 참조.

(奉)하고 지금의 직예(直隸) · 산서(山西) · 산동(山東) 등 성(省)을 정복하고 대현(代縣) 부근에 1국(國)을 건(建)하여 자기의 명(名)으로 국명(國名)을 삼아 '불리지'(弗離支)라 하니, 《고서(古書)》에 '불령지'(不令支)와 《사기(史記)》의 '리지'(離支)가 다 '불리지국'(弗離支國)을 가리킨 것이며, 불리지(弗離支)가 그 정복하는 지방을 그 성 '불' 곧 '弗'의 음으로 지명을 지었나니, 요서의 '비여'(肥如)나 산동의 '부역'(鳧繹)이나 산서의 '비이'(卑耳, 《管子》에 보임)가 다 '불'의 역(譯)이며, 상고에 요동반도와 산동반도가 다 연륙(聯陸)하고 1개의 대호(大湖)가 있었는데, '발해'(渤海)의 '渤'도 음이 '불'이요 또한 불리지(弗離支)가 준 이름이니, 불리지(弗離支)가 산동(山東)을 정복한 뒤에 조선(朝鮮)의 유(狖) · 초(貂) · 호(狐) · 리(狸) 등 모구(毛裘)와 금계(錦罽) 등 직물을 수출하여 발해를 중심으로 하여 상업이 진흥하였더니라.[56]

신채호는 '불리지'를 산동 · 산서 · 직예성에 걸쳐 있던 상당히 강대했던 고조선 후국으로 본 것이었다.

### 7) 양맥(良貊)

양맥은 전조선 시기에 지금의 요하의 옆 강인 태자하(太子河; 옛 호칭 梁水)를 중심으로 소자하(哨子河) · 아하(雅河) · 망우하(牤牛河) 일대에 거주하며 고조선의 후국을 세워 후국족이 되었던 맥부족의 한 갈래이다. 맥족은 일반적으로 목축과 육로에는 강성했으나 수로(水路)와 바다에는 상대적으로 약했는데, '양맥'은 수로와 항해에도 익숙

**56** 申采浩, 《朝鮮上古史》, 《改訂版丹齋申采浩全集》 상권, 87~88쪽.

하고 강력한 맥족이었다.

《일주서(逸周書)》의 BC 11세기 일을 기록한 왕회(王會)편에 대한 공주(孔晁)의 주에 "양이(良夷)는 낙랑의 이(夷)이다"[57]라고 한 것으로 보아, '양맥'(良貊)이 세운 고조선 후국의 명칭이 '낙랑'(樂浪)이었을 가능성이 높다.[58]

### 8) 구려(句麗)

구려(句麗)는 여기서는 주몽의 고구려 이전에 실재했던 '부여의 별종'[59]으로서 부여에 뒤이어 일어나고 고구려에 선행한 맥족의 고조선 후국이었다.

구려의 정확한 형성 연대는 아직 연구되어 있지 않으나 매우 일찍 부여의 한 지파로서 압록강 중류와 혼강 유역에 거주하고 있다가 주몽이 망명해 들어와서 왕이 된 이후부터 '고구려'라는 국호를 사용한 것으로 해석된다.

### 9) 비류(沸流)

비류는 맥족의 한 지류가 비류수(沸流水) 상류에 세웠던 부여 계열 고조선(전조선과 후조선) 후국이었다. 비류수는 지금 중국 길림성 환인현 일대 혼강(渾江)으로 비정된다.

---

**57** 《逸周書》卷7, 王會篇, 孔晁의 주석 "良夷 樂浪夷也"; 윤내현, 《고조선 연구》, 일지사, 1994, 456쪽 참조.

**58** 漢武帝가 위만조선 해체 후 BC 2세기 말에 설치한 漢四郡 중의 하나인 樂浪郡의 '樂浪'은 良貊의 '樂浪'의 호칭을 빌려왔을 가능성이 높다. 한사군의 모든 명칭이 고조선 후국의 명칭을 빌려온 것이었다.

**59** 《後漢書》卷85, 東夷列傳, 高句麗條 및 句麗條 참조.

위만조선에 복속하지 않고 있다가 BC 1세기경에 주몽에 의해 고구려에 병합되었다.[60]

### 10) 개마(蓋馬)국

맥족의 한 갈래가 지금의 함경도 개마고원 일대에 세운 고조선의 후국족 소국이었다. '개마'소국이 있었기 때문에 '개마'고원의 호칭이 남아 있다고 볼 수 있다. '개마'는 '곰'의 계통어이고 변음으로 추정된다.

'개마국'은 고구려 대무신왕에 의해 AD 26년 고구려에 병합되었다.[61]

### 11) 구다(句茶)국

맥족의 한 갈래가 지금의 압록강 상류 양안에 세웠던 고조선 후국족 소국이었다. 당시의 소국 이름은 '구다라'였는데, '구다'가 무슨 뜻인지는 아직 밝혀져 있지 않다.

개마국이 고구려 대무신왕에게 멸망당했다는 소식을 듣고 구다국왕이 고구려에 항복하여 고구려의 한 군으로 병합되었다.[62]

### 12) 행인(荇人)국

맥족의 한 갈래가 지금의 백두산 동남쪽에 세운 고조선 후국족의 소국이었다.

---

**60** 《三國史記》卷13, 高句麗本紀, 始祖東明聖王條 참조.

**61** 《三國史記》卷14, 高句麗本紀, 大武神王條 참조.

**62** 《三國史記》卷14, 高句麗本紀, 大武神王條 참조.

고구려 건국 직후 주몽에 의해 고구려에 병합되었다.

《삼국사기》에는 "시조 동명성왕이 오이(烏伊)와 부분노(扶芬奴)에게 명하여 태백산 동남방에 있는 행인국(荇人國)을 정벌하게 하고 그 땅을 취하여 도읍(都邑)을 삼았다"[63]고 기록하였다.


### 13) 옥저(沃沮)

옥저(沃沮)는 "대군왕(大君王)은 없으며 읍락(邑落)에는 대대로 각각 장수(長帥)가 있고, 그 언어는 구려(句麗)와 대체로 같지만 때때로 조금 다를 때도 있다"[64]고 하면서 위만조선에도 복속했다고 한 것은 그 이전 단군조선 시기부터 후국이었음을 알려주는 것이다.


### 14) 진반(眞潘)국

예족의 한 갈래가 세운 고조선 소후국이었다.

사마천이 《사기》 조선열전에서 "(위만이) 부근의 소읍 진반·임둔을 침략하여 항복시켰다"[65]고 한 기록을 놓고, 위치 비정이 논란되고 있다.

신채호는 진반을 지금의 요서 지방의 고조선 행정구역으로 비정했으나, 정확한 위치는 현재 밝혀져 있지 않다.

한 무제가 위만조선을 항복시킨 후 한4군을 설치할 때, '진반'군의 명칭을 차용하였다.

---

**63** 《三國史記》卷13, 高句麗本紀, 始祖東明聖王條 참조.

**64** 《三國志》卷30, 魏書, 東夷傳, 東沃沮條 참조.

**65** 《史記》卷55, 朝鮮列傳 참조.

### 15) 임둔(臨屯)국

예족의 한 갈래가 세운 고조선의 소후국이었다.

신채호는 임둔군을 요동 지방에 비정했으나, 현재 정확한 위치는 밝혀져 있지 않다. 강원도의 강릉의 옛 이름이 '임영'(臨營)이었으므로 '임둔'(臨屯)과 연결하여 강원도 동해안 지방으로 비정하는 견해가 있을 수 있지만, 현재 정확한 것은 연구과제이다.

한 무제의 한4군 설치 때에 '임둔군'의 명칭이 차용되었다.

### 16) 진국(辰國·震國)

진국(辰國)은 한강 유역에서 기원한 '한'족이 한반도 중남부 지역에 세운 고대국가였다. 즉 진국은 '한'족의 고대국가였다.

그러나 진(辰)은 다른 부족의 도전과 교류를 받지 않은 한족들로 구성되었고, 고조선처럼 강력한 중앙정부조직을 갖추지 못한 채 약 78여 개에 달하는 한족의 소국(小國)들의 연맹체 상태에 있었다. 즉 진(辰)은 한족의 작은 여러 나라들[衆國]의 연맹체였다고 볼 수 있다. 진왕(辰王)은 연맹체의 군장으로서 여러 소국의 거수(渠帥)들을 지배한 것으로 해석된다. 진국(辰國)의 처음 수도는 월지국(月支國)이었다.[66]

진국은 BC 4세기~BC 3세기에 마한(馬韓)·진한(辰韓)·변한(弁韓)의 3한으로 분화되었다. 마한은 54개 소국, 진한과 변한은 각각 12개 소국들로 구성되어 있었다.[67] 이 가운데 마한왕이 곧 진왕과 같은 것

---

**66** 《三國志》卷30, 魏書, 東夷傳, 韓條 참조.
**67** 《三國志》卷30, 魏書, 東夷傳, 韓條 참조.

이었으며, 진한왕과 변한왕을 임명할 수 있었고, 막강한 권력을 갖고 있었다.

진국(辰國)은 고조선의 후국의 지위에 있었다. 고조선의 선진적 문물과 사람들이 꾸준히 유입되었고, 같은 한족의 일부가 고조선에서 맥족과 함께 제왕으로 되어 있는 막강한 선진국에의 진국의 복속이 자연스럽게 이루어진 것으로 보인다.

일찍이 이종휘가 그의 《수산집(修山集)》에서 진(辰)국이 고조선의 후국임을 강조하여 "이 다섯 종족 중에 한(韓)이 가장 크고 …… 지역이 한강 이남에 있는데 사방 천 리이고, 모두 조선(朝鮮)에 신하로 소속되고, 공부(貢賦)를 내기를 군현처럼 한다"고 썼다고 박은식은 설명하였다.[68]

### 17) 숙신(肅愼)

숙신(肅愼)은 중국 고문헌에 발식신(發息愼), 발직신(發稷愼) 또는 발숙신(發肅愼)으로 나오는 고조선의 별칭이었다. 여기서 발(發)은 앞서 쓴 바와 같이, '밝' '밝달'의 한자표기로서 '발숙신' '발직신' '발식신'은 '밝달숙신'의 표기이며, '발'(發) '밝'은 바로 '고조선족'을 가리킨 것으로 볼 수 있다.

《사기》 오제본기에는 순(舜)임금 때의 일로 "북쪽으로 산융(山戎)과 발식신(發息愼)을 회유(접촉을 의미)했다"[69]고 했는데, 순임금 때에 하(夏)나라와 접촉한 것은 '산융'과 '고조선'이었다. 또한 《춘추좌씨전》

---

68 朴殷植,《檀祖事攷》 내편,《白巖朴殷植全集》 제4권, 510쪽 및 577쪽 참조.
69 《史記》卷1, 五帝本紀,〈北山戎 發息愼〉참조.

소공(昭公) 9년조에는 "숙신(肅愼)·연(燕)·박(亳)은 우리 북쪽 토지이다"[70]라고 기록했는데, 춘추시대 노(魯)나라의 북쪽에 연나라와 함께 (또는 더 가까이) 인접한 나라는 '고조선'의 서변이었다. 당시 고조선의 서변은 지금의 난하에 이르렀다가 그를 넘어 우북평(右北平) 지역까지 와 있었다. 당시 읍루(挹婁)는 지금의 연해주에 있었으므로, 하(夏)·상(商)·주(周)·춘추(春秋)시대의 중국과 밀접하게 교류한 중국 고문헌의 '숙신'은 '읍루'와는 관계가 없고, 이때의 '숙신'은 '발숙신'으로서 '고조선'의 별칭이었고 '만주' 지방의 '지역 별칭'이었다고 볼 수 있다.

《죽서기년》에 '숙신'이 방문하여 '순' 임금에게 활과 화살을 선물했다거나,[71] 주나라 무왕과 성왕을 경축했다는 기사의[72] '숙신'도 '발숙신'으로서 '고조선'을 별칭한 것이었다.

중국 고문헌에서 고조선의 국호 '아사달'(밝달 아사달)을 '조선'(朝鮮)으로 번역해서 처음 기재한 것은 BC 7세기의 일을 적은 《관자(管子)》에서부터이다.

다산 정약용은 "조선(朝鮮)의 칭호가 멀리 단군숙신(檀君肅愼)의 이름으로 주나라 역사 기록에 실려 있다"[73]고 하였다.

신채호는 《만주원류고(滿洲原流考)》에 의거하여 '숙신'은 만주어로 '주신'(珠申)인데 '주신'과 '조선'은 발음이 통하므로 '숙신'은 '조선숙신'을 가리킨 것이라고 설명하였다.[74]

---

**70** 《春秋左氏傳》卷17, 昭公 9年條, 〈肅愼燕亳 吾北地〉 참조.

**71** 《竹書紀年》卷1, 五帝本紀, 帝舜 25年條 참조.

**72** 《竹書紀年》卷4, 周武王15年條 및 周成王 9年條 참조.

**73** 《與猶堂全書》第1集, 卷8, 詩文集, 對策, 地理策, "朝鮮之號 遠自檀君肅愼之名 載在周乘" 참조.

**74** 申采浩, 《朝鮮上古文化史》, 《改訂版丹齊申采浩全集》 상권, 366~369쪽 참조.

부사년은 '숙신'과 '조선'의 관계에 대하여 "'조선'(朝鮮)이라는 말은 육경(六經)에는 보이지 않는다. 사마상여(司馬相如)의 《상림부(上林賦)》에 '제(齊)는 …… 숙신과 사계(斜界)를 이루고 있다'[斜與肅愼爲界]고 했는데, 서한(西漢) 때의 제의 사계는 조선(朝鮮)인즉, 혹은 전국(戰國) 이래의 소위 조선(朝鮮)이 고숙신(古肅愼)이 아니었을까"[75]라고 하여 '고숙신'은 '조선'을 가리키고 '읍루'와는 관계없는 별개의 것이라고 하였다.

리지린은 지리적 고증을 해보면 중국 고문헌의 춘추시대 이전의 '숙신'은 난하 중류의 '고죽국'과 지리적으로 일치하므로, 숙신은 '읍루'와는 관계없고 고조선을 가리킨 것이라고 하였다.[76]

'고숙신'을 '읍루'의 조상으로 연결하여, 숙신→읍루→물길→말갈→여진→금→후금→만주족으로 연결시켜 계보화한 것은 후대에 와서 일부 중국과 청나라 역사가들이 서술한 것이었다.

### 18) 읍루(挹婁)

읍루(挹婁)는 고조선의 후국족이었으며, 뒤에 "부여(夫餘)에 신속(臣屬)"[77]하였다.

《삼국지(三國志)》에 읍루는 "대군장(大君長)은 없고 읍락(邑落)마다 대인(大人)이 있다"[78]고 기록되어 있는데, 왕(王)은 없고 읍락의 대인(大人)이 고조선과 뒤에 부여의 지배를 받은 것으로 해석된다.

---

**75** 傅斯年,〈夷夏東西說〉참조.

**76** 리지린,《고조선연구》, 201~213쪽 참조.

**77** 《三國志》卷30, 魏書, 東夷傳, 挹婁條 참조.

**78** 《三國志》卷30, 魏書, 東夷傳, 挹婁條 참조.

《후한서》에서 "예(濊)와 옥저(沃沮)와 구려(句麗)는 본래 조선(朝鮮)의 땅이었다"[79]고 기록한 것이나, 《제왕운기》가 지금은 일실된 《단군본기(檀君本紀)》라는 옛 책을 인용하면서 "시라(尸羅)·고례(高禮)·남북옥저(南北沃沮)·동북부여(東北夫餘)·예(濊)·맥(貊)이 모두 단군의 후손이다"[80]라고 한 것은 여기서 말한 제1형 후국 계열을 가리킨 것이라고 볼 수 있다.

## 후국 제도와 제2형 후국

한편 제2형 후국(侯國)은 '변방후국'(邊方侯國)이라고도 부를 수 있는 것인데, 후국으로 편입된 시기가 상대적으로 후기이고 중앙정부와의 정치적 거리가 제1형보다 상대적으로 먼 후국들이다. 이름만 들어 간단히 설명하면, 불도하(不屠何)·동호(東胡)·오환[烏桓(丸)]·선비(鮮卑)·해(奚)·오손(烏孫)·유연(柔然)·산융(山戎, 원 흉노)·정령(丁零, 鐵勒, 原突厥)·실위(室韋, 原 몽골) 등이 이에 해당한다.

### 1) 불도하(不屠何)·도하(屠何)

《관자》 소광편에는 환공이 BC 7세기에 고중국계 소국 진(晉)의 구

---

**79** 《後漢書》卷85, 東夷列傳, 濊傳.
**80** 《帝王韻紀》卷下, 〈東國君王開國年代 幷序〉.

원 요청을 받고 고조선계 북방 소국들을 침공한 나라 이름에 북적·호맥과 함께 '도하'(屠何)가 기록되어 있다.[81] 또한《일주서》의 왕회편에서는 이를 '불도하'(不屠何)로 표기했고,[82]《영평부지(永平府志)》에서는 석명(釋名)을 인용하면서 "불령지(不令支)는 영지(令支)이고, '불도휴'(不屠休)는 '도휴'(屠休)인데 모두 동북이(東北夷)이다"라고 기록하였다.[83]

여기서 '불'(不)은 고조선계를 나타낸 것으로서 '발'(發)과 본질적으로는 동일하다. 단지 '불'(不)의 경우에는 '고조선'의 경우와 '부여'(전기 부여)의 경우의 접두어로 사용되었다.

《관자》의 윤지장(尹知章)의 주에는 "도하(屠何)는 동호(東胡)의 선조이다"[84]라고 하였다. '도하'는 지금의 난하 유역부터 요하 이서에 있던 고조선의 후국이었다.


### 2) 동호(東胡, Tunghus)

고조선 시기의 동호는 지금의 난하 유역 동쪽부터 지금의 요하 이서 지방(요서 지방)에 거주하면서 고조선의 서방을 구성했던 맥(貊)족에 대한 중국인들의 총칭이다. 《사기》는 "연(燕)의 북쪽에 동호(東胡)와 산융(山戎)이 있다"[85]고 썼으며, "조양자(趙襄子, 전국시대 晉나라 장

---

**81** 《管子》卷8, 小匡篇 참조.

**82** 《逸周書》卷7, 王會篇 참조.

**83** 《永平府志》제5권 物産條, "釋名云 不令支 令支也 不屠休 屠休也" 참조.

**84** 黎翔鳳 撰, 《管子校注》上卷8, 小匡篇, 中華書局, 2004, 433쪽, "尹桐陽云 屠何東胡之先 漢爲徒河縣 屬遼西郡. 故城在錦縣西北" 참조.

**85** 《史記》卷110, 匈奴列傳 참조.

수)가 대(代)나라(趙나라 속국)를 공격하여 병합하매 호맥(胡貊)에 다다랐다"[86]고 하였다. 《한서》도 '호맥'(胡貊)을 기록하였다.[87] 《동사강목(東史綱目)》 주(注)에서는 "맥(貊)은 호(胡)를 말한 이름이니 동북방에 있다"고 하였다. 《관자》에서는 "환공이 진공(晉公)을 구하면서 적왕(狄王)을 생포하고 호맥(胡貊)을 패퇴시켰으며, 도하(屠何)를 부셔 기마(騎馬) 오랑캐를 복종시켰다"[88]고 기록하였다. 《산해경》도 동호(東胡)의 위치를 지금의 난하 이동으로 기록하였다.[89]

즉 난하 동쪽부터 요하 이서 지방에 거주하던 맥족을 중국인들은 비칭을 넣어 '호맥'(胡貊)이라고 하고, 위치를 넣었을 때는 '동호맥'(東胡貊)인 것을 약하여 '동호'(東胡)라고 호칭한 것을 알 수 있다.

《사기》에는 동호(東胡)가 고조선의 일부였음을 알려주는 것으로 "그 후 연(燕)나라 현장 진개(秦開)가 호(胡)에 인질로 잡혀가 있었는데, 호(胡)는 그를 매우 신임했다. 진개가 연으로 돌아온 다음 동호(東胡)를 습격 격파해서, 동호(東胡)는 1천여 리를 퇴각했다"[90]는 주목할 기록이 있다. 그런데 어환(魚豢)의 《위략》은 동일한 사실에 대해, 연나라가 장군 진개를 보내 조선(朝鮮)의 서방(西方) 2천여 리를 빼앗고 만반한(滿潘汗)으로 경계를 삼았다고 썼다.[91] 즉 두 기록을 합해 보면, 동호(東胡)는 고조선의 서방(西方) 후국임을 알게 되는 것이다.

---

**86** 《史記》卷110, 列傳, 匈奴傳 참조.

**87** 《漢書》卷49, 爰盎鼂錯傳 참조.

**88** 《管子》卷8, 小匡篇 참조.

**89** 《山海經》卷11, 海內西經 참조.

**90** 《史記》卷110, 匈奴列傳 참조.

**91** 《魏略》 "朝鮮侯亦自稱爲王 欲興兵逆擊燕 …… 後子孫稍驕虐 燕乃遣將秦開攻其西方 取地二千餘里 至滿潘汗爲界" 참조.

《진서》에는 동호의 도읍지를 자몽(紫蒙)이라고 하였다.[92] '자몽'은 광녕현(廣寧縣) 창여(昌黎) 부근으로 비정되었다.

신채호는 아예 호맥(胡貊, 東胡)을 단군조선의 삼조선(三朝鮮) 시기에 가장 서방에 있던 '신조선'이라고 하였다.[93]

서양학자들은 동호(東胡)를 중국 발음으로 'Tung·hus'라고 읽고 'Tunghus'라고 표기하여 만주 일대의 고유 부족들이라고 생각하였다. 그러나 이때 'Tunghus'(東胡)는 맥(貊)족을 가리킨 것이었다. '맥'족은 고조선 형성의 3대 부족의 하나였음은 이미 설명한 바와 같다.

동호는 BC 206년 흉노의 공격을 받고 해체되었는데, 그때 부각된 오환[烏桓(丸)]·선비(鮮卑)·해(奚) 부족을 통해서도 동호가 고조선 후국이었음을 확인할 수 있다.

### 3) 오환(烏桓)

고조선 시기의 오환[烏桓(丸)]은 고조선 후국 동호(東胡)를 구성한 맥(貊)족의 하나였다. 《후한서》는 오환의 구심점을 '적산'(赤山)이라고 기록하였다.[94] 적산은 홍산 및 적봉과 같은 것이다. 적산(赤山)·홍산(紅山)·적봉(赤峰)은 모두 '붉달'의 한자표기이며, '붉달'은 '밝달'과 호환되는 같은 것이다. '밝달'은 '백산'(白山)으로 한자표기되었다.

《후한서》에는 "오환 중에서도 상곡(上谷)의 새(塞) 밖의 백산(白

---

**92** 《晋書》卷108, 載記, 慕容廆條 참조.
**93** 申采浩, 《朝鮮上古史》, 《改訂版丹齋申采浩全集》 상권, 97~98쪽 참조.
**94** 《後漢書》卷85, 東夷列傳, 烏丸·鮮卑列傳 참조.

山)에 있던 것이 가장 부강하였다"[95]고 기록되어 있다.

흉노가 동호를 공격해 멸망시킨 BC 206년 무렵에 끝까지 항복하지 않고 오환산[烏桓(丸)山]을 지킨 동호의 부족을 '오환'(烏桓)이라 호칭하게 되었다고 《후한서》는 기록하였다.

오환(烏桓)의 명칭도 고조선과 직결되어 있다. 오(烏)는 단군조선의 지방장관·대신급 호칭에 주로 사용되었으며, 환(桓, 丸)은 단군조선 제왕족의 호칭이었다. 부족명칭도 오환족이 고조선의 후국족이었음을 알려주고 있다.

오환족은 4부(部)로 구성되어 있었는데, 그들의 근거지 중심에 있는 산에 '백산'(白山)의 명칭을 붙이고, '해'(태양)를 숭배하였다. 오환족은 당(唐)시대에는 '해'(奚) 또는 '고마해'(庫莫奚: 곰+해)라고 호칭되었다.[96]


### 4) 선비(鮮卑)

고조선 시기에 선비(鮮卑)는 오환과 마찬가지로 고조선 후국 동호를 구성했던 맥족의 일파였다. 박은식은 '선비족'을 북부여의 한 지류라고 보았다.[97] 흉노가 BC 206년 동호를 공격하여 해체시켰을 때 항복하지 않고 선비산(鮮卑山)을 지키다가 동쪽으로 이동했기 때문에 선비족의 명칭을 얻은 것이라고 하였다.[98] 선비산(鮮卑山)은 영주

---

**95** 《後漢書》 卷85, 東夷列傳, 烏丸·鮮卑列傳 참조.

**96** 《新唐書》 卷219, 列傳 北狄, 奚傳 참조.

**97** 朴殷植, 《檀祖事攷》, 《白巖朴殷植全集》 제4권, 백암박은식선생전집편찬위원회, 2002, 493쪽의 〈倍達族源流〉 그림 참조.

**98** 《後漢書》 卷85, 東夷列傳, 烏丸·鮮卑列傳, 鮮卑條 참조.

(營州) 동남방에 있는 도하(徒河)현 청산(靑山)이라는 기록이 있다.[99] 또한 《통전》에는 "선비산이 현의 동남 2백 리 극성(棘城)의 동쪽에 있다"[100]고 하였다.

선비족의 언어와 습속은 오환족과 동일하였다.[101] 매년 5월에 대회(大會)를 여는 것도 예·맥족과 동일하였다.

선비족의 세습 군장의 성은 '단'(檀) 씨였다. 이것은 단군조선 제왕족의 성씨로서, 선비족이 단군조선의 후국족임을 나타내는 증거의 하나라고 볼 수 있다.

선비족은 그 후 AD 2세기 무렵에 단석괴(檀石槐)라는 대왕이 나타나서 모든 선비족들을 통일하여 대제국으로서 선비국(鮮卑國)을 세웠다.

《후한서》는 단석괴의 선비국의 강성함을 다음과 같이 기록하였다.

> 후한(後漢)의 조정에서는 오랫동안 선비(鮮卑)에게 괴롭힘을 당하면서도 아직 이것을 제압하지 못했기 때문에, 마침내 사신(使臣)을 파견하여 인수(印綬)를 갖고 단석괴(檀石槐)를 왕(王)에 봉해서 동시에 화친을 맺고자 하였다.
>
> 단석괴는 인수(印綬)를 받는 것을 승낙하지 않고 더욱 더 격렬하게 침략을 실행하였다. 그리하여 스스로 영지(領地)를 3부로 나누어서, 우북평(右北平)으로부터 동쪽으로 요동(遼東)에 이르러 부여(夫餘)·예맥(濊貊)에

---

**99** 《讀史方輿紀要》卷18, 直隷 9, 靑山條 참조.

**100** 《通典》卷178, 州郡 8, 柳城條 참조.

**101** 《三國志》卷30, 魏書, 烏丸·鮮卑·東夷傳, 鮮卑條 참조.

접하는 20여 읍(邑)을 동부(東部)로 하고, 우북평으로부터 서쪽으로 상곡
(上谷)에 이르는 10여 읍(邑)을 중부(中部)로 하며, 상곡으로부터 서쪽으로
돈황(敦煌)·오손(烏孫)에 이르는 20여 읍(邑)을 서부(西部)로 해서, 각각에
대인(大人)을 두고 이를 지배하였다. 이들은 모두 단석괴(檀石槐)에 속하
였다.[102]

선비국은 이와 같이 강성했기 때문에 북방에서 중국을 압박하여
중국 역사에서 오호십육국(五胡十六國) 시대를 여는 주역이 되었다.

### 5) 해(奚)·고마해(庫莫奚)

고조선 시기의 해(奚)는 원래 고조선 후국 동호를 구성했던 맥족의
하나로서, 처음에는 '고마해'(庫莫奚)라고 하였다.[103] 여기서 고막(庫
莫)은 '고마' '곰'의 한자소리 표기이고, '해'(奚)는 '해'(태양)의 한자
소리 표기라고 필자는 생각한다. 맥족의 토템이 원래 '곰'이었으므
로 '庫莫'이 '고마'(곰)임을 알 수 있고, '고마해'가 오환족과 함께 오
환산을 지키면서 '해'(태양)를 숭배했으므로, '奚'가 '해'의 한자소리
표기임을 알 수 있다.

해족은 5부(部) 제도의 군사조직을 만들고, 각 부에는 '일근'(俟斤)
이라는 지휘관을 두었으며, 군사의 단위는 500명의 무장병으로 한
진(陣)을 만들었다.

중국 수(隋)나라 때 '고마'(庫莫)를 떼어버리고 스스로 '해'(奚)족이

---

**102** 《後漢書》卷85, 東夷列傳, 烏丸·鮮卑傳, 鮮卑條 참조.

**103** 《隋書》卷84, 列傳 北狄, 奚傳 참조.

라 불렀다.[104]

### 6) 유연(柔然, Avar)

고조선 시기의 유연(柔然)은 원래 고조선 후국 동호(東胡)에 속한 고조선 후국 부족이었다가, 흉노의 BC 206년경 공격으로 동호가 해체되자, 잔존세력이 힘을 길러 부흥한 고조선 후예족이었다.

중국인들은 '유유'(蠕蠕) '예예'(芮芮) 등의 비칭 한자를 붙여 불렀지만, 유연족 자신은 '대단'(大檀) '단단'(檀檀)이라고 불렀다. 고조선어로 '아발'(아=大, 발=밝=檀)을 한자로 '대단'(大檀)이라고 번역한 것이라고 필자는 생각한다.

《송서》는 그 후 강성한 유연족을 묘사해 "예예(芮芮)는 또한 대단(大檀) 또는 단단(檀檀)이라고도 칭하였다. 아마 흉노의 별종일 것이다. 서방의 통로를 이용하여 경도(京都)와 교통했으며, 그 사이는 3만여 리가 된다. 당당히 황제(大號, 可汗)를 칭했으며, 부민(部民)은 수가 많고 강력하였다"[105]고 기록하였다.

유연의 '대단'(大檀)이라는 왕족은 홀승개 가한(紇升蓋可汗)이라는 칭호로 제위에 오르고 유연제국을 크게 확대하였다.

유연이 북방의 강대한 제국이 되자 유연에서 아나양(阿那瓌)이 칙련두구두벌 가한(勅連豆丘豆伐可汗, Tengridu Küteleburi Khahan)의 칭호로 제위에 올랐을 때 중국의 동위(東魏)와 서위(西魏)는 통혼 정책으로 친선을 추구하였다.

---

104 《新唐書》卷219, 列傳 北狄, 奚傳 참조.
105 《宋書》卷95, 列傳, 芮芮傳 참조.

여기서 유연의 족명인 대단(大檀)은 '큰밝달'족의 뜻이며, 당시의 유연말 발음으로는 '아(大)발(檀)'로 읽혔고, 이것이 고조선말임을 거듭 주목할 필요가 있다.

또한 '단단'(檀檀)은 'Tartar'[(밝)달(밝)달, 달달]라고도 발음된 것으로 흔적이 남아 있다. 후에 유연족을 밝달단(白韃靼)이라고도 하고, 이를 다시 달단(韃靼)이라고도 불렀고, 또 Tartar(塔塔爾, 달달, 다탈)라는 이름으로도 기록하였다. 이것은 모두 '檀檀'의 한자소리 표기로 해석된다.

또한 유연 황제 '홀승개 가한'의 홀승개는 '홀승골'의 작은 강 이름으로서 그들의 기원을 부여의 홀승골·홀승개에 연결시킨 것으로 해석된다. 유연 황제 아나양(阿那瓖)의 '아나'(阿那)도 '아사나'의 준말 한자 표기임을 알 수 있다. 즉 유연의 왕족은 '단(檀)족' '아사나족' 등 고조선 왕족 계통이었음을 시사해 주는 것이다.

유연은 그 후 서방으로 멀리 이동해서 아발족(Avars)이라는 명칭으로 다뉴브 강·라인 강 유역으로 진출하여 약 2백 년간 이 지역을 통치하며 활동하였다.

### 7) 산융(山戎, Hun)

고조선 시기의 산융(山戎, 원 흉노)은 중국 고문헌에 융(戎), 험윤(獫狁), 훈육(葷粥), 흉노(匈奴) 등으로 기록되어 있는 유목부족으로 동호와 이웃하여 서쪽에 연접해서, 고조선 후국족이 되어 거주하고 있었다. 그 이전의 호칭은 '견이'(畎夷)라고도 기록되어 있다.

원 흉노족의 위치와 상태를 알려주는 기록으로 《사기》에는 "연(燕)의 북쪽에 동호(東胡)와 산융(山戎)이 각각 계곡으로 분산해 살고 있었는데, 그들에는 저마다 군장(君長)이 있었고 가끔 백여 개의 융

(戎)이 모이는 수는 있으나 한 종족처럼 단결시켜 다스릴 수는 없었다"[106]고 기록하였다.

고조선의 서방 변경 세력으로서 중국사가들이 호맥(胡貊)이라고 불렀던 고조선 일파가 BC 703년(東周 桓王 13)에 연(燕)을 부수고 가로질러 산동반도에 있는 제(齊)를 공격한 일이 있었으며, BC 653년(東周 惠王 24년)에도 연(燕)을 공격하였다. 연(燕)이 긴급하게 구원을 제(齊)에게 청하니 제의 환공(桓公)이 이를 막아 싸워서 구해 준 기사로 《관자》에 북으로 영지(令支)를 정벌하고 고죽(孤竹)을 정복하여 산융(山戎)과 맞닿았다고 한 유명한 기록이 남아 있다.[107] 영지(令支)와 고죽(孤竹)은 영평부(永平府) 부근에 있던 고조선 후국들이었는데 제(齊)가 이를 정복한 후에 산융(山戎)과 맞닿았다고 한 것은 산융이 고조선 지배영토 안에 살고 있던 유목민이었음을 알려주는 것이다.

필자는 원 흉노가 단군조선의 후국족이었다고 본다.

《위략》은 흉노의 대인(大人)이 '단자'(檀柘)였다고 기록하였다.[108] 흉노의 통치자가 단(檀) 씨였다는 것은 원 흉노의 지배자가 단군조선에서 파견된 고조선 왕족이었거나 왕족으로 봉함을 받은 것이었음을 시사하는 것이다. 이것은 원 '흉노'가 고조선 후국의 하나였음을 나타내는 증거의 하나이다. 《한서》는 흉노의 '대인'을 '두만'(頭曼)이라고 표현했는데, '두만'은 병사 1만 명을 지휘하는 군사령관을 가리키는 고조선식 용어였다. 즉 원 흉노는 고조선의 후국으로서

---

106 《史記》卷110, 匈奴列傳 참조.
107 《管子》卷8, 小匡篇 第20 참조.
108 《三國志》卷30, 魏書, 烏丸·鮮卑·東夷傳 참조.

고조선이 파견한 단군조선 왕족 사령관을 통치자로 한 고조선 후국의 하나였었다고 해석되는 것이다.

흉노족의 지배자들은 해(태양)를 숭배하고 동시에 달[月]도 버금가게 숭상하였다. 흉노족의 백성과 민담에는 '늑대'를 토템으로 한 흔적도 남아 있었다. 원 흉노의 족장은 매일 아침 해가 뜰 때 해를 향해 절을 하고, 저녁에는 달에게도 절을 하는 신앙 관습이 있었다.

흉노족 두만의 아들 모돈(冒頓, 목특, 목돌)이 BC 3세기에 부족들을 연합하여 흉노제국을 건국하고, 제위에 올라 '탱리고도선우'(撑犁孤塗單于, Tengrikodo Danwu)라고 호칭하였다.[109]

여기서 흉노국왕의 호칭 단우(單于)를 중국식으로 '선우'라고 읽는 것이 보통인데, 이것은 '단우'라고 고조선·흉노식으로 읽는 것이 옳다고 본다. 단(單)은 흉노국 두만의 성씨 단(檀)과 같은 것으로서 '單=檀'이다. 흉노족 두만이 단(檀) 씨임도 주목할 필요가 있다. '우'는 '왕' '제왕'을 가리키는 고조선식 용어이다. '단'(檀)은 '밝달족'(고조선족) 후예임과 '천'(天)의 뜻을 담고 있다고 본다. '탱그리'(撑犁)는 '천'(天), '고도'(孤塗)는 '아들'[子]의 뜻으로 천자(天子)를 의미한다. 이 명칭들이 고조선 조어(祖語)와 일치하고, 현대 몽골어와 일본어에도 흔적이 남아있다.

일찍이 신채호는 흉노가 고조선족 후예와 동일한 문화를 가진 사실에 대하여 ① 3성(姓)의 귀족이 있음이 신라와 같고 ② 좌우현왕(左右賢王)이 있음이 고려[高(句)麗]·백제와 같으며, ③ 5월의 제천이 마한과 같고 ④ 무(戊)·기일(己日)을 숭상함이 고려와 같고 ⑤ 왕공을

---

**109** 《漢書》卷94, 匈奴傳 참조.

'한'(汗)이라고 함이 삼국의 '간'(干)과 같으며 ⑥ 관명의 끝 자에 '치' (鞬)라는 음이 있음이 고조선과 같고 ⑦ 왕후(王后)를 '알씨'(閼氏)라 고 하는 것이 '아씨'의 번역일 것이며 ⑧ 사람과 가축을 회계하는 곳 을 '담림'(儋林) '도림'(屠林)이라 하는 것이 '살림'의 뜻이고 ⑨ '휴도' (休屠)와 그 내용이 삼한의 '소도'(蘇塗)와 같다고 하였다.[110]

흉노족은 매년 봄 5월과 가을에 각 1회씩 특정 장소에서 전 부족들 이 모여 큰 축제를 열고 동시에 부족의 일들을 의논하였다. 이 축제 행사도 한(韓)·예·맥의 관습과 동일한 것이었다. 신채호는 고조선의 '소도'(蘇塗) 문화가 흉노에 들어간 것이 틀림없다고 강조하였다.[111]

흉노에서는 왕의 후비(后妃)를 '알씨'(閼氏, 아씨)라고 부르고 특권 씨족이었는데, 신라에도 '김알씨'(金閼氏)가 후에 특권씨족으로 등 장했다가 왕족이 된 사실을 참고해 볼 필요가 있다.

흉노는 한의 고조(高祖) 유방이 한(漢)을 개창할 무렵에는 매우 강 성하여 한 고조는 흉노 제왕에게 칭신(稱臣)까지 하며 외교하였다.

흉노는 그 후 서쪽으로 이동하여 훈(Hun)족이란 호칭으로 유럽의 민족대이동을 일으키는 활동을 하였다.


8) 정령(丁零·鐵勒, 원 돌궐, Turk)

고조선 시기의 원 돌궐인 정령(丁零)은 철륵(鐵勒) 또는 고차정령 (高車丁零)이라고 불렸고, 원래는 발해 연안과 산동 지방 및 감숙성 에 거주하던 단군조선의 후국족이었다. 원 돌궐족의 통치자는 두만

---

110  申采浩, 《朝鮮上古史》, 《改訂版申采浩全集》 상권, 59쪽 참조.
111  申采浩, 앞의 책, 83쪽 참조.

(거수, 군사령관)인 '아사나'(阿史那) 씨로서 고조선에서 파견한 지방 장관 가(加·可)였다고 해석된다.

《수서》는 "돌궐의 선조는 평량(平凉)의 잡호(雜胡)이다. 성은 아사나 (阿史那) 씨이다"[112]라고 기록하였다. '아사나'는 '고조선'으로서 돌궐의 선조가 고조선족이었음을 알려주는 중요한 증거의 하나이다. '아사나' 씨(원 돌궐족)가 살았다는 평량(平凉)은 지금의 중국 감숙성 평량시(平凉市) 부근 또는 산서성 임분시(臨汾市) 서남, 또는 산동성 신태시(新泰市) 부근 등 으로 비정되는데, 고구려=수나라 시대의 '평양'(平壤)과 '평량' (平凉)과 '평양'(平陽)은 발음과 뜻이 서로 유사한 점도 주목된다.

돌궐족의 개국설화에는 돌궐족이 이민족 적의 침략으로 절멸의 위기에 빠졌을 때, 적에게 다리가 잘리워 버려진 유아를 늑대가 구해주어 성년이 되자 늑대족 여자와 혼인해서 '위투캔'(Ütukan) 산 기슭에서 마을을 일구어 부흥한 것으로 기록되어 있다. '아사나'족이 감숙성 일대까지 진출하여 거주하다가 패하여 흉노족과 함께 북산(北山)인 '위투캔' 산까지 이동해 정착한 것을 알 수 있다. 돌궐족의 성지(聖地)인 위투캔 산은 현재 몽골국 항가이 산맥에 있는 4,021미터의 우뚝 솟은 산이며, '위투캔'(Ütukan)의 이름은 고조선어 (및 현대 한국어) '우뚝한'과 같은 용어이다. 중국인들이 '돌궐'(突厥)이라고 기록한 호칭의 '돌'(突)도 '우뚝한'의 한자 뜻 번역이라고 볼 수 있다.[113]

---

112 《隋書》卷84, 列傳 北狄, 突厥傳 참조.

113 신용하, 〈다시보는 한국문화 ⑧ -고조선 아사달 문명〉, 《東亞日報》 2007년 5월 26일자 참조. 위투캔 산은 현재 몽골인들은 공식적으로는 '오토콘·탱그리 산'이라고 호칭하고, 이 지방 사람들은 '박다'(달) 산이라고 호칭하고 있다. 위투캔 산 기슭은 작은 강이 흐르는 목축에 적합한 평원이다.

원 돌궐족은 발해만 연안과 산동반도와 감숙성 한 성에 거주하다가 고조선이 연(燕)·진(秦)의 침략을 받은 BC 3세기경에 흉노족의 도움을 받아 위투캔 산 기슭에 이주해서 부흥했던 것으로 해석된다.

《주서》는 "돌궐은 곧 흉노의 별종인데, 아사나(阿史那) 씨이다. 별도로 부락을 이루고 있다"[114]고 하였다.

《북사》는 "돌궐은 그 선조가 서해의 서쪽에 살던 하나의 독립 부락이었다. 본래 흉노의 별종이며, 성은 아사나(阿史那) 씨였다"[115]고 기록하였다.

《신당서》는 "돌궐의 아사나(阿史那) 씨는 시초에 옛날 흉노의 북방 일부였으며, (후에) 금산(金山, 알타이 산) 남쪽에 거주하여 연연(蠕蠕, 柔然·大檀)의 지배를 받았으나 자손은 번영하였다. 토문(吐門, 두만, Tuman)의 때에 이르러 매우 강대하게 되자 그는 가한(可汗, gahan, Khan) 제왕의 제호를 취했는데, (흉노의) 단우(單于)와 같은 것이었다"[116]고 하였다.

원래 고조선 후국족이었던 돌궐족은 고조선족인 아사나(阿史那, Asana)족을 왕족으로 하고, 역시 고조선족인 아사달(阿史德, Asadar)족을 최고 귀족(진골)으로 하여 AD 552년 아사나 두만이 돌궐왕국을 세우고 이리가한(伊利可汗, Il Khan)이라는 호칭으로 제위에 올랐다. 그는 재위 30년간 영토를 동쪽은 흥안령으로부터 서쪽으로는 카스피 해에 이르는 거대 제국으로 확대하였다.

---

**114** 《周書》卷50, 列傳, 突厥傳 참조.

**115** 《北史》卷97, 列傳, 突厥傳 참조.

**116** 《新唐書》卷215, 列傳, 突厥 上 참조.

돌궐은 AD 580년에 동돌궐과 서돌궐로 나누어지고, 동돌궐은 AD 630년 당(唐)의 공격을 받고 굴복했다가 약 50년 후인 AD 682년 왕족 아사나 쿨투르크(Asana Kulturk, 阿史那骨咄祿)의 지휘 아래 재독립하여 옛 강토를 회복하였다. 돌궐(동돌궐)족은 서쪽으로 중앙아시아, 서남쪽으로는 티베트의 일부인 탕크트까지 정복하여 대제국을 확대하고 당(唐)의 국경을 수시로 침입하면서 당(唐)과 겨루었다.[117]

돌궐족은 천천히 서진하여 투르크(Turks) 민족이란 이름으로 중앙아시아와 동유럽의 역사를 흔들어 놓았다.

### 9) 오손(烏孫, Asana, Asadana)

고조선 시기의 오손(烏孫)은 원래 대릉하 유역의 조양(朝陽) 부근에서 살다가 서방으로 민족이동을 시작하여 하서(河西) 지방에 정착해서 한때 매우 강성했던 원래 고조선 후국족이었다. 오손은 '아사나'의 한자 소리표기임과 동시에, 뜻으로는 고조선 지방후국 장수(加·烏)로 해석된다.

오손은 그 후 흉노의 노상왕(老上王, 재위 BC 174년~BC 161년)의 후원을 받고 당시 이리(伊利) 지방에 거주하고 있던 월씨(月氏)족을 서쪽으로 몰아내고 그 자리를 차지하였다. 《한서》는 다음과 같이 기록하였다.

> 오손국(烏孫國)은 대곤(大昆)이 다스리는데 직곡성(赤谷城)에 있다. 장안(長安)에서 8,900리 거리이다. 호(戶)는 12만, 인구는 73만, 승병(勝兵)

---

117 《新唐書》卷215, 列傳, 突厥 上 참조.

은 18만 8,800인이다. 상(相)과 큰 벼슬아치는 좌·우대장 2인, 후(侯) 3인, 대장·도위(都尉) 각 1인, 대령(大領) 2인, 대사(大吏) 1인, 사중대이(舍中大吏) 2인, 기군(騎君) 1인이다. 동으로는 도호치소(都護治所)가 1,721리이고, 서로는 강거번내(康居蕃內)의 땅이 5천 리이다. …… 나라에는 마(馬)가 많으며 부자는 4~5천 필까지도 갖고 있다. 백성들은 매우 강하고 탐욕스러우며 믿음이 없고 약탈을 잘한다. (서역의) 최강국이다. 처음에는 흉노(匈奴)에 복종했으나 후에 성대(盛大)하게 되어 굴레를 벗어버리고 조회(朝會)에 가지 않는다. 동쪽으로는 흉노(匈奴), 서북쪽으로는 강거(康居), 서쪽으로는 대완(大宛), 남쪽으로는 성곽제국(城郭諸國)과 서로 접하고 있다. 본래 새(塞) 땅이었는데, 대월씨(大月氏)가 서쪽에서 새왕(塞王)을 격파하자 새왕(塞王)이 남쪽 현도(縣度)로 넘어갔고 대월씨(大月氏)가 그 땅에 거주했다. 후에 오손(烏孫)의 고마(昆莫)가 대월씨(大月氏)를 격파했으므로 대월씨(大月氏)는 서쪽으로 이동하여 대하(大夏)를 복속시키게 되었고, 오손(烏孫)의 고마(昆莫)가 여기에 거주하게 되었으므로 오손(烏孫)의 백성들 중에는 한(寒)의 종족이 있고 대월씨(大月氏)의 종족도 있다고 한다.[118]

　한 무제(武帝)는 하서(河西)로부터 흉노를 격퇴한 후 오손(烏孫)을 하서에 불러들여 흉노를 막고 또 서역과의 무역로를 확보하려고 BC 106년 장건(張騫)을 오손에 대사로 파견하였다. 오손왕 고마(昆莫)는 한과 흉노 사이에 중립을 취하려고 하였다. 오손왕은 한(漢)이 옹주를 왕비로 시집보내자 이를 우(右)부인으로 삼았다. 이를 본 흉노가

---

**118** 《漢書》卷96, 西域傳 烏孫國條 참조.

공주를 시집보내자 오손왕은 이를 좌(左)부인으로 삼았다.[119]

《위서》 열전에는 오손이 적곡성(赤谷城)에 살다가 연연(蠕蠕, 유연)의 침략을 받고 서쪽으로 이동하여 총령(葱嶺)의 산속에서 유목생활을 하고 있다고 기록하였다.[120]

그 후 오손이 어떻게 되었는가는 중국 문헌에서 사라졌는데, 유연(柔然)과 함께 중앙아시아와 유럽 역사에 다른 이름 표기로 등장하게 된 것으로 추정된다. 앞으로의 학계 연구과제이다.

### 10) 실위(室韋, proto-Mongols)

고조선 시기의 실위(室韋, 원 몽골)는 고조선의 북방 후국족으로서, 부여와 이웃하여 오랫동안 생활해 오는 동안 고조선의 언어와 문화를 분유하게 된 고조선 후국 부족들이었다. 몽골족은 13세기에 이르러서야 테무친(Temüjin, 鐵木眞)에 의하여 통일국가를 수립했고, 그 이전까지는 흥안령 동쪽 눈(嫩)강 유역에서 거주하다가 서방으로 이동하여 몽골고원 각 곳에 분산하여 살던 부족들이었다. 각 부족들은 모두 각각 추장들을 갖고 유목생활을 하고 있었다. 이 중에서 몇 개 부족이 고조선시대에 고조선 후국 부족들이 되어 문화와 언어의 심대한 영향을 받았다. 칭기스칸을 낳은 부족도 그중 하나였다.

칭기스칸의 가계를 밝히면서 시작되는 《몽골비사》는 그들의 시조와 기원을 신화적으로 설명하였다. 즉, 몽골의 조상은 푸른 이리(부르테 치노)와 흰 암사슴(코아이 마랄) 내외가 큰 물(탱기스)을 건너 몽

---

**119** 《史記》 卷123, 大宛列傳 참조.
**120** 《魏書》 卷102, 列傳, 西域 烏孫條 참조.

골 땅으로 이주해서 오논 강의 발원인 불칸(Burqan) 산에 터를 잡고 하늘이 점지하여 태어난 바타치칸이라는 아들을 낳으면서 시작되었다는 것이다.[121]

이 전설은 이리(푸른빛 이리)를 토템으로 하는 부족의 남자와 사슴(흰빛 사슴)을 토템으로 하는 부족의 여자가 혼인한 후 큰 강을 건너 이동하여 오논 강의 발원인 불칸 산(山) 부근에 터를 잡은 부족이 몽골족의 기원임을 알리는 구전역사이다. 사슴은 부여족의 토템이었다. 사슴 앞에 특히 '흰빛' 사슴을 강조한 것은 고조선 계열 부여족을 특칭한 것으로 해석된다.

원 몽골족이 시작된 불칸 산은 밝산(밝은 산)이며, 한자로 표시하면 백산(白山)을 가리킨 것이라고 볼 수 있다.

원 몽골족은 흉노와 깊은 친족관계를 가진 부족의 하나와 고조선계 부여족의 하나가 혼인동맹에 의해 결합하여 오논 강의 발원인 불칸 산(白山) 기슭에 정착함으로써 기원했다고 해석할 수 있다.

중국 사서에서 실위(室韋)에 대한 가장 오래된 문헌인 《위서》 실위전은 다음과 같이 기록하였다.

실위국(室韋國)은 물길(勿吉)의 북쪽으로 1천 리, 위(魏)의 수도 낙양(洛陽)으로부터 6천 리 떨어진 곳에 있다. 이 나라에 이르는 길은 화룡(和龍, 지금의 遼寧省 朝陽)에서 출발하여 북쪽으로 10일간을 가면 철수(啜水, 살수, 시라무렌 강, Sira Muren River, 作樂水, 饒樂水)에 다다른다. 다시 북쪽으로 3일을 가면 개수(蓋水)가 있다. 다시 북쪽으로 3일을 가면 독료산

---

121 《魏書》 卷102, 列傳, 西域 烏孫條 참조.

(犢了山)이 있다. 이 산은 높고 커서 주위가 3백여 리나 된다. 또 북쪽으로 3일을 가면 큰 냇물이 있는데 굴리(屈利)라고 이름한다. 또 북으로 가기 3일을 하면 인수(刃水)에 이른다. 여기서 또 북쪽으로 가기 5일을 하면 실위국(室韋國)에 도달한다.

이 나라에는 대수(大水)가 있으며 북쪽으로 흘러가는데 그 넓이는 4리가 넘는다. 그 이름을 나수(榇水, 捺水, 那河, 현재의 嫩江, 눈강)라고 한다. 국토는 저지대여서 습하며, 언어는 고마해(庫莫奚)·계단(契丹)·두막루(豆莫婁) 등의 나라들과 동일하다. 조·보리·피[稷]가 많았으나 사람들은 단지 멧돼지나 물고기를 먹고 소·말을 기른다. 일반적으로 양은 치지 않는다. 일반적으로 성(城)에서 살고 겨울에는 수초(水草)를 딴다. 또한 초피(貂皮)가 많다. 남자는 삭발(索髮)하고, 무기는 각궁(角弓)을 사용하는데, 그 화살은 매우 길다. 부녀는 머리를 묶어서 둘로 나누어 계(髻, 상투)를 만든다. 이 나라에는 도적이 거의 없는데, 만일 도둑질을 하면 그 3배를 징벌로 징수한다. 사람을 죽인 자는 말 300필로써 배상하지 않으면 안 된다. 남녀 모두 흰 사슴 가죽의 윗옷과 바지를 입는다.[122]

이 고문헌은 실위족에 대해 많은 것을 알려준다. 즉 실위국의 원래의 위치는 오늘날의 몽골고원이 아니라 그 훨씬 동쪽 대흥안령을 넘어서 대흥안령 동북쪽 기슭의 눈강(嫩江, 송화강의 북쪽 지류) 유역 저지대였다는 사실이다. 이곳은 고조선의 북변 영토였으며, 부여가 건국했을 때에는 부여의 북방 영토였고, 부여가 둘로 분화되었을 때에는 북부여의 영토였음을 주목할 필요가 있다.

---

122 《魏書》卷100, 列傳, 失韋傳 참조.

또한 실위로 가는 통로는 화룡(和龍, 지금의 요녕성 朝陽)에서 출발하는 것이 정규적인 대로였다는 사실이다. 조양(朝陽)은 고조선의 부수도여서 요서 지방의 이 시대 중심지였다. 조양과 실위의 통로 설명에 주목할 필요가 있다.

또한 실위(室韋)의 언어가 고마해(庫莫奚)·거란(契丹)·두막루(豆莫婁)와 동일하다고 한 사실은 몽골어(室韋語)가 '고마해' '해'족의 언어와 같고, 고조선(古朝鮮) 조어(祖語)의 한 갈래였음을 알려주는 것임을 주목할 필요가 있다.

그리고 사람을 죽인 자의 배상이 말로써 무려 300필이었다는 사실은 말과 기마술·기마문화가 실위족의 문화 산물임을 시사해 준다.

다음《북사》실위전에서는 AD 549년경(東魏 武定 말년)의 실위가 남실위(南室韋)·북실위(北室韋)·발실위(鉢室韋)·심말저실위(深末怛室韋)·대실위(大室韋)의 5부로 나뉘어 군장이 없이 돌궐이 파견한 관인에 의해 지배당하고 있는 실태가 기록되어 있다. 또한 이때의 실위의 위치는 대흥안령 서쪽과 남쪽에 분산되어 살고 있었다는 사실도 시사되고 있다.[123]《수서》실위전도 거의 동일한 상태를 설명하였다.[124]

그러나《구당서》실위전에 오면, "실위는 거란(契丹)의 별종이다. 요월하(猺越河)의 북쪽에 산다. 그 나라는 장안(長安)의 동북쪽 7천 리에 있고, 동쪽으로는 흑수말갈(黑水靺鞨)에 이르고, 서쪽으로는 돌궐에 이르며, 남쪽으로는 거란에 접하고, 북쪽으로는 바다에 이른

---

**123**《北史》卷94, 列傳, 室韋傳 참조.
**124**《隨書》卷84, 列傳 北狄, 室韋傳 참조.

다. 그 나라는 군장이 없고 대수령(大首領)이 17인 있는데 모두 막하불(莫賀弗)이라고 부르며, 세습하여 돌궐에 부속되어 있다"[125]고 기록하였다.

또한 실위 17부 중에서 당나라와 교류가 있는 것도 9부가 되는데, 이른바 영서실위(嶺西室韋)·산북실위(山北室韋)·황두실위(黃頭室韋)·대여자실위(大如者室韋)·소여자실위(小如者室韋)·파와실위(婆萬室韋)·눌북실위(訥北室韋)·낙타실위(駱駝室韋) 등을 들었다. 실위족들이 동쪽으로는 흑룡강 이남 송화강 지류인 눈강(嫩江) 유역에서 살 뿐 아니라 대흥안령 서쪽에도 거주하여 서쪽으로는 돌궐에 이르고 남쪽으로는 거란에 접하게 되었음을 기록하고 있다. 몽골고원에 실위족이 이동하여 들어서기 시작한 사실이 영서실위(嶺西室韋) 낙타실위(駱駝室韋) 등의 명칭에도 반영되어 기록되고 있다.

《신당서》 실위전에 이르면 실위는 모두 20여 부에 달한다고 하면서, 영서부(嶺西部)·산북부(山北部)·황두부(黃頭部)·대여자부(大如者部)·소여자부(小如者部)·파와부(婆萬部)·눌북부(訥北部)·낙단부(駱丹部)·오소고부(烏素固部)·이새몰부(移塞沒部)·새갈지부(塞曷支部)·화해부(和解部)·오나호부(烏羅護部)·나례부(那禮部)·영서부(嶺西部)·납지지부(納地支部)·대실위(大室韋)·몽와부(蒙瓦部)·낙단부(落坦部)·동실위(東室韋) 등을 들었다. 여기서 처음으로 후에 실위족 전체의 통합명칭으로 된 '몽골' 부족의 이름이 몽와부(蒙瓦部), 몽올실위(蒙兀室韋)의 명칭으로 나타나고 있다.

또한 《신당서》에서는, "그 나라에는 군장(君長)은 없고, 오직 대수

---

**125** 《舊唐書》 卷199, 列傳 北狄, 室韋傳 참조.

장(大首長)은 모두 막하돌(莫賀咄, 마하돌, 모돌)이라고 부르며 부족을 관할하여 돌궐에 부예(附隷)한다. 소부(小部)는 1천 호, 대부는 수천 호인데 산골짜기에 분산하여 살며 물과 풀을 좇아서 생활한다. 징세는 없다. 수렵은 다수가 모여서 행하고 끝나면 모두 분산하여 산다. 상호 간에 신속(臣屬)하는 일이 없다. 그러므로 부족 사람들은 매우 용맹하여 전투를 즐기지만 결국 강국이 되지 못하였다. …… 토지는 금과 철이 많이 나는데 고구려(高句麗)에 자재(資材)를 많이 바친다. 무기는 각궁(角弓)·호시(楛矢)가 있으며, 사람들은 궁사(弓射)를 잘한다"[126]고 기록되어 있다.

위와 같은 20여 개 분산된 몽골부족들이 처음으로 하나의 국가를 형성하여 주변 국가들에 막강한 영향을 끼친 것은 13세기에 들어 테무진(칭기스칸)에 의해 대통일을 이루고 세계정복에 나선 이후의 일이었다.

원 몽골 실위는 고조선 후국족으로서 부여와 깊은 관계가 있었다. 고조선 해체 후 부여 멸망 후에는 실위 부족들은 흉노·유연·돌궐·고구려의 지배를 받기도 하다가 칭기스칸의 통일 후에는 최고로 강성하게 되었다.

### 11) 부리야트(Buryat)족

고조선의 후국 부여가 멸망한 후 부여족의 일부는 몽올실위 일부를 이끌고 시베리아 지방에 들어가 정착하기도 하였다. 이들 가운데 하나가 '부리야트'족이라고 필자는 보고 있다. 'Bur·yat'(부리야트)는

---

126 《舊唐書》卷219, 列傳, 契丹·奚·室韋·黑水靺鞨, 撥海傳, 室韋條 참조.

'불+이야트'의 합성어로서 '불'은 부여족의 명칭이고, '야트'는 몽골어 어미이다. 부리야트족의 개국설화는 북부여의 개국설화와 거의 동일하다. 민속에 대한 기록 내용도 매우 유사하다.

부리야트는 원래는 몽골족이 아니고 고조선과 부여의 후예라고 볼 수 있다.

지금까지의 고조선 후국에 대한 고찰은 주로 제1형 후국에 집중되어 왔고, 제2형 후국에 대해서는 등한시해 왔다. 그 이유는 지금의 요서 지방이 고조선의 영역이었음을 주목하지 않았던 사실에도 관계가 있다고 생각한다. 그러나 제2형 후국에 대한 고찰과 연구가 수행되어야 고조선의 진실이 밝혀지며, 고조선과 세계사와의 관련이 선명하게 밝혀질 것임을 주목할 필요가 있다.

고조선이 동북아시아에서 매우 이른 시기에 최초의 고대국가를 건국해 크게 발전했으므로, 고조선 국가의 직접·간접의 지배를 받는 ① 제1형 후국과 ② 제2형 후국들 및 후국 민족들 그리고 ③ 고조선인들이 진출해 거주한 지역에서는 고조선 문화를 공유하고 분유하여 고조선문명권을 형성하게 되었다. 여기서 고조선문명권이란 제1형 후국과 제2형 후국의 하위 각 민족 문화들의 상위에 있는 공통의 상징적 문화 유형의 총화를 가리키는 것이다.

# 제 7 장

# 산동반도 등에
# 고조선족의 이주와
# 고조선 분국

## 제1절
# 산동반도와 회수 유역에 고조선족의 이주

고조선 국가의 개창 후 고조선 사람들은 호수와 같은 서해와 발해를 건너 산동반도에 다수가 이주하였다. 필자는 이주한 고조선 사람들이 자치적 소분국들을 형성하여 생활했다는 사실을 특히 강조하고자 한다. 중국인들이 후에 관내의 '동이'(東夷)라고 부른 진(秦)나라 이전의 선진동이(先秦東夷)는 고조선 이주민들과 그 후예들이었다.

중국 고문헌들은 하(夏)왕조를 중국계, 은(殷)왕조를 동이(東夷)계와 연합한 왕조, 주(周)왕조를 중국계 왕조로 설명하면서, 산동·산서·하북성 발해안(渤海岸)·하남성 동부·강소(江蘇)성 북부·안휘(安徽)성 동북각 지방에 동이 계열의 소국들과 주민이 매우 많았음을 기록으로 남겼다. 주(周)의 무왕(武王)이 은(殷)을 멸하고 새 왕조를 세운 BC 1122년 이전까지는 산동·산서·하북 지방에 먼저 이동해 들어간 고조선 계열 주민들과 황하 중·상류에서 하류로 점차 내려오는 고중국계(夏) 주민들 사이에는 오랫동안 평화 교류관계가 형성되었다.

중국 고문헌에 나오는 선진(先秦) 시기의 이른바 '동이'족의 이름을 나열해 보면, 태호(太皞)족, 소호(少皞)족, 치우(蚩尤)족, 전욱(顓頊)족, 축융(祝融)족, 제곡(帝嚳)족, 고도(皐陶)족, 백익(白益)족, 박(亳), 수(遂), 우(嵎), 래(萊), 한(寒·韓), 담(郯)·거(莒)·엄(奄)·서(徐)·강(江)·황(黃)·조(趙)·진(秦)·양(梁)·갈(葛)·토구(菟裘)·비(費)·군서(羣舒)·

육(六)·료(蓼)·영씨(英氏), 회족(淮族), 추(追·퇴·예), 맥(貊), 조(鳥), 도(島), 개(介), 근모(根牟) 기타 등을 들 수 있다.

산동반도 지방의 가장 이른 시기 고조선 이주민 집단으로서 고고 유적·유물로도 증명되는 고조선 이주민의 대표적인 것으로 태호(太昊), 소호(少昊), 전욱(顓頊)을 들 수 있다. 중국 학계에서는 이들을 대표적으로 초기 동이족이라고 보고 있다.[1] 또한 이들이 최근 발굴된 대문구문화(大汶口文化)의 창조자라고 해석하고 있다. 예컨대 양동신(楊東晨)은 대문구문화를 세 시기로 구분하여 초기 대문구문화는 태호(太昊)족, 중기 대문구문화는 소호(少昊)족, 후기 대문구문화는 전욱(顓頊)족의 문화라고 보았다.[2] 당란(唐蘭)은 대문구문화를 소호(少昊)족이 창조한 문화이며, 태호의 도읍은 진(陳, 현재의 河南省 淮陽)이고 소호의 도읍은 산동성 곡부(曲阜)로서, 태호와 소호가 모두 동이지만 소호가 대문구문화를 만들었다고 보았다.[3]

여기서 중국학자들이 대문구문화를 창조했다고 본 태호(太昊)·소호(少昊) (및 顓頊)는 번역하면, '큰 밝족' '작은 밝족' '고조선'족이다. '昊'(여름하늘 호)의 본래의 고문자는 '皞'(흴 호, 밝을 호)이다. 《좌전》에서는 '太昊'를 '太皞'라고 하였다.[4] '皞'는 '白'자를 두 개

---

**1** 傅斯年, 〈夷夏東西說〉, 《慶祝蔡元培先生六十五歲論文集》, 1935 참조.

**2** ① 楊東晨, 〈東夷的發展與秦國在西方的復位〉, 《中南民族學院報》, 哲學社會科學版, 1989, (第5期), (總第38期), 19쪽, 21쪽.
② 金仁喜, 〈上古史에 있어 韓·中의 문화교류─ 중국 大汶口文化와의 관계를 중심으로〉, 《동아시아 고대학》 제2집, 2000 참조.

**3** 唐蘭, 〈從大汶口文化的陶器文字看我國最早文化的年代〉, 《大汶口文化討論文集》; 金仁喜, 앞의 글 참조.

**4** 《左傳》, 昭公 17年條, "陳 太皞之虛也" 참조.

나 합성하여 본래 '백족'(白族) '밝달족'임을 강조하여 밝힌 것이다. '태백'족 '소백'족은 모두 '밝달족'이고 '고조선족'이다. 즉 대문구문화를 창조한 동이는 바로 산동반도 지방에 이주한 이주민 '밝달족' '조선'족인 것이다. 대문구문화 유적에서 나온 '아사달' 문양이 새겨진 11점의 팽이형 토기들은 대문구문화의 창조자가 이 지방에 이주해 온 고조선 사람들임을 명백히 증명하는 것이다.[5]

중국 고문헌들에서는, 이 산동반도 지방에 이주한 이주민 '밝족' '고조선족'에 속한 민족들이 세운 소국들을 모두 '동이'(東夷)라는 이름으로 불렀는데, 진(秦)의 통일 이전의 동이는 고조선문명권(古朝鮮文明圈)에 속한 고조선 계열 원 민족들을 가리킨 것이었다.

일찍이 중국의 부사년(傅斯年)은 중국상고사의 구성이 동(東, 夷·殷商)과 서(西, 夏·周)의 대결의 역사임을 강조하면서 서쪽의 하계(夏系, 夏·周)는 서방에서 동으로 이동해 왔고 동이(東夷)와 은상(殷商)은 원래 동방 또는 동북에서 이동해 온 다른 계통임을 지적하면서, 역사를 서방의 하(夏)계 일통(一統)으로 서술해 온 것은 사실과 다르다고 비판했었다. 그는 은상(殷商)의 기원이 동북에서 온 것이며 동이와 깊이 결합되어 있다고 지적하였다.

단재 신채호는 산동(山東)·산서(山西)·하북(河北)·발해안·하남(河南)성 동부·강소(江蘇)성 북부·안휘(安徽)성 동북각 지방의 이 동이족이 조선족(朝鮮族)이라고 보았으며, BC 1000년~BC 600년경까지 고조선족이 이 지역에서 매우 강성했음을 다음과 같이 지적하였다.

---

**5** 愼鏞廈, 《古朝鮮 '아사달' 문양이 새겨진 山東 大汶口文化 유물》, 《韓國學報》 제102집, 2001; 《韓國 原民族 형성과 역사적 전통》, 나남출판, 2005, 63~87쪽 참조.

이때 지나(支那) 안에 부여족이 가장 번성한 곳은 ① 산동(山東) ② 산서(山西) ③ 연계(燕薊, 河北 방면)니, 이제 순서를 따라 산동(山東)을 말하리라.

산동(山東)에 있는 식민의 건설한 나라들이 많지만, 그 가운데 가장 큰 왕국을 들면 래(萊)·엄(奄)·우(嵎) 3국이니 '우국'(嵎國, 嵎夷)은 단군(檀君) 때에 설립하여 요(堯)의 신하 희중(羲仲)의 측후(測候)하던 곳과 접근하니 지금의 태주부(兗州府) 등지요, '래국'(萊國, 萊夷)도 단군(檀君) 때 설립되어 일찍 하(夏)와 문자로 통상하였나니, 지금의 래주부(萊州府) 등지요, '엄국'(奄國, 奄)은 그 기원이 사책(史冊)에 보이지 아니하였으나 대개 래(萊)와 우(嵎)의 동시니, 지금의 제남부(濟南府) 등지라.[6]

BC 1000년경까지 중국 산동·산서·하북 발해 연안 지방·하남성 동부·강소성 북부·안휘성 동북각·회수 유역에 이주한 고조선 민족의 각 부족들이 세운 나라들은 고조선족의 자치적 분국(分國)들이라고 필자는 보며, 이들 가운데 몇 개만을 다음에 간단히 설명하기로 한다.

## 제2절
# 태호(太皞)족 · 소호(少皞)족 · 치우(蚩尤)족 전욱(顓頊)족 · 백익(伯益)족

### 1) 태호(太皞, 太昊)족
태호족은 고조선 민족 가운데 가장 일찍 산동반도에 건너가 정착

---

**6** 申采浩, 《朝鮮上古文化史》, 《改訂版丹齋申采浩全集》 상권, 416~418쪽 참조.

해서 초기에 큰 업적을 낸 이주민 갈래였다.

중국에서는 산동반도에 수인(燧人)족이라는 부족이 거주하고 있었는데, 동방에서 동이족인 태호(太皞)족이 들어와서, 태호족이 문명의 시대를 열기 시작했다고 서술하고 있다. 그러나 태호족이 '동이족'임은 흔쾌히 인정하지만 '동이'가 '고조선'이라고 밝히고 있지는 않다. 그러나 조선왕조 학자들이 자주 인용하고, 부사년도 인용한 《태평어람(太平御覽)》과 《예기정의(禮記正義)》에는 태호족이 '진'(震)에서 이동해 왔다는 사실을 기록하고 있다.

> 태호(太昊)의 제(帝)는 진(震)에서 나와 아직 취한 바 없으므로 그 위(位)가 동방(東方)에 있다(帝出於震 未有所因 故位在東方).[7]

> '태호'(太皞)의 제(帝) 포희씨(庖犧氏)는 …… 뱀의 몸에 사람의 머리를 하고 성덕(聖德)이 있어서 백왕(百王)의 선(先)이 되었다. (태호의) 제(帝)는 진(震)에서 출하여 아직 취한 바 없으므로 위(位)가 동(東)에 있었고, 사계절에서 봄을 주관하며, 밝은해(日·太陽)를 상징으로 삼았으므로 태호(太皞)라고 칭하였다(蛇身人首 有聖德 爲百王先 帝出於震 未有所因 故位在東 主春 象日之明 是以稱太皞).[8]

여기서 주목할 것은 태호족(의 제왕)이 나온 나라가 '진'(震)이라는 사실이다. '진'(震)에 세 가지 해석이 있을 수 있다.

---

**7** 《太平御覽》 제78에 인용된 〈帝王世紀〉 참조.
**8** 《禮記正義》 〈樂令〉에 인용된 〈帝王世紀〉 참조.

첫째는 이것을 나라로 해석해서 '진국'(震國)으로 해석하는 것이다. 고조선 건국 후에 진국[震(辰)國]은 한반도 중부와 남부에 걸친 고대국가였다. 한반도에서 '한'(韓·寒·馯·桓·汗)부족이 세운 고대 군장국가가 '진'(震·辰)국이었다.

둘째는 이것을 방향으로만 해석해서 '동방'이라고 해석하는 것이다.

셋째는 위의 두 해석을 합하여 동방(東方)의 진국(震國)으로 해석하는 것이다.

이 문제의 해결은 산동반도에서 고고유물 가운데 '고인돌' 같은 한반도 진국(震國)의 특수한 지표 고고유물이 발견되는가의 여부로 증명될 것이다.

필자는 셋째의 해석을 취한다. 산동(山東)이 이미 동방으로 '대'(岱)의 별칭이 있고 '震'(진)은 한반도를 가리켜 왔는데, 산동에 정착한 태호족의 출신 기원을 '진'(震)으로 기록한 것을 구태여 다시 '동방'으로만 해석할 이유가 없기 때문이다. 또한 뒤에 소호족에서 제시하겠지만, 태호족 거주 지역에서 한반도의 '진국'과 '한'부족의 '고인돌' 등 여러 가지 고고유물들이 출토되기 때문이다. 또한 '태양'숭배족인 사실도 한반도의 '한'부족과 동일하다.

태호(太皞)의 호(皞)를 중국 학자들이 뒤에 昊(여름하늘 호)로 표기했지만 옛 경서의 글자는 '皞'(흴 호, 밝을 호)로 표기했었다.

'皞'(호)는 '백'(白) 자 2개와 본(本) 자를 합성하여 본래 '밝달족'(白족)임을 나타냈었다.

부사년은 중국 고문헌에 명료하게 나타난 첫 '동이'족으로서 '태호족'과 '소호족'을 들면서 "太皞(태호)와 太昊(태호)는 동일한 말이니, 옛 경서들에 흔히 '복희씨'(伏羲氏)와 '포희씨'(庖犧氏)로 일컬어졌다"[9]고 하면서 '태호'의 기록으로 이른 시기의 고문헌의 기록을 들어 고증하였다. 부사년은 '동이'의 기원이 동북(東北)과 조선반도 (朝鮮半島) 서북 지방에 관련되어 있다고 보았다.[10] 이것은 바로 '고조선'을 시사한 것이었다고 해석된다.

'복희씨'와 '포희씨'의 명칭으로 대리기록된 '태호족'의 중국 고대 국가 형성 및 고대문화 형성에 미친 지대한 공헌은 중국 고대 연구자들은 모두 알고 있다. 부사년이 제시한 자료에서 태호족의 문화적 업적을 들면 다음과 같이 요약할 수 있을 것이다.

① 태호족은 결혼[嫁娶] 제도를 확립하였다.

② 태호족은 음식을 불로 익혀 먹는 화식(火食) 제도를 확립하였다.

③ 태호족(포희씨)은 새끼의 매듭에 의한 의사소통법[結繩]과 그물 짜는 법[網罟]을 만들어 가르쳐서 생활을 편리케 하였다.

④ 태호족(포희씨)은 비파(거문고의 일종) 36줄을 만들었다.

⑤ 태호족의 포희씨는 역(易)의 8괘(卦)를 만들어 만물의 이치를 알게 하였고, 신농(神農)이 이를 제곱하여 64괘(卦)를 만들었다.

⑥ 태호족은 허(墟, 본읍, 수도)는 진(陳, 하남성)이다.

⑦ 태호족은 관직명을 '용'(龍, 靑龍·赤龍 등)으로 이름 붙였다.

⑧ 태호족은 오행(五行)으로는 목(木)을 덕으로 삼았다.

---

**9** 傅斯年, 〈夷夏東西說〉 참조.
　　傅斯年은 고문헌 자료들로서 《左傳》僖公 21年條와 昭公 17年條, 《論語》〈季氏〉편, 《易經》 〈繫辭〉, 《太平御覽》에 인용된 〈帝王世紀〉, 《禮記正義》〈樂令〉에 인용된 〈帝王世紀〉, 《毛詩正義》 譜序에 인용된 〈古史考〉 및 《書鈔》〈帝王部〉에 인용된 〈古史考〉를 인용해 고증하였다.

**10** 傅斯年, 〈夷夏東西說〉.

⑨ 태호족의 제(帝) 포희씨와 여왜씨(女媧氏)는 풍성(風姓)으로 뱀의 몸에 사람의 머리[蛇身人首]를 왕족의 표시로 사용했다. 태호족의 임금 15세가 모두 포희(庖犧)의 호를 답습하였다.

⑩ 태호족(복희씨)의 후손이 임(任)·숙(宿)·수구(須句)·전유(顓臾)의 4국(國)이다.

부사년이 중국 고문헌을 검토한 후 결론적으로 '태호족'의 성(姓)의 분포는 서쪽으로는 '진'(陳, 하남성)에 이르고, 동쪽으로는 '노'(魯, 산동성)를 포괄하며, 북쪽으로는 '제수'(濟水, 산동성)에 임하는 것이니, 대략 지금의 하남성의 동쪽 모퉁이와 산동성의 서남부 평원에 해당하며, 겸하여 '몽역'(蒙嶧)의 산경(山境: 南邱 일대)을 포괄했으니, '공상'(空桑: 曲阜 일대)이 그 속에 있고, '뇌택'(雷澤)이 그 지역에 있다. '태호'가 동방(東方)의 부족으로서 회수(淮水)와 제수(濟水) 사이에 분포되었던 족성(族姓)이라는 것은 고대부터 공인되어온 일이라고 썼다.

부사년은 이어서 '태호(太皞)족'은 '수인(燧人)족'에 이어, 이 지역을 점유하고 고대의 예악(禮樂) 계통상에 상당한 공헌을 하였고, 생활 상태 위에도 일대 진보를 가져왔다. 그들은 비교적 높은 문화수준에 올라있던 부족으로서, 후세에도 천시를 당하지 않았던 민족이었으며, 주(周)대에도 그들은 비록 위(衛)를 봉읍(封邑)으로 삼은 '소과'(小寡)의 상태였지만 당시 세상 사람들은 그들의 '대호수사'(大皞修祀)를 '명사'(明祀)라고 했다고 서술하였다.[11]

부사년은 중국 상고사에서 통상 나오는 포희씨·여왜씨·신농씨(神

---

11 傅斯年, 〈夷夏東西說〉.

農氏) 가운데, 신농씨에 대해 거의 설명하지 않았다. 그러나 신농씨는 고대부터 중국인들이 '염제'(炎帝) '적제'(赤帝) 등으로 부르면서 사마천이 《사기》삼황본기에서 3황의 하나로 넣었던 전설적 집권세력이었다. 태호 포희씨와 여왜씨가 역사적 사실이라면, 신농씨도 논의했어야 논리적일 것이다. 《제왕세기》는 "신농씨(神農氏)는 본래 열산(烈山)에서 일어났다"고 기록하였다.

중국 고문헌에 의거하면 신농씨(神農氏)는 고조선 후국 부여(不與)계 이주민이었다.

《산해경》대황북경에는 "호불여국(胡不與國)이 있는데 성이 열성(列姓)이고 기장[黍]을 먹고 산다"[12]는 기록이 있다. 여기서 호는 산융(山戎족, 원 흉노족)을 가리키거나 범칭으로서 북호(北胡)들을 의미하고, '불여'(不與)는 '부여'의 다른 표기임을 이미 밝힌 바와 같다.

이 구절에 대한 학의행(郝懿行)의 주에 "열성(列姓)은 대개 염제(炎帝) 신농(神農)의 후예이다. 《좌전》소공(昭公) 29년조에는 열산씨(烈山氏)라고 칭하였고,[13] 《예기》제법(祭法)에서는 여산씨(厲山氏)라고 썼다".[14] 즉 列(열) 姓(성)은 열산씨(烈山氏)이고 곧 厲(여) 氏(씨)인 것이다. 동일한 列(열) 성을 열산(烈山) 또는 여산(厲山·뇌산)이라고 시대에 따라 다른 글자로 표기한 것이었다.

《예기》제법에서는 "이 때문에 여산(厲山)씨의 천하가 있었고, 그 아들 농(農)이 능히 백곡(百穀)을 심을 수 있었다"[15]고 기록하였다.

---

12 《山海經》卷17, 大荒北經, 胡不與國條, "有胡不與之國 列姓 黍食" 참조.

13 《春秋左氏傳》第19, 昭公 29年條, "有列山氏之子曰柱 爲稷 自夏以上祀之" 참조.

14 袁珂 校注, 《山海經校注》, 巴蜀書社, 1996, 480쪽.

15 《禮記》第23, 祭法, "是故厲山氏之有天下也 其子曰農 能殖百穀" 참조.

이에 대한 정강성(鄭康成)의 주에 "여산(厲山·뇌산)은 신농(神農)이 일어난 곳인데 열산(烈山)이라고도 말하기도 한다"[16]고 하였다.

여기서 명백한 것은 신농씨는 고조선족 부여 계통이고, 처음에는 열(列) 성이었는데 뒤에 여산씨(列山氏)라고 칭하였고 시대의 흐름에 따라 이것이 열산(烈山) 또는 여산씨(厲山氏)라고 표기하기도 했지만, 열산씨(列山氏)·열산씨(烈山氏)·여산씨(厲山氏) 등은 모두 동일한 고조선 '부여'족 계통의 이주민 후예로서, 신농(神農)씨 계통이라는 것이다. 그리고 신농이 경종 농업(백곡)의 재배법을 도입 보급하여 고중국에서 농업생산이 널리 보급되었고, 그 공로를 칭송하여 고대 중국인들이 그를 '염제'(炎帝, 赤帝)라고 추앙하면서 제사지냈다는 사실이다.

'열산(列山)·열산(烈山)·여산(厲山)'은 중국 고대음에서 거의 동일한 소리이기 때문에, 이러한 지명은 중국 도처에 있었다. 중국인들은 후대에 와서 이를 중국 안에서 비정하려고 노력하였다. 예컨대, 《독사방여기요(讀史方與紀要)》는 여산(厲山)을 호북성 수현(隨縣) 북쪽에 있는 여산(厲山)에 비정하고, 이 산의 별칭이 열산(烈山)·중산(重山)·여산(麗山)이라고 하였다. 중국 춘추시대에 이 여산(厲山) 부근에서 '려'(厲, 뇌)라는 소국이 있었고, 이곳이 신농이 태어난 곳이라고 주장하기도 하는데, 호북성 수현 북방도 상나라 시대에는 조선족의 거주지였다. 더 연구해야 할 과제일 것이다.

일설에는 신농씨가 지금의 호북성 출신이라고도 하고, 회수(淮水)에서 일어나 북상하여 산동(山東) 지방에서 활동했다고도 하였다.

---

**16** 袁珂, 《山海經校注》, 480쪽, "鄭康成注云 厲山 神農所起. 一曰有烈山" 참조.

이 경우 '회이'(淮夷)도 '동이'의 일종이기 때문에, 신농씨가 '동이족'이었다는 사실에는 변함이 없다.

사마천은 신농(神農)씨가 "나무를 쪼개어 보습을 만들고 나무를 휘어서 보습자루를 만들어, 보습과 가래의 사용법을 만민에게 보여서 비로소 농경을 가르쳤다. 그래서 신농씨(神農氏)라 했다"[17]고 기록하였다. 즉, 고대 중국에 농경을 전파한 부족을 고대 중국에서는 신농씨로 보아온 것이다.

부사년의 연구의 논리에 의거해 추정하면, 신농씨는 태호족의 말기에 넣거나 또는 소호족의 전기에 넣어 고찰해야 할 부족이었다. 부사년은 태호족과 소호족은 동일 계열이어서 이동·정착의 선후(先後)에 의해 구별된 명칭이라고 보았다.

### 2) 소호(少皞, 少昊)족

'소호족'은 '태호족'에 뒤이어 산동반도에 이주한 '고조선족'이었다.

중국 고문헌들은 모두 '소호'(少皞)가 '동이'족이라고 한결같이 기록하였다. 소호족의 거주 지역이었던 산동반도의 거현(莒縣), 능양하(陵陽河)에서 1961년 소호족이 '고조선족'의 하나라는 사실을 증명하는 놀라운 고고유물이 출토되었다. 〈그림 7-1〉과 같이 고조선 초기의 독특한 토기 형태인 '팽이형 토기'가 1점 나왔는데,[18] 이 팽이형 토기의 윗부분 가장 잘 보이는 곳에 '아사달' 문양이 선명하게 새겨져 있는 것이다.

---

**17** 《史記》 卷1, 五帝本紀의 〈集解〉 및 〈索隱〉 참조.

**18** 山東省文物管理處 濟南市博物館 編, 《大文口新石器時代墓葬發掘報告》, 北京: 文物出版社, 1974 참조.

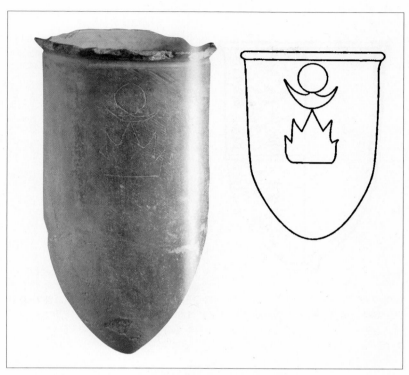

〈그림 7-1〉 대문구문화 유적에서 출토된 아사달 문양이 새겨진 팽이형 토기

　전 세계에서 '팽이형 토기' 양식은 BC 3000년경 훨씬 이전부터 BC 2000년경까지의 '고조선' 전기에 한반도 청천강 이남과 한강 이북 지역에 크게 성행 사용되어 보편화되었던 독특한 그릇 형태이고 한강과 대동강 유역에서 집중적으로 출토된 독특한 토기 양식이므로, 팽이형 토기들만 출토되어도 그 제작자들이 고조선족임을 증명하는 고고유물이 되는데, 그 위에 '조선족'임을 증명하는 '아사달' 문양까지 새겨져 있으니, 산동성 거현 지방에 고조선족이 이주해서

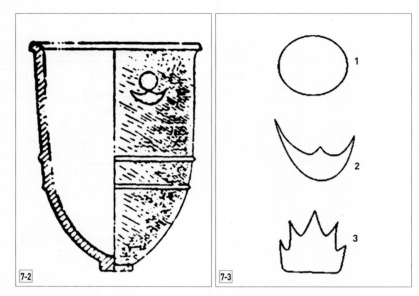

〈그림 7-2〉 대문구문화 유적에서 출토된 아사달 문양이 새겨진 팽이형 토기 (2)  〈그림 7-3〉 대문구 유적 출토 팽이형 토기 '아사달' 문양의 구성  **1** 아사달 문양의 윗부분: 해(태양) 상징  **2** 아사달 문양의 중간 부분: 구름 또는 바다 상징 − 위와 중간 부분을 합하여 '아사'(아침)를 나타냄  **3** 대문구문화의 팽이형 토기에서 볼 수 있는 모양 가운데 '아사달'의 '달'(땅·산·나라)을 상징. 5개 달은 고조선의 5부(지역)를 상징

정착한 명확한 증거유물이 나온 것이다.[19]

산동성 거현에서 발굴된 '팽이형 토기' 윗부분에 새겨진 그림은 〈그림〉인데, 필자는 이것을 '아사달' 문양이라고 해석하고 판단하였다. 〈그림〉이 '아사'를 나타내고, 〈그림〉이 '달'을 나타낸다. '아사'는 '아침'의 고조선어(古朝鮮語)이고, '달'은 '산'을 나타낸다. 이를 합쳐 하나의 '아사달'을

---

**19** 愼鏞廈, 〈고조선 '아사달' 문양이 새겨진 山東 大汶口文化 유물〉, 《한국학보》 제102집, 2001 ; 《한국 원민족 형성과 역사적 전통》, 나남출판, 2005 참조.

〈표 7-1〉 대문구문화 유적에서 발굴된 '아사달' 문양 일람표

| 번호 | 문양 | 발굴 상황 | 유물개수 |
|---|---|---|---|
| (1) |  | 莒縣(거현) 陵陽河 大汶口文化 말기 유적층에서 1957년 발굴. 1963년에 다시 1개 추가 발굴. | 2 |
| (2) |  | 諸城市 서남 30리(중국리) 積구鎭喬庄村 서북 8리에 있는 這一遺址에서 1970년대 발굴. | 1 |
| (3) |  | 莒縣 능양하 大汶口文化 유적에서 1957년 발굴. | 1 |
| (4) |  | 莒縣 능양하 大汶口文化 유적에서 1979년에 3개 발굴. | 3 |
| (5) |  | 거현 능양하 대문구문화 유적에서 1979년에 2개 발굴. | 2 |
| (6) |  | 거현 능양하 대문구문화 유적 묘26군사領袖墓葬에서 1979년에 1개 발굴. | 1 |
| (7) |  | 大朱村 遺址 북부 大汶口大形墓葬에서 1982년 1개 발굴. | 1 |

표시하면 고조선의 원래 고조선말에 의한 고조선 나라 이름과 고조선 수도 이름을 나타내고, 한자로 번역하면 '조선'이 되는 것이다.

즉 중국 고고학자들이 BC 3000년~BC 2600년경의 유물이라고 측정하고 있는 거현 능양하 출토 '팽이형 토기'의 그림은 '아사달' '조선'이라는 표시 문양이고, 이 '팽이형 토기'를 제조하여 사용한 주인공이 '아사달' '조선'족임을 알리고 증명해주는 것이다.

중국 고고학계는 이 유물 출토를 계기로 그 일대 대문구(大汶口) 유적을 대대적으로 발굴하여 '대문구문화'라는 용어를 정립한 동이 계열 유적 유물을 발굴 정리했으며, 이 유물 가운데서 현재까지 발굴한 상층에서 모두 '아사달' 모양이 새겨진 11점의 팽이형 토기를

발굴하였다.

중국 고고학계는 팽이형 토기에 새겨진 문양이 '아사달' 문양인 것은 알지 못한 상태에서 이것을 중국 한문자의 기원(陶文)으로 해석하였다. 예컨대 토론토 대학의 허진웅(許進雄) 교수는 ⊌ 모양을 旦(아침 단) 자의 기원으로 보았고,[20] 소망평(邵望平)도 같은 견해를 발표하였다.[21] 공유영(龔維英)은 ⊌ 문양을 昊(여름하늘 호) 자의 기원으로 해석하였다.[22] 그 밖에 다수의 학자가 여러 가지 비슷한 해석을 발표하였다. 그러나 이러한 견해는 단(旦) 자 또는 昊(호) 자 아래 산(山)을 나타내는 ⌂을 설명하지 못하였다. 한자에 旦 또는 昊 아래에 山(뫼 산)이 결합된 한문자가 없기 때문이다. 허진웅은 결국 '산' 속에 거주하는 '단'(旦)족이 자기의 부족이름을 술잔에 새겨 넣은 것으로 해석하였다.

그러나 ⌂은 한 개 문양으로서 '아사달'(아사→아침;달→산·땅)의 '달'(산)을 나타낸 문양으로서 윗부분과 함께 '고조선'('조선')의 원래 이름인 것이다.

중국 고고학계는 '아사달 문양'이 새겨진 팽이형 토기가 출토된 대문구문화의 만기(晩期) 문화를 BC 3000년~BC 2600년으로 측정하였다.[23]

---

**20** 許進雄, 《中國古代社會》, 1991, 20쪽 참조.

**21** 邵望平, 〈遠古文明的火花-陶奠上的 文字〉, 《大汶口文化討論文集》, 濟魯書社, 1979 ; 金仁喜, 〈上古史에 있어 韓·中의 文化交流 : 중국 大汶口文化와의 관계를 중심으로〉, 《東아시아古代學》 제2집, 2000 참조.

**22** 龔維英, 〈論東夷族團的分化及昊陶族的南徙〉, 《江漢考古》 제1집, 1989 ; 金仁喜, 앞의 글 참조.

**23** 高廣仁·欒豊實, 《大汶口文化》, 文物出版社, 2004, 73~78쪽 참조.

대문구 말기 문화의 '아사달' 문양이 새겨진 팽이형 토기의 제작자를 중국 고고학계는 이 지역에 거주했던 태호(太皞)족, 소호(少皞)족, 전욱(顓頊)족 가운데 하나라고 연구와 토론을 전개하였다. 지금은 대체로 이것을 '소호족'의 유물이라고 해석하고 있다. 태호족과 소호족이 모두 동이족이지만, 소호(少皞)족이 대문구문화 유적을 남긴 동이족이라고 보고 있는 것이다.[24]

이 사실은 고조선족 이주민의 하나인 '소호족'이 BC 3000년~BC 2600년 시기에 고조선에서 산동반도로 이주 정착해서 활동했음을 증명하는 것이다.

산동 출신의 저명한 학자로서 일찍이 소호족을 깊이 연구한 부사년의 서술을 다음과 같이 요약할 수 있을 것이다.[25]

① 소호족은 관직 호칭을 '새'(玄鳥·丹鳥·祝鳩·爽鳩 등 鳥官名) 이름으로 지었다.
② 소호족의 본읍(즉 첫 수도: 墟)은 산동성 곡부(曲阜·窮桑·空桑)였다.
③ 소호족은 오행 사상에서 금(金)의 덕으로 왕이 되었으므로 금천씨(金天氏)라고도 하였다.
④ 소호족은 활과 화살[弓矢] 제조법을 처음으로 전달해 가르쳐 주었다.
⑤ 소호족의 한 갈래(伯益)는 목축(牧畜)으로 이름이 높았다.
⑥ 소호족의 한 갈래는 법률제도(制刑)로 이름이 있었다.

---

**24** 唐蘭, 〈從大汶口文化的陶器文字看我國最早文化的年代〉, 《大汶口文化討論文集》; 金仁喜, 〈上古史에 있어 韓·中의 文化交流: 중국 大汶口文化와의 관계를 중심으로〉, 《東아시아古代學》 제2집, 2000 참조.

**25** 傅斯年, 〈夷夏東西說〉.

⑦ 소호족은 거주의 지리적 위치가 태호족과 동일한 만큼 선후로 보아서 '태호족'에 뒤이어 들어왔기 때문에 '소호'라고 호칭된 것이다.

⑧ 소호족은, 태호족과 달리, 그 후예가 크게 번창하여 여러 소국(小國)들을 세웠다. 상나라 말기의 엄(奄), 회이(淮夷)의 서(徐), 서방의 진(秦)·조(趙)·양(梁), 중원의 갈(葛), 동남의 강(江), 황(黃) 등이 모두 소호의 후예였다.

⑨ 소호의 후예는 4개의 큰 성(姓)으로 나누어져 번창했는데, 영(嬴)·기(己)·언(偃)·윤(允)이 대표적인 4성이다.

부사년은 소호족의 후예들이 세운 여러 소국들과 그 지리적 위치를 다음과 같이 표로 만들어 설명하였다.[26]

〈표 7-2〉 소호(少皞)족의 여러 성국(姓國)들의 위치 비정

| 담<br>(郯) | 성(姓) | 嬴[영, 《사기(史記)》, 《한서(漢書)》 지리지, 《잠부론(潛夫論)》에 보임], 己[기, 두씨(杜氏)의 학설임] |
| --- | --- | --- |
| | 시대 | 처음 건국 시작이 언제인지 모르나, 고대부락으로 춘추시대 후에 비로소 망함. |
| | 위치<br>비정 | 지금의 산동성 담성(郯城)현 |
| | 부기<br>(附記) | 《한서(漢書)》 지리지에 "담(郯)은 영성국(嬴姓國)"이라 함. 《춘추(春秋)》 문(文) 4에 보임. 두(杜)씨는 담성(郯姓)은 밝혀지지 않는다고 설명했으나, 좌전(左傳) 소공(昭公) 17에 전하기를, "담씨(郯氏)가 찾아오니, 소자(昭子)가 묻기를 '소호(少皞)씨가 새 이름[鳥名]으로 관직 이름을 지은 것은 무슨 까닭인가' 하니, 담자(郯子)가 말하기를 '나의 조상[祖]이다'라고 하였다"고 기록하였다. 두(杜)씨가 말하기를 "소호(少皞)는 금천씨(金天氏)이고 기성(己姓)의 조상이다"라고 함. 이를 보아 두(杜)씨는 담(郯)을 기성(己姓)으로 생각한 것임. |

---

**26** 傅斯年,〈夷夏東西說〉.

| | | |
|---|---|---|
| **거<br>(莒)** | 성(姓) | 嬴(영), 己(기) (2성이 혹 동일, 하나의 근원에서 나온 것은 이미 설명) |
| | 시대 | 처음 건국 시작이 언제인지 모르나, 고대부락으로 춘추시대 후 초(楚)에게 멸망당함. |
| | 위치<br>비정 | 두주(杜注)에 "지금의 성양(城陽)군 거현(莒縣)이라"함. |
| | 부기<br>(附記) | |
| **엄<br>(奄)** | 성(姓) | 嬴[영, 《좌전(左傳)》, 《사기(史記)》 등에 보임] |
| | 시대 | 상(商)시대의 동방 대국으로, 주초에 멸망함. |
| | 위치<br>비정 | 노(魯)나라 지경에 있었음. |
| | 부기<br>(附記) | 《좌전(左傳)》 정(定) 4에 "상엄(商奄)의 백성을 백금(伯禽)을 소호(少暭)의 허(虛)에 봉(封)했다"고 하였음. 생각건대, 상(商) 정복은 무왕(武王)이 한 일이고, 엄(奄)을 짓밟은 것은 주공(周公)이 한 일이므로, 엄(奄)은 성왕(成王) 때 주공(周公)에게 망했음. |
| **서<br>(徐)** | 성(姓) | 嬴[영, 《좌전(左傳)》, 《사기(史記)》 등에 보임] |
| | 시대 | 은(殷) 때의 구국(舊國)으로 서주(西周) 중에도 한 번 강대해져 왕을 칭함. 서쪽으로 제(濟)·하(河)를 정벌한 것이 《예기(禮記)》〈단궁(檀弓)〉에 보임. 제(濟)나라 환공(桓公) 때 제하(諸夏)에 복종했다가, 후에 초(楚)에게 멸망당함. |
| | 위치<br>비정 | 그 본토는 노(魯)에 있었으나, 후에 주공(周公)·노공(魯公)에게 쫓겨남. 회수(淮水)에서 보(保)함. 《좌전(左傳)》 희(僖) 3 두주(杜注)에 "서국(徐國)은 하비(下邳)군 동(僮)현 동남에 있다"고 했음. |
| | 부기<br>(附記) | 《서경(書經)》 비서(費誓), 《시경(詩經)》 대아(大雅)·소아(小雅)·노송(魯頌), 《일주서(逸周書)》 작락해(作雒解) 등에 서(徐)의 일에 관한 기록이 많음. 금문(金文)에는 '서왕(徐王)'이라고 자칭함. |
| **강<br>(江)** | 성(姓) | 嬴[영, 진기세가(陳杞世家)와 색은(索隱)에서 세본(世本)을 인용함] |
| | 시대 | 언제 건국되었는지 모르나, 노(魯)의 문공(文公) 4년에 초(楚)에게 멸망당함. |
| | 위치<br>비정 | 《좌전(左傳)》 두주(杜注)에 "강국(江國)은 여남(汝南)군 안양(安陽)현에 있다"고 함. |
| | 부기<br>(附記) | 《사기색은(史記索隱)》 진기세가(陳杞世家)에 인용된 세본(世本)에 "강(江)·황(黃)은 모두 영성(嬴姓)이다"라고 함. |

| | | |
|---|---|---|
| **황**<br>**(黃)** | 성(姓) | 嬴(영, 위와 같음) |
| | 시대 | 언제 건국되었는지 모르나, 노(魯)의 희공(喜公) 12년에 초(楚)에게 멸망당함 |
| | 위치<br>비정 | 《좌전(左傳)》 두주(杜注)에 "황국(黃國)은 지금의 과양(戈陽)현이다"라고 함. |
| | 부기<br>(附記) | |
| **조**<br>**(趙)** | 성(姓) | 嬴[영, 《좌전(左傳)》, 《사기(史記)》 등에 보임] |
| | 시대 | 《사기(史記)》 진본기(秦本紀)에 주(周) 무왕(繆王)이 조성(趙城)에 조부(造父)를 봉(封)했다고 함. 진헌공(晋獻公) 때부터 조(趙)씨가 대대로 진(晋)의 대부(大夫)가 되어 강대해짐. |
| | 위치<br>비정 | 《사기집해(史記集解)》에서 인용된 서광(徐廣)의 설명에 "조성(趙城)은 하동(河東)군 영안(永安)현에 있다"고 함. 《사기정의(史記正義)》에 인용된 괄지지(括地志)에 "지금 진주(晋州) 조성(趙城)현은 뒤에 체(彘)현의 지(地)로, 뒤에 영안(永安)으로 고치니, 곧 조부(造父)의 읍(邑)이다"라고 함. |
| | 부기<br>(附記) | |
| **진**<br>**(秦)** | 성(姓) | 嬴(영, 위와 같음) |
| | 시대 | 《사기(史記)》 진본기(秦本紀)에 주(周) 효왕(孝王)이 비자(非子)를 봉하여 진(秦)에 읍(邑)했다고 함. |
| | 위치<br>비정 | 《사기집해(史記集解)》에 인용된 서광(徐廣)의 설명에 "지금의 천수(天水)군 롱서(隴西)현 진정(秦亭)이다"라고 함. |
| | 부기<br>(附記) | |
| **양**<br>**(梁)** | 성(姓) | 嬴[영, 《좌전(左傳)》, 잠부론(潛夫論)에 보임] |
| | 시대 | 언제 건국되었는지 모르나, 노(魯) 희공(僖公) 19년에 진(秦)에게 멸망당함. |
| | 위치<br>비정 | 《좌전(左傳)》 두주(杜注)에 "양국(梁國)은 풍익(馮翊)군 하양(夏陽)현에 있다"고 함. |
| | 부기<br>(附記) | |

| | | |
|---|---|---|
| **갈<br>(葛)** | 성(姓) | 嬴[영,《좌전(左傳)》,《잠부론(潛夫論)》에 보임] |
| | 시대 | 춘추(春秋) 환(桓) 15에 "갈인(葛人)이 내조(來朝)했다"고 함. |
| | 위치<br>비정 | 《좌전(左傳)》 두주(杜注)에 "양국(梁國)은 영릉(寧陵)현 동북(東北)이다"라고 함. |
| | 부기<br>(附記) | 《좌전(左傳)》 희공(僖公) 17에 "갈영(葛嬴)이 있다. 제(齊) 환공(桓公)이 중부인(衆夫人)의 하나로 삼다"고 함. 《맹자(孟子)》에 갈(葛)이 탕(湯)의 이웃이라고 했는데, 《춘추(春秋)》 영성(嬴姓)의 갈(葛)과 고갈(古葛)이 어떠한 관계가 있는지 지금은 고찰할 수 없음. |
| **토구<br>(菟裘)** | 성(姓) | 嬴[영,《좌전(左傳)》,《잠부론(潛夫論)》에 보임] |
| | 시대 | 《좌전(左傳)》 은(隱) 11에 "공(公)이 가로되 …… 토구(菟裘)를 다스리도록 하라" 했으나, 대개 춘추시대 전에 이미 망하여 노(魯)의 읍(邑)이 되었음. |
| | 위치<br>비정 | 《환자기(寰宇記)》에 "토구(菟裘)의 고성(故城)이 사수(泗水)현 북(北)쪽 50리에 있다"고 함. |
| | 부기<br>(附記) | |
| **비<br>(費)** | 성(姓) | 嬴[영,《사기(史記)》 진본기(秦本紀)] |
| | 시대 | 《서경(書經)》에 비서(費誓)가 있으니, 대개 주초(周初)에 멸망했을 것임. |
| | 위치<br>비정 | 춘추시대 노(魯)의 읍(邑). 뒤에 이(季) 씨의 사읍(私邑)이 되었으며, 지금 오히려 비(費)현의 이름이 남아있음. |
| | 부기<br>(附記) | 《서경(書經)》의 비서(費誓)는 대개 서방(徐方)의 영성족(嬴姓族)에 대한 용구(用兵)의 서(誓)일 것임. |
| **군서<br>(羣舒)** | 성(姓) | 偃[언, 좌전(左傳) 문(文) 12소(疏)에 인용된 세본(世本)의 두주(杜注)] |
| | 시대 | 군서부락(羣舒部落)은 회수(淮水) 남방에 위치함. 춘추시대 서(徐)에게 초멸(初滅)되었다가 나중 끝에는 초(楚)에게 멸망당함. |
| | 위치<br>비정 | 《좌전(左傳)》 희(僖) 5에 두주(杜注)에서 "서국(舒國)은 지금 여강(廬江)군 서(舒)현이다"라고 함. |
| | 부기<br>(附記) | 《좌전(左傳)》 문(文) 12 두주(杜注)에 "군서(羣舒)가 초(楚)에 반란을 일으켰다"고 함. 두주(杜注)에 "군서(羣舒)는 언성(偃姓)이니, 서용(舒庸), 서구(舒鳩)의 속(屬)이다. 지금의 여강(廬江)군에 서성(舒城)이 있고, 서성(舒城) 서남쪽에 용서(龍舒)가 있다고 하였음. 《사기정의(史記正義)》에 가로되 세본(世本)에 언성(偃姓)이라 하였다. 서용(舒庸)·서공(舒蓼)·서구(舒鳩)·서용(舒龍)·서포(舒鮑)·서료(舒龔) 등 그 하나가 아니므로 그들을 모두 포함하여 말한 것이다"고 함. |

| | | |
|---|---|---|
| 육<br>(六) | 성(姓) | 偃[언, 진기세가(陳杞世家)와 색은(索隱)에서 세본(世本)을 인용함] |
| | 시대 | 춘추(春秋) 문(文) 5에 "초인(楚人)이 육(六)을 멸했다"고 함. |
| | 위치<br>비정 | 《좌전(左傳)》 두주(杜注)에 "지금의 여강(廬江)군 육(六)현이다"라고 함. |
| | 부기<br>(附記) | |
| 료<br>(蓼) | 성(姓) | 偃(언, 위와 같음) |
| | 시대 | 《좌전(左傳)》 문(文) 5에 "초(楚)가 료(蓼)를 멸했다"고 함. |
| | 위치<br>비정 | 《좌전(左傳)》 두주(杜注)에 "지금의 안풍(安豊)군 료(蓼)현이다"라고 함. |
| | 부기<br>(附記) | 《좌전(左傳)》 문(文) 5에 "초(楚)가 료(蓼)를 멸망시켰다"고 했음. 육(六)과 료(蓼)가 망한 것을 들은 장문중(藏文仲)이 "고도정견(皐陶庭堅)을 불사했기 때문이다. 덕을 세우지 않았으니 백성들의 원조가 없었다. 슬프다"고 함. |
| 육<br>(六) | 성(姓) | 偃(언, 위와 같음) |
| | 시대 | 《춘추(春秋)》 희(僖) 17에 "제(齊)와 서(舒)가 영씨(英氏)를 정벌했다"고 했음. 《좌전(春秋)》 두주(杜注)에 영씨(英氏)는 초(楚)의 여국(與國)이라 함. 또 《사기(史記)》 〈진기세가(陳杞世家)〉에 "고도(皐陶)의 후(後)가 혹은 영(英)·육(六)이 되었으나 초목왕(楚穆王)에게 멸망당했다"고 함. |
| | 위치<br>비정 | |
| | 부기<br>(附記) | |

소호족은 고조선 건국 후에 산동반도로 건너가서 번창하여 후예가 그 일대에 담(郯)·거(莒)·엄(奄)·서(徐)·강(江)·황(黃)·조(趙)·진(秦)·양(梁)·갈(葛)·토구(菟裘)·비(費)·군서(羣舒)·육(六)·료(蓼)·영씨(英氏) 등 여러 소분국(小分國)을 세우면서 크게 활동한 것이었다.

### 3) 치우(蚩尤)족

소호족에 뒤이어 산동반도 지방에 이주한 고조선족으로서 큰 활동을 한 부족으로 치우(蚩尤)족이 있었다.

서 하(夏)의 헌원(軒轅: 뒤에 승전한 후 후세 중국인들이 黃帝로 호칭)족이 서 하와 북적 계통의 여러 부족들을 연맹하여 세력을 강화할 무렵에 치우족은 산동반도 일대의 '동이'(東夷)족들을 연맹 통합하여 군사영수 세력으로서 대결하였다.

《상서》여형(呂刑)편에 있는 공영달(孔穎達)의 주소(注疏)에서는 "구여(九黎)의 군(君)을 치우(蚩尤)라고 호칭한다"고 했고, 마융(馬融)은 치우를 "소호(小昊)의 말기 구여(九黎)의 군(君)의 이름이다"[27]라고 해설하였다.

치우족 연합세력은 헌원족 연합세력과 탁록(涿鹿)벌 전투에서 패전했으나, 후세인들은 그를 제왕의 서열에 넣어왔다고 기록되어 있다.

《사기》오제본기의 집해(集解)에 《황람(皇覽)》이라는 책을 인용하여 백성들이 항상 10월이면 치우 무덤에 제사를 지내는데 붉은 기운이 나는 '치우기'를 세운다고 기록하였다.[28] 10월 제사는 고조선족의 풍습이었다.

### 4) 전욱(顓頊)족

전욱족도 동방 고조선에서 이동해 들어간 '동이족'의 한 갈래였다.

전욱족의 발상지는 대릉하(大凌河) 유역 지금의 조양(朝陽) 부근이

---

**27** 《尚書正義》卷19, 周書, 呂刑, 孔氏傳, 孔穎達疏 참조.
**28** 《史記》卷1, 五帝本紀, 集解, 皇覽日 이하 참조.

었다. 《진서》에 "모용외(慕容廆)가 대극성(大棘城, 지금의 大凌河 朝陽 부근)을 근거로 삼으니 곧 제전욱(帝顓頊)의 허(墟, 옛 터)이다"[29]라는 기사를 근거로, 부사년은 전욱(顓頊)을 동북방 지방의 종신(宗神)이라고 하였다.

부사년은 《사기》 진본기(秦本紀)에 "진(秦)의 선조는 제전욱(帝顓頊)의 먼 후예로, 그 손녀가 여수(女修)이다. 여수가 길쌈을 할 때 제비가 알을 떨어뜨려 이것을 삼킴으로써 아들 대업(大業)을 낳았다"[30]고 한 진(秦)의 조상 설화는 동북방의 난생인강(卵生人降) 설화로서, 이것이 '회이'(淮夷)의 설화가 되었다는 것은 회이(淮夷)가 동북에서 온 것을 말하며, 동북의 한 갈래에 들어가는 것이라고 해석하였다.[31]

전욱족은 산동 지방과 고중국에서 활과 화살의 병기를 발전시켰다. 《산해경》 해내동경에서 "한수(漢水)는 부어산(鮒魚山)에서 나온다. 제전욱(帝顓頊)의 무덤이 그 남쪽에 있다"[32]고 하였다. 여기서 한수(漢水)는 지금의 난하를 가리킨 것으로 해석된다.[33]

### 5) 백익(伯益)족

고조선족의 이주민 한 갈래인 소호족의 후예로서 산동 지방을 중심으로 크게 번성한 고조선족 계열 후예에 백익(伯益)족이 있었다.

---

**29** 《晋書》卷108, 載記 第8, 慕容廆條 참조.

**30** 《史記》卷5, 秦本紀 참조.

**31** 傅斯年, 〈夷夏東西說〉 참조.

**32** 《山海經》卷13, 海內東經, 漢水條.

**33** 《山海經》卷13, 海內東經, 貊國條에 "貊國은 漢水의 동북쪽에 있다. 땅이 燕나라에 가까워 燕에게 멸망했다"는 기록에서 漢水의 위치가 오늘날의 난하의 일부임을 알 수 있다.

《사기》진본기에는 백이족의 명칭이 '백예'(伯翳)로 나오고, 순임금을 도와서 목축을 크게 발전시켜 그 공로로 봉토와 영성(嬴姓)을 갖게 되었다고 기록하였다.[34]

대업(大業)·대비(大費)라는 명칭으로 나오는 인물도 백익족(伯益族)에 속하였다.

《사기》에서는 대비(大費)가 우왕(禹王)을 도와 치수사업에 큰 공헌을 한 것으로 기록되어 있다.

---

### 제3절
## '박'(亳)국·'상'(商)국·'우'(堣)국·'한'(寒)국· '래'(萊)국·'엄'(奄)국·'근모'(根牟)국·'거'(莒)국

#### 1) 박(亳, 博, 薄姑)족과 상(商)국

고조선 민족의 한 갈래는 일찍이 산동반도와 지금의 만리장성 일대에 이동해 들어가 정착해서 소분국(小分國)을 세워 거주하면서 그들의 오랜 관행대로 그들의 정착지와 도읍에 '박'(밝달, 배달의 뜻)의 호칭을 붙이는 경우가 많았다.

부사년은 고대 한국어를 몰랐으므로 이것이 광명지(光明地)를 의미하며 '고조선 민족'의 별명임을 알지 못했지만, '박'이 동북에서 바다를 건너온 부족과 그 지명임을 정확히 포착하였다.

부사년의 연구를 간단히 요약하면, 박고(薄姑)·박(博)·박(亳)은 산

---

**34** 《史記》卷5, 秦本紀 참조.

동성 제수(濟水)의 양안을 따라서 역류하여 상행(上行)하는 지역에 분포되어 있다. 이 가운데 박고(博姑)의 옛 땅인 박흥(博興)은 바닷가에서 멀지 않고 제수(濟水)가 바다로 들어가는 황하와 황해의 큰 항구였을 것이다. 또 《좌전》에 "숙신(肅愼)·연(燕)·박(亳)"[35]이라 병거했으니 '박'(亳)은 숙신 및 연과 이웃해 있는 지역이었을 것이다. 부사년은 이 '박'(亳)에서 상(商)의 선세(先世)가 기원했을 것이라는 가정을 세우고, 그들이 바다(발해 또는 황해)를 건너 제수(濟水)의 하구(河口)로 들어와서 제수(濟水)의 양안을 따라 거슬러 올라가면서 이동의 연도(沿途)에 사(社)를 세워 '박'(亳)이라는 옛 이름을 붙이면서 마침내는 섬서(陝西)성 지역까지 바로 도달하게 되어 '박'(亳)이라는 지명이 이 지역에 허다하게 남게 되었다고 해석하였다.

부사년은 산동성(옛 魯國 지역)에 박사(亳社, 亳의 사직, 토지신 제사지내는 곳)의 유지(遺址)가 있으니, "'박'(亳)이 곧 상(商)나라 사람의 최초의 국호였음을 알 수 있다"고 하였다.[36] 박왕(亳王)이 자주 이동하여 박사(亳社)가 있는 지역은 모두 '박'(亳)이라 정할 수 있다고 보았다.

상(商)은 약 500년 동안에 영토 개척에 힘쓴 3시기가 있다고 부사년은 설명하였다.

제1기는 상토(相土)왕 때에 동도(東都)가 이미 태산(泰山) 아래에 있었으므로,[37] 그 서쪽은 아마도 제수(濟水)의 서안(西岸)에 도달했을 것이며, 또 '해외'(海外)를 감정(戡定)했다 하였으니, 발해(渤海)를 그

---

**35** 《春秋左氏傳》第19, 昭公 9年條.

**36** 傅斯年, 〈夷夏東西說〉 참조.

**37** 《詩經》第6篇, 商頌 참조.

구우(區宇)로 삼았을 것이다.

제2기는 제1대 탕(湯)왕 시기에 '몽박'(蒙亳)에 건국했으니, 그 황야(廣野)가 소위 '공상'(空桑)이요, 그 대저(大渚)가 소위 '맹제'[孟諸(渚)]이다. 이미 이와 같이 '동이'(東夷)의 나라인 '소호'(小昊)의 옛 지역을 취하여 방기(邦畿)로 삼고, 북으로는 위(韋), 서로는 하(夏), 남으로는 회수(淮水) 유역과 맞대하게 되었은즉 그 전체의 영토개척은 적지 않았다.

제3기는 제19대 왕 반경(盤庚)이 황하를 건너 '은'(殷, 하남성 安陽)으로 옮긴 뒤, 그 세력은 서북 방면으로 발달하였다. 특히 제22대 왕 고종무정(高宗武丁), 제24대 왕 조갑(祖甲) 등 명군의 대(代)를 거치면서 그 세력은 태행산맥(太行山脈)을 넘고 이수(伊水)·낙수(洛水)를 지나 위수(渭水)에 도달할 수 있었다. 이때의 남방 강역은 아직 알 수 없으나, 남소(南巢)에 도달했다 했은즉(湯이 夏의 桀을 지금의 南京의 서방인 南巢로 쫓아냄), 이미 회수(淮水)는 넘어서 있었던 듯하다. 또 무정(武丁)이 귀방(鬼方, 陝西省의 서북 일대)을 정벌했는데, 은(殷)의 쇠란기에도 그 세력이 귀방(鬼方)에 파급되었은즉, 무정(武丁) 때에는 귀방(鬼方)이 은(殷)에 신속(臣屬)하고 있었음을 알 수 있다.[38]

여기서 명백히 정리하고 넘어가야 할 점이 있다. 부사년은 동쪽으로부터 '박'족(고조선족)이 바다를 건너 제수(濟水) 하구로 들어와서 산동성에 상(商), 최초의 국호는 '박'(亳)나라를 건국했다는 사실을 인정했다는 사실이다. 그는 이 '박'족이 '고조선족'이라고 명백히 쓰지는 않았지만, 숙신과 연나라에 이웃한 '박'족이 고조선 민족의 한

---

**38** 傅斯年, 〈夷夏東西說〉 참조.

갈래임은 논란의 여지가 없는 것이다. 부사년도 물론 이것을 알고 있었다고 본다.[39]

그런데, 부사년은 상(商)의 제19대 왕 반경(盤庚)이 황하를 건너 은 (殷, 하남성 安陽)으로 옮긴 뒤부터는 나라 이름을 슬그머니 상(商)으로부터 '은'(殷)으로 바꾸어 쓰면서 이것은 상(商)과 일단 구별되는 국가로 간주하고 있다. 주민이 고중국계가 많이 포용되었으므로 비록 왕실이 고조선계일지라도 이를 고조선계와 고중국계가 통합된 왕조로 보아 이 시기부터 '은'(殷) 또는 '은상'(殷商)이라는 용어를 사용하기 시작하였다. 여기서 중국 민족주의 사학자 부사년의 실증사학을 벗어난 그의 역사사상을 볼 수 있다.

그러나 산동반도 일대에 건국되었던 '박'(亳) '상'(商)이 고조선의 이주민에 의해 건국된 소분국(小分國)으로 시작되었음은 움직일 수 없는 객관적 사실인 것이다.

부사년은 '은인'(殷人)은 본래 이족(夷族, 商人)은 아니었으나 이 (夷)의 인민과 토지를 무유(撫有)했으며, 부분적으로 이(夷, 商)에 동화되었다는 요지로 설명하면서 은(殷)과 상(商)은 기원적으로 일단 구분해 보다가, 은상(殷商)을 하나의 정치세력으로 볼 때는 '동이(東夷) 세력'으로 간주하였다.

부사년은 종래 중국 고대사를 남·북의 대결로 보아오던 관점을 비판하고, 진(秦)의 통일 이전까지는 동쪽의 '동이'(東夷) 계열과 서쪽의 '하'(夏) 계열의 동·서의 대립으로 전개되었다는 새로운 획기

---

**39** 傅斯年이 〈夷夏東西說〉에서 箕子의 朝鮮亡命을 사실로 보면서, 箕子가 朝鮮으로 망명한 것은 원래 그의 조상의 출신 나라로 간 것이라는 의미의 설명을 한 곳에서 이를 알 수 있다.

적 패러다임을 제시하였다.

하(夏)의 초기 이래 동·서 대결의 국면을 정리하면 다음과 같다고 부사년(傅斯年)의 설명이 요약되었다.[40]

① 동(東)의 '이'(夷)―서(西)의 '하'(夏). (正線的인 동·서 相爭). 동·서가 서로 승리. 이(夷)는 1차 하후(夏后)씨를 멸하고, 하(夏)도 수차 이(夷)를 이겼으나, 하(夏)는 끝내 이(夷)의 땅을 모두 차지하지 못함.

② 동(東)의 '상'(商)―서(西)의 '하'(夏). (정선적인 동·서 상쟁). 동(東)이 서(西)를 이김.

③ 동(東)의 '은'(殷)―서(西)의 '귀방'(鬼方). (斜線的인 동·서 상쟁). 동(東)이 서(西)를 이김.

④ 동(東)의 '은'(殷)―서(西)의 '주'(周). (정선적인 동·서 상쟁). 서(西)가 동(東)을 이김.

⑤ 동(東)의 '회이'(淮夷)―서(西)의 '주'(周). (사선적인 동·서 상쟁). 회이(淮夷)가 2차 주(周)를 위기에 몰아넣었으나 마침내 실패함.

⑥ 동(東)의 '육국'(六國, 韓·魏·趙·齊·楚·燕)―서(西)의 '진'(秦). (정선적인 동·서 상쟁). 서(西)가 동(東)을 이김.

⑦ 동(東)의 '진공'[陳貢, 진(秦)말의 봉기 세력]―서(西)의 '진'(秦). (정선적인 동·서 상쟁). 동(東)이 서(西)를 이김.

⑧ 동(東)의 '초'(楚) (項羽)―서(西)의 '한'(漢). (정선적인 동·서상쟁). 서(西)가 동(東)을 이김.

---

**40** 傅斯年, 〈夷夏東西說〉; 千寬宇, 〈傅斯年의 '夷夏東西說〉, 《韓國學報》 제14집, 1979 참조.

위의 표에서도 시사되고 있는 바와 같이 주(周)왕조가 수립된 이후에는 두 계열 간의 갈등과 충돌이 본격적으로 전개되기 시작하여 중국 문헌에도 고중국(夏) 계열이 승리한 경우를 중심으로 과장해서 기록하기 시작하였다. 특히 주(周)왕조를 세운 무왕(武王)이 죽고 어린 성왕(成王)이 대를 이은 후에는 고조선 계열 소국들이 반란을 일으키고, 주(周)왕조 계열들도 제후(諸侯)들이 후국의 독립을 더욱 추구하여 갈등은 격화되었다. 이 갈등의 시기가 춘추시대로 직결되어 나간 것이다.

이 갈등의 시기에 산동과 그 주변 지방에 있었던 고조선 계열 소국들로는, 산동 지방에 엄(奄)·서(書)·수(遂)·래(萊)·거(莒)·근(根)·의(矣)·서(舒) 등이 중국 고문헌에 기록되어 있고, 북쪽으로 북평현 부근에 산융(山戎)·불령지(弗令支)·고죽(孤竹) 등이 역시 중국 고문헌에 기록되어 있다.

또한 산동 지방과 북평현 지방에서 활약한 주(周)왕조계 소국들로는 제(齊)·노(魯)·진(晋)·채(蔡)·위(衛)·연(燕) 등이 기록되어 있다.

중국 측 고문헌에 의하면, 비록 주(周)왕조가 있기는 해도 제후가 실세를 이루어 통치하는 봉건제도가 지배했으므로, 제(齊)의 환공(桓公)이 BC 7세기에 관중(管仲)이라는 뛰어난 인물을 재상으로 발탁하여 관중(管仲)의 정책으로 제(齊)가 급속히 강성해지기 이전까지는 서 하(夏)계 소국들은 고조선(古朝鮮) 계열 소국들을 제압하지 못하고 도리어 고조선 계열이 우세했었음을 시사하는 기록을 남겼다.


### 2) 우국(嵎國·禺國)

고조선 건국 직후에 산동반도로 건너가 소분국으로 우국(嵎國)을 세운 고조선 민족의 이주민 부족으로 우족(嵎族)이 있었다.

중국 고문헌에는 동이족의 하나로 '우이'(嵎夷)로 표기되기도 하였다. 또한 '銕'(이)라는 한 글자로 '쇠 금'변에 夷 자를 붙여서 '우이'를 표시하기도 하였다.

우국(嵎國)은 고조선 한반도 및 요동반도에서 일어난 청동기문화를 일찍이 산동반도에 전파시키고, 기상관측 방법을 가르쳐준 공헌이 있었다.[41]

중국 고문헌《상서(尙書)》 요전(堯典)에서는 "요임금이 희중(羲中)에게 명하여 우이(嵎夷)에 거주하게 했는데 가로되 양곡(暘谷)이라 하였다"[42]는 기사가 있다. 이에 대해 당(唐)시대 공안국(孔安國)은 "상서고령요(尙書考靈耀) 및 사기(史記)는 '우이'(禺銕)라고 썼다"[43]고 기록해서 '우이'(嵎夷)의 '이'가 '銕' 자로 기록되어 있음을 밝혔다. 즉 '우이'를 '禺銕'이라고 쓰고 있다.

또한《사기》하본기(夏本紀)에 "동해에서 대산(岱山, 泰山)까지가 청주(靑州) 땅이다. 우이(堣夷)를 이미 략(略)하였다"[44]는 기사에 대한 〈사마정색은(司馬貞索隱)〉에서도 "今文尙書及 帝命驗 竝作禺銕 在遼西. 銕 古夷字也"[45]라고 기록하였다. 즉 '우이'는 원래 '禺銕' 또는 '嵎銕'라고 적어 바로 '우이'가 '금속'과 관련된 동이족(고조선족)임을 반영한 것이었다.《집운(集韻)》에서는 "이(銕)는 곧 우이(嵎夷)이고,

---

41 愼鏞廈, 〈고조선 국가의 형성과 고조선 금속문화〉,《단군학연구》제21호, 2009 참조.

42 《尙書》第1篇, 虞書, 堯典 1, "分令羲中 宅嵎夷 暘谷" 참조.

43 《尙書正義》堯典 2, "尙書考靈耀及史記 作禺銕" 참조.

44 《史記》卷2, 夏本紀, "海岱維靑州 堣夷旣略" 참조.

45 《史記》卷2, 夏本紀, 司馬貞索隱, "按 今文尙書及帝命驗 竝作 '禺銕' 在遼西. 銕 古'夷'字也" 참조.

동쪽을 표시하는 땅인데 보통 '이'(夷)로 쓴다"고 하였다.[46]

《후한서》 동이열전에서는 "옛날 요임금이 희중에게 명하여 우이 (嵎夷)에 거주하도록 하니, '양곡'(暘谷)이라는 곳인데, 대개 해가 돋는 곳이다"[47]라고 하였다.

여기에서 명확히 알 수 있는 것은 '銕'(이)라고 '쇠 금변'을 붙인 '夷'는 '우이'(嵎夷)를 가리키는 것이고, '양곡'(暘谷)이라는 곳에 사는 동이족인데, 요임금이 '우이'가 사는 동방 지역에 거주하면서 '우이'를 다루는 관리인 '희중'을 파견했었다는 사실이다.[48] 이 때문에 중국 주해가들은 우이(嵎銕)를 동이 이름으로 보기도 하고 땅 이름으로 보기도 했었으며, 우이(嵎銕)와 양곡(暘谷)은 같은 것이라고 보기도 하였다.[49]

마융(馬融)은 우이(嵎銕)를 동이족 이름으로 보고 "우(嵎)는 바닷가 모퉁이 해우(海嵎)이고, 그곳에 사는 동이는 '래이'(萊夷)다"라고 하였다.[50]

여기까지 보아도 다음의 사실을 알 수 있다.


① '銕'(철)이 반영하는 '동이의 금속' '동이가 가져온 금속'의 동이 는 '우이'(嵎銕)라는 동이(고조선 분국족)였다. 중국 고문헌이 동 이들 가운데서 오직 '우이'(嵎銕)만 '夷' 자가 아닌 '銕' 자를 붙


---

**46** 《集韻》脂韻에서는 "銕 塲銕 東表之地 通作夷" 참조.

**47** 《後漢書》卷85, 東夷列傳, "昔堯命羲中 宅嵎夷 曰暘谷 蓋日之所出也" 참조.

**48** 《尚書正義》堯典 2, "羲中居治東方之官" 참조.

**49** 《尚書正義》堯典 2, "日出於谷 而天下明故 稱暘谷 暘谷嵎夷一也" 참조.

**50** 《尚書正義》堯典 2, "馬曰 嵎海嵎也 夷萊夷也" 참조.

이고, '銕'라고만 써도 '우이'라고 해석한 사실에서 이를 알 수 있다.

② '우이'가 거주한 곳은 대(岱, 泰山)가 있는 산동반도의 바닷가이고 양곡(暘谷)이라고 하는 곳이다. 해가 가장 먼저 떠오르는(해오름을 가장 먼저 볼 수 있는) 동쪽 바닷가 모퉁이 땅이다. 이 때문에 暘谷은 陽谷이라고 쓰기도 했으며, '아사달' 사람 땅의 중국식 번역이라고 해석될 수도 있는 고조선 이주민과 직결된 곳이었다.[51]

③ '우이'족이 산동반도 바닷가에 이주하여 정착한 것은 요(堯)가 임금에 오른 후이므로 대개 BC 20세기경이라고 볼 수 있다. 중국 지식인에게 우이(嵎銕)는 금속을 가져오고 다루는 동이일 뿐 아니라, 그 후 우(禹)임금이 치수 사업으로 양곡(暘谷)에 순행했을 때 우(禹)의 치수사업을 도와준 동이였다.[52]

④ 우이(嵎銕)의 산동반도에의 이주시대가 BC 20세기경이므로 우이가 고조선에서 산동반도로 가져간 금속은 '청동'(靑銅)이고 철이 아니라고 볼 수 있다. 즉 고조선족의 하나인 우이가 고조선 지역(한반도 요동·요서)으로부터 산동반도에 이주하면서 고조선의 초기 청동기문화를 가져가 전파시킨 사실이 '銕'자 만듦에 반영되어 있다고 볼 수 있는 것이다.

요컨대 銕은 '철'로도 읽고 '이'로도 읽는데, 원래 한자 만들 때는

---

51 《尙書正義》堯典 2, "馬云 暘谷海嵎夷之地名 日出於谷本 或昨日出於陽谷 陽洐字" 참조.

52 《史記》卷2, 夏本紀, "略 用功少日略" 참조.

'철'(銕)은 '동이(우이)의 금속'의 뜻이었고, '이'(銕)는 '嵎夷'(우이)를 가리킨 것이었다.

'우이'는 고조선 건국 직후 단군조선시대인 BC 20세기경에 고조선 지역(한반도·요동·요서)에서 산동반도 양곡(暘谷)으로 이주한 고조선 분국족이었다.

신채호는 "우국(嵎國, 嵎夷)은 단군 때 설립하여 요(堯)의 신하 희중(羲仲)의 측후(測候)하던 곳과 접근하니 지금의 태주부(兌州府) 등지요"[53]라고 기록하였다.

전조선(단군조선) 시기에 '우이'가 산동반도 지역으로 전파시킨 고조선의 금속은 시기적으로 '청동'이었음은 물론이다.

임혜상(林惠祥)은 우국(嵎國)의 지리적 위치를 고청주(古靑州)라 하고, 지금의 산동성 등주(登州)에 비정하였다.[54] 우국의 수도는 지금의 치박(淄博)이었다.

주목할 것은 산동성 등주(登州)의 치박에 고조선족이 만든 대형 개석식 고인돌과 탁자식 고인돌이 1930년대까지 남아 있었다는 사실이다.[55]

둘째는 또한 산동반도의 옛 우국(嵎國)과 래국(萊國) 지역에는 고조선식 고인돌과 고인돌[石棚] 이름을 가진 지명이 다수 남아 있다는 사

---

**53** 申采浩, 《朝鮮上古文化史》, 《改訂版 丹齋申采浩全集》, 상권, 416~418쪽 참조.

**54** 林惠祥, 《中國民族史》 上卷, 北京商務印書館, 1998, 76~77쪽 참조.

**55** ① 鳥居龍藏, 〈中國石棚之硏究〉, 《燕京學報》 31, 1946.
　② 王獻唐, 〈山東的歷史和文物〉, 《文物參考資料》 2, 1957.
　③ 金仁喜, 〈上古史에 있어 韓·中의 文化交流: 중국 大汶口文化와의 관계를 중심으로〉, 《東아시아 古代學》 제2집, 2000.
　④ 李慧竹·王靑, 〈後期靑銅器~鐵器時 中國 山東 지역과 한국 간의 교류〉, 《白山學報》 64, 2002.
　⑤ 박준형, 〈고조선의 해상 교역로와 萊夷〉, 《북방사논총》 10, 2006.

〈그림 7-4〉 우국(嵎國) 수도였던 치박(淄博)에 남아 있는 개석식 고인돌 〈그림 7-5〉 우국(嵎國) 수도였던 치박(淄博)에 남아 있는 탁자식 고인돌 〈그림 7-6〉 치박(淄博)에 남아 있는 탁자식 고인돌 사진(캐나다 고고학자 하가쉬 메이즈, 1936년 촬영)

실이다. 산동성 래양시(萊陽市) 전점향(前店鄕) 동석붕촌(東石棚村), 영성시(榮成市) 마도향(馬道鄕) 행석붕촌(杏石棚村), 하장진(夏庄鎭) 석붕국가촌(石棚國家村), 유산시(乳山市) 대고진(大孤鎭) 석붕양가촌(石棚陽家村), 유산시(乳山市) 마석장향(馬石庄鄕) 하석붕촌(下石棚村) 등은 그 예의 일부이다.[56] 이러한 지역 일대는 고조선 사람들의 거주 지역이었음은 물론이다.

또한 산동반도의 영성시(榮成市) 애두집(崖頭集) 동북 6킬로미터 지점에서도 높이 1.3~1.4미터의 큰 탁자식 고인돌의 실재가 보고되었다.[57]

고조선 사람들만이 고조선식 고인돌 무덤을 썼고, 무덤양식은 쉽게 변하는 것이 아니기 때문에, 산동반도에서 쓴 고인돌 무덤의 주인공 축조자도 고조선 사람인 것은 더 논란의 여지가 없을 것이다.[58] 특히 〈그림 7-4〉의 고인돌이 남아 있는 치박시(淄博市)는 옛 우국(嵎國)의 수도였으므로 더욱 주목할 필요가 있다고 할 것이다.

### 3) 한국(寒國)

중국 고문헌들에서는 한반도에서 산동반도로 건너온 '한'족을 '寒'

---

**56** ① 李慧竹·王靑, 〈後期靑銅器~鐵器時 中國 山東 지역과 한국 간의 교류〉, 《白山學報》 64, 2002.
② 박준형, 〈고조선의 해상교역로와 萊夷〉, 《북방사논총》 10, 2006 참조.

**57** ① 王獻唐, 〈山東的歷史和文物〉, 《文獻參考資料》 2.
② 遼寧省文物考古研究所 編, 《遼東半島石棚》, 遼寧科學技術出版社, 1994.
③ 박준형, 앞의 글 참조.

**58** 《漢書》卷27, 中之上 五行志 第7 中之上에 "孝昭元鳳三年五月 泰山萊蕪山南匈匈有數千人聲 民視之 有大石自立 高丈五尺 大四十八圍 入地深八尺 三石爲足. 石立處 有白鳥數千集基旁"라고 기록되어 있다. 이것은 漢나라 昭帝의 元鳳 3년(BC 78년) 때까지도 태산의 萊蕪山 남쪽에 높이 5척, 크기가 둘레 48아름, 땅속에 들어간 깊이가 9척의 3면 받침 돌박이의 매우 거대한 탁자식 고인돌이 남아 있어서 正月에는 흰옷을 입은 고조선계 이주민 후예들의 큰 행사가 있었음을 전하고 있다.

(한)과 '韓'(한)으로 소리표기하는 것이 보통이었다. 중국 고대역사에
는 '한'(寒)국은 없었고, 한반도에서 온 '동이족'의 '한'을 표시할 때
만 '寒' 자를 사용하였다.

그런데 중국 사회과학원이 1982년에 편찬한 《중국역사지도집(中
國歷史地圖集)》 제1책에서, 지금의 유방(濰坊)시 부근에 '한'(寒)국이
있었다고 표시하였다.[59]

이 한국(寒國)은 위치가 산동반도의 고조선 분국들인 우국(嵎國)과
래국(萊國) 사이에 강을 끼고 위치하고 있어서 고조선에서 건너간 이
주민의 분국(分國)임이 명백한 소분국이라고 판단된다. 앞으로의 연
구과제이다.

### 4) 래국(萊國)

고조선 민족 가운데 우족(嵎族)에 뒤이어 일찍이 산동반도에 들어
가 상(商)나라 후기에 '래국'(萊國)이라는 자치 분국(分國)을 세우고
크게 활동한 부족이 래(萊)족이다.

래(萊)족도 우(嵎)족과 마찬가지로 옛 청주(靑州)로 들어와서 뒤에 래
주(萊州)의 땅에 자리 잡았다. 산동반도에 들어온 매우 오래된 고조선
족의 한 갈래이다. 래(萊)족의 공헌의 특징으로서는 다음을 들 수 있다.

① 《상서》 우공(禹貢)편에 "래이(萊夷)는 목축을 하고, 광주리를 만
　들며, 산뽕나무로 실을 만들었다"[60]고 하였다. 방목(放牧) 등 목

---

**59** 中國社會科學院 主辦·譚基驤 主編, 《中國歷史地圖集》 제1책, 1982, 10쪽 참조.
**60** 《尙書》 第2篇, 夏書, 禹貢, "萊夷作牧厥篚檿絲" 참조.

〈그림 7-7〉 고조선 이주민 분국 한(寒) 위치(중국사회과학원 작성)

축을 전파했음을 알 수 있다.

② 래(萊)족은 산뽕나무의 누에고치로 명주실을 짜는 방법을 전파
하였다. 《상서》 우공편 기사에 대한 채침(蔡沈)의 주는 산뽕나
무의 누에고치로 짠 명주실은 매우 질기어서 비파 거문고의 현
(絃)에 알맞다고 하였다. 또한 "오직 동쪽의 래(萊)에만 이 명주
실이 있어서 수놓는 데 쓰며, 그 질김이 비상한 것은 산뽕의 누
에고치이기 때문이라고 래인(萊人)이 말했다"고 기록되어 있
다.[61] 고중국의 고급 비단은 래(萊)족이 창안하여 전파시킨 것을
알 수 있다.

———————

61 《尙書正義》卷6, 周書 禹貢篇 참조.

③ 래(萊)족은 광주리 등 생활도구와 농사도구를 제조하는 방법을 전파하였다.

④ 래(萊)족은 보리와 밀 등 맥작(麥作) 농업을 전파하였다. 사마천의 《사기》는 편견에 차서 "래이(萊夷)는 목축을 하고 농사는 짓지 않는다"[62]고 했는데, 이것은 틀린 것이다. 최근의 고고사료 연구 결과에 의하면, 래(萊)족이 들어오기 이전까지는 조[粟]를 위주로 농사를 지었다. 그러다가 래(萊)족이 '맥(麥)문화'를 가져와서 이를 기원으로 보리와 밀을 재배하고 전파하게 된 것이다. 래(萊)와 맥(麥)이 동일 기원임을 문자풀이와 고고사료로 논증한 연구가 있다.[63] 래(萊)족이 고중국에 '맥문화'(麥文化)의 기원과 전파의 주체가 된 것은 획기적 공헌이었다.

래국(萊國)은 후일의 용구(龍口)를 수도로 하여 우족(嵎族)까지 포용하면서 산동 지방에서 크게 번영했다가, 고중국 계열인 제(齊)족이 서방에서 들어와 함께 거주할 것을 요청하여 수용했더니, 제(齊)가 힘을 길러 BC 567년 오히려 제(齊)가 래국(萊國)을 병탄하였다.

### 5) 엄국(奄國)

고조선족 이주민들이 상(商)나라 중기에 산동반도의 서남부에 있는 지금의 곡부(曲阜) 부근에 '엄국'(奄國)을 세워 한때 강대한 국가로 성장해서 활동하였다.

---

**62** 《史記》卷2, 夏本紀 참조.

**63** 張富祥, 《東夷文化通考》, 上海古籍出版社, 2008, 477~498쪽 참조.

《독사방여기요》는 엄국(奄國)의 도읍이 지금의 곡부(曲阜) 동쪽으로 2리 지점인 '엄성'(奄城)에 있었다고 하였다.[64] 엄국은 건국 당시부터 멸망할 때까지 상(商)의 여국(與國)으로서 긴밀한 협조관계에 있었다. 이 때문에 뒤에 주나라 사람들은 '엄'(奄)을 때때로 '상엄'(商奄)이라고 기록하기도 하였다.[65]

부사년은 엄(奄)족을 소호족의 후예이며 영성(嬴姓)이라고 해석하고, 주의 무왕(武王)이 상(商)을 정복한 후에 성왕(成王) 때 주공(周公)이 엄(奄)을 멸망시켰다고 설명하였다.[66]

임혜상은 산동반도 일대에 있던 '동이' 8국 가운데서 엄국(奄國)이 가장 컸고 나머지 7국은 작았다는 사실이 《상서》에 뚜렷이 기록되어 있는데, 주공이 거섭(居攝) 3년에 엄국(奄國)을 정복했다고 설명하였다.[67]

### 6) 근모국(根牟國)

고조선족 이주민들이 래(萊)족의 활동시기에 지금의 대문하(大汶河)의 주요 지류인 모문하(牟汶河) 유역에 근모국(根牟國, 牟國)을 세워 활동하였다.

《독사방여기요》에 "거주(莒州) 기수현(沂水縣) 남쪽에 모향(牟鄉)이 있는데 즉 옛 근모국[古根牟國]이다"[68]라고 하였다.

---

**64** 《讀史方輿紀要》卷32, 山東 3, 奄城條 참조.

**65** 《春秋左氏傳》第19, 昭公 9年條, 참조.

**66** 傅斯年, 〈夷夏東西說〉 참조.

**67** 林惠祥, 《中國民族史》上, 75쪽 참조.

**68** 《讀史方輿紀要》卷1, 歷代州域形勢 참조.

《춘추》노의 선공(宣公) 9년조에 "제(齊)나라 후(侯)가 래(萊)를 정벌하고 가을에 근모(根牟)를 취하였다"고 했고, 두예(杜預)의 주에 "근모(根牟)는 동이국(東夷國)이다"[69]라고 하였다. 또한 《춘추》노의 선공(宣公) 9년조에는 "근모(根牟)를 취하였다"고 기록하였다.

장부상(張富祥)은 '모(牟)문화'는 '맥(麥)문화'의 한 갈래이며, 대맥(보리)을 '모'(麰)라고 표기한 사실에서 '牟'는 '麰'에서 진화한 문자이고, 모(牟)족의 특징은 대맥(보리) 재배가 현저한 특징이었을 것이라고 추정하였다. 또한 《시경》을 풀이하여 소맥족(小麥族, 萊族)과 대맥족(大麥族, 牟族)은 근친한 족속으로 모(牟)족을 옛 래(萊)족의 한 지족(支族)이라고 보았다. 또한 《세본(世本)》에서는 "이모(夷牟)가 화살을 만들었다"고 기록되어 있음을 지적하였다.[70] 즉 근모(根牟)족은 대맥(보리) 농경과 단궁(檀弓) 가운데서도 화살[矢]을 잘 만들어 저명했다고 볼 수 있다.

'근모국'은 래국(萊國)이 제(齊) 선공(宣公)에게 멸망한 그해 가을에 노(魯)에게 멸망당하였다.

## 7) 거국(莒國)

고조선족 이주민인 소호(少皞)족의 후예로 매우 일찍부터 나라를 세워 산동반도에서 활동하다가 최후에는 산동반도 동남쪽 연해 지역에서 초(楚)에게 멸명한 나라로 거국(莒國)이 있었다.

부사년은 거국(莒國)을 소호족의 영성(嬴姓)이라고 보았으며, 《춘

---

69 《春秋左氏傳》第1, 宣公 9年條 참조.
70 張富祥, 《東夷文化通考》, 499쪽 참조.

추》의 두예(杜預)의 주를 인용하여 지금의 성양군(城陽郡) 거현(莒縣)이 그들의 지역이라고 보았다.[71] 장부상은 노(魯)의 동남쪽인 거(莒)국의 지역이 본래 대문구(大汶口)문화와 해대용산(海岱龍山)문화가 발달한 지역이고 상(商)·주(周)시대에 선진적 청동기문화가 발전된 지역이었음을 들었다.[72]

거(莒)국이 후기에 입지한 산동반도의 동남 해안 지역은 영성(榮成)이라는 무역항을 통하여 한반도의 서북 지방 및 요동반도와의 무역과 문화교류가 매우 활발한 지역이었다. 청동기문화가 거국(莒國)의 지역에서 가장 이른 시기에 발전된 사실은 고조선의 초기 청동기문화가 지역과 활발한 교류를 하면서 고조선 청동기문화를 이 지역에 전파했으리라는 것을 추정케 해준다고 할 것이다.

거국(莒國)은 춘추시대 후에 초(楚)에게 멸망당하였다.


## 제4절
# 회수 유역의 고조선 분국과 '서'(徐)국

### 1) 회수(淮水) 유역의 고조선족 소분국(小分國)들
옛 서주(徐州) 지방의 회수(淮水) 유역에는 한반도와 요동반도에서 건너간 고조선족 이주민과 그 후예들이 정착하여 다수의 자치 소분

---

**71** 傅斯年, 〈夷夏東西說〉 및 그 表 참조.
**72** 張富祥, 《東夷文化通考》, 611~613쪽 참조.

국들을 세우고 발전시키며 생활하였다. 춘추시대 이후 중국 고대 문헌에서 '회이'(淮夷)라고 나오는 것이 바로 이것이다.

중국 고문헌들은 산동반도에 정착했다가 권력투쟁 등 각종 원인으로 남하하여 회수(淮水) 북안에 이주 정착한 고조선족 '동이'(東夷)를 '북회이'(北淮夷)라고 부르고, 일찍이 바로 회수(淮水) 유역으로 이주한 고조선족을 '남회이'(南淮夷), 황해 연안의 '회이'를 '동회이'(東淮夷)라고 기록한 경우도 있었으나, 모두가 고조선족들이었고 넓은 의미의 '동이족'들이었다.

《춘추》와 《좌전》에 나오는 '회이'(淮夷) 가운데 비교적 큰 나라로서는 서(徐)·엄(奄)·웅(熊)·영(盈)·담(郯) 등과 그 밖의 다수의 소국들이 있었다. 부사년의 연구에서 나오는 소호족의 후예 영성(嬴姓)들의 일부가 이른바 '회이영성'(淮夷嬴姓)을 구성하고 있으며, 고문헌상으로도 그들이 고조선족임을 알려주고 있다.

《상서》 우공편에 "바다와 태산(岱)과 회수(淮水) 사이에 서주(徐州)가 있다. …… 회이(淮夷)는 진주와 물고기를 바치고, 그들의 공물 바구니에는 검은색 무늬를 섞어 짠 흰 비단이 들어 있었다. 그들은 회수(淮水)와 사수(泗水)에 배를 띄워 황하에 이르게 된다"[73]고 하였다.

회수 유역의 고조선족 소분국들은 주나라 성왕(成王) 시기 BC 12세기경에 정치적 독립과 영역 확대를 위해 매우 활발한 활동을 하였다.

### 2) 서국(徐國)

회수 유역의 고조선족 분국들 가운데서 한때 가장 강성했던 나라

---

[73] 《尙書》 第2篇, 夏書, 禹貢 참조.

가 서국(徐國)이었다.

《후한서》는 다음과 같이 기록하였다.

> (周의) 강왕(康王) 때 …… 뒤에 서이(徐夷)가 왕호를 참칭하고, 마침내
> 구이(九夷)를 인솔하고 종주국 주(周)를 정벌하려고 서쪽으로 황하 위에
> 까지 도달하였다. (周의) 목왕(穆王)은 바야흐로 그 치성함을 두려워하여
> 동방(東方)의 제후(諸侯)들을 나누어 주어서 서국(徐國)의 언왕(偃王)에게
> 다스리게 하였다. 황지(潢池)의 동쪽에 자리 잡아 지방 500리를 다스리
> 며 인의(仁義)를 행하니, 육지에서 조공하는 나라가 36국(國)이었다.[74]

즉 서국의 언왕(偃王)이 스스로 주왕(周王)과 동급의 서왕(徐王)을 칭
하고 주나라를 정벌하려고 서쪽으로 황하 위 유역에 이르러 주나라 수
도에 쳐들어가므로, 주의 목왕(穆王)이 두려워서 그에게 동방의 제후들
에 대한 통치권을 나누어 주어, 언왕이 어진 정치를 행하니 36개국이 서
(徐) 언왕(偃王)에게 조공을 바치며 그의 통치를 받았다고 하는 것이다.

신채호는 《조선상고문화사》에서 고조선족이 세운 서국(徐國)과
서(徐) 언왕(偃王)에 대해서는 독립된 장을 설정하여 더욱 상세히 설
명하였다.

> …… 곧 회하(淮河) 부근에서 종교계의 위인이라 할른지 정치계의 위인
> 이라 할른지 이름 짓기 어려운 한 위인이 나서 당시 조선(朝鮮) 사람의 대

---

**74** 《後漢書》 卷85, 東夷列傳, "康王之時 肅愼復至. 後徐夷僭號 乃率九夷 以伐宗周 西至河上. 穆
王畏其方熾 乃分東方諸侯 命徐偃王主之. 偃王處潢池東 地方五百里 行仁義 陸地而朝者 三十
有六國" 참조.

표가 되어 지나천지(支那天地)를 한 번 들었다 놓으니 또한 암흑한 가운데의 빛이라. 독사자(讀史者)들이 깊이 사랑할 만한 사람이로다. 그 사람이 누구이요. 곧 아래에 말하고자 하는 바 서(徐) 언왕(偃王)이다.

서(徐)·회(淮) 양지(兩地)가 단군(檀君) 9족의 식민지의 일부분됨은 전편에 말하였거니 3경(京)이 분립한 뒤로 조선 본부의 호령이 해외 식민지에 미치지 못하매, 서민(徐民)·회민(淮民)들이었다. 자립하여 서국(徐國, 徐戎)·회국(淮國, 淮夷)을 건설하니, 이는 서국(徐國)의 기원이라.

서국이 겨우 5백 리의 지방으로 인구가 또한 조밀치 못하여 몇만 가에 지나지 못하므로, 해외 각 식민부락 가운데 손바닥만 한 소국이니, 언왕(偃王)은 이 소국의 위인이라. 단군 1330년(BC 1004년)경에 나시니라.

…… 대개 (周) 목왕(穆王)이 서유(西遊)함은 사실이다. 목왕(穆王)이 간 뒤에 돌아오지 아니하매 제후(諸侯)가 다 주(周)에 딴 마음을 두거늘, 언왕(偃王)이 더욱 힘써 인의(仁義)를 행하니, 부루(夫婁)와 하우(夏禹)가 지나가 《중경(中經)》의 이윤(彝倫)이 아직 인심에 밴 곳인 고로 모두 언왕(偃王)의 바람에 기울어져 강(江)·회(淮)·한(漢) 사이에 언왕(偃王)에게 와서 조공하는 제후가 36국이러라. 목왕(穆王)이 이 기별을 듣고 크게 놀래어, 드디어 팔준마를 달리어 빨리 돌아오나, 언왕(偃王)의 세(勢)가 이미 어찌 할 수 없음을 보고, 언왕(偃王)이 곧 주(周)를 멸할까 두려워하여 사신을 보내어 언왕(偃王)에게 애걸하여, 지나(支那)를 두 토막에 나누어 섬(陝) 이서(以西)의 제후는 주(周)가 맡아 다스리고 섬(陝) 이동(以東)의 제후는 서(徐)가 맡아 다스리자 하거늘, 서(徐) 언왕(偃王)이 불쌍히 여기어 허락하니라.[75]

---

**75** 申采浩, 《朝鮮上古文化史》, 《改訂版丹齋申采浩全集》 상권, 420~421쪽 참조.

여기까지만 보아도 BC 30세기~BC 24세기 고조선 건국 후 고조선 사람들이 산동반도와 회수(淮水) 유역에 이주해 정착해서 자치적 소분국들을 세워 발전하면서 선진한 고조선 문명을 이 지역에 전파했음을 알 수 있다.

중국 학자들은 종래 앙소문화(仰韶文化)와 산동문화(山東文化)가 대체로 평준했었는데 산동반도에 선진한 동이족이 들어와서 선진문화(예: 大汶口文化, 龍山文化)가 일어남으로써 산동 지역이 전 중국에서 가장 선진한 고대문명을 창조했다고 설명하고 있다. 단지 이 동이족의 정체를 밝히고 있지 않을 뿐이다. 이제 이 동이족이 '고조선족' '아사달족'이라는 사실이 밝혀진 것이다.

산동반도를 중심으로 하여 그 인근 지역까지 고조선문명권(古朝鮮文明圈)을 형성하였던 고조선족·아사달족의 소분국들은 고중국 소국들이 고조선 문명을 배우고 흡수하여 강성해짐에 따라서 BC 10세기 이후에는 경쟁 관계에서 들어가게 되었다. 신채호는 산동·산서·하남·하북 일대에 이주했던 고조선족이 결국 독자적으로 이 지역에서 더 발전하지 못하고 고중국 서 하(夏)족에 동화하는 방향으로 된 것은 고조선족의 소분국들이 서방에서 온 하족 계열의 무력 공격을 방어하지 못했기 때문이라고 다음과 같이 설명하였다.

기원전 7세기 말에 (고)조선이 고죽(孤竹)을 거(據)하여 불리지국(弗離支國)과 합하여 연(燕)과 진(晉)을 벌(伐)하니, 연(燕)과 진(晉)이 제(齊)에 구(救)를 걸(乞)한 이때, 제(齊) 환공(桓公)이 현상(賢相) 관중(管仲)과 명장 성부(城父)를 얻어 지나(支那)를 패(覇)할 새, 조(曹)·위(衛)·허(許)·노(魯) 등 10여 국을 솔하여 연(燕)을 구하여, 태행산(太行山)을 넘어 불리지국

(弗離支國)을 파(破)하고, 연(燕)을 지나 고죽(孤竹)을 이긴지라, 조선(朝鮮)이 이에 병(兵)을 퇴(退)하고 불리지(弗離支)의 고지(故地)를 다 잃으니, 지나인(支那人)이 이 전쟁으로 말미암아 보전을 얻은 고로, 공구(孔丘)씨가 관중(管仲)의 공을 찬(讚)하여 가로되 '미관중(微管仲) 오기피발좌임(吾其被髮左衽)'이라 하니, 피발(被髮)은 조선(朝鮮)의 편발(編髮)을 가리킨 것이요, 좌임(左衽)은 조선(朝鮮)의 좌편(左便)으로 여미는 의금(衣襟)을 가리킨 것이다.[76]

신채호는 한때 융성했던 서(徐) 언왕(偃王)의 서국(徐國)도 주(周)에게 너무 관대하다가 도리어 주(周) 선왕(宣王)의 공격을 받고 또 결사항전하지 않은 채 인자하게 후퇴하여 결국 패망하게 된 것이라고 지적하였다.[77]

강성한 엄국(奄國)도 주의 성왕(成王)의 공격을 받고 3년이나 혈전을 전개하다가 엄국왕(奄國王)이 BC 1134년에 전사하여 결국 엄국도 멸망하였다.[78]

래국(萊國) 등 소국들이 몇 세기 더 존속했으나 오래지 않아 정치적 독립을 유지하지 못함으로써 고조선 계열의 소분국들은 점차 사라지게 되었다.

주(周)와의 무력 대결에서 패배한 고조선 소분국들 중에서 불리지국(弗離支國) 등 일부 소분국들은 굴복하지 않고 민족이동을 감행하

---

**76** 申采浩, 《朝鮮上古史》, 《改訂版丹齋申采浩全集》 상권, 88쪽

**77** 申采浩, 《朝鮮上古文化史》, 《改訂版丹齋申采浩全集》 상권, 422~424쪽 참조.

**78** 申采浩, 《朝鮮上古文化史》, 《改訂版丹齋申采浩全集》 상권, 416~417쪽 참조.

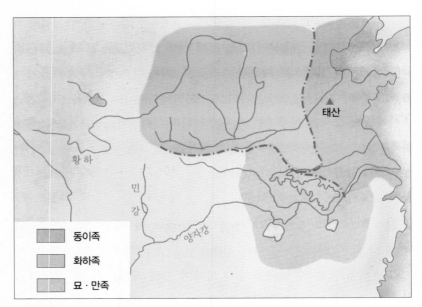

〈**그림 7-8**〉 장광직(張光直) 교수가 그린 '동이족'과 '화하', '묘·만족'의 분포도

여 북서방으로 이동해서, 새 정착지를 찾아떠났다. 그러나 일부의 소분국들은 산동·산서·하북 지방을 떠나지 않고 주(周) 문명권 안에 점차 동화되어갔다.

그러나 BC 7세기 이후에도 산동·산서·하북·하남성 동부·강소(江蘇)성 북부·안휘(安徽)성 동북각 지방에 고조선 사람들이 이주하여 오랫동안 소분국들과 선진적 고조선문명권을 형성해서 고중국 소국들과 어울리어 살면서, 중국 고대문명의 형성 발전에 심대한 영향을 주고받았다.

소위 '동북공정' 이전에는 중국인 교수들도 고중국족과는 다른 민족인 '동이족'(고조선족)의 산동반도와 황하 유역 및 회수 유역에서 이주와 활동을 물론 인정하였다. 중국인 장광직(張光直) 교수는 〈그림 7-8〉과 같이 '동이족'의 거주 지역을 나누어 설명하고 표시한 것을 우실하 교수가 재구성하였다.[79]

춘추·전국시대(BC 770년~BC 221년)에도 약 18개의 고조선 소분국들이 존재해서 열국 사이에서 활동하였다.[80]

고조선 소분국들이 강제로 해체된 것은 진(秦)의 시황제(始皇帝)가 BC 221년 중국을 일단 통일한 후 만리장성을 쌓고 그 이남에 있는 고조선 분국들을 해체시켜 고조선 이주민 후예들을 민호(民戶)로 편성하여 '동화'시키기 시작한 때부터이다.[81]

이러한 고조선 소분국(小分國)들과 고조선 중앙정부와의 관계 및 고중국 국가들과의 관계는 앞으로의 연구과제이다. 그러나 이 소분국들이 고조선 문명과 문화의 권역 안에서 생활했음은 분명한 것이라고 할 수 있다.

---

**79** ① Chang Kwang-chih, *Shang Civilization*, Yale University Press, 1980；張光直 지음, 윤내현 옮김, 《商文明》, 민음사, 1989의 지도들.

   ② 우실하, 《동북공정 너머 요하문명론》, 소나무, 275~276쪽 참조.

**80** 《讀史方輿紀要》卷1, 形勢1, "又有九州夷裔約十八國則 參錯于例國間者也" 참조.

**81** 《後漢書》卷85, 東夷列傳, "秦倂六國 其淮泗夷 皆敬民戶" 참조.

# 제 8 장

# 고조선 국가와
# 한국 원민족의 형성

# 제1절
# 고조선 국가의 장기 지속과
# 문화의 공동 형성

고조선은 전조선(단군조선)이 BC 30세기~BC 24세기에 형성된 이후, BC 15세기경에 후조선 왕조가 수립되어 교체되었고, BC 195년경에는 위만조선이 수립되어 후조선을 교체했다가, BC 108년에 위만조선이 해체되었다. 전조선·후조선·위만조선의 3왕조가 모두 '조선'이라는 국호를 사용한 '고조선' 왕조들로서, 왕조를 넘어선 '고조선 국가'는 BC 2세기 말까지 무려 2,200~2,800년간 장기 지속하였다.

이 장기 지속 기간에 고조선 국가의 국민은 어떻게 사회적 결합을 이루었을까?

사회학과 문화인류학에서는 그동안 전 세계 인류사회의 경험적 연구 결과로 정립된 보편적 이론으로서, 단순사회인 '가족'이 다수 결합하여 복합사회인 '씨족'을 형성하고, 다수의 씨족들이 결합하여 2중 복합사회인 '부족'을 형성하며, 다음에는 다수의 부족들이 결합하여 3중 복합사회인 '민족'을 형성한다는 이론을 정립하여 널리 수용되고 있음을 처음에 서술한 바 있다.

이때 '가족'과 '씨족'은 완전한 '혈연공동체'이고, '부족'은 '혈연'(血緣)과 '지연'(地緣)이 결합된 일종의 자연공동체라고 할 수 있다. '부족' 단계에서는 안정된 군장(君長, chief)이 출현해서 군장사회(chiefdom)를 형성하게 되며, 군장사회 말기에는 군장사회의 준국가(準國家)를 형성하기도 한다. '한'부족이 한강 유역에 세웠다가 그 한 갈래가 대동강 유역에 무리를 이끌고 이동한 환웅(桓雄)이 세운 나라는 '한'부족의 군장사회의 준국가(準國家)라고 할 수 있다.

　다수의 부족이 결합하여 (또는 예외적으로 한 개 부족이 비약적으로 발전하여) 형성된 안정된 왕(king)을 가진 3중 복합사회의 국가(kingdom, 왕국)가 고대국가이다.[1] 인류는 고대국가와 고대사회가 시작되어 '문명'(civilization) 단계에 들어서며, '민족'도 이 단계에 들어서서 형성되기 시작한다고 사회학과 문화인류학은 설명하고 있다. 한국 역사에서는 '고조선'이 바로 이 최초의 고대국가인 것이다.

　고대국가와 민족 형성이 매우 이른 시기에 이루어지고 국가와 민족의 역사가 매우 오래인 경우에는 '민족'을 다시 세분하여 '원민족'(proto-nation), '전근대민족'(pre-modern nation), '근대민족'(modern nation), '신민족'(new nation)으로 나누어 고찰할 필요가 절실함은 이미 밝힌 바 있다. 한국민족은 매우 이른 시기에 고대국가를 형성하고 '민족'을 형성했기 때문에, '원민족' '전근대 민족' '근대(현대)민족'을 세분하여 고찰할 필요가 절실한 경우이다.

　한국 '원민족'은 한국 최초의 고대국가인 '고조선'의 국가형성과 궤를 같이하여 형성되었다.

　고조선 시기 한국 원민족 형성에 작용한 주요 요인을 결론적으로 각주 없이 간단히 요점만 들기로 한다.

　(1) 고조선 '국가(정치)의 공동'이 고조선 주민들로 하여금 하나의 원
　　　민족 공동체로 결합하도록 구속력을 발휘하였다. 주민들에게 주

---

**1** Herbert Spencer, Charles Dawin, Karl Marx, F. Engels, W.H. Morgan, Max Weber, Emile Dunkheim, J.H. Steward, M. Sahlins, E.R. Service, D.Y, Peel, A.W. Johnson, T. Earle 등이 이러한 진화론적 고대사회론의 대표적 연구자들이다.

어지는 국가 통치제도와 행정제도의 공동성은 문화 부문을 비롯하여 모든 부문에서 공동성을 갖도록 구속력으로 작용하였다. 고조선 국가의 형성과 그 장기 지속은 고조선 원민족을 구성하는 문화적 구성요소의 공동성을 형성하는 대전제가 되었다.

(2) 고조선 국가의 주민들은 언어의 구조와 어휘에 통합과 공동성을 갖게 되었다. 통치는 언어소통을 필수조건으로 하기 때문에, 고조선의 국가형성은 '한'부족·'맥'부족·'예'부족의 부족 언어가 하나로 통합되고 융합되어 보다 풍부한 통합 민족언어로서 고조선어(古朝鮮語)가 형성 발전하게 되었다고 볼 수 있다. 그 결과 고조선 사람들은 '고조선어'라는 언어의 공동을 실현해서 의사소통을 하며 생활하게 되었다.

민족 형성에서 가장 중요한 구성요소인 '언어의 공동'으로서의 '고조선어'의 형성에 대해서는, 고조선 전기의 고문헌자료는 없으므로, 고조선 후기·말기와 그 직후의 고문헌자료로서 간접적으로 증명할 수 있다.

이미 한국 언어학계는 현대한국어의 기원은 '부여'계 언어와 '한'계 언어로 구성되었음을 예리하게 정확히 밝혀 놓았다.[2] 여기서의 과제는 이 성과를 계승하여 '부여·한'계 언어의 통합이 삼국시대 이후에 이루어진 것이 아니라 삼국시대 이전 시기(즉

---

**2** ① 李基文, 〈韓國語形成史〉, 《韓國文化史大系》 제5권, 고려대 민족문화연구소, 1976.
　② ＿＿＿, 《國語音韻史研究》, 탑출판사, 1977.
　③ 金完鎭, 《原始國語의 字音體系에 대한 연구》, 국어연구회, 1978.
　④ 李基文, 《國語語彙史研究》, 동아출판사, 1991 참조.
　⑤ 金完鎭, 《향가와 고려가요》, 서울대 출판부, 2001 참조.
　⑥ 宋基中, 《역사비교언어학과 국어계통론》, 집문당, 2003 참조.

고조선 시기)에 이루어진 것임을 증명하면 되는 것이다.

고조선은 한·맥·예 3부족의 연맹에 의해 건국되었으므로, '고조선어'는 한·맥·예 3부족 언어의 통합에 의한 하나의 '언어공동체'가 형성되어, 한·맥·예 계열이 수립한 모든 나라들과 지역들에 공동으로 통용되었음은 고문헌으로도 논증할 수 있다.

《삼국지》위서동이전 고구려전에서는 동이의 옛말에 의하면 "(고구려는) 부여의 별종이라 하는데, 언어와 풍속 등은 부여와 같은 점이 많다"[3]고 하였다. 《후한서》동이열전 고구려조에서도 "(고구려는) 부여의 별종이라고 하는데 그러한 까닭으로 언어와 법칙이 많이 동일하다"[4]고 기록하였고, 이어서 구려조에서는 "구려는 일명 맥(貊)이라 부른다"[5]고 하였다.

즉 맥족인 부여·구려·고구려는 언어가 동일했음을 확인할 수 있다.

또한 《양서》백제조에서는 "백제는 …… 지금 그 언어와 복장이 대개 고구려와 동일하다"[6]고 하였다. 백제의 지배층은 부여계임은 여러 곳에 기록되어 있다. 백제와 고구려는 언어가 동일한 것이었다.

그러면 신라는 어떠한가? 신라는 '한'계이므로 이 점이 특히 주목된다.

《양서》신라조에서는 "(신라) 언어는 백제를 기다린 이후에 통

---

3 《三國志》卷30, 烏丸鮮卑東夷列傳, 高句麗傳, "東夷舊語의 爲夫餘別種 言語諸事 多與夫餘同" 참조.

4 《後漢書》卷85, 東夷列傳, 句麗條, "東夷相傳 以爲夫餘別種 故言語法則多同" 참조.

5 《後漢書》卷85, 東夷列傳, 句麗條 참조.

6 《梁書》卷54, 諸夷列傳, 東夷百濟條 "今言語服章略高驪同" 참조.

하였다"[7]고 기록하였다. 중국인들은 언어가 다른 신라인과는 언어소통을 못하고, 신라인과 언어가 동일한 백제인을 기다려서 통역을 시켜서야 소통할 수 있었다. 즉 신라와 백제는 언어가 동일하여 소통된 것이었다.

실제로 고구려·백제·신라의 국경은 끊임없이 크게 변동하여 접경지대에 거주했던 백성들은 통치국가가 끊임없이 변동하였다. 고구려가 충주 지방까지 내려가기도 했고, 백제가 황해도까지 올라가기도 했으며, 신라가 백제의 수도 지역인 경기도를 점유하기도 했고, 백제가 신라의 수도 지역에 접근하기도 하였다. 이때마다 백성들은 통치집단의 변동으로 말미암은 부담 변동의 고통을 겪었지만, 언어소통의 불편을 겪었다는 기록이나 전설은 단 한 건도 없다. 고구려·백제·신라의 언어가 기본적으로 동일하여 의사소통에 불편이 없었기 때문이었다.

고구려·백제·신라가 이미 하나의 '언어공동체'를 형성하고 있었다면, 그 이전에 부여계 언어와 한족계 언어를 하나의 '언어공동체'로 실현시킨 역사적으로 선행한 통합적 정치공동체와 문화공동체가 실재했어야 하는데, 한반도와 만주 지역에서는 그것이 '고조선'밖에 없는 것이다. 고조선이 2천여 년간 '한족과 맥족(貊族)'을 통합한 통일국가로서 주민을 국민으로 포함하여 통치하는 동안에 이미 '고조선어'(古朝鮮語)라는 하나의 민족어로서의 '언어공동체'가 선행하여 형성되었기 때문에, 고조선이 해체되어 열국시대에 들어가서도 열국 주민 사이에 언

---

7 《梁書》卷54, 諸夷列傳, 新羅傳, "言語待百濟而後通言" 참조.

어소통이 가능하게 된 것이었다.

그러면 '예'족 계열의 언어는 어떠한가?《삼국지》'예'전에서는 "언어와 법속은 대체로 구려(句麗)와 동일하고 의복은 다르다"[8]고 하였다.

《삼국지》'예'전에, 고조선 해체 후 "단단대산령(單單大山嶺)부터 서쪽은 낙랑에 속했고, 단단대산령 이동 7현은 도위(都尉)가 다스렸는데 모두 예(濊)의 백성이었다"[9]라고 했으니, 이 지역의 하나에 전조선의 후국이었다가 후조선 시기에 독립했던 옥저(沃沮)가 '예'족의 국가였다.[10]

《후한서》 동옥저조에서는 "(동옥저는) 언어·음식·거처·의복은 구려(句麗)와 비슷하다"[11]고 하였다. 《삼국지》에 동옥저전은 "그들의 언어는 구려(句麗)와 크게는 같지만[大同] 때때로 작게는 다른 부분도 있었다[小異]"[12]고 하였다.

즉 '예'족은 '맥'족인 구려·고구려와 대동소이한 것이었다. 예족의 언어가 구려와 완전히 동일하다고 하지 않고 '대체로 동일하다', '대동소이하다'고 하면서 '의복은 다르다'고 한 것은 원래는 '예'족과 '맥'족이 언어가 달랐다가, 고조선의 2천여 년의 장기 지속의 통치 기간에 '고조선어'에 통합되어 언어가 대

---

**8** 《三國志》卷30, 烏丸鮮卑東夷傳, 濊傳, "言語法俗大抵與句麗同 衣服有異" 참조.

**9** 《三國志》卷30, 烏丸鮮卑東夷傳, 濊傳, "單單大山嶺以西 屬樂浪 白領以東七縣 都尉主之 皆以濊爲" 참조.

**10** 리지린, 《고조선연구》, 백산자료원, 1963, 217~315쪽 참조.

**11** 《後漢書》卷85, 東夷列傳, 東沃沮條, "言語·食飮·居處·衣服有似句麗" 참조.

**12** 《三國志》卷30, 烏丸鮮卑東夷傳, 東沃沮傳, "其言語句麗大同 時時小異" 참조.

동소이하게 되고, '맥'족 언어와 '예'족 언어의 차이는 때때로 지방사투리[方言]가 되어 남은 것이었다고 해석된다.

즉 '한'족·'맥'족·'예'족의 언어는 이미 고조선 시기에 '고조선어'로 통합되어 하나의 민족언어로서 '고조선어'가 형성되었으며, 잔존한 부족언어들은 지방방언(사투리)정도로 남은 것이었다. 그러므로 고조선 해체 후 삼한·삼국시대의 열국시대에 들어가서도 이미 동일한 '고조선어'를 분유했기 때문에 삼한·삼국 등은 하나의 민족어를 사용하면서 의사소통에 불편이 없었던 것이다.

고조선 시기에 형성된 '고조선어'가 부여계 언어와 한계 언어의 공동의 조어(祖語)이며, 현대 한국어의 조어라는 것이 필자의 견해이다.

주시경은 고조선(단군조선) 시기에 자연스럽게 조선어가 형성되었다는 견해를 일찍이 갖고 있었다고 본다.[13]

여기서 그치지 않고 더 주목할 것이 있다. 《산해경》〈대황북경〉에는 "호(胡)와 불여(不與)의 나라가 있는데, 열(烈)성이고 기장을 먹는다"[14]는 문장이 있다. 이에 대해 곽박(郭璞)은 "한나라의 이름을 중복하여 쓴 것이다. 이제는 호(胡)와 이(夷)의 언어가 모두 통한다"[15]는 주를 달았다. 여기서 말하는 호(胡)는 북방의 산융(山戎, 원 흉노)을 가리키고 이(夷, 不與)는 부여(夫餘)를 가리키는 다

---

**13** ① 周時經, 〈必尙自國文言〉, 《周時經全集》(아세아문화사판 상권), 29쪽; 〈國語文法〉 序); (《周時經全集》 하권), 221쪽 및 〈國文研究〉(《周時經全集》 하권) 254~255쪽 참조.
② 愼鏞廈, 〈周時經의 애국계몽사상〉, 《韓國社會學硏究》 제1집, 1977 ; 《韓國近代社會思想史》, 일지사, 1987, 402~402쪽 참조.

**14** 《山海經》 卷17, 〈대황북경〉, "有胡不與之國 烈姓黍食" 참조.

**15** 袁珂 校注, 《山海經校注》, 巴蜀書社, 1996, 480쪽, "郭璞云 一國復名耳 今胡夷語皆通然" 참조.

른 소리표기라고 본다.[16]

'산융'(원 흉노)은 고조선에 늦게 편입된 후국이었고, '부여'는 매우 일찍 고조선의 후국이 된 나라였는데, "이제[今]는 호(胡, 산융)와 이(夷, 동이: 부여)의 언어가 모두 통한다"고 한 것은 '고조선어'가 후국인 호(胡, 산융)까지도 통하게 되어 산융과 부여가 언어는 하나의 나라처럼 통하게 된 사실을 곽박이 지적한 것이라고 해석될 수 있다. 즉 '고조선어'는 모든 고조선 후국들과 고조선문명권에 통한 언어가 된 것이었다고 본다.

고조선 시기에 형성된 '고조선어'가 한국 원민족의 민족언어이며, 당시 모든 고조선문명권과 현대한국어의 조어(祖語)가 된 것이었다.

(3) 고조선 국가의 주민들은 고조선의 직령지나 후국 영역에 모여 살면서 지역의 공동을 형성하게 되었다. 지역의 공동은 문화교류를 활발하고 편리하게 하여 하나의 공고한 문화공동체를 형성하는 필수조건의 하나를 충족시켜 주었다.

고조선 민족 형성의 구성요소인 '지역의 공동'은 한반도 및 만주와 그 일대의 지역의 공동이었다.

(4) 고조선 국가의 주민들은 의복·음식·주거 등의 생활양식과 생활관습의 공동성을 결과하여 생활문화를 공유하게 되었다.

물론 의·식·주의 생활양식은 신분별로 차이와 차별이 있었고 부족 전통과 지역별로 차이가 있었음은 물론이지만, 동일 신분 내의 공동성과 신분과 부족 지방을 초월하는 공동성이 병존

---

**16** 申采浩, 《朝鮮上古文化史》, 《改訂版丹齋申采浩全集》 상권, 363~419쪽 참조.

하여, 고조선 주민들의 생활문화의 공동이 형성되었다고 볼 수 있다.[17]

(5) 고조선 국가의 주민들 사이에는 초기에 혈연의 공동이 형성되고, 혈연공동의 의식이 형성 발전하게 되었다. '한'·'맥'·'예' 부족의 족외혼(exdogamy) 제도는 3부족의 통합에 의한 '혈연공동'의 의식 형성을 촉진한 요소로 작용했다고 볼 수 있다.

한편으로 물론 3부족 통합 이후에 현실적으로 이입해 들어오는 다른 부족의 '혼혈'이 끊임없이 전개되었고, 다른 한편으로 '부족'의 혈연공동의 잔존과 민족의 혈연공동의 경시 성향도 있었겠지만, 고조선 주민들이 모두 하나의 혈연공동체로 연관되어 있다는 의식이 고조선 민족 형성 초기에는 상당히 강했을 것임은 충분히 상정할 수 있는 일이라고 할 수 있다.

(6) 고조선 국가의 주민들은 신앙과 종교를 공유하게 되었다. 고조선 국가형성을 주도한 '한' 부족은 태양을 숭배하고, '맥' 부족은 곰[熊], '예' 부족은 범[虎]을 토템으로 숭배했지만, 고조선 건국 후 발전 과정에서 전체 주민이 태양숭배의 신앙을 공유하게 되고, 토템이었던 곰과 범을 함께 경애하게 되었다.

고조선 국가의 주민들 사이에 한·맥·예족의 모든 지역에서 '태양숭배'의 사상과 의식이 보편화되었다는 사실은 그들이 제작한 청동기유물의 무늬에서도 잘 나타나 있다.

또한 고조선의 초대 건국제왕 '단군'(檀君)이 서거 후 승천하여

---

**17** 박선희, ① 《한국고대복식: 그 원형과 정체》, 지식산업사, 2002.
　　　② 〈평양 낙랑유적 복식유물의 문화성격과 고조선〉, 《단군학연구》 제21호, 2009 참조.

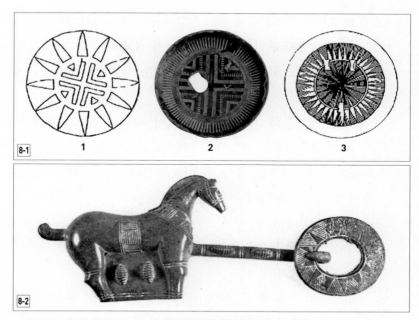

〈그림 8-1〉 고조선 주민의 '태양숭배'를 나타낸 청동기 유물(크기 부동)
**1** 고조선 시기 원통형 청동기 뚜껑(평양 정백동 출토)
**2** 고조선 시기 원개형 청동기(伝 전북 익산 출토)
**3** 고조선 시기 다뉴세문경 태양 무늬(함남 함흥 이화동 출토)
〈그림 8-2〉 고조선 시기 허리띠 청동고리[馬形帶鉤]의 '태양 무늬'(영천 어은동 출토)

하늘에서 '신'(神)이 되고 '하느님'이 되었다고 생각하고 '단군
숭배'의 신앙과 종교를 갖게 되었다.

박은식은 고조선의 종교가 삼신교(三神敎, 환인·환웅·단군 신앙)·
신교(神敎, 단군 신앙)였다고 설명하였다.[18] 고조선의 주민들은 고
조선 시기에 '단군'(Dangun)·'단굴'(Dangur)·'단구'(Dangu) 등 각

---

**18** 朴殷植,《韓國痛史》, 179쪽 ;《朴殷植全書》 상권, 359쪽 참조.

종 방언 발음으로 단군 숭배의 신앙과 종교를 공유하였다.

(7) 고조선 국가의 주민들은 단군 신앙의 결과로 자기들을 '단군의 자손', '하느님의 자손'이라는 '천손(天孫)의식'을 공유하게 되었다.

하늘은 자기들의 조상신인 '단군'이 계신 곳이며, '하늘'은 '단군의 집'(한의 울 ; 한울)이고, 자기들은 조상신(祖上神)인 하느님(단군)의 가호를 받는 천손(天孫)이라는 '천손의식'을 공유하여 선택받은 뛰어난 겨레라는 의식을 고조선 주민들은 공유하게 되었다.

(8) 고조선 국가의 주민들은 고조선의 선진적 생산기술과 경제생활을 공유하게 되었다.

농업생산과 기술에서는 벼농사를 비롯한 오곡의 경작재배의 생산방식, 목축의 성립과 발전이 고조선 전국에 보편화되었다.

금속문화에서는 특히 청동기술, 금동기술, 철가공기술 등 선진적 금속수공업기술과 금속문화를 발전시키면서, 선진적 생산기술과 경제생활 방식을 직령지뿐만 아니라 고조선 후국 지역에도 보급시켰다.[19]

이에 고조선 주민들은 동아시아에서 가장 이른 시기에 선진적 농업경작문화와 금속문화를 공유하게 되었다.

(9) 고조선 국가의 주민들은 고조선 특유의 무기·무장과 군사문화를 공유하게 되었다. 고조선 주민들은 성능이 뛰어난 단궁(檀弓)을 개발해 보급했으며, 선진적 금속문화에 기초하여 독

---

**19** 신용하, 〈고조선 국가의 형성과 고조선 금속문화〉, 《단군학연구》 제21호, 2009 참조.

특한 비파형 청동단검·비파형 청동창끝·부채꼴 청동도끼·고조선식 청동꺾창·세형 청동단검·고조선식 청동투구·고조선식 갑옷 등 특유한 양식의 무기·무장과 무기문화·군사문화를 공유하게 되었다.

(10) 고조선 국가의 주민들은 고조선의 독특한 기마문화(騎馬文化)를 공유하게 되었다. 고조선의 영역이 북방으로 확대되자 유목부족이 후국으로 들어오면서 기마문화가 도입되어 고조선 전국에 보급되었다. 그 결과 고조선 주민들은 '기마문화'를 공유하게 되고, 고조선은 매우 이른 시기에 '기마민족 고대국가'가 되었다.

(11) 고조선 국가의 주민들은 독특한 궁사(弓射)문화와 기사(騎射)문화를 공유하게 되었다. 고조선은 '활쏘기'를 매우 중시하여 마을마다 부근에 '사장'(射場)을 설치하고 성원들에게 소년기부터 활쏘기의 맹렬한 훈련을 관행으로 하였다. 또한 활쏘기를 말타기와 통합시켜 말을 타고 달리면서 전후좌우로 자유로이 활을 쏘는 독특한 기사술(騎射術)을 개발하고 훈련시켜서 전투의 기동력과 공격력에 혁명을 가져와 고조선의 강력한 무력의 기초가 되었다. 이에 고조선 주민들은 독특한 활문화와 기사(騎射)문화를 공유하게 되었다.

(12) 고조선 국가의 주민들은 축제문화와 경기문화를 공유하게 되었다. 고조선은 해마다 봄(5월)과 가을(10월)에 전국적으로 성대한 축제를 개최하여 나랏일을 토론하고 결정하여 공지한 다음 성대한 축제 행사를 하였다. 축제의 내용은 음악과 무용을 비롯하여 씨름·활쏘기·말달리기·격투기 등 각종 무술경기의 경연을 시행하여, 임석한 제왕은 우승자에게 두터운 상을

내리고 채용하였다. 그 결과 고조선에서는 음악·무용과 각종 무술경기가 크게 발전하고 축제문화와 무술경기문화를 전 주민이 공유하게 되었다.

(13) 고조선 국가의 주민들은 민요·민속·무용·민속놀이·연행예술·민담·설화 등 예술문화를 공유하게 되었다. 고조선 주민들은 2,000년이 넘는 오랜 기간 동안 하나의 국가 통치 아래서 문화교류를 하면서 생활하는 사이에 음악·무용·민담·단군설화 등 각종 설화들을 공유하여 고조선 특유의 민속과 연행예술문화를 형성하게 되고, 이것을 전 주민이 공유하여 즐기면서 전승하게 되었다.[20]

고조선 주민들은 위에서 든 바와 같은 국가 정치의 공동, 언어의 공동, 지역의 공동, 생활양식과 관습의 공동, 혈연공동의 의식, 신앙과 종교의 공동, 천손의식의 공동, 생산기술과 경제생활의 공동, 무기·무장과 군사문화의 공동, 기마문화의 공동, 궁사(弓射)문화의 공동, 축제문화와 경기문화의 공동, 예술문화와 민속문화의 공동 등을 형성하여 2,000년이 넘는 장구한 시간을 긴밀하게 교류하면서 생활해 오는 동안에 공고한 문화공동체적 결합을 이루고 '고조선 민족'을 형성하게 되었다. 고조선 국가 안에서 위에서 든 문화 공동의 요소들에 의해 공고하게 결합된 문화공동체가 '고조선 민족'인 것이다.

---

**20** 임재해, 〈고조선 시기 탈춤문화의 형성과 연행예술의 수준〉, 《比較民俗學》 제40집, 2009 참조.

## 제2절
# 한국 '원민족'(proto-nation)의 형성

　고조선 국가의 형성을 기점으로 고조선 시기에 위와 같은 요소로 형성된 '고조선 민족'이 한국민족의 '원민족'(proto-nation)이다.[21]

　한국 '원민족'은 최초에 '한' 부족·'맥' 부족·'예' 부족의 3부족의 결합과 융합으로 형성되었으나, 이들만으로 한국 '원민족'이 형성된 것은 아니었다.

　고조선은 본문에서 서술한 바와 같이 후국 제도를 채택해 사용했는데, 제1형 후국에는 맥(貊)·예(濊)·부여(夫餘)·고죽(孤竹)·청구(靑丘)·발(發, 밝)·불리지(弗離支)·양맥(良貊)·구려(句麗)·비류(沸流)·구다(句茶)·행인(荇人)·개마(蓋馬)·옥저(沃沮)·진반(眞潘)·임둔(臨屯)·진(辰)·숙신(肅愼)·읍루(挹婁) 등이 포함되어 있었고, 제2형 후국에는 불도하(不屠何)·동호(東胡)·오환(烏桓)·선비(鮮卑)·해(奚: 庫莫奚)·오손(烏孫)·유연(柔然, 원 유연, 大壇)·산융(山戎, 원 흉노)·정령(丁零, 鐵勒, 원 돌궐)·실위(室韋, 원 몽골) 등이 포함되어 있었다. 제1형 후국들 가운데 고죽·구다·행인·개마 등이 어떠한 부족들인지 아직 연구가 되어 있지 않다. 고조선이 위기에 처했을 때 제1형 후국 부족들 가운데 분리하여 멀리 떠나버린 부족들을 제외하고 고조선과의 결합을 끝까지 견지한 부족들은 '한'·'맥'·'예' 3부족과 더불어 이에 포함되어 '고조선 민족'에

---

**21** 신용하, 〈민족 형성의 이론〉, 《한국사회학연구》 제7집, 1984; 《한국민족의 형성과 민족사회학》, 지식산업사, 2000, 315~363쪽 참조.

공고하게 결합해서 한국 '원민족'에 융합된 것이었다. 고조선의 제1형 후국 부족들은 대부분 한국 '원민족'에 융합되었다.

한편 고조선의 제2형 후국들 가운데, 고조선이 위기에 처했을 때 분리 독립하여 멀리 떠나버린 후국 부족들은, 일부 끝까지 남아서 고조선 민족에 융합된 그 후국의 일부 주민을 제외하고는, 고조선 민족에서 분리되었다. 제2형 후국들의 대부분은 한국 '원민족' 형성 에서 결국 분리되어버리고, 오직 끝까지 남아서 고조선 민족에 융합 된 제2형 후국들의 소수 일부 주민들만이 한국 '원민족' 형성에 융합 하게 되었다. 그러나 고조선의 제2형 후국 부족들이 그 후 독자적 민 족으로 발전한 경우에도 '고조선 민족', 한국 '원민족'과 깊은 친연 성을 갖게된 것은 더 말할 필요도 없을 것이다. 제2형 후국들도 이미 '고조선문명권'을 형성하여 문화와 문명을 이미 고조선 시기에 매우 많이 공유했기 때문이었다.

한국민족은 고조선 시기에 '원민족'을 형성한 다음, 고조선 해체 후 열국시대에 '전근대민족'을 형성하고, 개화기에는 '근대민족'으 로 발전하였다. 한국민족은 원민족·전근대민족·근대민족을 모두 거치면서 오늘에 이르렀으나, 한국민족의 최초의 민족 형성과 최초 의 민족적 특성이 확고하게 정립된 것은 한국 '원민족'인 '고조선 민 족'에서 이미 형성된 것이었다.

한국민족은 동아시아 최초의 고대국가 고조선이 형성된 BC 30세기 ~BC 24세기에, 고조선 국가와 함께 '원민족'이 형성된 약 5,000년의 역사를 가진 세계에서 가장 오래되고 유구한 역사를 가진 민족들 가운 데 하나이다.

한국 '원민족'은 바로 '고조선 민족'이며, 한국 '원민족'은 고조선 국가형성을 기점으로 하여, 고조선 시기에 한국민족의 최초의 민족형태로서 형성되고 확립된 것이다.

이 책의 처음 문제의식과 관련하여 한국민족이 서방 또는 북방으로부터 한반도로 이동해 들어왔다는 각종 기존 학설들은, 지금까지의 고찰에서 명백히 밝혀진 바와 같이, 처음부터 사실이 아니었다. 만일 그러한 이동이 있었다면 그것은 '한국인'이나 '한국민족'이 아니라, 인류로서의 '슬기 사람' '슬기슬기 사람' 단계의 '구석기인'이었다. 그 시기도 100만 년~1만 5,000년 전의 일이었다. 이때에는 아직 '한국인'이나 '한국민족'은 형성되어 있지도 않았다.

한반도에는 '구석기인'이 약 100만 년 전부터 이미 거주하기 시작했다는 사실은 평안남도 상원 검은모루 유적(약 100만 년 전)과 충청북도 단양 금굴 유적(약 70만 년 전)에 의해 명확히 증명된다. 또한 만주 지역에도 이 무렵에 '구석기인'이 거주했다는 사실이 이 지역의 구석기 유적들에서 거듭 확인된다.

이러한 '구석기인'들은 아프리카, 또는 인종으로서의 인류 발상지들에서 출발하여 세계 각지로 천천히 수백만 년에 걸쳐 진화해 가면서 이동했을 것이다. 그러나 이것은 '민족' 이동이 아니라 '인종'의 이동이었다. 지금 자연과학자들이 DNA와 기타 유전인자들을 검출하여 이동경로를 조사하는 것은 '민족이동'이 아니라 '인종이동'임을 명료하게 구분하여 인식할 필요가 있다. 이 시기에는 인류에게 아직 '원민족'이나 '민족'이 형성되어 있지 않았으며, '한국인'도 '한국민족'도 아직 형성되어 있지 않았다.

인류의 이러한 '인종이동'의 추세의 하나는 유라시아 대륙에서는 결과적으로 어둠을 먼저 밝혀서 '밝음'을 주는 '해' 뜨는 '동'쪽을 향해서 이동하는 것이 되었다. 그리고 이미 수십만 년 전에 가장 진취적으로 이동하고 활동한 인종으로서 '구석기인'들의 일부가 유라시아 대륙의 가장 동쪽인 한반도와 연해주에 도착했고, 연륙되어 있던 알래스카로 갔을 것이다. 그러나 이들은 비록 한반도와 만주·연해주에 먼저 도착해 거주했다고 할지라도 아직 '한국인'도 '한국민족'도 아니었고, 오직 '구석기인'들이었을 뿐이다.

이 구석기인들은 지구 기온의 '빙기'와 '간빙기'의 몇 차례 반복과정에서, 가장 추웠던 1만 8,000년~1만 5,000년 전 '최후의 빙기'의 대혹한으로 북위 40도선 이북의 구석기인들은 거의 모두 절멸되었다고 추정되고 있다. 북위 40도 이남의 '구석기인'도 동굴 속에서 혹한에 떨면서 굶주림과 질병과 싸우면서 살아남기 위한 자연과의 생존투쟁을 계속하였다. 한반도와 만주·연해주·북중국 지역에서 발견되는 구석기 유적의 구석기인들이 이러한 상태에 있었음이 연구되어 있다. 이러한 구석기인들은 인류·인종이었지만 완신세(完新世, Holecen)의 현생인류(現生人類)에는 포함시키지 않고 있다.

지구의 기후·기온이 온난해져서 지금과 비슷한 기후·기온이 조성된 약 1만 2,000년 전~1만 년 전에, 동굴 속에서 살아남은 구석기인들이 동굴 속에서 나와 따뜻하게 변화한 지구 기후·기온 환경에 적응하면서 주로 강변과 해안에서 가족과 씨족과 부족을 만들어 진화한 사람들이 '신석기인'이다. 신석기시대부터는 인종을 절멸시키는 결정적 자연재해가 없었기 때문에, 한반도와 만주 지역에서 살아남은 신석기인들은 인종으로서 '한국인'의 직계 조상으로서 거론할 수 있을 것이다. 그러나 이때에도 아직 '한국민족'은 형성되어 있지 않았다.

'한국민족'이 처음으로 형성되기 시작한 것은, 앞에서 비교적 상세히 밝힌 바와 같이, BC 30세기~BC 24세기에 한반도에서 형성된 '한'부족과 대릉하 유역에서 기원한 '맥'부족과 송화강 유역에서 기원한 '예'부족이 한반도에서 연맹 결합하여 동아시아 최초의 고대국가인 '고조선'을 개국하고 '한국 원민족'(고조선 민족)을 형성한 이후부터이다.

그러므로 '한국민족'은 한반도에서, 그리고 한반도와 만주에서 자생하여 형성된 것이지, 카프카스 지방·바이칼 지방·알타이 지방·몽골 지방·시베리아 지방에서 이입·이동해 들어온 것이 아니었다.

한반도에서 구석기시대의 1만 8,000년 전~1만 5,000년 전 '최후의 빙기'의 치명적인 혹한을 동굴 속에서 이겨낸 생존한 구석기인들이 기후 온난화 후에 동굴에서 나와 신석기인으로 진화하고 농업경작을 시작하여 '신석기시대 농업혁명'에 성공했으며, 청동기 제작을 시작할 수 있게 되자, BC 30세기~BC 24세기에 동아시아 최초의 고대국가 '고조선'을 개국하고 '한국민족'을 '원민족'으로서 형성하였다.

한국 원민족은 한반도와 한반도·만주 지역에서 자생(自生)하여 형성된 것임을 특히 주목할 필요가 있다.

한국 원민족은 한반도에서 형성된 후 BC 20세기경부터는 만주 요동·연해주와 서북방인 요서, 동부 내몽골 지방으로 진출하기 시작하였다. 한국 원민족은 서방과 북방에서 이동·이입해 들어온 것이 아니라 북방과 서방으로 이동·이입해 들어간 것이었다.

중국 사회과학원이 최근(2002~2006년) 실시한 소위 '동북공정'에서 정립한 '고조선', '부여', '고구려', '발해'가 고중국의 지방정권이었다는 주장은 전혀 '진실'이 아니고 '거짓'이고 '허구'이다.

고조선은 동아시아 최초의 고대국가로서 BC 30세기~ BC 24세기에 건국되었으며, 고고유물을 접어두고 고문헌 기록만 보아도 BC 24세기(BC 2333년경)에 건국된 동아시아 최초의 고대국가이다. 중국의 최초의 고대국가 '하(夏)'나라는 동북공정 추진자들이 최대로 끌어올려도 BC 21세기(BC 2070년)에 개국되었다고 '동북공정'이 스스로 결론짓고 있다. 뿐만 아니라 BC 20세기에 고조선은 강대한 고대국가로서 만주 및 중국 난하 유역과 산동반도까지 진출했었는데, 하(夏)나라는 산동반도에 진출한 고조선 이주민들과 접촉한 아직도 소국(小國) 단계에 있었다. 어떻게 수백 년 먼저 건국했으며 강대한 나라 고조선이 수백년 늦게 건국하고 약소한 고중국 하(夏)나라의 지방정권이 될 수 있겠는가. 어불성설의 억지에 불과한 것이다.

중국의 '동북공정' 주장자들 가운데 혹자는, 주(周) 무(武)왕이 기자(箕子)를 임명하여 '기자조선'(箕子朝鮮)을 세워준 것이 '고조선'의 개국이다 운운하지만, '기자조선'이란 것 자체가 역사실제에는 아예 존재하지 않았다.[22] '기자조선'은 중국의 고문헌들도 인정하지 않고 기록하지도 않은 것을 중국의 후대 학자들이 '동북공정'의 고조선 지방정권론처럼 꾸며낸 허구이다.

'기자'는 BC 12세기에 주(周)의 무왕이 은(殷)왕조를 붕괴시켰을 무렵, 은나라 마지막 임금 '주'(紂)의 폭정을 간했던 은나라의 신하였다. 왕자 비간(比干)이 열심히 '주'왕에게 간하다가 죽임을 당하는 것을 보

---

**22** ① 申采浩, 〈夫餘王朝와 箕子〉, 《讀史新論》(《大韓每日申報》 연재), 1908.
　② ＿＿＿, 〈수두시대〉, 《朝鮮上古史》(《朝鮮日報》 연재), 1931.
　③ 金映遂, 〈箕子朝鮮은 중국 蒙縣－東國朝鮮과는 異地同名일뿐－〉, 《全北大論文集》 제3집, 1960.
　④ 리지린, 〈기자조선 전설비판〉, 《고조선연구》, 백산자료원, 1962.
　⑤ 李丙燾, 〈箕子朝鮮의 정체와 소위 箕子8條敎에 대한 신고찰〉, 《韓國古代史研究》, 박영사, 1976.
　⑥ 尹乃鉉, 〈箕子新考〉, 《韓國史研究》 제41집, 1983 참조.

고 기자는 머리를 풀어헤치고 미친 척하다가 잡혀서 노예가 되었다가 석방되었다. 이에 기자는 자기의 명지(明智)를 감추어 어리석은 사람인 체하면서 몽현(蒙縣)이란 곳의 시골에 은거하다가 그곳에서 종신하였다. 고대 중국인들은 기자를 은나라의 박식한 충신이라고 존경했으며, 기자의 묘가 양(梁)국 몽현(蒙縣)에 있다고 하였다.[23]

공자(BC 552년~BC 479년)는 주(周)·춘추시대 노(魯)나라의 대학자로서, 역사에 매우 해박했으며, 자기 시대에 거의 모든 중국 서적을 수집하여 편찬사업을 했었다. 공자는 하(夏)·주(周)와 동이(東夷)를 엄격히 구분하려고 애쓴 중국중심론자였는데도, 주(周) 무왕이 기자를 조선에 봉했다는 것을 기록도 시사도 전혀 하지 않았다. 그러한 사실이 없었기 때문이다. 공자는 《논어》 자한편에서 "공자가 구이(九夷)에 가서 살고자 하니, 어떤 사람이 가로되 누추한 나라에서 어찌 살리오 하므로, 공자 가로되 군자가 사는 곳에 무슨 누추함이 있으리오"[24]라는 기록만 남겼을 뿐이다. 공자는 고조선을 '구이'라고 표현하면서도 군자가 살만 한 곳임을 시사했을 뿐이었다.

BC 3세기 전반기까지 중국 정사(正史)와 경서(經書)에는 기자가 조선왕에 봉해졌다는 기록은 전혀 없었다.

그러다가 BC 3세기 말 한(漢) 무제(武帝)가 고조선을 침략 병탄하려고 할 때에 어용학자들이 출현하여 몇 단계에 걸쳐 소위 '기자조선설'을 꾸며내기 시작하였다.

---

**23** 《史記》 卷38, 宋微子世家, 集解 "杜預 曰 梁國蒙縣有箕子塚" 참조.
**24** 《論語》 子罕篇, "子欲居九夷 或曰陋如之何 子曰君子居之 何陋之有" 참조.

(1) 《주역(周易)》의 '명이'(明夷)의 괘(☳, ☷, 離下 坤上)의 풀이(卦爻辭)에 "기자의 명이"[箕子之明夷]라는 설명이 있는데, '명이'(明夷)의 뜻은 공영달(孔穎達)의 소(疏)가 밝힌 대로 어리석은 임금 암주(闇主)가 위에 있고 밝은 신하[名臣]가 아래에 있을 때는 감히 그 밝은 지혜[明智]를 들어내지 않는다"(闇主在上 名臣在下 不敢顯其明智)의 뜻이었다.[25] 이때의 '이'(夷)는 '상'(傷, 다치다) · '멸'(滅, 없애다)의 뜻으로서 '명이'(明夷)는 '밝음을 감추다'의 뜻이었다. 이것이 정통적으로 내려온 해설이었다.[26]

그런데 BC 3세기에 한의 어용학자들이 '기자지명이'(箕子之明夷)의 '지'(之)를 '가다'로, '이'(夷)를 조선(朝鮮)으로 해석하여 "기자가 오랑캐 조선을 밝혀주러 갔다"고 왜곡 해석해서 한 무제의 고조선 침략을 정당화하고 합리화하는 근거를 만들려고 하였다.

(2) 이어서 복승(伏勝)이라는 '한'(漢)나라 어용학자가 《상서》에 대한 해설서인 《상서대전(尚書大傳)》을 구술하면서 '기자명이'의 왜곡 해석을 역사에 적용하여 역사 날조를 시도하였다.[27]

원래 《상서》 원문에는 고문이나 금문이나 모두 '홍범'(洪範)조에 주의 무왕(武王)이 기자(箕子)를 방문하여 통치방법을 물으니 기자가 '홍범구주'(洪範九疇)를 상세히 설명해준 내용만 기록되어 있고 조선은 명칭조차 나오지 않는 것이 진실이다.

---

**25** 《周易正義》卷4,〈晋 明夷〉,《十三經注疏》上, 上海古籍出版社, 1997, 49~50쪽 참조.

**26** 傅斯年,〈箕子明夷的故事〉,《古史辨》제3책, 上편, 15~16쪽 참조.

**27** 《尚書大傳》은 漢의 伏勝의 편찬이라고 하나, 鄭玄의 이 책 서문에 의하면 張生과 歐陽生 등이 伏勝이 남긴 말들을 기록한 것이라고 하였다. 책임 없는 傳說의 모음집이다.

그런데 복생은 전설을 모아 해설한다는 구실을 붙여서 그의 《상서대전》 주전(周傳) 홍범조에서 "무왕이 은(殷)을 이기게 되자 감옥의 기자를 석방해주니, 기자는 주나라가 석방해 준 것을 참지 못하여 '조선'으로 도망갔다. 무왕이 이를 듣고 조선을 봉(封)하여 주었다"[28]고 날조해 왜곡하였다.

기자는 석방되자 하북성 몽현의 시골로 들어가 은거한 것이 역사적 실제인데, 기자가 '조선'으로 망명해 도망했다고 왜곡 날조했으며, 한술 더 떠서 당시 주나라는 소약하고 고조선은 강대한 나라였는데 마치 '조선'이 주나라의 일부 지방인 것처럼 '조선'을 기자에게 봉(封)해 주었다고 날조한 것이었다.

(3) 이어서 사마천은 《사기》에서 이를 받아 아예 이것을 사실화하려고 시도하였다. 《상서》의 원문과 복생의 날조된 전설수집 왜곡을 합쳐서 아예 이것을 사실화하려고 시도한 것이었다. 사마천은 쓰기를, '기자'는 은의 왕 주(紂)의 친척인데 '주'가 방탕하자 기자가 간했으나 듣지 않았다. 이에 '주'(紂)가 기자를 죽이리라 예견하여, 기자는 머리를 풀어헤치고 미친 척하다가 잡혀서 노예가 되었으므로 죽음을 면하게 되었고, 석방되자 숨어 살면서 악기를 두드리며 슬픔에 잠겨 살았다는 것이다. 이때에 주(周)의 무왕(武王)이 은왕조를 멸망시킨 후 '기자'를 방문하여 통치방법의 자문을 청하니, 기자는 상세한 자문을 해주었고, 이에 "무왕은 기자를 '조선'에 봉하였는데 그를 신하의 신분으

---

**28** 《尚書大傳》卷3, 周傳玄 洪範條, "武王勝殷 釋箕子之囚 箕子不忍爲周之釋 走之朝鮮. 武王聞之 因以朝鮮封之" 참조.

로 대하지 않았다. 그 후 기자가 주왕을 배알하기 위하여 옛 은 나라 도읍지를 지나가다가 궁실은 이미 파괴되어 거기에 곡식이 자라고 있는 것을 보았고."[29] 기자가 슬퍼서 시를 지어 노래했다는 것이 사마천의 설명의 요지이다.

사마천은 주의 무왕이 기자를 아예 '조선'의 후왕으로 봉했고, 기자의 자문이 고마워 그를 신하로 간주하지 않고 우대했으며, 기자는 주 무왕을 배알하러 다녔다고 날조하였다.

사마천의 역사왜곡과 날조는 그 후 사마천의 역사가로서의 큰 명성으로 말미암아 사실처럼 유포된 것이었다.

그러나 이러한 '기자조선설'은 완전한 역사 날조였다. 기자는 하북성 몽현에 숨어 살았고, 조선은 주의 무왕 때 주나라로부터 8,000여 리의 먼 곳에 있는 주나라보다 더 강대한 독립국이었기 때문에, 기자가 조선에 봉해질 수도 없었고, 따라서 기자가 조선국왕이 된 일도 없었으며, 따라서 기자가 주나라 무왕을 배알하려 8,000여 리 먼 길을 다닌 일도 없었기 때문이다.

사마천은 《사기》에서 《상서대전》의 역사왜곡을 끌어다가 이를 자료로 더 왜곡시켜 날조해서 주(周)의 천하지배와 정통성을 세우려고 시도한 것이었다.

만일 주 무왕이 기자를 조선 후로 봉했다는 것이 사실이었다면, 이 엄청난 사건이 《사기》 이전의 중국 역사서인 《상서》 자체와 《시경》 등 13종 경서에 한 줄이라도 언급되지 않을 리 없고, 춘추

---

29 《史記》卷38, 宋微子世家, "周武王旣克殷 訪問箕子 …… 於是武王乃封箕子於朝鮮 而不臣也. 其後箕子朝周 過故殷虛 感宮室毀壞 生禾黍 箕子傷之"참조.

시대까지의 모든 서적을 편람하고 각국 민요까지 수집해서 정리한 중국 중심주의자 공자가 이를 언급하지 않을 리가 없는 것이다. 그러나 한나라(BC 3세기 말) 이전의 역사서와 고문헌에는 '조선후 기자'나 '조선왕 기자'나 '기자조선' 따위는 한 줄도 나오지 않는 것이다.

소위 '기자조선설'은 한 무제가 고조선을 침략할 때 이를 합리화하고 정당화하기 위해 날조한 한나라 어용학자들의 입론을 계승해온 것에 불과한 것이다. 이것은 마치 19세기 말에 일본 제국주의 어용사가들이 일제의 한국 침략을 합리화하고 정당화하기 위해 '임나일본부설'을 날조한 것과 유사한 것이었다.

역사적 진실은 BC 12세기경에는 이미 그 이전부터 오히려 고조선족 이주민들이 산동반도와 회수 유역에 선진문화를 가지고 들어가 소분국(小分國)들을 형성하며 생활하고 있었다. 이 책의 제7장에서 밝힌 바와 같이, 중국 고문헌에 '동이'(東夷) 또는 '회이'(淮夷)라는 이름으로 나오는 30여 개 고조선 이주민들의 소분국들이 선진 곡물재배와 농경문화, 선진 청동기문화를 도입하여 고중국 계열 소분국들에게도 전수해 주어서 황하 유역 고중국문명의 형성에도 매우 큰 도움을 준 것이 역사적 진실이었다.

심지어 회수 유역의 고조선족 분국인 서국(徐國)은 주의 목왕(穆王) 때 세력이 떨쳐서 서국 언왕(偃王)이 주나라를 정복하려 하므로, 주의 목왕은 두려워서 산동반도의 동부 지역 제후들에 대한 통치권을 나누어 주었고, 서의 언왕이 어진 정치를 하니 고중국 내 36개국이 서(徐) 언왕(偃王)에게 조공을 하며 그의 통

치를 받았다고 《후한서》에 기록되어 있지 않은가. [30]

주(周)나라는 서주(西周, BC 1050년경~ BC 771년경)시대나 동주(東周, BC 403년~BC 221년)시대나 소약국이었다. 그러한 소약국 주나라가 고조선 본국에 '기자'를 보내서 '기자조선'을 세웠다거나, '기자조선'이 '고조선'의 시작이므로 고조선은 중국의 지방정권이었다는 소위 '동북공정'의 주장이 얼마나 황당무계한 억지이며 역사 날조인가를 알 수 있다.

고중국이 고조선과 어깨를 나란히 할 수 있었던 강대국이 된 시기는 BC 221년 진(秦)의 시황제(始皇帝)의 고중국 통일 때부터이다. 이때 '진'은 만리장성을 연결하여 쌓고, 만리장성 이남에 있는 고조선 계열 소분국들을 해체시켜서 고조선족 이주민 후예들을 민호(民戶)로 편성하여 '동화'시키기 시작하였다. [31] 또한 진시황은 만리장성 너머 '고조선'을 공격하여 처음에는 전진하는 듯했으나 곧 고조선군의 반격을 받고 퇴각하여 만리장성 이남으로 들어와서, '만리장성'을 고중국 '진'과 '고조선'의 국경으로 삼았다.

그러므로 오늘날 중국 사회과학원의 '동북공정' 추진자들이 고조선을 고중국의 지방정권 운운하는 것은 전혀 진실이 아니며 황당무계한 거짓이고 허구이다.

BC 30세기~BC 24세기에 고조선이 개국한 직후, 고조선 후국으로 성립된 부여(BC 15세기~AD 494년)와 부여에서 나온 고구

---

**30** 《後漢書》卷85, 東夷列傳 참조. 제7장의 '주 74'와 같음.
**31** 《後漢書》卷85, 東夷列傳, "秦併六國 其淮·泗夷 皆散民戶" 참조. 제7장의 '주 81'과 같음.

려(BC 376년~AD 668년)와 고구려에서 나온 발해(AD 698년~AD 926년)가 고중국의 지방정권이었다는 주장도, 여기서는 상세히 논할 여백이 없지만, 고조선과 마찬가지로 황당무계한 거짓이다. 예컨대《구당서》를 보면, 당(唐)의 건국제왕인 고조(高祖)가 662년에 보낸 외교문서에 "이제 2국(二國, 고구려와 당)이 서로 화평을 통하게 되었으니(今二國通和)"[32] 수나라의 고구려 침공 때 잡힌 수나라 군인 포로들을 돌려보내 달라고 요청한 기록이 수록되어 있다. 주목할 것은 이때 당 고조는 고구려를 당의 일개 지방정권이라고는 꿈에도 망상하지 않고 도리어 '두 국가'[二國, 고구려와 당]라고 하여 '고구려'와 '당'이 어깨를 나란히 한 당당한 외국 독립국가임을 정사(正史)에서도 스스로 기록하였다. 고구려가 중국의 지방정권이 아니고 당과 대등한 외국 독립국가임을 당을 건국한 당 고조가 스스로 기록하고 있지 않은가.

고중국은 한사군이 고구려에 의해 쫓겨 가서 해체된 이후에는 명나라 초까지 동북 지방을 지배해본 일이 없다. 명나라 때 주원장이 14세기에 지금의 요하 중류 부근에 일시 군사기지를 설치했다가 바로 철수한 이후에는 중국의 동북 지방은 과거 고조선문명권 안에 들어 있던 후국 민족들의 후예 북방민족들이 스스로 나라를 세워 통치하였다. 만주 지방이 중국의 명분상 통치 영역으로 행정구역상으로라도 지방정권으로 편입된 것은 1911년 '중화민국' 건국 이후이고, 중국의 영토가 가장 넓게 팽창되어 중앙정

---

**32**《舊唐書》卷199 上, 東夷列傳, 高麗條, "今二國通和 義無阻異 在此所有高麗人等 已令追括尋 卽遣送 彼處有此國人者 王可放還 務盡撫育之方 共弘仁恕之道" 참조.

부가 지방행정을 완전히 장악한 것은 현재의 '중화인민공화국'이 처음이다. 오늘날의 팽창된 지역 상태를 그대로 '고대'까지 소급하여 오늘날의 중국 지역 안에서 활동한 다른 민족들의 과거 국가들은 모두 중국의 지방정권이라는 논리와 주장은 반(反)사회과학적이고 반(反)역사주의적인 황당무계한 억지에 불과한 것이고, 사회과학과 역사과학 이전의 억지 주장에 불과한 것이다.

과거 일본 제국주의자들이 19세기 말~20세기 초에 대한제국을 침략하여 식민지로 강점하려 획책할 때, 일제는 어용역사가들을 동원하여 한국 고대 역사를 왜곡하고 날조한 일이 있었다.

일제 어용역사가들은 조선 역사의 시작이라고 하는 '단군'의 '고조선'은 승려가 꾸며낸 '신화'에 불과하다고, '고조선'과 '단군'의 '실재'를 부정하였다. 그렇다면 전조선(단군조선) 시기의 것으로 출토되는 아시아 최고의 청동기들과 비파형 동검들은 '신화'가 제작해 남긴 것인가?

일제 어용사가들은 조선 역사는 중국에서 온 기자가 세운 '기자조선'에서 시작된다느니, '한사군'에서 시작된다느니, 삼한삼국에서 시작된다느니 하여, 북방은 조선 역사의 시작부터 중국에 속국이었다고 역시 황당무계한 식민주의 사관을 주장하고 이 거짓을 식민지 교육·홍보기관을 통하여 교육하고 주입시켰다.

일제 어용역사가들은 고대일본이 AD 2세기~AD 4세기에 걸쳐 약 200년간 옛 가라 지방에 '임나일본부'(任那日本府)라는 직할 식민지를 두어 한반도 남부를 통치했으며, 조선은 고대부터 일부가 일본 식민지였으니 이제 한국을 정복하고 정한(征韓)을 실행하는 것은 한국을 침략하는 것이 아니라 옛 상태처럼 복구(復舊)하는 것이라고 황당무계한 거짓으로 일본 국민을 속이고 선동했었다. 일본은 이전까지 수십 개의 작은 소국으로 분산되어 있다가 AD 7세기 말에 겨우 통일되어 고대국가가 형성되었고, ‘일본’이라는 용어 자체도 7세기에야 정립되는데, 어떻게 ‘임나일본부’라는 명칭의 총독부가 2세기에 설치되어 한반도 남부를 직할 식민지로 통치했단 말인가. 참으로 황당무계한 역사 날조를 자행한 것이었다.

고조선의 역사는 이웃나라 침략주의자들과 팽창주의자들의 야욕에 봉사한 어용역사가들에 의하여 부정되고 온갖 상처를 입어 형체를 알아보기 어렵게 되어 있다.

그러나 남아 있는 자료들과 발굴되는 고고유물들을 실증적으로 그리고 과학적으로 검증해보면 ‘고조선’은 동아시아에서 가장 이른 시기인 BC 30세기~BC 24세기에 건국된 ‘동아시아 최초의 고대국가’임을 확인할 수 있다.

동아시아 최초의 고대국가 고조선은 건국 후 선진적 정치·경제·사회·문화를 더욱 발전시키고, 특히 선진적 금속문화·기마문화·생활문화와 독특한 음악·무용 등 예술문화를 발전시켰다.

고조선 국가는 건국 후 그 영역에 포함된 다수의 부족들과 원민족들을 후국 제도를 채택하여 통치하였다. 고조선 국가는 3왕조에 걸쳐 약 2,000여 년간 ‘장기 지속’하면서 그 안에 포함된 제1형 후국들과 제2형 후국들을 통합하여 하나의 거대한 ‘고조선문명권’을 형성하였다.

‘고조선문명’은 세계사에서 동아시아에 일찍이 형성되었던 독특한 고대문명의 하나였다. 지금은 알지 못하게 된 '잃어버린 고대문명'을 찾는 일은 학자들의 중요한 연구과제의 하나가 될 것이다.

고조선 국가의 형성 발전에 동반하여 한국민족의 '원민족'이 BC 30세기~BC 24세기에 형성되었다. 한국민족은 세계에서 가장 이른 시기에 형성된 가장 오래된 민족의 하나이다. 한국민족은 이미 고조선 시기에 '민족언어'로서의 '한국어'를 비롯한 문화적 특성을 형성했으며, 독창적인 찬란한 민족문화를 형성 발전시키면서 오늘까지 줄기차게 발전하고 있다.

한국민족은 고조선 시기에 '고조선 민족'으로서 '원민족'을 형성하고 찬란한 독자적 민족문화를 형성 발전시켰을 뿐만 아니라, 선진문화를 이웃 나라들과 이웃 민족들에게 전파하여 이웃 나라들과 이웃 민족들의 발전에 큰 도움을 주었다.

한국 원민족의 일부는 산동반도와 회수 유역에 이주하여 고조선의 선진문명을 전파해서 이른바 '황하문명'이라고 부르는 고중국의 고대문명 형성에 지대한 기여를 하였다. 고중국의 황하문명 특히 은상(殷商)문명은 고조선문명의 협조와 기여에 의거하여 형성된 것이었다.

한국 원민족의 일부는 일본열도의 구주 지방과 본주의 서해안에도 이주하여 선진적 고조선문명을 전수해 주었으며, 일본 고대국가 형성과 고대문화 형성에도 지대한 기여를 하였다.

# 참고문헌

# 참고문헌

## I. 자료

자료 ①

| | | |
|---|---|---|
| 《江東郡邑誌》 | 《東明王篇》 | 《宋書》 |
| 《江東郡誌》 | 《東史綱目》 | 《水經注》 |
| 《江東誌》 | 《東史輯略》 | 《隋書》 |
| 《江東縣邑誌》 | 《毛詩正義》 | 《詩經》 |
| 《疆域考》 | 《東史綱目》 | 《新唐書》 |
| 《高麗史》 | 《北史》 | 《新增東國輿地勝覽》 |
| 《古事記》 | 《史記》 | 《梁書》 |
| 《關西邑誌》 | 《史記正義》 | 《藥泉集》 |
| 《管子》 | 《山海經》 | 《燃藜室記述》 |
| 《管子校注》 | 《山海經校注》 | 《呂氏春秋》 |
| 《舊唐書》 | 《三國史記》 | 《與猶堂全書》 |
| 《揆園史話》 | 《三國遺事》 | 《永平府志》 |
| 《記言》 | 《三國志》 | 《禮記》 |
| 《老乞大諺解》 | 《尚書》 | 《禮記正義》 |
| 《論語》 | 《尚書大傳》 | 《十三經注疏》 |
| 《大東地志》 | 《尚書正義》 | 《魏略》 |
| 《大東歷史》 | 《尚書注疏》 | 《魏書》 |
| 《讀史方輿紀要》 | 《成川誌》 | 《應制詩註》 |
| 《東國通鑑》 | 《星湖僿說》 | 《逸周書》 |
| 《東國歷代總目》 | 《修山集》 | 《潛夫論》 |
| 《東國史略》 | 《旬五志》 | 《戰國策》 |

《帝王韻紀》　　　　《靑鶴集》　　　　《平壤誌》
《朝鮮王朝實錄》　　《叢史》　　　　　《平壤續志》
《左傳》　　　　　　《春秋》　　　　　《海東繹史》
《周書》　　　　　　《春秋左氏傳》　　《海東異蹟》
《周易正義》　　　　《太平御覽》　　　《漢書》
《竹書紀年》　　　　《太平宇記》　　　《後漢書》
《晋書》　　　　　　《通典》　　　　　《訓蒙字會》
《集韻》　　　　　　《標題音註東國史略》

자료 ②

姜仁求·李健茂·韓永熙·李康承,《松菊里》Ⅰ, 國立中央博物館, 1979.
경기도 박물관,《경기도 3대하천유역 종합학술조사 Ⅰ, 임진강》3책, 2001.
경기도 박물관,《경기도 3대하천유역 종합학술조사 Ⅱ, 한강》3책, 2002.
경기도 박물관,《경기도 3대하천유역 종합학술조사 Ⅲ, 안성천》1책, 2003.
경기도 박물관,《경기도 고인돌》, 2007.
미사리선사유적발굴조사단 편,《渼沙里》Ⅰ~Ⅴ, 1994.
고조선학회,《고조선유적 답사자료집》, 2008·2009·2010.
국립문화재연구소,《高城文岩里遺蹟》, 2004.
국립제주박물관,《제주의 역사와 문화》, 2001.
國立中央博物館,《岩寺洞》, 1994.
국립중앙박물관,《松菊里Ⅲ》, 1987.
權五榮·李享源·申誠惠·朴重國,《華城 盤松里 靑銅器時代 聚落》, 한신대
　　박물관, 2007.
金秉模 외,《中原荷川里 D지구 유적발굴 조사보고−1984년도−》, 1984.
김병모·金承·兪炳隣,《大母山 文化遺蹟 試掘調査報告書》, 漢陽大學校博物
　　館, 1999.
김신규·김교경,〈상원 검은 모루 구석기시대 발굴보고〉,《고고학자료집》4,
　　민족문화, 1974.
김신규·김교경·백기하·장우진·서국태,〈승호구역 만달리 동굴유적 발굴보
　　고〉,《평양 부근 동굴유적 발굴보고》14, 과학출판사, 1985.

김용간,《금탄리 원시유적 발굴보고》, 1964.

김원용·임효재·권학수·이준정,《오산리유적》 Ⅰ·Ⅱ·Ⅲ, 서울대 박물관, 1984·1985·1988.

단국대 박물관,《中原高句麗碑조사보고서》, 1979.

大連市文物考古硏究所,《大嘴子: 靑銅時代遺址1987年發掘報告》, 大連出版社, 2000.

도유호,《지탑리 원시유적 발굴보고》, 1961.

문화재청·서울대 박물관,《한국 지석묘(고인돌) 종합조사 연구》Ⅰ·Ⅱ, 1999.

배기동,《금파리 구석기유적》, 국립문화재연구소, 1999.

山東省文物管理處 濟南市博物館 編,《大汶口新石器時代墓葬發掘報告》, 北京: 文物出版社, 1974.

서울대 박물관,《鰲山里遺蹟》Ⅰ·Ⅱ·Ⅲ, 1984·1985·1988.

邵國田 主編,《敖漢文物精華》, 內蒙古文化出版社, 2004.

석광준,《각지고인돌무덤조사발굴보고》, 백산자료원, 2003.

孫秉憲 외,《김해 퇴래리유적》, 성균관대 박물관, 1989.

遼寧省文物考古硏究所·本溪市博物館,《馬城子－太子河上游洞穴遺存》, 文物出版社, 1994.

遼寧省文物考古硏究所 編,《遼東半島石棚》, 遼寧科學技術出版社, 1994.

遼寧省考古硏究所·吉林大學考古學系,〈遼寧阜新平頂山石城址發掘報告〉,《考古》, 1992년 5기.

俞炳隣,《한국 靑銅器時代 住居地 集成(서울·경기·강원도)》, 춘추각, 2004.

劉泳 主編,《赤峰博物館文物·典藏》, 遠方出版社, 2007.

尹炳鏞,《부산 노포동 고분군》, Ⅰ·Ⅱ, 부산시립박물관, 1985·1988.

尹容鎭,〈中原荷川里 F지구 유적발굴 조사보고－1983·1984년도－〉,《충주댐 수몰지구 문화유적 발굴조사보고》(고고·고분 분야 ②), 충북대 박물관, 1984.

遼寧省博物館·遼寧省文物考古硏究所,《遼河文明展文物集萃》, 2006.

朝陽市·遼寧省文物考古硏究所,《牛河梁遺址》, 學苑出版社, 2004.

이선복·이교동,《파주 주월리·가월리 구석기유적》, 서울대 고고미술사학과·경기도, 1993.

李榮文·鄭基鎭,《여수 오림동 지석묘》, 전남대 박물관·여천시, 1992.

이영문·정기진,《여천 적량 상적 支石墓》, 전남대 박물관·여천시, 1993.

李隆助·박선주,《청원 두루봉 홍수굴 발굴 조사 보고서》, 충북대 박물관, 1991.

이융조·우종윤,《충주 조동리 선사유적(Ⅰ)》, 충북대 박물관, 2001.

이융조·우종윤 편,《선사유적발굴도록》, 충북대 박물관, 1998.

이융조·우종윤 편, 《청원 小魯里 구석기유적》, 충북대 박물관·한국토지공
사, 2000.
이융조·우종윤·이승원, 《충주 조동리 선사유적(Ⅱ)》, 충북대 박물관, 2003.
李淸圭, 《北村里 유적》, 제주대 박물관, 1988.
李亨求, 《江華島 고인돌 무덤 조사연구》, 2006.
李浩宮·趙由典, 〈양평군 양수리지석묘 발굴보고〉, 《팔당·소양강댐 수몰지
구유적 발굴종합조사보고》, 문화재관리국, 1974.
任孝宰, 《암사동》, 서울대 박물관, 1985.
임효재, 《欣岩里住居地》 Ⅳ, 서울대 박물관, 1978.
임효재, 〈미사리 긴급발굴 보고〉, 《한국고고학보》 8, 1981.
제주대 박물관, 《제주 高山里유적》, 1998.
최몽룡, 《나주 보산리 支石墓 발굴보고서》, 1977.
최성락, 《영암 장천리 주거지》 2, 목포대박물관, 1986.
충주시, 《조동리 선사유적 박물관》, 2005.
한국동북아역사재단·중국내몽고문물고고연구소 편, 《夏家店上層文化의 靑
銅器》, 2007.


자료 ③

周時經, 《周時經全集》, 아세아문화사, 1976.
《考古》
《考古學報》
《고고학자료집》
《古蹟調査報告》
국사편찬위원회, 《한국사》 1~3, 1997.
梅原末治·藤田亮策, 《朝鮮古文化綜鑑》제1권, 美德社, 1947.
孟昭凱·陳瑞周 主編, 《古今朝陽千題》, 朝陽市文化局, 1993.
朴殷植, 《朴殷植全書》, 단국대 동양학연구소, 1975.
朴殷植, 《白巖朴殷植全集》, 백암박은식선생전집편찬위원회, 2002.
서울특별시사편찬위원회 편, 《漢江史》, 1985.
孫晋秦, 《孫晋秦先生全集》, 太學社, 1981.

金敎獻,《神檀實記》

申采浩,《改訂版丹齋申采浩全集》, 단재신채호선생기념사업회, 1977.

安在鴻,《民世安在鴻選集》, 지식산업사, 1981~2008.

鄭寅普,《舊園鄭寅普全集》, 연세대 출판부, 1983.

于建設 主編,《中國北方古代文化國際學術硏討會備忘錄》, 遠方出版社, 2006.

劉國祥,《東北文物考古論集》, 科學出版社, 2004.

《新舊對照朝鮮全道府郡面里洞名稱一覽》, 1917.

《조선기술발전사》Ⅰ, 과학백과사전종합출판사, 1996.

趙宇·學信·閻海淸·衛中·營文華 編,《今古朝陽》, 遼寧大學出版社, 1986.

《중국동북지방 유적발굴보고》, 사회과학원 출판사, 1966.

中國社會科學院 主辨·潭基 主編,《中國歷史地圖集》1, 1982.

朝陽市文化局·遼寧省文物考古硏究所,《牛河梁遺址》, 學苑出版社, 2004.

崔南善,《六堂崔南善全集》, 현암사, 1973.

赤峰市博物館 編,《赤峰博物館文物考古文集》, 遠方出版社, 2007.

黃鳳岐 主編,《朝陽史話》, 遼寧人民出版社, 1986.

## Ⅱ. 저서 및 단행본

甲元眞之,《東北アジアの靑銅器文化と社會》, 同成社, 2006.

강경구,《고대의 삼조선과 낙랑》, 기린원, 1991.

姜仁求,《考古學으로 본 韓國古代史》, 학연문화사, 1997.

강인구,《韓半島의 古墳》, 아르케, 2000.

高廣仁·欒豊實,《大汶口文化》, 文物出版社, 2004.

고구려연구재단,《고조선·단군·부여》, 2004.

고조선사연구회·동북아역사재단,《고조선의 역사를 찾아서》, 학연문화사, 2007.

고조선사연구회·동북아역사재단,《고조선사 연구 100년》, 학연문화사, 2009.

郭墨蘭編,《齊魯文化》, 華藝出版社, 1997.

국사편찬위원회,《한국사》2(〈구석기문화와 신석기문화〉), 1997.

국사편찬위원회,《한국사》3(〈청동기문화와 철기문화〉), 1997.

국학원,《고조선과 고구려를 통해 조명하는 한국 고대사》, 2005.

權兌遠,《古代韓民族文化史硏究》, 일조각, 2000.

김권구, 《청동기시대 영남지역의 농경사회》, 학연문화사, 2005.

金杜珍, 《韓國古代의 建國神話와 祭儀》, 일조각, 1999.

김병모, 《한국인의 발자취》, 정음사, 1992.

金成煥, 《朝鮮時代檀君墓 인식》, 경인문화사, 2009.

김성환, 《고려시대의 단군전승과 인식》, 경인문화사, 2002.

김영수 편, 《고대 동북아시아의 민족과 문화》, 여강출판사, 1994.

金完鎭, 《原始國語의 字音體系에 대한 연구》, 국어연구회, 1978.

김완진, 《향가와 고려가요》, 서울대 출판부, 2001.

김용간·석광준, 《남경유적에 관한 연구》, 과학·백과사전출판사, 1984.

김용섭, 《동아시아 역사 속의 한국문명의 전환》, 지식산업사, 2008.

金元龍, 《한국고고학연구》, 일지사, 1987.

金載元, 《檀君神話의 신연구》, 정음사, 1947.

김재원·尹武炳, 《韓國支石墓 연구》, 국립박물관, 1967.

金貞培, 《韓國民族文化의 起源》, 學生社, 1978.

김정배, 《한국고대의 국가기원과 형성』, 고려대 출판부, 1986.

金廷鶴, 《韓國上古史研究》, 범우사, 1990.

김종서, 《한사군의 실제 위치》, 한국학연구원, 2005.

金哲埈, 《韓國古代社會研究》, 지식산업사, 1975.

노태돈 편저, 《단군과 고조선사》, 사계절, 2000.

단군학회 엮음, 《남북학자들이 함께 쓴 단군과 고조선 연구》, 지식산업사, 2005.

리지린, 《고조선 연구》, 백산자료원, 1963.

리태영, 《조선광업사》, 백산자료원, 1991.

林沄, 《林沄學術文集》Ⅱ, 科學出版社, 2008.

馬承源 主編, 《中國靑銅器》, 上海古籍出版社, 1990.

苗威, 《古朝鮮研究》, 香港亞洲出版社, 2006.

文定昌, 《古朝鮮史研究》, 한뿌리, 1969.

박선미, 《고조선과 동북아의 고대화폐》, 학연문화사, 2009.

朴仙姬, 《한국고대복식 ; 그 원형과 정체》, 지식산업사, 2003.

박선희, 《우리 금관의 역사를 밝힌다》, 지식산업사, 2008.

朴成壽, 《檀君紀行》, 교문사, 1988.

박성수, 《단군문화기행》, 서원, 2000.

朴殷植, 《檀祖事攷》, 1911.

朴殷植, 《大東古代史論》, 1911.

박은식, 《韓國痛史》, 大同編譯局, 1915.

박진욱·황기덕·강인숙, 《비파형 단검 문화에 관한 연구》, 과학·백과사전출판사, 1987.

白南雲, 《朝鮮社會經濟史》, 改造社, 1933.

白山學會 편, 《古朝鮮·夫餘史研究》, 백산자료원, 1995.

복기대, 《요서 지역 청동기시대 문화연구》, 백산자료원, 2002.

부찐, 유·엠/이항재·이병두 옮김, 《고조선》, 소나무, 1990.

북한문제조사연구소, 《북한의 단군 및 고조선 논문자료》, 1994.

서국태, 《조선의 신석기시대》, 사회과학출판사, 1986.

徐永大 편, 《북한학계의 단군신화 연구》, 백산자료원, 1995.

석광준, 《조선의 고인돌무덤 연구》, 중심, 2002.

성삼제, 《고조선, 사라진 역사》, 동아일보사, 2005.

손보기, 《상시 바위그늘 옛 살림터》, 연세대 박물관, 1983·1984.

손보기, 《구석기 유적: 한국·만주》, 한국선사문화연구소, 1990.

손영종·조희승, 《조선수공업사》 I, 백산자료원, 1990.

孫晉泰, 《朝鮮民族文化의 研究》, 을유문화사, 1948.

송호정, 《한국사 속의 고조선》, 푸른역사, 2003.

쇼다 신야, 《청동기시대 생산활동과 사회》, 학연문화사, 2009.

宋基中, 《역사비교언어학과 국어계통론》, 집문당, 2003.

신숙정, 《우리나라 남해안 지방의 신석기문화연구》, 학연문화사, 1994.

愼鏞廈, 《韓國民族의 形成과 민족사회학》, 지식산업사, 2001.

신용하, 《한국 원민족 형성과 역사적 전통》, 나남출판, 2005.

신종원, 《일본인들의 단군연구》, 한국학중앙연구원, 2005.

申采浩, 《讀史新論》(《大韓每日申報》 연재), 1908.

신채호, 《朝鮮史研究草》, 朝鮮圖書, 1929.

신채호, 《朝鮮上古文化史》(《朝鮮日報》 연재), 1931.

신채호, 《朝鮮上古史》(《朝鮮日報》 연재), 1931.

심백강, 《황하에서 한라까지》, 참좋은세상, 2007.

안재호·노혁진·장호수·오강원·강인욱, 《동북아 청동기문화 조사연구의 성과와 과제》, 학연문화사, 2009.

安在鴻, 《朝鮮上古史鑑》, 民友社, 1947.

梁柱東, 《古歌研究》, 박문출판사, 1957.

嚴文明, 《史前考古論集》, 科學出版社, 1998.

오강원, 《비파형 동검문화와 요령 지역의 청동기문화》, 청계, 2006.
오강원, 《서단산문화와 길림지역의 청동기문화》, 학연문화사, 2008.
우실하, 《전통음악의 구조와 원리》, 소나무, 2004.
우실하, 《동북공정 너머 요하문명론》, 소나무, 2007.
우장문, 《경기 지역의 고인돌 연구》, 학연문화사, 2006.
柳東靑, 《紅山文化》, 內蒙古大學新聞社, 2002.
유원수 역, 《몽골秘史》 1, 혜안, 1994.
윤내현, 《韓國古代史新論》, 일지사, 1986.
윤내현, 《고조선연구》, 일지사, 1994.
윤내현, 《사료로 보는 우리 고대사》, 지식산업사, 2007.
윤내현·박선희·하문식, 《고조선의 강역을 밝힌다》, 지식산업사, 2006.
윤명철, 《단군신화, 또 다른 해석》, 백산자료원, 2008.
尹武炳, 《韓國靑銅器文化硏究》, 예경산업사, 1996.
尹以欽 외, 《檀君－그 이해와 자료》, 서울대 출판부, 1994.
이건무, 《청동기문화》, 대원사, 2006.
李基文, 《國語語彙史硏究》, 동아출판사, 1991.
이기문, 《國語音韻史硏究》, 탑출판사, 1997.
李基白, 《韓國古代의 國家와 社會》, 일조각, 1985.
이기백 편, 《檀君神話論集》, 새문사, 1988.
李基白, 李基東, 《한국사강좌: 고대편》, 일조각, 1982.
이덕일·김병기, 《고조선은 대륙의 지배자였다》, 역사의 아침, 2006.
李伯謙, 《中國靑銅器文化結構體系硏究》, 科學出版社, 1998.
李丙燾, 《韓國古代史硏究》, 박영사, 1976.
李相均, 《한반도 신석기문화의 신동향》, 학연문화사, 2005.
이성주, 《청동기·철기시대 사회변동론》, 학연문화사, 2007.
이선복·한영희·노혁진·박선주, 《한국민족의 기원과 형성》 상·하, 소화, 1996·1997.
李隆助, 《충북의 선사문화》, 충청북도 충북학 연구소, 2006.
이융조 편저, 《舊石器人의 生活과 遺蹟》, 학연문화사, 2003.
이융조 편, 《국제학술회의, 수양개와 그 이웃들》, 충북대 박물관, 2007.
이정훈, 《발로 쓴 反동북공정》, 지식산업사, 2009.
李鍾旭, 《古朝鮮史硏究》, 일조각, 1993.
李淸圭, 《제주도 고고학 연구》, 학연문화사, 1995.

이형구 편,《단군과 고조선》, 살림터, 1999.

이홍직,《한국고대사연구》, 신구문화사, 1971.

임병태,《한국 청동기문화의 연구》, 학연출판사, 1996.

임재해,《신라금관의 기원을 밝힌다》, 지식산업사, 2008.

임재해 외,《고대에도 한류가 있었다》, 지식산업사, 2007.

林惠祥,《中國民族史》上卷, 北京商務印書館, 1998.

임효재,《한국신석기문화》, 집문당, 2002.

임효재 편저,《韓國古代稻作文化의 기원-金浦의 古代米를 중심으로》, 학연문화사, 2001.

임효재 편저,《韓國新石器文化의 전개》, 학연문화사, 2005.

張光直/윤내현 옮김,《商文明》, 민음사, 1989.

張富祥,《東夷文化通考》, 上海古籍出版社, 2008.

장호수 편,《북한의 선사고고학: 청동기시대와 문화》, 백산문화사, 1992.

鄭璟喜,《한국고대사문화연구》, 일지사, 1990.

정석배,《북방유라시아 대륙의 청동기문화》, 학연문화사, 2004.

鄭榮薰,《근대한국민족교육에서의 檀君》, 한국정신문화연구원, 1986.

鄭寅普,《朝鮮史研究》, 서울신문사, 1946.

鄭漢德 편저,《中國考古學研究》, 學研文化社, 2000.

조동일,《동아시아 문명론》, 지식산업사, 2010.

조법종,《고조선·고구려사 연구》, 신서원, 2006.

趙仁成,《揆園史話와 桓檀古記》, 일조각, 1988.

趙子庸,《三神民考》, 가나아트, 1995.

趙鎭先,《細形銅劍文化의 연구》, 학연문화사, 2005.

千寬宇,《古朝鮮史·三韓史研究》, 일조각, 1989.

崔南善/정재승·이주현 역주,《不咸文化論》, 우리역사연구재단, 2008.

최몽룡 편저,《경기도의 고고학》, 주류성, 2007.

최몽룡 외,《한강유역사》, 민음사, 1993.

최몽룡·이형구·조유전·심봉근,《고조선문화 연구》, 한국정신문화연구원, 1999.

최몽룡·최성락,《한국 古代國家 형성론》, 서울대 출판부, 1997.

최몽룡·김경택·홍형우,《동북아 청동기시대 문화연구》, 주류성, 2004.

최성락 편저,《영산강 유역의 고대사회》, 학연문화사, 1999.

최태선,《조선의 구석기시대》, 사회과학출판사, 1977.

河文植,《고조선 지역의 고인돌 연구》, 백산자료원, 1999.

한국정신문화연구원, 《한국상고사의 제문제》, 1987.

許玉林, 《遼東半島石棚》, 遼寧科學技術出版社, 1994.

허종호 외, 《고조선역사개관》, 사회과학출판사·중심, 2001.

許進雄/洪熹 역, 《中國古代社會》, 東文選, 1991.

허흥식·이형구·손환일·김주미, 《삼족오》, 학연문화사, 2007.

黃斌·劉厚生, 《箕氏朝鮮史話》, 遠方出版社, 2007.

黃義敦, 《新編朝鮮歷史》, 以文堂, 1923.


Chang, Kwang—chih, *Shang Civilization*, Yale University Press, 1980.

Durkheim Emile, *Le Formes Elmentaires de la Vie Religieuse*; (영어판) Translated by Karen E. Field, *The Elementary Forms of Religious Life*, Free Press, 1995; (한국어판) 노치준·민혜숙 역, 《종교생활의 원초적 형태》(한국사회과학연구소), 민영사, 1992.

Earle T. (ed.), *Chiefdoms: Power, Economy and Ideology*, Cambridge University Press, Cambridge, 1991.

Engels F., *The Origin of the Family, Private Property and the State*, Pathfinder, New York, 1972(1884).

Johnson, A.W. & Earle. T., *The Evolution of Human Societies: From Foraging Group to Agrarian State*, Stanford University Press, 1987.

Lee, Yung—jo and Park, S. J. "A New Discovery of the Upper Pleistocene Child's Skelton from Hungsu Cave(Turubong Cave Complex), Ch'ongwon, Korea", *The Korea Journal Quaternary Research vol. 4*, 1990.

Park, Chan Kirl and Yang, Kyung Rin, "KAER I Radiocarbon Measurements Ⅲ", *Radiocarbon Vol. 16*, No. 2, 1974.

Service, Elman R., *Origin of State and Civilization: Process of Cultural Evolution*, New York: Norton & Co. INC., 1975.

Service, Elman R., *Primitive Social Organization: An Evolutionary Perspective*, New York: Random House, 1971.

Spencer Herbert, *The Principle of Sociology*, London: Williams and Norgate, 1876.

Steward J.H., *Theory of Cultural Change*, Urbana—Champaign, University of Illinois Press, 1955.

Mortion, Fried, *The Notion of Tribe, Cummings*, Menlo Park, 1975.

Morgan W.H., *Ancient Society*, Chicago: H. Charles & Kerr, 1909.

Peel D.Y.(ed.), *Herbert Spencer on Social Evolution*, University of Chicago Press, 1972.


## Ⅲ. 논문

강승남, 〈고조선시기의 청동 및 철 가공기술〉, 《조선고고연구》 2, 1995.

강인구, 〈달성 진청동의 지석묘〉, 《韓國史研究》 28, 1980.

龔維英, 〈論東夷族園的分化及昊陶族的南徒〉, 《江漢考古》 1, 1988.

郭大順, 〈西遼河流域靑銅文化硏究的新進展〉, 《中國考古學會第四次年會論文集》, 文物出版社, 1985.

郭大順, 〈遼河流域 "北方式靑銅器" 的發現與硏究〉, 《內蒙古文物考古》 1·2, 1985.

郭大順, 〈試論魏營子類型〉, 《考古學文化論集》 1, 1987.

廣守川, 〈遼寧大凌河流域的殷周靑銅器〉, 《東北亞考古學硏究》, 文物出版社, 1997.

宮本一夫, 〈靑銅器と彌生時代の實年代〉, 《彌生時代の實年代》, 2004.

靳楓毅, 〈夏家店上層文化及其族屬問題〉, 《考古學報》 2期, 1987.

기수연, 〈중국문헌에 보이는 東夷와 朝鮮〉, 《단군학연구》 14, 2001.

김광억, 〈국가형성에 관한 인류학적 이론과 한국고대사〉, 《한국 문화인류학》 17, 1985.

김교경, 〈평양일대의 단군 및 고조선 유적유물에 대한 년대측정〉, 《조선고고연구》 1, 1995.

金杜珍, 〈三韓 別邑사회의 蘇塗신앙〉, 《한국 고대의 국가와 사회》, 역사학회, 1985.

김병모, 〈한국 거석문화 원류에 관한 연구 (1)〉, 《한국고고학보》 10·11, 한국고고학회, 1981.

김동일, 〈별자리가 새겨진 고인돌 무덤에 대하여〉, 《고고연구》 96-3, 1997.

金庠基, 〈韓·濊·貊 移動考〉, 《東方學論叢》, 서울대 출판부 1974.

金範哲, 〈중서부지역 靑銅器時代 水稻生産의 政治經濟〉, 《한국고고학보》 58, 2006.

金成煥, 〈朝鮮初期 檀君認識〉, 《明知史論》 4, 명지대 사학회, 1992.

김성환, 〈전통시대의 단군묘 인식〉, 《고조선연구》 1(고조선학회), 지식산업사, 2008.

김승옥, 〈청동기시대 주거지의 편년과 사회변천〉, 《한국고고학보》 60, 2006.

김양선, 〈다뉴기하문경연구초〉, 《매산국학산고》, 숭전대 박물관, 1973.

金永培·安承周, 〈夫餘 松菊里 遼寧式銅劍出土 石棺墓〉, 《百濟文化》 7·8, 1975.

金映遂, 〈箕子朝鮮은 중국 蒙縣−東國朝鮮과는 異地同名일뿐−〉, 《全北大論文集》 3, 1960.

金元龍, 〈廣州 渼沙里 節文土器遺蹟〉, 《歷史學報》 14, 1961.

김원룡, 〈岩寺里遺蹟의 土器·石器〉, 《歷史學報》 17·18, 1962.

김원룡, 〈김해 무계리 支石墓의 출토품〉, 《東亞문화》 1, 1963.

김원룡, 〈沈陽鄭家窪子 靑銅時代墓와 副葬品〉, 《東洋學》 6, 1976.

김유철, 〈고조선시기 경제발전과 노예제도의 변천〉, 《단군과 고조선》, 살림터, 1999.

김유철, 〈고조선의 통치제도〉, 《단군과 고조선 연구》, 지식산업사, 2005.

金仁喜, 〈上古史에 있어 韓·中의 文化交流: 중국 大汶口文化와의 관계를 중심으로〉, 《東아시아 古代學》 2, 2000.

金壯錫, 〈충청지역 송국리유형 형성과정〉, 《韓國考古學報》 51, 한국고고학회, 2003.

金正基, 〈靑銅器 및 初期鐵器時代의 竪穴住居〉, 《韓國考古學報》 34, 한국고고학회, 1996.

金貞培, 〈蘇塗의 정치사적 의미〉, 《歷史學報》 79, 역사학회, 1978.

김정배, 〈檀君記事와 관련된 "古記"의 性格〉, 《韓國上古史의 諸問題》, 韓國精神文化研究院, 1987.

김정배, 〈한민족의 기원과 국가형성의 제문제〉, 《국사관논총》 1, 국사편찬위원회, 1989.

김정배, 〈한국과 요동반도의 지석묘〉, 《先史와 古代》 7, 1996.

김정배, 〈동북아의 비파형동검문화에 대한 종합적 연구〉, 동북아역사재단, 2000.

김정배, 〈고조선과 비파형 동검의 문제〉, 《단군과 고조선 연구》, 지식산업사, 2005.

金廷鶴, 〈檀君神話와 토테미즘〉, 《歷史學報》 7, 歷史學會, 1954.

김정학, 〈韓國 靑銅器文化의 編年〉, 《韓國考古學報》 5, 한국고고학회, 1978.

김정학, 〈韓民族의 源流−文獻 및 考古學的 考察〉, 《韓國史論−韓國古代史의 諸問題》 14, 國史編纂委員會, 1984.

김정학, 〈고고학상으로 본 고조선〉, 《한국상고사의 제문제》, 한국정신문화연구원, 1987.

金鍾徹, 〈廣州 渼沙里 節文土器에 대한 小考〉, 《韓國考古》 1, 1967.

金之龍, 〈馬場里 冶鐵住居地〉, 《역사학보》 50·51, 역사학회, 1971.

남상찬·이성균·안승락·이융조·조수원, 〈청원 소로리 토탄층에서 고대볍씨
　　와 함께 출토된 뿌리잎벌레류의 화석〉, 《한應昆誌》 47(4), 2008.

盧重國, 〈한국고대의 邑落의 구조와 성격－국가형성과정과 관련하여〉, 《대
　　구사》, 1989.

盧泰敦, 〈'기마민족 일본열도 정복설'에 대하여〉, 《한국학보》 5, 일지사, 1976.

노태돈, 〈古朝鮮 중심지의 변천에 대한 연구〉, 《韓國史論》 23, 서울대 인문
　　대학 국사학과, 1990.

唐蘭, 〈從大汶口文化的陶器文字看我國最早文化的年代〉, 《大汶口文化討論
　　文集》, 濟魯書社, 1979.

도유호, 〈조선 거석문화연구〉, 《문화유산》 2, 1959.

董新林, 〈魏營子文化初步研究〉, 《考古學報》 1期, 2000.

董學增, 〈試論吉林地區西團山文化〉, 《考古學報》 4期, 1983.

로성철, 〈미송리형단지의 변천과 그 년대에 대하여〉, 《조선고고연구》 4기, 1993.

리규태, 〈배천군 대아리 돌상자 무덤〉, 《고고학자료집》 6, 민족문화, 1983.

리순진, 〈신암리유적 발굴보고〉, 《고고민속》 3, 1965.

리순진, 〈평양 일대에서 새로 발굴된 황대성에 대하여〉, 《조선고고연구》 1,
　　민족문화, 1995.

리순진, 〈평양 일대 나무곽무덤의 성격에 대하여〉, 《조선고고연구》 1, 사회과
　　학원고고학연구소, 1996.

리순진, 〈새로 알려진 대동강류역 문명의 발생과 발전사에 관한 연구성과에
　　대하여〉, 《단군과 고조선》, 살림터, 1999.

리지린, 〈기자조선 전설비판〉, 《고조선연구》, 백산자료원, 1962.

朴光用, 〈箕子朝鮮에 대한 認識의 變遷－高麗부터 韓末까지의 史書를 中心
　　으로〉, 《韓國史論》 6, 서울대 인문대학 국사학과, 1980.

朴仙姬, 〈고조선의 갑옷 종류와 특징 (1)·(2)〉, 《白山學報》 56·57, 白山學
　　會, 2000.

박선희, 〈고대 한국의 袴와 裙－고조선 복식 刑制에 관한 시론 Ⅱ〉, 《단군학연
　　구》 3, 단군학회, 2000.

박선희, 〈복식비교를 통한 고조선 영역 연구〉, 단국학회 편, 《단군과 고조선
　　연구》, 2005.

박선희, 〈유물자료로 본 고조선 이전 시기의 복식문화수준〉, 《단군학연구》 19, 2008.

박선희, 〈고대한국 갑옷의 원류와 동아시아에 미친 영향〉, 임재해 외, 《고대에도 한류가 있었다》, 지식산업사, 2007.

박선희, 〈평양 낙랑유적 복식유물의 문화성격과 고조선〉, 《단군학연구》 21, 단군학회, 2009.

朴成壽, 〈檀君文化論－丹齋와 爲堂을 中心으로〉, 《정신문화연구》 47, 한국정신문화연구원, 1992.

朴淳發, 〈우리나라 初期鐵器文化의 展開過程에 대한 약간의 考察〉, 《考古美術史論》 3, 충북대 고고미술사학과, 1993.

박순발, 〈한강유역의 청동기 초기철기문화〉, 《한강유역사》, 민음사, 1993.

박순발, 〈遼寧 점토대토기문화의 한반도 정착과정〉, 《錦江學報》 1, 2004.

박준형, 〈고조선의 해상교역로와 萊夷〉, 《북방사논총》 10, 2006.

박준형, 〈고조선의 대외교역과 의미－춘추 제와의 교역을 중심으로－〉, 고조선사연구회·동북아역사재단, 《고조선의 역사를 찾아서》, 학연문화사, 2007.

박진욱, 〈비파형 단검문화의 발원지와 창조자에 대하여〉, 《비파형 단검문화에 대한 연구》, 과학·백과사전출판사, 1987.

박진욱, 〈고조선의 비파형 단검문화에 대한 재검토〉, 《조선고고연구》 2, 민족문화, 1995.

박태식·이융조, 〈고양家瓦地 1지구 출토 벼낟알들과 한국선사시대 벼농사〉, 《농업과학논문집》 37-2, 농촌진흥청, 1995.

박태식·이융조, 〈小魯里 볍씨 발굴로 살펴본 한국벼의 기원〉, 《농업사연구》 3-3, 한국농업사학회, 2004.

방선주, 〈한국 巨石制의 제문제〉, 《史學硏究》 20, 한국사학회, 1968.

복기대, 〈하가점 하층문화의 기원과 사회성격에 관한 시론〉, 《한국상고사학보》 19, 한국상고사학회, 1995.

복기대, 〈기원전 12~17-7~6세기 중국 요서지역의 고대문화에 관하여〉, 《박물관기요》 12, 단국대 출판부, 1997.

복기대, 〈하가점 상층문화에 관한 시론〉, 《박물관기요》 14, 단국대 출판부, 1999.

복기대, 〈중국 요서 지역 청동기시대 문화의 역사적 이해〉, 《단군학연구》 5, 단군학회, 2001.

복기대, 〈高台山文化에 대하여〉, 《白山學報》 65, 白山學會, 2002.

복기대, 〈마성자문화에 관한 몇가지 문제〉, 《선사와 고대》 22, 한국고대학회, 2005.

복기대, 〈試論 紅山文化 原始龍에 대한 재검토〉, 《白山學報》 77, 白山學會, 2007.

복기대, 〈한국사연구에서 고고학응용의 몇 가지 문제에 관하여〉, 《고조선연구》 1(고조선학회), 지식산업사, 2008.

복기대, 〈小河沿문화에 관하여〉, 《단군학연구》 21, 단군학회, 2009.

傅斯年, 〈箕子明夷的故事〉, 《古史辨》 제3책 上편, 1931.

傅斯年, 〈夏夷東西設〉, 《慶祝蔡元培先生六十五歲論文集》, 1935.

서국태, 〈영흡읍 유적에 관한 보고〉, 《고고민속》 2, 연문사, 1965.

徐永大, 〈단군신화의 역사적 이해〉, 《한신 인문학연구》 2, 1995.

서영대, 〈전통시대의 단군인식〉, 《단군학연구》 창간호, 단군학회, 1999.

서영대, 〈참성단(塹城壇)의 역사적 의의〉, 《단군학연구》 19, 단군학회, 2008.

서영대, 〈단군관련 구전자료의 검토〉, 《단군학연구》 21, 단군학회, 2009.

徐五善·權五榮, 〈천안 청당동유적 발굴조사보고〉, 《休岩里》, 국립중앙박물관, 1990.

서오선·권오영·함순섭, 〈천안 청당동유적 제2차 발굴보고〉, 《松菊里》 Ⅳ, 국립중앙박물관, 1991.

서오선·함순섭, 〈천안 청당동유적 제3차 발굴조사 보고〉, 《固城里貝塚》, 국립중앙박물관, 1992.

석광준, 〈오덕리 고인돌 발굴 보고〉, 《고고학자료집》 4, 민족문화, 1974.

석광준, 〈평양일대에서 새로 발굴된 고인돌과 돌관무덤에 대하여〉, 《고고연구》 99-3, 1996.

석광준, 〈문흥리 고인돌에 대하여〉, 《조선고고연구》 81(1991년 제4호), 사회과학출판사.

석광준, 〈오덕리 고인돌 발굴 보고〉, 《고고학자료집》 4, 사회과학출판사, 1974.

邵望平, 〈遠古文明的火花-陶奠上的 文字〉, 《大汶口文化討論文集》, 濟魯書社, 1979.

손보기, 〈층위를 이루는 석장리 구석기문화〉, 《歷史學報》 35·36, 역사학회, 1967.

손보기, 〈단양 도담리 금굴유적 발굴조사보고〉, 《충주댐 수몰지구 문화유적 연장 발굴조사 보고서》, 충북대 박물관, 1985.

손수호, 〈팽이그릇시기 집자리의 편년에 대하여〉, 《단군과 고조선 연구》, 지식산업사, 2005.

손영종, 〈단군 및 고조선 관계 비사들에 대한 이해-《규원사화》를 중심으로〉, 《단군과 고조선 연구》, 지식산업사, 2005.

손영종, 〈단군조선의 성립〉, 《단군과 고조선》, 지식산업사, 2005.

孫晋泰, 〈蘇塗考〉, 《朝鮮民族文化의 研究》, 을유문화사, 1947.

손진태, 〈三國遺事의 社會史的 고찰〉, 《學風》 2-1·2, 을유문화사, 1949.

손진태, 〈조선 Dolmen에 관한 조사연구〉, 《朝鮮民族文化의 연구》, 을유문화사, 1949.

송순탁, 〈대동강 유역 청동기시대 문화성격에 대하여〉, 《단군과 고조선 연구》, 지식산업사, 2005.

宋正鉉·李榮文, 〈牛山里 내우 지석묘〉, 《住岩댐 수몰지역 문화유적 발굴조사 보고서》 II, 전남대 박물관·전라남도, 1988.

송호정, 〈요동 지역 청동기문화와 미송리형 토기에 관한 고찰〉, 《한국사론》 24, 서울대 국사학과, 1991.

송호정, 〈古朝鮮·夫餘의 국가구조와 정치운영−부 침 부체제론과 관련하여〉, 《韓國古代史研究》 17, 한국고대사학회, 2000.

愼鏞廈, 〈民族形成의 理論〉, 《韓國社會學研究》 7, 서울대 사회학연구회, 1984.

신용하, 〈檀君認識의 歷史的 變遷−한말 일제시기의 檀君思想과 獨立運動〉, 《檀君−그 이해와 자료》, 서울대 출판부, 1994.

신용하, 〈檀君說話의 사회학적 해석〉, 《한국사회사학회논문집》 47, 1995.

신용하, 〈한국민족의 기원과 형성〉, 《韓國學報》 100, 일지사, 2000.

신용하, 〈한민족의 형성과 단군에 대한 사회사적 고찰〉, 《단군학보》 3, 단군학회, 2000.

신용하, 〈고조선 '아사달 문양'이 새겨진 山東 大汶口문화유물〉, 《韓國學報》 102, 일지사, 2001.

신용하, 〈古朝鮮文明圈의 三足烏太陽 상징과 朝陽 袁台子壁畵墓의 三足烏太陽〉, 《한국학보》 105, 일지사, 2001.

신용하, 〈고조선 국가의 형성−3부족 결합에 의한 고조선 개국과 아사달〉, 《사회와 역사》 80, 한국사회사학회, 2008.

신용하, 〈고조선의 통치체제〉, 《고조선연구》 1(고조선학회), 지식산업사, 2008.

신용하, 〈고조선의 국가형성과 고조선 금속문화〉, 《단군학연구》 21, 단군학회, 2009.

申采浩, 〈檀君時代〉, 《讀史新論》(《大韓每日申報》 연재), 1908.

신채호, 〈夫餘王朝와 箕子〉, 《讀史新論》(《大韓每日申報》 연재), 1908.

신채호, 〈수두시대〉, 《朝鮮上古史》(《朝鮮日報》 연재), 1931.

신형식·이종호, 〈'中華 5천 년', 紅山文明의 再照明〉, 《白山學報》 77, 백산학회, 2007.

安在鴻, 〈檀君論과 箕子抹殺論〉, 《新朝鮮》 1, 노동사, 1935.

안재홍, 〈檀君과 開天節-弘益人間의 新高調〉, 《朝鮮日報》, 조선일보사, 1935.

楊東晨, 〈東夷的發展與秦國在西方的復位〉, 《中南民族學院報》1989年 5期 (總38期), 哲學社會科學版.

吳江原, 〈서요하상류역 청동단검과 그 문화에 관한 연구〉, 《한국고대사연구》 12, 서경문화사, 1997.

오강원, 〈春秋末東夷系萊族木槨墓 출토 비파형동검〉, 《韓國古代史研究》 23, 서경문화사, 2001.

오강원, 〈동북아지역 扇形銅斧의 형식과 시공간적 양상〉, 《강원고고학보》 2, 2003.

오강원, 〈요령~한반도지역 비파형동검과 세형동검의 검병두식 연구〉, 《북방사논총》 2, 고구려연구재단, 2004.

오강원, 〈중국 동북지역 세 청동단검문화의 문화지형과 교섭관계〉, 《선사와 고대》 20, 한국고대학회, 2004.

오강원, 〈내몽고 중남부 지역의 청동기~초기 철기시대 문화와 사회〉, 《내몽고 중남부의 오르도스 청동기와 문화》, 고구려연구재단·내몽고문물고고연구소, 2006.

鳥居龍藏, 〈中國石棚之研究〉, 《燕京學報》 31, 1946.

오대양, 〈한강 본류 유역 고인돌 유적의 성격〉, 《백산학보》 79, 백산학회, 2007.

王樹明, 〈陶尊文字: 古代文明的史話〉, 《山東文物縱談》, 1992.

王獻唐, 〈山東的歷史和文物〉, 《文物參考資料》 2, 1957.

于建華, 〈扇面形銅斧初論〉, 《北方文物》 2期, 1993.

우실하, 〈'요하문명론'의 초기 전개과정에 대한 연구〉, 《단군학연구》 21, 단군학회, 2009.

宇野隆夫, 〈多紐鏡の研究〉, 《史林》 60-1, 1977.

우장문, 〈화성·용인 지역 선돌의 비교고찰〉, 《京畿史學》 6, 경기사학회, 2002.

劉景文, 〈試論西團山文化中的靑銅器〉, 《文物》 4期, 文物出版社, 1984.

劉國祥, 〈下家店上層文化靑銅器研究〉, 《考古學報》 4期, 2000.

劉國祥, 〈紅山文化墓葬形制與用玉制度研究〉, 《首屆紅山文化國際學術研討會(資料集)》, 2004.

劉國祥, 〈西遼河流域新石器時代至早期靑銅時代考古學文化槪論〉, 《遼東師範大學學報》 2006年 1期, 社會科學版.

維英, 〈論東夷族團的分化及昊陶族的南徙〉, 《江漢考古》 1, 한강문화재연구원, 1989.

유태용, 〈지석묘에 부장된 청동제품의 사회적 기능에 대한 연구〉, 《선사와 고대》 22, 한국고대학회, 2005.

尹乃鉉, 〈箕子新考〉, 《韓國史研究》 41, 한국사학회, 1983.

윤내현, 〈고조선의 도읍위치와 그 이동〉, 단군학회 편, 《단군과 고조선 연구》, 지식산업사, 2005.

尹明喆, 〈桓檀古記의 사회문화적 영향 검토〉, 《단군학연구》 2, 단군학회, 2000.

윤명철, 〈단군신화의 해석을 통한 장군총의 성격 이해〉, 《단군학보》 19, 2008.

윤무병, 〈한국 청동유물의 연구〉, 《백산학보》 12, 백산학회, 1972.

尹世福, 〈檀君考〉, 《建國大學術誌》 2, 1959.

李康來, 〈三國遺事 引用 古記의 性格〉, 《季刊書誌學報》 7, 韓國書誌學會, 1992.

이강승, 〈遼寧地方의 靑銅器文化—靑銅遺物로 본 遼寧銅劍文化와 夏家店上層文化의 比較研究〉, 《韓國考古學報》 6, 한국고고학회, 1979.

李康植, 〈'古記'에 기록된 神市조직의 구조와 기능〉, 《경북대경상대논문집》 15, 1987.

李健茂, 〈부여 합송리유적 출토 일괄유물〉, 《考古學誌》 2, 한국고고미술연구소, 1990.

이건무, 〈당진 소소리유적 출토 일괄유물〉, 《考古學誌》 3, 한국고고미술연구소, 1991.

이건무, 〈韓國式 銅劍文化의 性格—成立背景에 대하여—〉, 《東아시아의 靑銅器文化—제3회 문화재연구 국제학술대회논문집》, 文化財管理局 文化財研究所, 1994.

이건무, 〈요령식동모에 대하여〉, 《이기백선생고희기념 한국사학논총》 상, 1994.

李經漢, 〈試論夏家店下層文化的分期和類型〉, 《中國考古學會第一次年會論文集》, 文物出版社, 1980.

李基文, 〈韓國語形成史〉, 《韓國文化史大系》 5, 고려대 민족문화연구소, 1976.

李基白, 〈高句麗王妃族考〉, 《震檀學報》 20, 진단학회, 1959.

이기백, 〈高句麗 國家形成 문제〉, 《한국고대국가와 상회》, 1985.

이기백, 〈古朝鮮의 國家形成〉, 《한국사시민강좌》 12, 일조각, 1988.

이기백, 〈檀君神話의 문제점〉, 《증보판 단군신화 논집》, 새문사, 1990.

李白圭, 〈경주 구정동 출토 일괄유물〉, 《박물관신문》 72, 국립중앙박물관, 1977.

李丙燾, 〈檀君神話의 해석과 阿斯達 문제〉, 《서울大論文集》 2, 1955.

이병도, 〈箕子朝鮮의 正體와 所謂 箕子入條敎에 대한 新考察〉, 《朝鮮古代史研究》, 박영사, 1976.

李伯謙, 〈論夏家店下層文化〉, 《記念北京大學考古學專業三十年論文集》, 文物出版社, 1990.

李盛周, 〈韓國 靑銅器時代 ‘社會’ 考古學의 問題〉, 《古文化》 68, 한국대학박물관협회, 2006.

이영문 〈전남 지방의 지석묘문화〉, 《全南文化財》 2, 1989.

이영문, 〈한반도 출토 비파형동검 형식분류 시론〉, 《博物館紀要》 7, 단국대박물관, 1991.

이융조, 〈양평 앙덕리 고인돌 발굴 보고〉, 《韓國史硏究》 11, 한국사연구회, 1975.

이융조, 〈단양 수양개 구석기유적 발굴 조사 보고서〉, 《충주댐 수몰지구 문화유적 연장 발굴 조사 보고서》, 충북대 박물관, 1985.

이융조, 〈한국 선사문화에서의 선돌의 성격〉, 《東方學志》 46, 1985.

이융조, 〈중원 지역의 구석기 문화〉, 《중원광장》 창간호, 중원포럼·충북일보, 2009.

이융조·신숙정, 〈중원지방의 빗살무늬토기 고찰〉, 《손보기박사정년기념논총》, 1988.

이융조·우종윤, 〈세계 最古의 소로리 볍씨의 발굴과 의미〉, 제1회 국제학술회의, 《아시아 선사농경과 소로리 볍씨》, 충북대 박물관·청원군, 2003.

李殷昌, 〈대전 괴정동 청동기문화의 연구〉, 《亞細亞硏究》 11-2, 고려대 아세아문제연구소.

李鍾宣, 〈세형동검문화의 지역적 특성〉, 《韓國上古史學報》 3, 한국상고사학회, 1990.

李眞旼, 〈중부 지역 역삼동 유형과 송국리 유형의 관계에 대한 일고찰〉, 《韓國考古學報》 54, 한국고고학회, 2004.

李淸圭, 〈제주도 지석묘 연구〉, 《耽羅文化》 4, 제주대 탐라문화연구소, 1985.

이청규, 〈제주도 高山里 출토 융기문토기〉, 《탐라문화》 9, 제주대 탐라문화연구소, 1989.

이청규, 〈청동기를 통해 본 고조선〉, 《국사관논총》 42, 국사편찬위원회, 1993.

이청규·高才元, 〈高山里 유적과 土器유물〉, 《제주 신석기문화의 원류》, 1995.

이청규, 〈동북아지역의 다뉴경과 그 부장묘에 대하여〉, 《한국고고학보》 40, 한국고고학회, 1999.

이청규, 〈요녕 본계현 상보촌 출토 동검과 토기에 대하여〉, 《고고역사학지》 16, 동아대 박물관, 2000.

이청규, 〈철기시대 전기의 중국 동북과 한반도의 금속기문화-세형동검문화를 중심으로〉, 《동북아시아 선사및 고대사 연구의 방향》, 학연문화사, 2004.

이청규, 〈비파형동검문화〉, 《한국 고대사 연구의 새동향》, 한국고대사학회, 2007.

이헌종, 〈영산강 유역 신발견 舊石器遺蹟群〉, 《호남고고학보》, 1997.

李賢惠, 〈한반도 청동기시대의 밭농사-진주 대평리 밭유적을 중심으로〉, 《震檀學報》 94, 진단학회, 2002.

李亨求, 〈대릉하유역의 은말주초 청도기문화와 기자 및 기자조선〉, 《한국상고사학보》 5, 한국상고사학회, 1991.

이형구, 〈화학분석을 통해 본 발해연안 청동기문화의 기원문제〉, 《馬韓·百濟文化》 13, 원광대학, 1993.

李慧竹·王靑, 〈後期靑銅器~鐵器時 中國 山東지역과 한국 간의 교류〉, 《白山學報》 64, 백산학회, 2002.

李浩宮·陽東晨, 〈東夷的發展與秦國在西方的復位〉, 《中南民族學院報》 1989年 5期(總38期), 哲學社會科學版.

李弘鍾, 〈松菊里文化의 文化接觸과 文化變動〉, 《韓國上古史學報》 48, 한국고고학회, 2005.

李曉鍾·蘭新建, 〈下遼河流域早期靑銅文化譜系硏究〉, 《遼海文物學刊》 1期, 1991.

烟台市文物管理委員會·栖霞縣文物事業管理處, 〈山東栖霞縣占瞳鄕杏家庄戰國墓淸理簡報〉, 《古考》 1, 1992.

林沄, 〈中國東北系銅劍初論〉, 《考古學報》 2期, 1980.

林沄, 〈關于中國的對匈奴族源的考古學硏究〉, 《內蒙古文物考古》 1·2期, 1993.

林沄, 〈東胡與山戎的考古探索〉, 《環渤海考古學術發表會論文集》, 知識出版社, 1996.

林沄, 〈所謂 '玉猪龍' 并不是龍〉, 《二十一世紀的 中國考古學》, 文物出版社, 2006.

林沄, 〈說 '貊'〉, 《林沄學術文集》 2, 北京: 科學出版社, 2008.

임재해, 〈단군신화를 보는 생태학적인 눈과 자연친화적 홍익인간 사상〉, 《단군학연구》 9, 단군학회, 2003.

임재해, 〈한국신화의 주체적 인식과 민족문화의 정체성〉, 《단군학연구》 17, 단군학회, 2007.

임재해, 〈고조선 시기 탈춤문화의 형성과 연행예술의 수준〉, 《比較民俗學》 40, 비교민속학회, 2009.

임재해, 〈고조선 '본풀이'의 역사인식과 본풀이사관의 수립〉, 《단군학연구》 21, 단군학회, 2009.

任孝宰, 〈한국 중부지방 新石器文化의 상사성과 상이성연구〉, 《한국고고학보》 2, 한국고고학회, 1977.

임효재, 〈경기 김포반도의 고고학조사연구〉, 《서울대학교 博物館報》 2, 1990.

張忠培 外,〈夏家店下層文化研究〉,《考古學文化論集》1, 1987.

翟德芳,〈中國北方地區靑銅短劍分群研究〉,《考古學報》3期, 1988.

전경수,〈신진화론과 국과형성론〉,《한국사론》19, 1988.

田黃金,〈中國北方系靑銅器文化和類型的初步硏究〉,《考古學文化論集》4,
　　文物出版社, 1997.

정대영,〈중국동북지방 청동기시대 석관묘제와 장속의 지역성〉,《북방사논
　　총》3, 2005.

정영화,〈한국의 구석기〉,《한국고고학보》19, 한국고고학회, 1984.

정용길,〈신평군 선암리 돌상자 무덤〉,《고고학자료집》6, 민족문화, 1983.

鄭仁盛,〈낙동강유역권의 細形銅劍文化〉,《嶺南考古學》22, 영남고고학회, 1998.

鳥居龍藏,〈中國石棚之硏究〉,《燕京學報》31, 1946.

조유전,〈영남지방의 유적〉, 국사편찬위원회,《한국사》3, 1997.

조인성,〈檀君古記의《檀君世紀》와《檀奇古史》·《揆園史話》〉,《단군학연구》2,
　　단군학회, 2000.

조희승,〈잠업, 제강, 벼 재매기술을 통해 본 고조선문화의 우수성과 독자
　　성〉,《단군과 고조선》, 살림터, 1999.

朱永剛,〈夏家店上層文化初步硏究〉,《考古學文化論集》1, 文物出版社, 1987.

朱永剛,〈西團山文化基葬分期研究〉,《北方文物》3期, 1991.

池建吉,〈예산 동서리 석관묘출토 청동 일괄유물〉,《백제연구》9, 1978.

진소래,〈요동반도 신석기문화 연구〉,《韓國上古史學報》24, 1977.

Chan Kirl Park and Kyung Rin Yang, "KAER I Radiocarbon Measurements Ⅲ",
　　*Radiocarbon Vol. 16*, No. 2, 1974.

千寬宇,〈傅斯年의 '夷夏東西說'〉,《韓國學報》14, 일지사.

崔南善,〈檀君論〉(《東亞日報》연재), 1926.

최남선,〈檀君及其硏究〉,《別乾坤》1928년 5월호.

최남선,〈檀君古記箋釋〉,《思想界》2, 思想界社, 1954.

최남선,〈檀君古記箋釋〉, 이응봉 편,《檀君神話硏究》, 온누리, 1986.

崔夢龍,〈주변지역 청동기문화의 비교: 시베리아 및 극동지역〉, 국사편찬위
　　원회,《한국사》3(청동기문화와 철기문화), 1997.

최몽룡 외,〈백령·연평도의 즐문토기유적〉,《韓國文化》3, 1981.

崔盛洛,〈연암 장천리 주거지〉2, 목포대학 박물관, 1986.

최영실,〈고조선의 군사력에 대하여〉, 단군학회 편,《단군과 고조선 연구》,
　　지식산업사, 2005.

최응선, 〈상원군 장리 고인돌무덤을 통하여 본 고조선 초기의 사회문화상에 대하여〉; 한국고고학회, 〈부여 송국리출토 일괄유물〉, 《考古學》 3, 한국 고고학회, 1974.

하문식, 〈금강과 남한강 유역의 고인돌문화 비교연구〉, 《손보기박사정년기 념고고인류학논총》, 지식산업사, 1988.

하문식, 〈고인돌왕국 고조선과 아시아의 고인돌문화〉, 임재해 외, 《고대에도 한류가 있었다》, 지식산업사, 2007.

하문식, 〈고인돌의 축조에 관한 문제: 채석과 덮개돌운반−경기 지역을 중심 으로〉, 《白山學報》 79, 백산학보, 2007.

하문식, 〈경기 지역 선돌 유적과 그 성격〉, 《古文化》 72, 2008.

河仁秀, 〈남해안 櫛文土器 연구현황과 과제 (I)−편년을 중심으로〉, 《博物館 研究論集》 9, 부산박물관, 2002.

한국고고학회, 〈부여 송국리 출토 一括遺物〉, 《고고학》 3, 1974.

한규항, 〈한국 선돌의 기능변천에 대한 연구〉, 《白山學報》 28, 백산학보, 1984.

韓炳三, 〈价川 용흥리 출토 청동검과 반출유물−세형동검의 기원과 관련된 일고찰−〉, 《考古學》 I, 한국고고학회, 1968.

韓永愚, 〈17세기 反尊華的 道家史學의 成長: 北崖의 '揆園史話'에 대하여〉, 《韓國學報》 1, 일지사, 1975.

韓永熙, 〈馬場里 주거지 출토유물〉, 《中島》 Ⅲ, 국립중앙박물관, 1982.

한영희, 〈新石器時代 중·서부지방 土器文化의 재인식〉, 《한국의 농경문화》 5, 경기대 박물관, 1996.

한인호, 〈고조선 초기의 금제품에 대한 고찰〉, 《조선고고연구》 1, 사회과학 출판사, 1995.

한인호, 〈고조선의 귀금속 유물에 대하여〉; 이형구 편, 《단군과 고조선》, 살 림터, 1999.

한창균, 〈고조선의 성립배경과 발전단계시론〉, 《國史館論叢》 33, 국사편찬 위원회, 1992.

한창균·김근완·구자진, 〈대천리 유적 신석기시대 집자리에 대한 고찰〉, 《옥천 대천리 신석기유적》, 한남대 중앙박물관·한국고속철도건설공단, 2003.

한흥수, 〈조선 巨石文化 연구〉, 《震檀學報》 3, 진단학회, 1935.

許玉林, 〈遼寧商周時代的靑銅文化〉, 《考古學文化論集》 3, 文物出版社, 1993.

허종호, 〈단군 및 고조선 역사연구에서의 몇 가지 기본문제들과 그 해명〉, 《단군과 고조선》, 살림터, 1999.

허종호, 〈고조선사회의 성격〉, 《단군과 고조선》, 지식산업사, 2005.

華玉冰·陳國慶, 〈大連地區晚期靑銅時代考古文化〉, 《遼海文物學刊》 1期, 1994.

황기덕, 〈최근에 새로 알려진 비파형단검과 좁은 놋단검관계의 유적 유물〉,
《고고학자료집》 4, 사회과학출판사, 1974.

황기덕, 〈무산 범의 구석 유적 발굴보고〉, 《고고민속논문집》 6, 사회과학원
출판사, 1975.

황기덕, 〈길림, 장춘 지방 비파형단검문화의 년대에 대하여〉, 《조선고고연
구》 3, 사회과학출판사, 1986.

황기덕, 〈우리나라 청동기시대의 사회관계에 대하여 (1)·(2)〉, 《조선고고연
구》, 사회과학출판사, 1987.

황기덕, 〈요서 지방의 비파형 단검문화와 그 주민〉, 《비파형 단검문화에 관한
연구》, 백산자료원, 1987.

黃義敦, 〈檀君考證에 대한 新記錄의 發見〉, 《東光》 1-7, 東光社, 1926.

# 찾아보기

# 찾아보기